Darja Reuschke

Multilokales Wohnen

Darja Reuschke

Multilokales Wohnen

Raum-zeitliche Muster
multilokaler Wohnarrangements
von Shuttles und Personen
in einer Fernbeziehung

VS VERLAG

Bibliografische Information der Deutschen Nationalbibliothek
Die Deutsche Nationalbibliothek verzeichnet diese Publikation in der
Deutschen Nationalbibliografie; detaillierte bibliografische Daten sind im Internet über
<http://dnb.d-nb.de> abrufbar.

Zugl. Dissertation an der Fakultät Raumplanung der TU Dortmund, 2009

1. Auflage 2010

Alle Rechte vorbehalten
© VS Verlag für Sozialwissenschaften | Springer Fachmedien Wiesbaden GmbH 2010

Lektorat: Katrin Emmerich | Sabine Schöller

VS Verlag für Sozialwissenschaften ist Teil der Fachverlagsgruppe
Springer Science+Business Media.
www.vs-verlag.de

Das Werk einschließlich aller seiner Teile ist urheberrechtlich geschützt. Jede Verwertung außerhalb der engen Grenzen des Urheberrechtsgesetzes ist ohne Zustimmung des Verlags unzulässig und strafbar. Das gilt insbesondere für Vervielfältigungen, Übersetzungen, Mikroverfilmungen und die Einspeicherung und Verarbeitung in elektronischen Systemen.

Die Wiedergabe von Gebrauchsnamen, Handelsnamen, Warenbezeichnungen usw. in diesem Werk berechtigt auch ohne besondere Kennzeichnung nicht zu der Annahme, dass solche Namen im Sinne der Warenzeichen- und Markenschutz-Gesetzgebung als frei zu betrachten wären und daher von jedermann benutzt werden dürften.

Umschlaggestaltung: KünkelLopka Medienentwicklung, Heidelberg
Druck und buchbinderische Verarbeitung: STRAUSS GMBH, Mörlenbach
Gedruckt auf säurefreiem und chlorfrei gebleichtem Papier
Printed in Germany

ISBN 978-3-531-17072-5

Danksagung

Bei allen, die mich im Laufe des Forschungsprozesses begleitet und unterstützt haben, möchte ich mich sehr herzlich bedanken. Prof'in Dr. Ruth Becker, in deren Fachgebiet „Frauenforschung und Wohnungswesen in der Raumplanung" ich die Arbeit erstellt habe, und Prof'in Dr. Ulrike Sailer haben mich in allen Phasen des Projektes mit konstruktiver Kritik unterstützt und mich durch ihr großes Interesse an meiner Arbeit ermuntert. Die quantitative Datenerhebung konnte dank der Förderung des Ministeriums für Innovation, Wissenschaft, Forschung und Technologie des Landes NRW im Hochschul- und Wissenschaftsprogramm als Projekt „Mobile Lebensformen und Wohnungsnachfrage" erfolgen.

Thomas Pütz vom Bundesinstitut für Bau-, Stadt- und Raumforschung (BBSR) hat mir unkompliziert und schnell Entfernungsmatrizen zur Verfügung gestellt. Von Rolf Porst und Alfons Geis (GESIS-ZUMA) habe ich wichtige Hinweise für die Datenerhebung und Codierung erhalten.

Meinen Dortmunder Kolleginnen, Anke Bergmann, Dr. Eva Dick, Dr. Anja Szypulski und Ulla Greiwe danke ich für ihre inhaltlichen Anregungen und die vielen Gespräche über das Forschungsprojekt. Zu meinem Glück hat mir PD Dr. Joachim Scheiner immer mal wieder Hinweise zu Tagungen und Veröffentlichungen gegeben, für dich ich sehr dankbar bin. Sabine Kampczyk danke ich herzlich für das Korrekturlesen.

Schließlich danke ich meinem Mann Ingo für seine liebevolle Unterstützung und Silke für ihr seelenverwandtschaftliches Einfühlungsvermögen und die großartige Hilfe bei englischen Übersetzungen.

Inhalt

1	**Einleitung**	**15**
1.1	Problemstrukturierung	15
1.2	Begriffliche Präzisierung	23
1.3	Zielsetzung, zentrale Fragestellung und Aufbau der Arbeit	25
2	**Sekundärquellen über multilokale Lebensformen in Deutschland**	**29**
2.1	Daten über berufsbezogene Nebenwohnsitze	29
2.2	Fernbeziehungen: Eine Black Box in der amtlichen Statistik und anderen Großzählungen	31
3	**Stand der Forschung, Theorien, Hypothesen**	**35**
3.1	Multilokale Haushalte und berufliche Zweitwohnsitze	35
3.2	Living apart together und Fernbeziehungen	43
3.3	Präzisierung der Forschungsfragen und untersuchungsleitende Hypothesen	47
4	**Methodische Vorgehensweise und Stichprobe**	**51**
4.1	Stichprobendesign und Datenerhebung	51
4.2	Erhebungsinstrument und Inhalte der Befragung	53
4.3	Ausschöpfung und Datenedition	55
4.4	Qualität der Stichprobe und Stichprobenbeschreibung	59
4.5	Auswertungsmethoden	61
5	**Charakteristika von Fernwandernden**	**63**
5.1	Typisierung der Zugezogenen ohne weitere Wohnung	63
5.2	Sozialstrukturmerkmale von Fernwandernden	64
5.3	Persönliche Motivlagen für einen Fernumzug	68
6	**Die multilokale Lebensform des Shuttelns**	**73**
6.1	Stichprobe und Operationalisierung des Shuttelns	74
6.2	Andere „Nebenwohnsitzer/innen" – eine kurze Übersicht	78
6.3	Entstehungszusammenhänge und Merkmale des Shuttelns	80
6.3.1	Sozialstrukturmerkmale von Shuttles	80
6.3.2	Hauptgrund für eine berufliche Zweitwohnung	83
6.3.3	Das „besondere" Wohnortarrangement	85
6.3.4	Was unterscheidet Shuttles von Fernwandernden?	87
6.3.5	Partnerschaft und Erwerbstätigkeit	91

6.3.6	Zwischenfazit	97
6.4	Das Berufsleben von Shuttles	99
6.4.1	Wirtschaftsbranchen	100
6.4.2	Befristete Beschäftigungsverhältnisse	103
6.4.3	Arbeitszeiten	104
6.4.4	Arbeitsorganisation	110
6.4.5	Zwischenfazit	112
6.5	Geographien des Shuttelns und raum-zeitliche Konfiguration multilokaler Haushalte	113
6.5.1	Räumliche Verflechtungsstrukturen und Distanzen des Shuttelns	114
6.5.2	Siedlungsstrukturelle Muster der Pendelmobilität	118
6.5.3	Periodizität des Shuttelns und Pendelarrangements	121
6.5.4	Zwischenfazit	124
6.6	Wohnsituation und Wohnbedürfnisse von Shuttles	125
6.6.1	Eigenschaften der Zweitwohnung	126
6.6.2	Wohnkosten am beruflichen Zweitwohnsitz	136
6.6.3	Wohnungspräferenzen und Wohnungsoptimierung	138
6.6.4	Eine Typenbildung für das Wohnen am beruflichen Zweitwohnsitz	148
6.6.5	Wohnstandort, Verkehrsanbindung und Eigenschaften des Wohnumfelds	158
6.6.6	Wohnzufriedenheit am Zweitwohnsitz	180
6.6.7	Zwischenfazit	187
6.7	Dauer und Bewertung der multilokalen Lebens- und Wohnsituation	189
6.7.1	Langfristige Lebensform oder temporäres Arrangement?	190
6.7.2	Bewertung des multilokalen Lebens nach Lebensbereichen	198
6.7.3	Zwischenfazit	207
7	**Leben und Wohnen in einer Fernbeziehung**	**211**
7.1	Operationalisierung von Fernbeziehungen und Stichprobengröße	211
7.2	Entstehungszusammenhänge und Merkmale von Fernbeziehungen	215
7.2.1	Sozialstrukturmerkmale der Lebensform	215
7.2.2	Fernbeziehungen und Erwerbstätigkeit beider Partner	220
7.2.3	Hauptmotivation für eine Fernbeziehung und Entstehungskontexte	224
7.2.4	Ein Sonderfall: Multimobilität und Hypermobile	229
7.3	Räumliche Muster und Pendelarrangements	233
7.4	Zeitliche Perspektive der Lebensform und Umzugsarrangements	240
7.4.1	Dauer der Fernbeziehung	240
7.4.2	Wer zieht zu wem?	244
7.5	Wohnen in einer Fernbeziehung	252
7.5.1	Eigenschaften der Wohnung und Wohnungspräferenzen	253

7.5.2	Wertigkeit der Verkehrsanbindung der Wohngegend	257
7.5.3	Städtische Wohnlage und Wohnumfeld	260
7.6	Bewertung des multilokalen Lebens in einer Fernbeziehung	264
7.7	Zwischenfazit: Berufliche Umstände führen zum Zwischenzustand	270
8	**Fazit und Ausblick**	**275**
Literatur		**289**
Anhang		**309**

Abbildungsverzeichnis

Abbildung 1.1: Abgrenzung von Shuttles und Personen in einer Fernbeziehung 24
Abbildung 5.1: Fern- und Nahwandernde nach Geburtskohorten und Geschlecht 64
Abbildung 6.1: Vielfältige Muster des Shuttelns 77
Abbildung 6.2: Shuttles nach Geburtskohorten und Geschlecht 82
Abbildung 6.3: Berufstätigkeit von Shuttles nach Wirtschaftbranchen und Geschlecht, absolute Werte 101
Abbildung 6.4: Merkmale der Arbeitszeitgestaltung von Shuttles und Fernwandernden nach Geschlecht 108
Abbildung 6.5: Entfernungen zwischen den Wohnorten (in km) 115
Abbildung 6.6: Pendelhäufigkeit von Shuttles nach Entfernungsklassen 123
Abbildung 6.7: Aufenthaltsdauer von wöchentlich pendelnden Shuttles am Ort des Haupthaushalts 124
Abbildung 6.8: Damalige Vorstellung über die Dauer der multilokalen Haushaltsorganisation nach Geschlecht 191
Abbildung 6.9: Aufgabe der Zweitwohnung in naher Zukunft nach signifikanten Merkmalen von Shuttles, Anzahl der Fälle 194
Abbildung 7.1: Erwerbspersonen in einer Fernbeziehung und andere LATs nach Geburtskohorten und Geschlecht 216
Abbildung 7.2: Hauptgrund für die Fernbeziehung 225
Abbildung 7.3: Entstehungskontext der Fernbeziehung nach Geschlecht 227
Abbildung 7.4: Räumliche Distanzen der Fernbeziehungen (in km) 234
Abbildung 7.5: Periodizität des Pendelns in einer Fernbeziehung nach partnerschaftlichem Pendelarrangement, Anzahl der Fälle ... 237
Abbildung 7.6: Aufenthaltsdauer am Wohnort des Partners/der Partnerin 239
Abbildung 7.7: Dauer der Fernbeziehung (Jahre) nach Geschlecht 240
Abbildung 7.8: Dauer der Fernbeziehung (Jahre) nach Entstehungskontext.. 241
Abbildung 7.9: Pläne für das Zusammenziehen nach Geschlecht und DCC-Partnerschaft, Anzahl der Fälle 244
Abbildung 7.10: Geplantes Umzugsarrangement nach Geschlecht, Anzahl der Fälle 245
Abbildung 7.11: Beendigung einer früheren Fernbeziehung 246

Abbildung 7.12: Umzugs- und Arbeitsortarrangement zur Beendigung
einer früheren Fernbeziehung 250
Abbildung 7.13: Städtische Wohnlage von Befragten in einer
Fernbeziehung im Vergleich zur Gesamtstichprobe 261
Abbildung 8.1: Mobile Lebens- und Wohnformen in der Gesamtstichprobe. 276

Tabellenverzeichnis

Tabelle 4.1:	Ausschöpfungsquote gesamt und nach Befragungsgebiet 55
Tabelle 4.2:	Merkmale der Zugezogenen in der Gesamtstichprobe 60
Tabelle 5.1:	Sozialstrukturmerkmale von erwerbstätigen Fernwandernden 66
Tabelle 5.2:	Merkmale von Befragten, die einem Fernumzug aus beruflichen Gründen voll zustimmen, alle zugezogenen Erwerbspersonen 70
Tabelle 6.1:	Sozialstrukturmerkmale von Shuttles 81
Tabelle 6.2:	Wichtigster Grund für eine berufliche Zweitwohnung nach Geschlecht und Haushaltsform, absolute und prozentuale Werte 84
Tabelle 6.3:	Sozialstrukturmerkmale von Shuttles (Gruppe 1) im Vergleich zu erwerbstätigen Fernwandernden (Gruppe 0) 88
Tabelle 6.4:	Merkmale von zugezogenen Erwerbspersonen, die der Einrichtung einer beruflichen Zweitwohnung zustimmen 90
Tabelle 6.5:	Erwerbskonstellation in Lebensgemeinschaften für Shuttles und erwerbstätige Fernwandernde nach Geschlecht 92
Tabelle 6.6:	Anteile von Shuttles und Fernwandernden in einem Haushalt, in dem beide Partner hoch qualifiziert erwerbstätig sind 93
Tabelle 6.7:	Vergleich von Shuttles (Gruppe 1) und Fernwandernden (Gruppe 0) nach Erwerbsstatus d. Lebenspartners/-partnerin und beruflicher Stellung beider Partner 94
Tabelle 6.8:	Dauer der Arbeitszeiten von Shuttles und Fernwandernden nach Geschlecht 105
Tabelle 6.9:	Entfernung der Wohnorte (in km) nach Merkmalen von Shuttles 117

Tabelle 6.10:	Siedlungsstruktur des Wohnorts außerhalb des Befragungsgebiets	119
Tabelle 6.11:	Merkmale von Shuttles nach Gemeindetypen	120
Tabelle 6.12:	Bestimmungsgrößen des wöchentlichen Pendelns von Shuttles	122
Tabelle 6.13:	Ausstattungsmerkmale der Zweit- und Hauptwohnung nach Geschlecht, prozentuale Anteile	128
Tabelle 6.14:	Gruppen mit spezifischer Ausstattung der Zweitwohnung nach signifikanten Merkmalen	133
Tabelle 6.15:	Determinanten des Wohnflächenverbrauchs für die berufliche Zweitwohnung	134
Tabelle 6.16:	Bruttowarmmiete von Shuttles und erwerbstätigen Fernwandernden in Einpersonenhaushalten	137
Tabelle 6.17:	Anteile wichtiger Ausstattungsmerkmale für die Zweit- und Hauptwohnung (wichtig und sehr wichtig)	139
Tabelle 6.18:	Realisierung der gewünschten Ausstattung der beruflichen Zweitwohnung nach Geschlecht, prozentuale Anteile	140
Tabelle 6.19:	Gruppen mit spezifischen Wohnungsansprüchen am Zweitwohnsitz nach signifikanten Merkmalen	147
Tabelle 6.20:	Wohntypen am Zweitwohnsitz nach Merkmalen von Shuttles	150
Tabelle 6.21:	Anteile wichtiger Merkmale des Wohnumfelds für den Haupt- und Zweitwohnsitz nach Geschlecht	159
Tabelle 6.22:	Wohnumfeldoptimierung am beruflichen Zweitwohnsitz nach Geschlecht, prozentuale Anteile	160
Tabelle 6.23:	Einflussgrößen auf die Wichtigkeit von Wohnumfeldmerkmalen am beruflichen Zweitwohnsitz	161
Tabelle 6.24:	Wichtigkeit von Wohnumfeldeigenschaften, Shuttles und erwerbstätige Fernwandernde nach Geschlecht	162
Tabelle 6.25:	Bestimmungsgrößen der Wichtigkeit der Verkehrsanbindung am beruflichen Zweitwohnsitz	169
Tabelle 6.26:	Einflussgrößen auf die Wertigkeit der Verkehrsanbindung der Wohngegend, Shuttles und erwerbstätige Fernwandernde	170
Tabelle 6.27:	Wohnlage von Shuttles am beruflichen Zweitwohnsitz im Vergleich zu erwerbstätigen Fernwandernden	174

Tabellenverzeichnis

Tabelle 6.28:	Shuttles mit einer beruflichen Zweitwohnung in Innenstadtlage nach signifikanten Merkmalen	176
Tabelle 6.29:	Vergleich der Dauer des Arbeitsweges (min) von Shuttles und allein wohnenden Fernwandernden	178
Tabelle 6.30:	Determinanten der Wegedauer zur Arbeit (min) von Shuttles	179
Tabelle 6.31:	Shuttles mit einer sehr hohen Wohnzufriedenheit am beruflichen Zweitwohnsitz nach signifikanten Merkmalen	182
Tabelle 6.32:	Wohnmerkmale, die nicht den Wohnvorstellungen entsprachen, Shuttles und erwerbstätige Fernwandernde	185
Tabelle 6.33:	Bewertung der Dauer der Lebensform und damalige Vorstellung über die zeitliche Perspektive nach Merkmalen von Shuttles	193
Tabelle 6.34:	Realisierte Pendeldauer von Shuttles (in Jahren) nach signifikanten Merkmalsausprägungen und Geschlecht	195
Tabelle 6.35:	Bewertung des Shuttelns für Lebensbereiche, nach Geschlecht und Haushaltsform und für Alleinstehende gesamt, in Prozent	201
Tabelle 6.36:	Größter Vorzug und gravierendste Belastung des Shuttelns nach Geschlecht und Haushaltsform und für Alleinstehende gesamt, in Prozent	202
Tabelle 7.1:	Living apart together und Fernbeziehungen in der Gesamtstichprobe	213
Tabelle 7.2:	Merkmale von Erwerbspersonen in einer Fernbeziehung nach Geschlecht	215
Tabelle 7.3:	Merkmale von Erwerbspersonen, die einer getrennten Haushaltsführung aus beruflichen Gründen zustimmen	220
Tabelle 7.4:	Erwerbskonstellation in Fernbeziehungen im Vergleich zu anderen LATs, nur Erwerbspersonen	221
Tabelle 7.5:	Merkmale von Männern und Frauen in einer DCC-Partnerschaft, Fernwandernde und Shuttles	223
Tabelle 7.6:	Wohnorte der Partner/innen nach siedlungsstrukturellen Merkmalen, prozentuale Anteile	233
Tabelle 7.7:	Determinanten der Periodizität des Pendelns von Befragten in einer Fernbeziehung	238
Tabelle 7.8:	Einflussgrößen auf die Dauer der Fernbeziehung (Jahre)	242

Tabelle 7.9:	Pro-Kopf-Wohnfläche in einer Fernbeziehung nach Geschlecht und Pendelarrangement	254
Tabelle 7.10:	Wertigkeit der Fernverkehrsanbindung der Wohngegend nach Geschlecht, kumulative lineare Regressionen	258
Tabelle 7.11:	Einflussgrößen auf die Wertigkeit der Anbindung der Wohngegend an den Nah- und Fernverkehr von Befragten in einer Fernbeziehung	259
Tabelle 7.12:	Männer und Frauen in einer Fernbeziehung mit einer innerstädtischen Wohnung nach signifikanten Merkmalen	262
Tabelle 7.13:	Bewertung des multilokalen Lebens in einer Fernbeziehung nach verschiedenen Lebensbereichen, in Prozent	264
Tabelle 7.14:	Größter Vorzug und gravierendste Belastung einer Fernbeziehung, in Prozent	265

1 Einleitung

1.1 Problemstrukturierung

„Wer häufig umzieht, der weiß, dass es ein großer Fehler ist, wenn man Wohnungen danach aussucht, ob sie „schön" sind. Erstens sind schöne Wohnungen teuer. Zweitens möchte man in schönen Wohnungen – Südbalkon, Seeblick, Altbaustuck, Garten – bleiben. [...] Wohnungen müssen zweckmäßig sein, über einen Aufzug zu erreichen sein, [...], über einen stets präsenten Hausmeister verfügen und außerdem lange Flure haben, damit man dort Umzugskartons stapeln kann." (Kister 2005)

Räumliche Mobilitätsbereitschaft und zeitliche Flexibilität haben sich in der globalisierten Dienstleistungs- und Wissensgesellschaft zu wesentlichen Elementen einer erfolgreichen Berufslaufbahn entwickelt. Berufliche Anforderungen an raum-zeitliche Mobilität und Flexibilität beschränken sich dabei nicht auf die Phase des Berufseinstiegs, sondern sind infolge der Flexibilisierung des Arbeitsrechts und der Arbeitszeiten sowie durch die Reorganisierung der Erwerbsarbeit in Gruppen-, Team- und Projektarbeit (Herrmann 2005) und den damit verbundenen Risiken einer diskontinuierlichen Erwerbsbiographie (Kronauer/Linne 2005) immer mehr zu einer stetigen Anforderung im Erwerbsverlauf geworden. Insofern mag es mit Verweis auf die persönlichen Umzugserfahrungen und mobilen Wohnbedingungen von Kister (2005) nicht verwundern, dass „Jobnomaden" (Englisch 2001), die akrobatisch ihre „Bastel- und Bruchbiographie" zusammenfügen (Beck/Beck-Gernsheim 1994a: 13) und auf die „carrière nomade" abstimmen müssen (Cadin/Bender/Saint-Giniez 1999), erst gar nicht in eine schöne Wohnung ziehen, an die es sich gewöhnen lässt.

Unter dem Begriff *Mobilität* werden in der Geographie und Soziologie soziale und räumliche Mobilität gefasst. Dabei wird soziale Mobilität als ein Wechsel von Personen im sozialen System (Kuls/Kemper 2000: 183, Franz 1984: 24-25) und darüber hinaus von einigen Autoren im Sinne von sozialer Beweglichkeit als Anpassungsfähigkeit und Veränderungsbereitschaft verstanden (Bonß/Kesselring 1999: 47). Räumliche Mobilität umfasst Ortswechsel im Raum: von täglichen Arbeits- und Freizeitwegen, innerstädtischen Umzügen bis zu Wanderungen und internationaler Migration. Waren soziale und räumliche Mobilität in der westlichen Moderne nach Bonß und Kesselring (1999) eng miteinander verwoben, haben sich in der Spätmoderne die Verknüpfungen von sozialer und räumlicher Mobilität nach Meinung der beiden Autoren in vielfältige Muster ausdifferenziert. In der *network society* (Castells 1996) ist es möglich geworden, extrem sozial beweglich und zugleich räumlich immobil zu sein. Anderseits muss räumliche Mobilität nicht mit sozialer Beweglichkeit einhergehen und schließlich ist in der spätmodernen Gesellschaft räumliche Mobilität weniger mit sozialer Aufstiegsmobilität verbunden als in der westlichen Moderne. In diesem Spannungsfeld von sozialer und räumlicher Mobilität unter gesellschaftlichen Modernisierungsbedingungen sind in den vergangenen Jahren in den Sozialwissenschaften vermehrt sozialräumliche Mobilitätspraktiken und Karrierestrategien von Personen in unterschiedlichen Berufsfeldern (Kesselring 2003, 2005; Pelizäus-Hoffmeister 2001)[1] und verschiedene mobile Lebensformen untersucht worden (Schneider/Limmer/Ruckdeschel 2002, Canzler/Kaufmann/Kesselring 2008).

Infolge des wirtschaftlichen Strukturwandels unterliegt das seit den 1960er Jahren in der früheren Bundesrepublik vorherrschende männlich dominierte Normalarbeitsverhältnis, das sich durch die unbefristete und an das soziale Sicherungssystem gebundene Vollzeitbeschäftigung kennzeichnen lässt, spätestens seit den 1990er Jahren durch die arbeitsrechtlichen Erleichterungen von befristeten Beschäftigungsverhältnissen, Leiharbeit und neuen Formen der (Schein-) Selbständigkeit (Ich-AG) einem tief greifenden Veränderungsprozess (vgl. Struck 2006: 33-44, Hielscher 2000, Beck 1999). Diese strukturellen Veränderungen auf dem Arbeitsmarkt fielen in den neuen Bundesländern mit einer sprunghaften Erhöhung der sozialen und räumlichen Mobilität nach der Wende zusammen, denn durch die soziale Nivellierung der DDR-Industriegesellschaft war ein sozialer Aufstieg nur wenigen Privilegierten vorbehalten, zugleich wurde soziale Abstiegsmobilität wohlfahrtsstaatlich abgesichert, Stellenwechsel zwischen Betrieben und arbeitsbezogene Fernwanderungen waren selten (Pfaffenbach 2002: 40-45). Die mit diesen Strukturveränderungen in Ost und West verbundene hohe Anforderung an raum-zeitliche Flexibilität betrifft nicht nur Hochqualifizierte, sondern es sind auch immer mehr Frauen und Männer mit einer geringeren Qualifizierung, die mit räumlichen Mobilitätsanforderungen konfrontiert sind, wie sich unter anderem anhand der Arbeitsförderung (SGB III) und der Grundsicherung für Arbeitssuchende (SGB II) aufzeigen lässt, denen explizit räumliche Mobilitätsanforderungen bei der Suche nach Arbeit zugrunde liegen.[2]

---

[1] Siehe Sonderforschungsbereich 536 "Reflexive Modernisierung", Teilprojekt „Mobilitätspioniere. Zum Strukturwandel der Mobilität unter den Bedingungen reflexiver Modernisierung" von Bonß und Kesselring (zum 30.06.2006 abgeschlossen), http://www.sfb536.mwn.de.

[2] Arbeitslosen ohne familiäre Bindungen ist nach dem ersten Gesetz für moderne Dienstleistungen am Arbeitsmarkt (Hartz I- Gesetz) seit 2003 grundsätzlich ein Umzug zumutbar (Zumutbarkeitsregelung). Im Gegenzug sind vom Gesetzgeber zur Erhöhung der Umzugsbereitschaft die Bedürftigkeitsprüfungen für die Gewährung von Mobilitätshilfen entfallen. Mobilitätshilfen sind nach dem SBG III §§ 53-55 finanzielle Beihilfen, die von den Agenturen für Arbeit zur Unterstützung der Aufnahme einer sozialversicherungspflichtigen Beschäftigung gewährt werden können (Über-

Parallel zu den veränderten Arbeitsbedingungen ist die Frauenerwerbsquote in der früheren Bundesrepublik kontinuierlich gestiegen (Statistisches Bundesamt 2006: 89).[3] Die steigende Erwerbsbeteiligung von Frauen verbunden mit einer deutlichen Erhöhung ihres Qualifikationsniveaus hat dazu beigetragen, dass in der früheren Bundesrepublik das Modell des männlichen Familienernährermodells brüchig geworden ist.[4]

Einerseits wird in der Literatur unter der Annahme zunehmender gesellschaftlicher Individualisierung und arbeitsmarktbezogener Flexibilisierung eine steigende räumliche Mobilität prognostiziert („vollmobile Singlegesellschaft" (Beck 1986)), aber andererseits nimmt durch die zunehmende Frauenerwerbstätigkeit in den alten Bundesländern die Anzahl doppelerwerbstätiger Haushalte in Deutschland wie in anderen westlichen Industrieländern zu (Blossfeld/Drobnič 2001). Dadurch sind Mobilitätsentscheidungen von Haushalten komplexer geworden, was einer erhöhten Migrationsrate von Paar- und Familienhaushalten tendenziell entgegensteht (Kalter 1998, Jürges 2006, Hofmeister 2005, Hardill/ MacDonald 1998, Van Ommeren/Rietveld/Nijkamp 1998, Jarvis 1999). Dieses ambivalente Verhältnis von räumlicher Mobilität und gesellschaftlicher Modernisierung zeigt sich darin, dass in Deutschland das überregionale Wanderungsvolumen gemessen an den Wohnsitzwechseln zwischen den Bundesländern in den vergangenen Jahren auf einem niedrigen und sogar leicht rückläufigen Niveau liegt: Im Jahr 2000 betrug der Anteil der Wanderungen zwischen den Bundesländern 1,5 % an der Gesamtbevölkerung und sank geringfügig auf 1,3 % im Jahr 2008 (Statistisches Bundesamt 2002, 2008). Auch die Haushaltsbefragung des Sozio-ökonomischen Panels (SOEP) für das Jahr 2007 zeigt, dass der Anteil der Haushalte, die aus beruflichen Gründen umziehen, in der Bundesrepublik insgesamt gering ist: Von den rund 10 % umzugsmobilen Haushalten an den

---

gangs-, Ausrüstungs-, Reisekosten-, Fahrkosten-, Trennungskosten- und Umzugskostenbeihilfe) (siehe Kaltenborn et al. 2004: 39, Buch 2006: 188-190).

[3] Die Zahl der erwerbstätigen Frauen nahm in den alten Bundesländern zwischen 1991 und 2004 um 9 % auf 13,1 Mio. zu. Entsprechend erhöhte sich der Anteil von Frauen an den Erwerbstätigen von rund 40 % im Jahr 1991 auf gut 44 % im Jahr 2004, was zu einem Anstieg der Erwerbstätigenquote der Frauen im erwerbsfähigen Alter (15-64 Jahre) um vier Prozentpunkte auf 59 % führte (Statistisches Bundesamt 2005a: 43).

[4] In der DDR betrug die Erwerbstätigenquote von Frauen im erwerbsfähigen Alter im Jahr 1988 über 90 % (Pfaffenbach 2002: 40). Die Haushalts- und Erwerbskonstellation „Paar mit Kindern, Mann und Frau Vollzeit erwerbstätig" war deshalb Standard. Auch 1997 bildete diese Lebensform trotz der gravierenden Einschnitte auf dem Arbeitsmarkt im Unterschied zu den alten Bundesländern die häufigste aller Lebensformen (Schulze Buschoff 2000). Aktuelle Umfragedaten aus dem Sozioökonomischen Panel (2006) belegen, dass diese Unterschiede zwischen Ost- und Westdeutschland immer noch gültig sind: Nichterwerbstätige Frauen im Alter zwischen 18 und 64 Jahren präferieren in Ostdeutschland eine Vollzeitbeschäftigung, wohingegen Frauen in Westdeutschland eher an einer Teilzeitbeschäftigung interessiert sind (Holst/Schupp 2008: 127).

befragten Haushalten insgesamt (einschließlich Personen, die aus dem elterlichen Haushalt ausgezogen sind) gaben 14 % der Haushalte an, aus beruflichen Gründen umgezogen zu sein. Das entspricht einem Anteil von 1,4 % an den insgesamt befragten Haushalten. Im Jahr 2003 betrug der Anteil beruflicher Umzüge an allen Haushalten ebenfalls 1,4 % und ist damit also konstant geblieben.[5] Nach Seibert (2007) ist die Bedeutung regionaler Mobilität nach der Lehrausbildung in den alten Bundesländern im Zeitverlauf 1977 bis 2004 ebenfalls nicht gestiegen.

Einige Autoren sprechen daher für Deutschland mit Blick in die USA von einer räumlichen Immobilität und einem „räumlichen Beharrungsvermögen" (Kornemann 1997, Osterland 1990, Blumenauer 2001). Dem ist entgegenzuhalten, dass erstens die regionale Wanderungsmobilität unter den Bedingungen einer fortschreitenden Modernisierung zugunsten zirkulärer räumlicher Mobilität an Bedeutung verliert, wie die geographische und soziologische Mobilitätsforschung seit Längerem empirisch belegt und theoretisiert hat. In seinem Konzept des Mobilitätsübergangs hat Zelinsky bereits Anfang der 1970er Jahre beschrieben, dass in einer spätmodernen Mobilitätsphase „more complex mobility conditions emerge", in deren Folge *circulatory movements* in Form täglicher, wöchentlicher und saisonaler Pendelmobilität quantitativ an Bedeutung gewinnen und der Umfang überregionaler Wanderungen abnimmt (Zelinsky 1971: 245). Folglich unterliegt im Zuge der gesellschaftlichen Modernisierung nicht nur der Umfang, sondern auch die Form räumlicher Mobilität einem Wandel. Ein genauerer Blick auf die Erfassungsmethoden der amtlichen Statistik offenbart zweitens, dass der Umfang der *realen* räumlichen Mobilität in Deutschland anhand der verfügbaren amtlichen Wanderungsstatistik nur unzureichend abzubilden ist, so dass das Ausmaß beruflich motivierter räumlicher Mobilität durch eine sekundäranalytische Betrachtung deutlich unterschätzt wird. Dies sei anhand zweier Fallbeispiele verdeutlicht:[6]

Paar 1: Aus einem gemeinsamen Haushalt werden zwei getrennte Haushalte
In einem ersten Fall wird ein zusammenlebendes Paar in der Stadt X in Mecklenburg-Vorpommern betrachtet. Beide Partner schließen ungefähr zeitgleich das Studium ab. Die erste Stelle nach dem Studium führt sie nach Y in Nordrhein-

---

[5] Im SOEP wird die Frage nach dem Umzugsmotiv nur von einer Person im Haushalt für den gesamten Haushalt beantwortet. Da für die einzelnen Haushaltsmitglieder in subjektiver Perspektive unterschiedliche Motivlagen für einen Umzug ausschlaggebend sein können, sind diese Zahlen mit Vorsicht zu interpretieren. Außerdem ist das SOEP als jährliche Wiederholungsbefragung mit dem Problem konfrontiert, dass gerade nach Umzügen Haushalte nicht mehr erreicht werden und aus dem Panel fallen (Panelmortalität). Trotz dieser Vorbehalte stimmt der Anteil beruflicher Umzüge an allen Haushalten (eigene Berechnungen) mit dem aus der Wanderungsstatistik ermittelten Anteil der Wanderungen zwischen Bundesländern (bezogen auf die Gesamtbevölkerung) überein.
[6] Es handelt sich um Fallbeispiele aus dem Bekannten- und Familienkreis der Autorin.

Einleitung

Westfalen und ihn nach Z in Bayern. Der gemeinsame Haushalt in X wird aufgelöst. Beide richten einen eigenständigen Haushalt am neuen Arbeitsort ein und pendeln regelmäßig zwischen den Wohnorten Y und Z. Die überregionalen Wanderungen der Partner werden in der Wanderungsstatistik gezählt. Aber in der amtlichen Pendlerstatistik würden beide als innergemeindliche Pendler erscheinen; die beruflich bedingte zirkuläre Pendlermobilität zwischen den Städten Y und Z wird durch amtliche Statistiken nicht sichtbar.

Paar 2: Auslandsbeschäftigung und beruflich genutzte Nebenunterkunft
In einem zweiten Fall wird ebenfalls ein zusammenwohnendes Paar in der Stadt X in Bayern betrachtet. Er wurde für zwei Jahre von seiner Firma ins Ausland entsandt. Den Hauptwohnsitz mit seiner Partnerin in X behält er bei. Da der Partner angesichts der großen Entfernungen und der am neuen Arbeitsort geltenden Arbeitsbedingungen nicht häufiger als alle drei Monate nach X kommen kann, entschließt sie sich, ihren Traumjob in Y anzunehmen. Sie meldet dort eine Nebenwohnung an. Die gemeinsame Hauptwohnung in X ist damit größtenteils nicht bewohnt. Von der amtlichen Wanderungsstatistik wird weder ihr Zuzug an den Nebenwohnort noch sein Umzug ins Ausland registriert, denn erstens werden nur Wohnortwechsel des Hauptwohnsitzes als Wanderungen gezählt und zweitens wird das Arbeiten im Ausland bei Beibehaltung des Hauptwohnsitzes nicht als Wanderung erfasst. Im statistischen Sinne wäre das Paar also sesshaft.

Es sind genau diese Formen beruflich bedingter räumlicher Mobilität und des Wohnens an mehreren Orten, die in den vergangenen Jahren in Wissenschaft, Öffentlichkeit und Politik eine vermehrte Aufmerksamkeit erfahren haben. Die breite gesellschaftspolitische Relevanz multilokaler Lebens- und Wohnformen lässt sich anhand einiger Beispiele belegen:

- Im Buchhandel sind seit einigen Jahren Sachbücher über die „Liebe auf Distanz" mit Tipps und Regeln für eine gelingende Fernbeziehung zu finden (Koller 2004, Berger 2003, Wendl 2005, Guldner 2003).
- Das Bundesverfassungsgerichts hat gleich mehrfach über das multilokale Wohnen Recht gesprochen: Erst wurde im Jahr 2002 die zeitliche Begrenzung der steuerlichen Abzugsfähigkeit von Mehraufwendungen für eine doppelte Haushaltsführung[7] und dann 2005 die Erhebung einer Zweitwoh-

---

[7] Eine doppelte Haushaltsführung liegt nach § 9 Abs. 1, Nr. 5 des Einkommensteuerrechts vor, „wenn der Arbeitnehmer außerhalb des Ortes, in dem er einen eigenen Hausstand unterhält, beschäftigt ist und auch am Beschäftigungsort wohnt" (EStG in der Fassung der Bekanntmachung vom 19. Oktober 2002, zuletzt geändert am 24. September 2008). Die durch eine beruflich genutzte Zweitwohnung entstehenden Mehraufwendungen können als Werbungskosten steuerlich berücksichtigt werden. Mit dem Jahreseinkommensteuergesetz 1996 wurde eine Zweijahresgrenze

nungssteuer[8] für eine beruflich genutzte Nebenwohnung von verheirateten Berufstätigen für verfassungswidrig erklärt.[9]
- Für die Politik waren beruflich genutzte Nebenwohnungen durch die Verlagerung von Regierungsfunktionen nach Berlin in den 1990er Jahren zunächst eine Angelegenheit in eigener Sache (Richter 2000).[10] In den vergangenen Jahren sind dann insbesondere sozialrechtliche und steuerliche Probleme der so genannten Grenzpendlermobilität zwischen Deutschland und Dänemark auf politischer Ebene bearbeitet worden (Bundesministerium für Arbeit und Soziales/Beskaeftigesesministeriet 2006, Buch et al. 2008, zur Grenzpendlermobilität zwischen Schleswig-Holstein und Dänemark siehe auch Glorius 2006).

Das partnerschaftliche Leben in getrennten Haushalten – wie bei Paar 1 – gehörte bereits zu Zeiten von Wohnungsknappheit und kommunaler Wohnraumlenkung wie in der DDR zur Lebensrealität von (verheirateten) Paaren, als Paare keine gemeinsame Wohnung fanden bzw. ihnen keine gemeinsame Wohnung zugewiesen wurde (Schulz 2010). Aber erst „unter den Bedingungen historisch erweiterter Handlungsoptionen" (Friedrichs 1998: 46) hat sich im Zuge des sozialen Wandels das getrennte Zusammenleben von Paaren zu einer alternativen Lebens- und Wohnform entwickelt (Burkart/Kohli 1992; Trost 1995, 1998):

„Noch bis Mitte des 20. Jahrhunderts hatten in Deutschland allein stehende Frauen (mit Ausnahme von Witwen) in der Regel nur die Wahl zwischen dem Verbleib in der Herkunftsfamilie, dem Leben als „spätes Mädchen" im Familienhaushalt eines (männlichen) Verwandten oder dem Wohnen als Untermieterin in einem möblierten Zimmer – in letzterem weit weniger akzeptiert als der „möblierte Herr" und immer Gefahr laufend, eines unmoralischen Lebenswandels bezichtigt zu werden." (Becker 2008: 455)

---

für die steuerliche Abzugsfähigkeit der Mehraufwendungen für eine doppelte Haushaltsführung eingeführt. Nach der Beschwerde eines Universitätsprofessors ist laut BVerfG, 2 BvR 400/98 vom 4.12.2002, Absatz-Nr. 1-75 die zeitliche Begrenzung „in den Fällen von fortlaufend verlängerten Abordnungen und beiderseits berufstätigen Ehegatten verfassungswidrig" (Bundesverfassungsgericht 2003).

[8] Kommunen können für das Innehaben einer Nebenwohnung eine Zweitwohnungssteuer (auch: Zweitwohnsitzsteuer) erheben, um die Nebenwohnsitz-Inhaber/innen zum einen an den entstehenden Kosten zum Beispiel für Infrastrukturleistungen und zum anderen an den Einnahmeausfällen (Schlüsselzuweisungen, Anteil an Lohn- und Einkommenssteuer) zu beteiligen. Insbesondere finanzschwache Kommunen und Stadtstaaten machen seit Jahren von ihrem Recht Gebrauch, eine solche örtliche Aufwandssteuer zu erheben (Sturm/Meyer 2009).

[9] BVerfG, 1 BvR 1232/00 vom 11.10.2005, Absatz-Nr. 1-114.

[10] Berlin/Bonn-Gesetz vom 26. April 1994 (BGBl. I S. 918), geändert durch Artikel 1 der Verordnung vom 21. September 1997 (BGBl. I S. 2390).

Einleitung

Durch spätmoderne Lebensführungen und Lebensstile ist zudem die Wahrscheinlichkeit gestiegen, persönlich durch Fernreisen oder „virtuelle Mobilität" Bekanntschaften in anderen Städten, Regionen und Ländern zu schließen (Levin 2004, Hannam/Sheller/Urry 2006). Eine wichtige Voraussetzung dafür ist der Ausbau von Hochgeschwindigkeitsnetzen, die zu einer erheblichen time-space-compression in der Spätmoderne geführt haben (Harvey 1989).

Die Einrichtung beruflich genutzter Nebenwohnungen und -unterkünfte ist hingegen keine neuartige alternative Lebens- und Wohnform spätmoderner Gesellschaften. Zum einen stellen multilokale Haushaltsstrukturen in Entwicklungsländern eine wichtige (Über-)Lebensstrategie dar (Schmidt-Kallert/Kreibich 2004, Lohnert 2002, Schmidt-Kallert 2008, Steinbrink 2009). Zum anderen ist in Europa insbesondere für bestimmte männlich geprägte Berufsgruppen wie Soldaten, Seeleute und Wanderarbeiter der periodische Aufenthalt an einem vom Lebensmittelpunkt entfernten Arbeitsort ein lange bekanntes Phänomen. In der Phase der Hochindustrialisierung pendelten Arbeiter aus ländlichen Regionen in Städte und zu Industrieansiedlungen und hausten dort in werkseigenen Massenunterkünften oder als Schlafgänger in einer Arbeiterfamilie, wenn der tägliche Fußweg zur Fabrik zu weit war (Reuschke 2008). Durch den Ausbau von Verkehrswegen und durch verbesserte Verkehrsmittel hat das tägliche Berufspendeln einen enormen Bedeutungsgewinn erfahren, wodurch das Pendeln zwischen einer Hauptwohnung und einer beruflich genutzten Nebenunterkunft/-wohnung in der zweiten Hälfte des 20. Jahrhunderts weniger verbreitet gewesen ist. In strukturschwachen Regionen blieb die multilokale Haushaltsorganisation allerdings weiterhin eine Möglichkeit, um in der Heimat verwurzelt zu sein und den Lebensunterhalt in einer weiter entfernten Großstadt zu verdienen. Diese zirkuläre Pendelmobilität und multilokalen Wohnarrangements von vornehmlich gering qualifizierten (männlichen) Arbeitern im Baugewerbe sind seit den 1960er Jahren im deutschen Sprachraum Gegenstand einiger regionalökonomischer und aktionsräumlicher Untersuchungen (Lutz/Kreuz 1968, Breyer 1970, Vielhaber 1987, Junker 1992, Hackl 1992). Räumliche Aspekte des Phänomens sind ein zentraler Fokus dieser Fallstudien, die sich allerdings auf eine spezifische Form des Pendelns konzentrieren, die in hohem Maße mit der fordistischen Erwerbsarbeitswelt und Lebensführung (u. a. Familienernährermodell) verbunden ist.

Die Forschung über das Wohnen an mehreren Orten unter gesellschaftlichen Modernisierungsbedingungen hat sich zuerst in den USA etabliert. Seit den 1970er Jahren werden in den angloamerikanischen Sozialwissenschaften und der Psychologie Auswirkungen berufsbezogener Multilokalität auf Partnerschaft und Familie untersucht (Kirschner/Walum 1978, Farris 1978, Gross 1980, Gerstel/Gross 1984, Winfield 1985). Räumliche Fragestellungen sind von dieser Forschungsperspektive jedoch vernachlässigt worden. Die fast ausschließlich qualitativen Studien basieren zudem auf willkürlichen Auswahlverfahren, so dass nur Schlussfolgerungen für Einzelfälle oder eine spezifische soziale Gruppe (v. a. hoch qualifizierte Paare) möglich sind.

Für das multilokale Wohnen in der Spätmoderne ist deshalb weitgehend unklar, welche Geographien durch das Wohnen an mehreren Orten entstehen und welche Bedingungen für die raum-zeitliche Konfiguration multilokaler Wohnarrangements relevant sind. Dass bislang eine raumwissenschaftliche und raumplanerische Betrachtung multilokaler Haushaltsstrukturen und Wohnarrangements unter den Bedingungen fortschreitender gesellschaftlicher Modernisierung und wirtschaftlicher Strukturveränderungen fehlt, erstaunt in mehrfacher Hinsicht:

Erstens wirkt sich das Mobilitätsverhalten nicht nur auf die Wohnorte am beruflich genutzten Zweitwohnsitz aus, sondern die Auswirkungen betreffen auch den Hauptwohnort und die Transitionsräume und somit eine Vielzahl von Räumen. Welche sozialräumlichen Folgewirkungen multilokale Wohnarrangements in bestimmten Raumtypen haben, ist dabei von besonderer Bedeutung: Wenn einerseits Personen vermehrt aus strukturschwachen Regionen zum Arbeiten an einen weiteren Wohnsitz pendeln, wird dadurch zwar die Abwanderung von Haushalten verhindert, allerdings bleiben durch die temporären Abwesenheiten im Herkunftsort Tendenzen der „Entleerung" und deren infrastrukturelle Folgen und Auswirkungen auf das Gemeinwesen nicht aus. Für Kernstädte in Agglomerationsräumen stellen sich andererseits im Hinblick auf eine funktionierende kommunale Wohnraumversorgung Fragen nach der Wohnungsnachfrage und den Wohnstandortentscheidungen von multilokalen Haushalten am Zweitwohnsitz und von Personen wie in Paar 1, die über großräumige Distanzen in einer getrennten Haushaltsführung leben und zwischen den Wohnungen pendeln. Insbesondere in den wachsenden Wohnungsmarktregionen im Süden Deutschlands könnten sich durch die zunehmende Anzahl berufsbezogener Nebenwohnsitze und multilokaler Wohnarrangements die städtischen Wohnungsmärkte in Teilsegmenten weiter anspannen.

Zweitens sind in einer multilokalen Haushaltsorganisation häufig mehrere Haushaltsmitglieder involviert, deren Aktionsräume und Alltagsmobilität durch eine multilokale Lebensweise Veränderungen erfahren, die wiederum räumliche Auswirkungen haben.

Drittens sind multilokale Lebensformen distanz- und verkehrsintensiv. Die räumliche und zeitliche Verteilung der Pendelmobilität beeinflusst verschiedene Verkehrsströme und Verkehrswege. Ist das Berufspendeln auf einzelne Arbeitsplatzzentren an bestimmten Werktagen und Tageszeiten gerichtet, verstärken sich dadurch die negativen Folgen der Berufspendlermobilität erheblich.

1.2 Begriffliche Präzisierung

Die Erscheinungsformen des multilokalen Wohnens sind vielfältig, wie die beiden Fallbeispiele illustrieren. Bislang werden die verschiedenen Formen in der Literatur nicht systematisch unterschieden. Durch das Fehlen einer einheitlichen Terminologie existiert zur Thematik des multilokalen Wohnens eine Bandbreite von Begriffen, insbesondere im englischen Sprachraum.[11] Hinter dieser Begriffsvielfalt verbergen sich zum einen unterschiedliche wissenschaftliche Perspektiven auf multilokales Wohnen und zum anderen verschiedenartige Bedeutungen von Wohnen und Haushalt.[12]

Ausgehend von der These, dass Paare, die in einem gemeinsamen Haushalt leben, andere Wohnweisen und Wohnbedürfnisse haben als Paare mit getrennten (eigenständigen) Haushalten, ist aus der Sicht der Wohnforschung für das multilokale Wohnen in einer Partnerschaft die haushaltsbezogene Abgrenzung zwischen einem gemeinsamen Wohnsitz (Paar 2) und getrennten eigenständigen Haushalten (Paar 1) zentral. Die in der US-amerikanischen Sozialpsychologie und Familiensoziologie verwendeten Begriffe des *commuting couple* (Winfield 1985, Bunker et al. 1992, Anderson/Spruill 1993) bergen für sozialgeographische und raumplanerische Untersuchungen insofern Unschärfen, da keine eindeutige Differenzierung der Wohnsituation nach der Haushaltsform unternommen wird.[13]

Für das berufsbezogene Pendeln zwischen einem Haupt- und Nebenwohnort wird in der amtlichen Statistik der Begriff des Wochenendpendelns verwendet. Schneider, Limmer und Ruckdeschel (2002) haben stattdessen den Begriff des Shuttelns eingeführt, der gegenüber dem geläufigeren Begriff des Wochenendpendelns für eine wissenschaftliche Betrachtung den Vorteil bietet, dass kein

---

[11] In der Literatur werden u. a. folgende Begriffe verwendet: married commuters, long distance weekly commuters, living apart together, dual-career commuting couples, commuter couples, two-location marriage/family, long-distance marriage, dual-career-shuttles, dual-residence living, long distance LAT relationship, married singles, dual dwelling duos, weekend-couples.

[12] Für sozialgeographische Untersuchungen und im Wohnungswesen ist die Wohnung definiert als Ort der Existenzsicherung (Weichhart 1987: 6). Hingegen werden in den Kulturwissenschaften mit Fokus auf den Wandel alltagskultureller Praktiken mit dem Konzept der residentiellen Multilokalität auch Freizeitmobilität, das Innehaben eines Schrebergartens, Dauercamping, Caravaning und Wohnungslosigkeit untersucht (Rolshoven 2007).

[13] Das hat zur Folge, dass häufig aus den Untersuchungen nicht eindeutig hervorgeht, ob die Paare einen gemeinsamen Haushalt unterhalten und ein Partner zu einer Nebenwohnung pendelt oder ob die Partner in zwei getrennten Haushalten leben und folglich allein wohnen. Das mag für sozialpsychologische Forschung, deren primäres Forschungsinteresse auf der temporären räumlichen Trennung von Paaren liegt, durchaus ausreichend sein, aber aus Sicht der Wohn- und Mobilitätsforschung, die u. a. Wohnpraktiken, Wohnbedürfnisse, Alltagsmobilität und Aktionsräume untersucht, ist dieser analytische Ansatz zur Untersuchung von residentieller Multilokalität unzureichend.

spezifisches zeitliches Pendelarrangement suggeriert wird. In ihrer Untersuchung beschränken sich die Forscher/innen allerdings auf Personen, die mit einem Partner/einer Partnerin in einem Haushalt zusammenleben. Im Hinblick auf eine ganzheitliche Betrachtung dieser multilokalen Lebensform, wird in der vorliegenden Arbeit der Begriff des Shuttelns für alle Personen mit einer beruflich genutzten Zweitwohnung, d. h. unabhängig von ihrer Haushaltsform, verwendet. Im Fallbeispiel von Paar 2 sind beide Partner als Shuttles zu bezeichnen (siehe Abb. 1.1).

Abbildung 1.1: Abgrenzung von Shuttles und Personen in einer Fernbeziehung

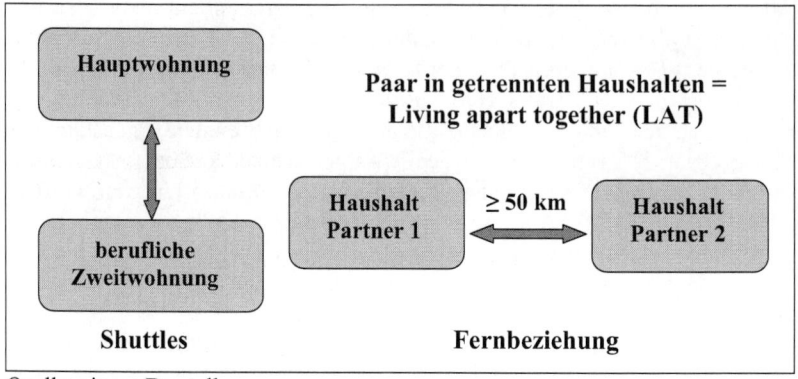

Quelle: eigene Darstellung

Für Partnerschaften mit getrennten (eigenständigen) Haushalten ist in der Literatur der Begriff des *living apart together* bzw. das Akronym LAT weit verbreitet,[14] wenngleich in den vergangenen Jahren mit der zunehmenden Diskussion über residentielle Multilokalität zu beobachten ist, dass unter living apart together ungeachtet der Haushaltssituation der Partner auch das Shutteln in einer Partnerschaft mit einem gemeinsamen Haushalt gefasst wird (Lenz 2006, Charrier/Déroff 2006, Bertaux-Wiame/Tripier 2006). Der Begriff des *living apart together*, dessen wissenschaftliche Verwendung auf Straver (1981) zurückgeht, meint meistens Partnerschaften mit zwei Haushalten unabhängig vom Familienstand der Partner (Schmitz-Köster 1990, Villeneuve-Gokalp 1997, Schneider/ Ruckdeschel 2003). Wenige Autoren schränken die Beziehungsform auf das getrennte Zusammenleben von nicht verheirateten Paaren ein (Schlemmer 1995,

---

[14] Der Begriff wird sowohl im englischen als auch im deutschen Sprachraum verwendet. Im Französischen hat der Begriff weniger Verbreitung gefunden. Stattdessen werden nicht zusammenlebende Paare als „couples non cohabitants" oder „couples à double résidence" bezeichnet (Caradec 1996: 903).

Haskey 2005), was allerdings zumeist den der Auswertung zugrunde liegenden Daten geschuldet ist. Allen bisher vorliegenden Untersuchungen ist gemein, dass das getrennte Zusammenleben von Paaren unabhängig von der räumlichen Entfernung der Wohnungen der Partner untersucht wird und damit auch Paare, die in einem Wohngebäude oder in derselben Straße in verschiedenen Wohnungen leben, Untersuchungsgegenstand sind. Um die räumliche Dimension dieser Lebens- und Wohnform zu berücksichtigen, wird in der vorliegenden Arbeit für Partnerschaften mit getrennten Haushalten über großräumige Distanzen von mindestens 50 km der Begriff „Fernbeziehung" verwendet (siehe Abb. 1.1 und Kap. 7.1). Der Familienstand der Partner ist dabei unerheblich. Das Paar 1 lebt damit in einer Fernbeziehung.

Die Unterhaltung von mehreren Haushalten (ob aus beruflichen Gründen oder anderen Motiven) und das *living apart together* (ob kleinräumig oder über große Distanzen) werden in dieser Arbeit als multilokale Lebens- und Wohnformen bezeichnet. Der oben dargelegten haushaltsbezogenen Terminologie folgend, wird der in der Literatur geläufige Begriff des multilokalen Haushalts nur synonym für die Unterhaltung mehrerer Haushalte (Haupt- und Zweithaushalt) verwendet. Bei Shuttles handelt es sich also um multilokale Haushalte bzw. um eine multilokale Haushaltsorganisation.

1.3 Zielsetzung, zentrale Fragestellung und Aufbau der Arbeit

Aus der Problemstellung ergibt sich die Zielsetzung der Arbeit, die raumzeitlichen Muster und Bedingungen der Geographien multilokalen Wohnens zu untersuchen. Dabei stehen die Auswirkungen beruflich bedingter räumlicher Mobilität auf die Lebens- und Wohnsituation von Personen und Haushalten im Mittelpunkt, die aus der Perspektive der Wohn-, Mobilitäts- und Migrationsforschung untersucht werden. Andere Formen von residentieller Multilokalität wie Altersruhesitze oder Freizeitdomizile stehen nicht im Fokus dieser Arbeit.

In Abgrenzung zu anderen Wanderungsstudien, die sich auf überregionale Wanderungen und folglich auf punktuelle räumliche Mobilität konzentrieren, wird im Rahmen dieser primär empirisch ausgerichteten Arbeit die Forschungsperspektive auf räumliche Mobilität um zirkuläre Mobilitätsformen zwischen verschiedenen Orten des Wohnens erweitert. Dabei sollen das räumliche Arrangement und das Wohnen von Personen in unterschiedlichen mobilen Lebensformen gegenübergestellt und auf der individuellen Ebene im Kontext der Haushaltsform nach Merkmalen und Bedingungen für die raum-zeitliche Konstellation vergleichend untersucht werden. Im Mittelpunkt der Betrachtung steht dabei die Frage nach den Determinanten der raum-zeitlichen Strukturen der multilokalen Lebens- und Wohnformen.

Grundlegend wird von der These ausgegangen, dass flexibilisierte Arbeitsbedingungen und der soziale Wandel dazu führen, dass die Entscheidungen von Haushalten für und wider räumliche Mobilität komplexer geworden sind und infolgedessen multilokale Lebensformen als alternative Wohnarrangements zur Vereinbarung von beruflichen Mobilitätsanforderungen und privater Lebensführung an Bedeutung gewinnen. Unter dem Fokus auf beruflich motivierte großräumige Mobilität und Wohnarrangements stehen zum einen Personen mit einem beruflich genutzten Zweitwohnsitz (Shuttles) und zum anderen Personen in einer Partnerschaft mit getrennten Haushalten über große Distanzen (Fernbeziehungen) im Zentrum der Untersuchung (siehe Abb. 1.1).

Fragen, welche Entstehungskontexte und Sozialstrukturmerkmale für die jeweilige multilokale Lebensform relevant sind, welche Raum- und Zeitmuster verfolgt werden, wodurch sich eine multilokale Wohnsituation auszeichnet und welche Veränderungsabsichten bestehen, sollen in einer Gesamtsicht Grundlagen zu übergeordneten Fragen liefern, welche gegenwärtige und zukünftige gesellschaftliche Bedeutung multilokale Lebensformen haben, welche Anforderungen an Wohnung und Wohnstandorte bei anhaltender Flexibilisierung des Arbeitsmarktes und Fortdauer des sozialen Wandels in Zukunft zu erwarten sind, aber auch Aufschluss über Mobilitätsentscheidungen von Haushalten und über die Auswirkungen der Veränderung der Geschlechterverhältnisse auf räumliche Mobilität geben.

Die Arbeit gliedert sich wie folgt:
Anhand der Fallbeispiele wurde verdeutlicht, dass die Wanderungs- und Pendlerstatistik nur unzureichend multilokale Wohn- und Lebensformen abbildet. Das nachfolgende Kapitel schließt an diese Problematik an und wertet statistische Sekundärquellen für Deutschland danach aus, welche Einblicke vorhandene Großerhebungen in die Verbreitung und Merkmale von Shuttles und Personen in einer Fernbeziehung geben. Im Anschluss daran werden in Kapitel 3 der Stand der Forschung über multilokales Wohnen und theoretische Grundlagen diskutiert. Dabei geht es nicht darum, das ganze Spektrum verschiedener Forschungsstränge zu multilokalem Wohnen überblicksartig wiederzugeben, sondern mit dem Fokus auf beruflich bedingte multilokale Wohnarrangements werden die zentralen empirischen Erkenntnisse über die sozialstrukturellen Merkmale und raum-zeitlichen Muster multilokaler Lebensformen zusammengefasst. Aus der Diskussion vorhandener empirischer Befunde in Verknüpfung mit der vorangestellten Sekundäranalyse werden dann in Kapitel 3.3 die Forschungsfragen präzisiert und untersuchungsleitende Hypothesen abgeleitet.

Kapitel 4 erläutert die Datenerhebung und das Stichprobendesign, fasst die Inhalte der Befragung zusammen, beschreibt die Ausschöpfung der Erhebung, dokumentiert die Edition der Daten und gibt einen Überblick über die Gesamtstichprobe. Die Darstellung empirischer Ergebnisse erfolgt dann in den darauf folgenden Kapiteln. Zunächst werden die Zugezogenen ohne weitere Wohnung – also die Zielgruppe herkömmlicher Wanderungsstudien – betrachtet, um „klassische" Fernwandernde zu charakterisieren und als Vergleichsgruppe für Shuttles abzugrenzen (Kapitel 5). Darüber hinaus werden in diesem Kapitel persönliche Einstellungen zu beruflichen Fernumzügen untersucht. Empirische Ergebnisse über die multilokale Lebensform des Shuttelns und das beruflich motivierte Pendeln zwischen einem Haupt- und Zweitwohnsitz werden in Kapitel 6 präsentiert. Anschließend wird in Kapitel 7 das multilokale Leben und Wohnen in einer Fernbeziehung, also in einer Paarbeziehung mit getrennten Haushalten über große Distanzen, untersucht. Kapitel 8 fasst die empirischen Ergebnisse zusammen und gibt einen Ausblick auf zukünftige Forschung.

2 Sekundärquellen über multilokale Lebensformen in Deutschland

2.1 Daten über berufsbezogene Nebenwohnsitze

Auskunft über die Verbreitung und räumliche Verteilung beruflich genutzter Nebenwohnsitze gibt die Pendlerbefragung des Mikrozensus.[15] Für die Bundesrepublik wurden im Jahr 2004 insgesamt 357.000 Beschäftigte (einschließlich Auszubildenden, Praktikant/innen und Volontär/innen) ermittelt, die von ihrem Nebenwohnsitz zur Arbeitsstätte pendeln (Statistisches Bundesamt 2005a: 61). Bei insgesamt 35.659.000 Erwerbstätigen im Jahr 2004 (ebd., Tabellenanhang: Tabelle 18) beträgt demnach der Anteil Shuttles an allen Erwerbstätigen in Deutschland ein Prozent. Für dasselbe Jahr wurde im Mikrozensus die Anzahl von Nebenwohnsitzen insgesamt auf 1.183.000 hochgerechnet, so dass davon auszugehen ist, dass knapp ein Drittel der Nebenwohnsitze in Deutschland beruflich genutzt wird (ebd.: 11).

Gegenüber dem Jahr 1996 ist die Anzahl beruflich genutzter Nebenwohnungen in 2004 deutlich um 12 % angestiegen. Der Ort des Nebenwohnsitzes bzw. der Arbeitsstätte befindet sich überwiegend in wirtschaftlich starken Bundesländern: Fast ein Viertel der im Mikrozensus so genannten Wochenendpendler/innen arbeitet in Bayern (24 %), 15 % in Baden-Württemberg und 13 % in Nordrhein-Westfalen (ebd.: 61). Weitere Daten über die Herkunftsorte, die siedlungsstrukturellen Raumbezüge und das Mobilitätsverhalten der Pendler/innen liegen nicht vor. Folglich können keine allgemeinen Aussagen über die Pendeldistanz und die Periodizität des Shuttelns abgeleitet werden. Lediglich im Mikrozensus 1964 wurde einmalig nach der Pendelperiodizität (wöchentlich, dreimal im Monat usw.) und der Pendeldistanz gefragt (Wirtschaft und Statistik 1966: 437).

Für das Jahr 2004 beträgt das Verhältnis von Männern zu Frauen unter den Pendlern mit einem berufsbezogenen Nebenwohnsitz 60 : 40 (Statistisches Bundesamt 2005a, Tabellenanhang: Tabelle 34). Der Frauenanteil ist damit nur etwas geringer als der Anteil von Frauen an den Erwerbstätigen im Jahr 2004 insgesamt (44,7 %) (Statistisches Bundesamt 2005b: 96). Nach dem beruflichen

---

[15] Der Mikrozensus ist eine jährliche 1 %-Haushaltsstichprobe. Ungefähr alle vier Jahre – und zuletzt im Jahr 2004 – wird ein Themenblock zum Berufspendeln integriert. In der Einkommens- und Verbrauchsstichprobe (EVS) werden ebenfalls Daten über Zweitwohnungen erfasst (siehe empirica 2009, Statistisches Bundesamt 2009). Für Aussagen über Zweitwohnungen in Deutschland wird der Mikrozensus herangezogen, da in der EVS 0,2 % der privaten Haushalte befragt werden und zudem nicht, wie beim Mikrozensus, eine gesetzliche Teilnahmepflicht besteht (siehe Wirth/Müller 2006).

Qualifikationsprofil unterscheiden sich Wochenendpendler/innen deutlich von den abhängig Beschäftigten insgesamt (alle Angaben ohne Auszubildende, Praktikant/innen und Volontär/innen):

Fast 40 % der abhängig beschäftigten männlichen Wochenendpendler und nur gut jeder fünfte abhängig beschäftigte Mann, der vom Hauptwohnsitz die Arbeitsstätte erreicht, sind höhere Angestellte oder Beamte. Wochenendpendlerinnen haben im Vergleich zu Männern, die von der Nebenwohnung zur Arbeit pendeln, zwar weniger häufig höchste Stellungen im Betrieb (21 %) und der größte Anteil der Wochenendpendlerinnen ist gehobene Angestellte oder Beamtin (38 %), aber sie unterscheiden sich ebenfalls deutlich von den abhängig beschäftigten Frauen insgesamt, von denen nur rd. jede Achte höhere Angestellte oder Beamtin ist. Ein Drittel der Männer und rd. 41 % der Frauen, die von ihrem Nebenwohnsitz die Arbeitsstätte erreichen, sind mittlere oder einfache Angestellte bzw. Beamte.[16]

In der Statistik der sozialversicherungspflichtig Beschäftigten der Bundesagentur für Arbeit auf deren Grundlage unter anderem die Landes-Pendlerberichte des Instituts für Arbeitsmarkt- und Berufsforschung (IAB) erstellt werden, wird zwar der Wohnort und der Arbeitsort von allen abhängig Beschäftigten in der Bundesrepublik erfasst, aber eine Differenzierung zwischen täglichem Berufspendeln und Shutteln ist aufgrund fehlender Angaben zu einem Nebenwohnsitz nicht möglich.[17]

Das Gleiche gilt für das Sozio-ökonomische Panel (SOEP) des Deutschen Instituts für Wirtschaftsforschung (DIW) – einer repräsentativen jährlichen Wiederholungsbefragung von Haushalten und Personen in der Bundesrepublik. Hier werden zwar Personen, deren Arbeitsstätte außerhalb des Wohnorts liegt, danach gefragt, ob sie täglich, wöchentlich oder seltener von der Wohnung zur Arbeitsstätte pendeln, aber es fehlen Angaben zu einer Nebenwohnung. Dadurch erscheinen u. a. geringfügig Beschäftigte mit einem Mini-Job einschließlich Rentner/innen, die nur an wenigen Tagen in der Woche arbeiten, sowie Personen mit wechselnden Arbeitsorten, die nicht jeden Tag zu ihrer (Haupt-)Arbeitsstätte fahren, als wöchentlich Pendelnde. Der Versuch, diese Fälle für die Welle 2007 „herauszurechnen", ergab, dass die Mehrzahl der Frauen, die wöchentlich oder seltener zu ihrer Arbeitsstätte pendeln, in Teilzeit beschäftigt ist und im Median eine Entfernung von 40 km für den Arbeitsweg zurücklegt. Ein Teil dieser Frau-

---

[16] Eigene Berechnungen auf Grundlage der Veröffentlichung der Mikrozensusdaten 2004 (Statistisches Bundesamt 2005a, Tabellenanhang).

[17] Die Angaben beruhen auf den Pflichtmeldungen der Arbeitgeber an die Träger der gesetzlichen Sozialversicherung über ihre sozialversicherungspflichtig Beschäftigten. Der Arbeitsort ist der Ort des Betriebs (der Filiale). Für den Wohnort wird die Adresse des Arbeitnehmers weitergegeben, mit der er/sie beim Betrieb registriert ist. Das kann der Haupt- oder Nebenwohnort sein.

en arbeitet weniger als fünf Tage in der Woche und wird deshalb wöchentliches statt tägliches Pendeln angegeben haben. Die Unterscheidung zwischen einem täglichen und wöchentlichen Weg von der Wohnung zur Arbeitsstätte ohne die Auskunft über eine Nebenwohnung ist demnach völlig unzureichend, um Rückschlüsse auf das Shutteln zu ziehen.[18]

Grundsätzlich ist davon auszugehen, dass bei anderen Umfragen wie der Laufenden Bevölkerungsumfrage des Bundesinstituts für Bau-, Stadt- und Raumforschung (BBSR) Shuttles in der Stichprobe sehr wahrscheinlich unterrepräsentiert sind, da sie telefonisch und vis-à-vis schwerer an ihrem Hauptwohnsitz zu erreichen sind als Personen in unilokalen Lebens- und Wohnformen.

2.2 Fernbeziehungen: Eine Black Box in der amtlichen Statistik und anderen Großzählungen

In der amtlichen Statistik werden Paarbeziehungen in getrennten Haushalten nicht erfasst. Die repräsentative Bevölkerungsstatistik des Mikrozensus bildet als Haushaltsbefragung nur die Beziehungen innerhalb des Haushalts ab:

„Als Haushaltsbefragung konzentriert sich der Mikrozensus auf das Beziehungsgefüge der befragten Menschen in den „eigenen vier Wänden", also auf einen gemeinsamen Haushalt. Eltern-Kind-Beziehungen, die über Haushaltsgrenzen hinweg bestehen, oder Partnerschaften mit getrennter Haushaltsführung, das so genannte „Living-apart-together", bleiben daher unberücksichtigt" (Statistisches Bundesamt 2007, Vorbemerkung).

Im SOEP finden sich Hinweise auf die Verbreitung von Paaren in getrennten Haushalten. Allerdings wird die Frage nach einem gemeinsamen oder getrennten Haushalt mit dem Partner/der Partnerin in der Welle 2007 ausschließlich nicht verheirateten Personen gestellt. Aussagen über LATs können mithilfe des SOEP deshalb nur für unverheiratete Paare getroffen werden.[19] Außerdem können die räumlichen Bezüge der Paare mit den Daten nicht nachvollzogen werden. Die Partner können somit in einem Wohnhaus, in einem Stadtteil oder über große Distanzen voneinander entfernt wohnen. Daten über den Partner/die Partnerin werden bei getrennten Haushaltsführungen zudem nicht abgefragt.

---

[18] Befragte, die wöchentlich zwischen der Wohnung und der Arbeitsstätte pendeln, können deshalb nicht, wie von Buch (2006), als „wöchentliche Pendler/innen" im Sinne von „Wochenendpendler/innen" bzw. Shuttles untersucht werden.

[19] Eine Ausnahme stellt die Welle 2006 dar, in der Entfernungen zu verwandten Personen – der jetzige Ehemann/die jetzige Ehefrau eingeschlossen – kategorisiert erfasst wurden (im gleichen Haushalt, im gleichen Haus, in der Nachbarschaft, im gleichen Ort usw.).

In der Allgemeinen Bevölkerungsumfrage der Sozialwissenschaften (ALLBUS) werden im Gegensatz zum SOEP alle Personen unabhängig von ihrem Familienstand zu ihrer Haushaltssituation befragt und zudem werden sozialstrukturelle Daten der Partner/in über das Haushaltsgefüge hinaus erhoben. Angaben zu den Wohnorten der Partner werden auch hier nicht erfasst. Lediglich für die befragte Person liegt auf aggregierter Ebene die Einwohnerzahl des Wohnorts vor, aus der sich zumindest ableiten lässt, ob die befragten LATs in einer Großstadt oder kleineren Stadt wohnen. Mit dem ALLBUS lassen sich damit zwar keine Fernbeziehungen – in Abgrenzung zu LATs mit getrennten Haushalten in kleinräumiger Entfernung – untersuchen, aber zumindest können aufgrund der Erfassung der Haushaltssituation und von Daten des Partners/der Partnerin Einblicke in Sozialstrukturmerkmale von LAT-Partnerschaften gewonnen werden. Für eine sekundärstatistische Analyse wird im Folgenden der ALLBUS 2006 herangezogen.[20]

Alle zwei Jahre werden im ALLBUS rd. 3.500 Personen im Alter ab 18 Jahre befragt. Dazu wird eine Personenstichprobe aus dem Melderegister gezogen: rd. 2.400 Personen aus den alten Bundesländern und rd. 1.100 Personen aus den neuen Bundesländern. Damit sind im ALLBUS Befragte aus den neuen Bundesländern überrepräsentiert. Um das *oversample* auszugleichen und repräsentative Aussagen für Deutschland zu treffen, müssen die Daten gewichtet werden (Terwey 2008: 12). Die nachfolgenden Daten sind alle personenbezogen gewichtet.

Im ALLBUS 2006 leben von allen erwachsenen Personen (ab 18 Jahre) 6,3 % in einer Paarbeziehung mit getrennten Haushalten. Werden nur Personen in einer festen Partnerschaft betrachtet, beträgt der Anteil LATs 8,6 %. Das bedeutet, dass neun von zehn Paaren in einem Haushalt zusammenleben.

LATs im elterlichen Haushalt
Jeder fünfte Mann (21 %) und mehr als jede dritte Frau (35 %) in einer Paarbeziehung mit getrennten Haushalten lebt im elterlichen Haushalt.[21] In der Mehr-

---

[20] „Das ALLBUS-Programm ist 1980-86 und 1991 von der DFG gefördert worden. Die weiteren Erhebungen wurden von Bund und Ländern über die GESIS (Gesellschaft sozialwissenschaftlicher Infrastruktureinrichtungen) finanziert. ALLBUS wird innerhalb der GESIS an den Standorten Mannheim und Köln in Zusammenarbeit mit dem ALLBUS-Ausschuß [sic] realisiert. Die vorgenannten Institutionen und Personen tragen keine Verantwortung für die Verwendung der Daten in diesem Beitrag." (Terwey et al. 2008)

[21] Im SOEP ist der Anteil LATs (ohne verheiratet Zusammenlebende), die bei den Eltern wohnen, deutlich höher. Im Jahr 2007 wurden insgesamt 43,4 % als Kind oder Enkel des Haushaltsvorstands bzw. der Lebenspartnerin/des Lebenspartners des Haushaltsvorstands befragt (eigene Berechnungen). Dieser deutlich höhere Anteil gegenüber dem ALLBUS ist darauf zurückzuführen, dass das SOEP primär eine Haushaltsbefragung ist, in der alle erwachsenen Personen (ab 18 Jahre) im Haushalt befragt werden. Somit fallen im Gegensatz zur Melderegisterabfrage des ALL-

zahl leben diese LATs bei dem Vater und der Mutter, was insbesondere für Männer zutrifft (83 %). Frauen wohnen häufiger bei nur einem Elternteil (19 %) und zu einem verschwindend geringen Anteil mit ihrem leiblichen Kind im Haushalt der Eltern (5 %). Diese Form des living apart together beschränkt sich auf ledige Personen und fast ausschließlich auf junge Alterskohorten zwischen 18 und 29 Jahre. Männer sind im Median 23 Jahre und Frauen 21,5 Jahre alt.[22] Die Hochschulreife haben 54 % und knapp ein Drittel die Mittlere Reife erlangt. Über einen beruflichen Ausbildungsabschluss verfügt die Hälfte noch nicht (48 %). Das Gleiche gilt für die Partner/innen, von denen ebenfalls die Hälfte noch keinen Ausbildungsabschluss hat.

Die überragende Mehrheit der LATs, die noch im elterlichen Haushalt leben, wohnt im selbstgenutzten Wohneigentum (82 %). Der dominierende Wohngebäudetyp ist das freistehende Ein- und Zweifamilienhaus. Der größte Anteil von mehr als einem Drittel wohnt demzufolge in Kleinstädten zwischen 5.000 bis unter 20.000 Einwohnern. In einer Großstadt mit mehr als 100.000 Einwohnern wohnt weniger als ein Fünftel (19 %). Sie werden vermutlich häufig im suburbanen Raum von Kernstädten leben.

Drei Gruppen von LATs im eigenen Haushalt
Die deutlich größere Anzahl Personen in einer Paarbeziehung mit getrennten Haushalten lebt nicht mehr im elterlichen Haushalt. Davon entfällt der größte Anteil auf die Alterskohorten der 30- bis 44-Jährigen (45 %). Das Medianalter beträgt für Männer 38 Jahre und für Frauen 39 Jahre.[23] Nach dem Alter und der Haushaltsform lassen sich drei Gruppen bilden:

- Einer ersten Gruppe sind ungefähr ein Fünftel der LATs im eigenen Haushalt zuzuordnen. Sie sind allein wohnend, ledig und im Alter zwischen 18 und 29 Jahre. Die Hälfte der Männer und Frauen besitzt die Hochschulreife. Mehr als ein Drittel ist noch in der beruflichen Ausbildung. Die Partner/innen sind zumeist ebenfalls zwischen 18 und 29 Jahre alt. Als höchsten Schulabschluss haben sie am häufigsten die Mittlere Reife (47 %). Junge LATs mit einem eigenen Haushalt wohnen überwiegend zur Miete (77 %) und zu gut einem Drittel in einer Großstadt mit über 100.000 Einwohnern.
- Weitere zwei Drittel der LATs mit einem eigenen Haushalt sind zwischen 30 und 59 Jahre alt. In dieser zweiten Gruppe sind die Ledigenanteile geringer als bei den jungen allein wohnenden LATs. Von den Männern sind insgesamt 59 % ledig, bei den Frauen ist der Anteil mit 40 % deutlich geringer.

BUS mehr Schüler/innen, Auszubildende und Student/innen, die während der schulischen bzw. beruflichen Ausbildung noch bei den Eltern bzw. einem Elternteil leben, in die Stichprobe.

[22] Standardabweichung (SD) für Männer = 2,8 und für Frauen SD = 4,1.
[23] Standardabweichung für Männer = 13,3 und für Frauen SD = 14,9.

Genauer ist bei den 45- bis 59-jährigen Frauen sogar keine ledig. Mehr als jeder vierte Mann und mehr als jede dritte Frau ist geschieden oder lebt in Trennung. Davon hat der überwiegende Anteil Kinder, die bei den Männern außer Haus (und höchst wahrscheinlich bei der Mutter) leben, während LAT-Frauen häufiger als Männer allein erziehend sind.[24] Jede/r Achte ist verheiratet und nur selten lebt in diesen Fällen ein Kind im Haushalt. Gegenüber den jungen allein wohnenden LATs haben diese Männer und Frauen weniger hohe Schulabschlüsse. Mehrheitlich besitzen sie die Mittlere Reife (33 %) oder haben die Volks-/Hauptschule besucht (32 %). Einen Fachhoch- oder Hochschulabschluss haben 24 %. Die meisten wohnen zur Miete; im selbstgenutzten Wohneigentum lebt ungefähr ein Viertel. Das entspricht in etwa der Wohneigentumsquote für Einpersonenhaushalte dieser Altersgruppe (Bundesamt für Bauwesen und Raumordnung (BBR) 2007a: 141). Am häufigsten wohnt diese Gruppe von LATs in kleineren Städten mit 5.000 bis 20.000 Einwohnern (24 %) oder in Mittelstädten bis 50.000 Einwohner (26 %). Die Partner der Frauen sind am häufigsten zwischen 45 und 59 Jahre alt (51 %); männliche LATs haben am häufigsten Partnerinnen im Alter zwischen 30 und 44 Jahre (54 %). Die Partner/innen sind weit überwiegend erwerbstätig (83 %) und 18 % haben einen Fachhoch- oder Hochschulabschluss.

- Schließlich können in einer dritten und der zahlenmäßig kleinsten Gruppe ältere Personen ab 60 Jahre zusammengefasst werden (12 %). Sie sind häufig verwitwet (45 %) und leben alle im Ruhestand. Die meisten wohnen im selbstgenutzten Wohneigentum (61 %) im Ein- oder Zweifamilienhaus.

Daraus folgend sind für beruflich motivierte Fernbeziehungen LATs in eigenen Haushalten der jüngeren und mittleren Alterskohorten relevant. Da Verheiratete nur zu einem verschwindend geringen Teil von weniger als einem Prozent nicht in einem Haushalt mit dem Lebenspartner/der Lebenspartnerin zusammenleben,[25] ist deshalb zu erwarten, dass Fernbeziehungen nur äußerst selten von Verheirateten geführt werden.

---

[24] Chi Quadrat-Unabhängigkeitstest für Geschlecht und Kinder außer Haus – gemessen in drei Kategorien: ja, Kinder außer Haus / nein, nur Kind im Haushalt / keine eigenen Kinder: $X^2(df)$ = 16,1(2), Cramers V = 0,327, n = 151 (gerundet).
[25] Dieser verschwindend geringe Anteil stimmt mit Berechnungen aus dem SOEP 2006 von Asendorpf (2008: 10) überein.

3 Stand der Forschung, Theorien, Hypothesen

3.1 Multilokale Haushalte und berufliche Zweitwohnsitze

Empirische Untersuchungen über berufsbedingtes multilokales Wohnen stehen in der angloamerikanischen Forschung seit ihren Anfängen Ende der 1970er Jahre in engem Zusammenhang mit der Doppelerwerbstätigkeit von Paaren und genauer der Diskussion über Doppelkarrierepaare (Kirschner/Walum 1978, Farris 1978, Gross 1980, Gerstel/Gross 1984, Winfield 1985, Bunker et al. 1992, Anderson/Spruill 1993). Doppelkarrierepaar (*Dual Career Couple*, Akronym: DCC) meint eine partnerschaftliche Konstellation, in der beide Partner einer hoch qualifizierten Erwerbstätigkeit nachgehen und eine eigenständige Berufslaufbahn verfolgen (vgl. Hardill et al. 1999: 195, Solga/Wimbauer 2005: 9). Untersuchungsgegenstand dieser familiensoziologischen und sozialpsychologischen Forschung über Multilokalität sind zusammenlebende (Ehe-)Paare und Familien. Das Migrationsverhalten von doppelerwerbstätigen Haushalten im Allgemeinen und ihrer besonderen Ausprägung in Form von DCCs haben angesichts der Komplexität von Migrationsentscheidungen in diesen Haushaltstypen, in denen Immobilität eine häufig gewählte Option zur Vereinbarung zweier Erwerbstätigkeiten mit familiärer Erziehungs- und Betreuungsarbeit zu sein scheint (Bailey/Blake/Cooke 2004), in den vergangenen Jahren auch in der Migrationsforschung eine wachsende Aufmerksamkeit erfahren. Eine eingehendere Theoretisierung residentieller Multilokalität innerhalb der Migrationsforschung ist bislang jedoch erst im Ansatz vorgenommen worden (Van der Klis/Mulder 2008). Das ist sicherlich zum Teil darin begründet, dass die Migrationsforschung häufig interregionale Migrationsströme beschreibt, ohne eine Ursachenerklärung zu betreiben (vgl. Clark 1982: 17, Fassmann/Meusburger 1997: 175-180).

Residentielle Multilokalität im Kontext von Partnerschaft und Familie lässt sich theoretisch in das mikroökonomische Modell der Familienmigration von Mincer (1978) einbetten. Mikroökonomische Ansätze zur modellhaften Beschreibung und Erklärung von Wanderungen suchen die maßgeblichen Faktoren der Entscheidungsfindung im Unterschied zu Makrotheorien (Gravitations- und Distanzmodelle) auf der Ebene der Individuen bzw. Haushalte.[26] In Anlehnung an die Humankapitaltheorie bzw. die neoklassische Mikroökonomie – die erstmals von Sjaastad (1962) und im Weiteren von DaVanzo (1976), Sandell (1977) und Mincer (1978) auf Wanderungen erweitert wurde – werden Wanderungen als Investition in Humankapital interpretiert und es werden deshalb nach einem

---

[26] Makrotheoretische Modelle versuchen Migration auf der Aggregatebene zu erklären (siehe hierzu Bähr 1997: 290-299).

reinen Nutzenmaximierungsprinzip individuelle Motive und gemeinschaftliche Interessen der Haushaltsmitglieder betrachtet. Dabei wird davon ausgegangen, dass ein Haushalt umzieht, wenn der Gesamtnutzen des Haushalts die materiellen und immateriellen Kosten des Umzugs übersteigt.[27] Zieht ein Partner mit um, obwohl die individuellen Kosten höher als der eigene Nutzen sind, übernimmt dieser Partner nach Mincer die Rolle eines *tied movers*. Zieht der Haushalt aufgrund des gesamten Kosten-Nutzen-Kalküls nicht um, obwohl ein Partner durch den Umzug einen höheren individuellen Nutzen erzielt hätte, wird dieser Partner zum *tied stayer*.

In zahlreichen Migrationsstudien konnte nachgewiesen werden, dass eher Frauen als Männern die Rolle des *tied partner* zukommt und Frauen häufiger wegen der beruflichen Karriere des Mannes umziehen (Lichter 1982, Markham/ Pleck 1986, Bielby/Bielby 1992, Hendershott 1995, Bruegel 1996, Shihadeh 1991, Bonney/Love 1991, Büchel 2000, Smits 2001, Smits/Mulder/Hooimeijer 2003, Taylor 2006). Während Mincer (1978: 753) die geschlechterspezifische Ausprägung des tied partner- Phänomens mit den geringeren Einkommensgewinnen bzw. -verlusten von Frauen infolge eines Umzugs bzw. bei Sesshaftigkeit erklärt, halten rollentheoretische Ansätze dieser Argumentation entgegen, dass sich gerade die „Mitmobilität" von Frauen (Beck 1990: 53) nicht mittels eines ökonomischen Kosten-Nutzen-Kalküls erklären lässt, sondern auf geschlechtstypische asymmetrische Entscheidungsstrukturen in Paar- und Familienhaushalten zurückzuführen ist (Jürges 1998a). Nachweislich profitieren in Paar- und Familienhaushalten in der Regel Männer von interregionalen Wanderungen, während Frauen häufiger nach dem Umzug geringere Einkommen erzielen als eine in den Untersuchungen herangezogene Vergleichsgruppe von Frauen, die nicht umgezogen ist, oder berufliche Unterbrechungen bis hin zur Aufgabe der eigenen beruflichen Laufbahn hinnehmen (müssen) (Lichter 1983, Spitze 1984, Jürges 1998b, Boyle et al. 1999, 2001; LeClere/McLaughlin 1997, Jacobsen/Levin 1997, Snaith 1990, Shihadeh 1991, Rives/West 1992, Smits 1999, Zaiceva 2007, Battu/Seaman/Sloane 2000, Cooke 2001, Clark/Withers 2002).[28]

---

[27] Monetäre Kosten umfassen die Umzugskosten sowie die höheren Mietkosten bzw. Kosten für Wohneigentum in der Zuzugsregion (Wagner, M. 1992). Nicht-monetäre Kosten, die Sjaastad (1962: 84-85) in Opportunitätskosten und psychische Kosten unterteilt, werden vor allem durch familiale und andere soziale Bindungen wie Freundschaften, die Suche nach einem neuen Arbeitsplatz und den Verlust von Hausbesitz verursacht. DaVanzo (1981: 47) schließt in ihr Konzept des *location-specific capital* weitere Opportunitätskosten ein: „job-related assests such as an existing clientele (of, say, a well-regarded doctor or plumber), seniority, specific training, or a non-vested pension; knowledge of area."

[28] In vergleichsweise wenigen empirischen Studien erweist sich das Geschlecht unter Kontrolle des *sample selection bias* als eine nicht signifikante Einflussgröße auf Migrationsentscheidungen von Paar- und Familienhaushalten bzw. wirkt sich die Wanderung des Haushalts nicht signifikant auf die berufliche Situation der Frauen aus (DaVanzo 1976, Cooke/Bailey 1996).

Für den Fall, dass sich die Partner aufgrund individueller Interessen nicht für oder gegen den Umzug des gesamten Haushalts entscheiden können, sieht Mincer nur die Trennung der Partner als Option. Aus modernisierungstheoretischer Sicht lässt sich argumentieren, dass sich die Migrationsentscheidungen von Paar- und Familienhaushalten zwischen den Optionen: *staying put*, Umzug aller Haushaltsmitglieder oder Trennung der Partner – mit der zunehmenden Verbreitung und gesellschaftlichen Akzeptanz nicht tradierter Lebensformen ausdifferenziert haben. In der Konsequenz lässt sich das mikroökonomische Modell der Familienmigration durch multilokale Haushaltsorganisationen und getrennte Haushaltsführungen als weitere Optionen zur Lösung von Mobilitätsentscheidungen in Paar- und Familienhaushalten erweitern (Jürges 2006, Van der Klis/Mulder 2008).

In Anlehnung an Gross (1980) wird zumeist in der Forschung über Doppelkarrierepaare eine Unterscheidung von zwei Typen von Paaren unternommen: Bei dem „adjusting" Paartyp handelt es sich um junge und zumeist kinderlose Paare, in denen beide Partner für den beruflichen Ein- und Aufstieg zwischen verschiedenen Wohnorten pendeln. Davon werden ältere Paare unterschieden – der „established" Paartyp –, die seit vielen Jahren zusammenleben und überwiegend Kinder haben, die zum Teil den Familienhaushalt bereits verlassen haben. Mindestens ein Partner (in der Regel der Mann) ist beruflich fest etabliert, weshalb die Mobilitätsentscheidung häufig von der Frau ausgeht, die ihre Berufskarriere nach der Kindererziehung verwirklichen möchte.

Ökonomische Zwänge spielen nach Hardill (2002) in den USA, England und Kanada als Push-Faktoren für eine multilokale Haushaltsorganisation eine untergeordnete Rolle. Demgegenüber kommen Bonnet, Collet und Maurines (2006) für Frankreich und Schneider, Limmer und Ruckdeschel (2002) für Deutschland zu dem Ergebnis, dass Paare und Familien sich auch wegen struktureller Zwänge für eine multilokale Hauhaltsorganisation entscheiden. Dafür spricht ebenfalls das Phänomen des so genannten Ost-West-Pendelns, dem die desolate wirtschaftliche Lage in den neuen Bundesländern zugrunde liegt. Diese besondere Form des Berufspendelns ist infolge veränderter gesellschaftspolitischer Rahmenbedingungen ab Anfang der 1990er Jahren in den Fokus der Arbeitsmarktforschung gerückt (Wagner, G. 1992, 1998, Pischke/Staat/Vögele 1994, Büchel 1998, Hunt 2006). Die sekundäranalytischen Studien, konzentrieren sich auf die Frage, inwiefern Lohndifferentiale und Arbeitslosigkeit die Migration von Ost- nach Westdeutschland beeinflussen und haben keine Unterscheidung zwischen täglicher Berufspendlermobilität und Shutteln im Visier bzw. ist eine solche Differenzierung anhand der Sekundärdaten auch nicht möglich (siehe Kap. 2.1). Für das Phänomen des Ost-West-Pendelns lässt sich daraus immerhin ableiten, dass in den Jahren 1990 bis 2000 ungefähr jede/r dritte bis vierte Ost-

West-Pendler/in eine beruflich genutzte Nebenwohnung in Westdeutschland unterhielt (einschließlich West-Berlin) und damit beruflich genutzte Zweitwohnungen von Ostdeutschen in Westdeutschland zahlenmäßig bedeutend sind. In Bezug auf den Ausbildungsstatus kommt Wagner (1998) zu dem Ergebnis, dass gering qualifizierte Ostdeutsche zu Beginn der 1990er Jahre eher eine Chance hatten, in Westdeutschland eine Arbeit zu finden. Zwischen 1994 und 2000 änderte sich die Situation; in diesem Zeitraum war die Wahrscheinlichkeit von hoch qualifizierten Personen höher, nach Westdeutschland zum Arbeiten zu pendeln. Zwischen 2000 und 2005 waren erneut Geringqualifizierte unter Ost-West-Pendlern überrepräsentiert (Granato et al. 2009). Für Ostdeutsche mit einer beruflichen Zweitwohnung in Westdeutschland lässt sich deshalb vermuten, dass ihr Qualifikationsprofil zunächst eher dem Pendler-Typ im Bayerischen Wald ähnelte, Mitte der 1990er Jahre eher hoch qualifizierte Ostdeutsche am Arbeitsort in Westdeutschland eine Nebenwohnung einrichteten und sich gegenwärtig die Qualifikationsstruktur erneut stärker zugunsten Geringqualifizierter verschiebt. Hunt (2006: 1026) konnte anhand des SOEP zeigen, dass für einen bedeutenden Anteil der Berufspendler/innen das Pendeln nach Westdeutschland ein „springboard for emigration" ist. Für die von Schneider, Limmer und Ruckdeschel (2002: 227) befragten Shuttles (n = 106) ist die multilokale Haushaltsorganisation auch überwiegend eine „Übergangsphase".

In primäranalytischen Untersuchungen über multilokale Haushaltsorganisationen, die sich nicht auf Doppelkarrierepaare beschränken (Schneider/Limmer/Ruckdeschel 2002, Green/Hogarth/Shackleton 1999a), sind unter den Pendler/innen Hochqualifizierte deutlich überrepräsentiert. In der DCC-Forschung sind es zudem häufig Paare, in denen die Partner in der Wissenschaft und damit in einem Bereich mit einer hohen eigenverantwortlichen Arbeitszeitgestaltung tätig sind (Hielscher 2000). Nach Winfield (1985) und Schneider, Limmer und Ruckdeschel (2002) werden flexible Arbeitszeitregelungen für die zeitliche Optimierung einer multilokalen Haushaltsorganisation als wichtig angesehen. Im Umkehrschluss ließe sich vermuten, dass Berufstätigkeiten mit einer geringen Zeitautonomie auch weniger Möglichkeiten für die lebenspraktische Bewältigung einer multilokalen Haushaltsorganisation bieten.

In vorliegenden Untersuchungen wurden fast ausschließlich Personen in einer Lebensgemeinschaft[29] befragt (eine Ausnahme ist die Studie von Gräbe/Ott 2003). Der in den (nicht-repräsentativen) Untersuchungen stets hohe Anteil von Verheirateten und Haushalten mit Kindern deutet überdies auf die Relevanz von ehelichen Lebensgemeinschaften mit Kindern unter Shuttles hin. Dafür spricht auch, dass die befragten Shuttles in den Untersuchungen von Green, Hogarth und

---

[29] Unter Lebensgemeinschaft werden in dieser Arbeit in Anlehnung an die amtliche Statistik nur in einem Haushalt zusammenlebende Paare verstanden.

Shakleton (1999a) und Schneider, Limmer und Ruckdeschel (2002) älter sind als Sekundäranalysen für Fernwandernde aufzeigen (Kalter 1994).[30]

Aufgrund der Abstinenz der Raumwissenschaften in der Multilokalitätsforschung ist über das Mobilitätsverhalten und die Wohnsituation von multilokalen Haushalten in der Literatur wenig zu erfahren. Durch den primären Fokus auf Partnerschaft und Familie wird sehr häufig noch nicht einmal deutlich, wer überhaupt in einer Partnerschaft pendelt: der Mann oder die Frau. In Großerhebungen über die tägliche Berufspendlermobilität werden immer wieder Zusammenhänge zwischen dem Geschlecht und dem Arbeitsweg belegt (Kramer 2005: 127-132, Blumen 1994). Für Deutschland konnten Eckey, Kosfeld und Türck (2007) zeigen, dass Männer mit zunehmender Distanz zwischen Wohnung und Arbeitsstätte eher zum täglichen Pendeln bereit sind als Frauen. Frauen präferieren wegen der Kinderbetreuung kurze Arbeitswege (Küster 1999), aber die geschlechtsspezifischen Unterschiede im Pendelverhalten erweisen sich in empirischen Untersuchungen auch unter Kontrolle der Haushaltssituation und des Vorhandenseins von Kindern im Haushalt als sehr robust (Hanson/Pratt 1995). Zur Erklärung der signifikant unterschiedlichen Pendelbereitschaft von Männern und Frauen werden deshalb in der Literatur die höheren Erwerbsarbeitseinkommen (und damit korrespondierend die höheren beruflichen Stellungen) von Männern angeführt (Eckey/Kosfeld/Türck 2007). Von der feministischen Geographie wird dieser These entgegengehalten, dass Frauen aufgrund tradierter sozialer Rollen, die in der ungleich verteilten Haus- und Erziehungsarbeit im Haushalt zum Ausdruck kommen, oft nur einen wohnortnahen und u. U. der Qualifikation nicht entsprechenden Arbeitsplatz akzeptieren. Dieser Argumentation folgend, legen Frauen nicht wegen geringerer Einkommen kürzere Arbeitswege zurück, sondern andersherum: Weil sie nicht längere Wege mit einem entsprechend hohen Koordinationsaufwand auf sich nehmen (können), erzielen sie nur geringe Einkommen (Hanson/Pratt 1995: 102, Kramer 2005: 129).

Mit der größeren Distanzempfindlichkeit für Arbeitswege von Frauen könnte wiederum die Beobachtung in Zusammenhang stehen, dass in Deutschland mehr Männer als Frauen eine berufsbezogene Nebenwohnung unterhalten (siehe Kap. 2.1) – eine Beobachtung, die auch Untersuchungen in Großbritannien, Frankreich und Süd-Korea aufzeigen (Green/Hogarth/Shackleton 1999a, Bonnet/Collet/Maurines 2006, Bertaux-Wiame 2006, Vignal 2006, Song-Chul 2001). Gründe für die Überrepräsentanz von Männern unter Shuttles werden in den genannten französischen Studien mit dem „contrat social du couple" und „la limitation des engagements professionnels féminins dès lors qu'il y a d'enfants" in Zusammenhang gebracht (Bertaux-Wiame/Tripier 2006: 13-14). Migrations-

---

[30] In den genannten Studien ist ein erheblicher Anteil der Shuttles/long distance weekly commuters zwischen Anfang 40 und Ende 50 Jahre alt.

studien weisen ebenfalls darauf hin, dass Frauen und Männer nicht per se ein unterschiedliches Migrationsverhalten besitzen, sondern dass vielmehr der Zusammenhang von Geschlecht und Haushaltstyp zur Erklärung der Migration von Haushalten entscheidend ist und dass erwerbstätige Frauen und Männer, die in Single-Haushalten leben, eine gleich hohe Migrationsrate aufweisen (Jürges 2006, Bonney/Love 1991).

Nach aktuellen (nicht-repräsentativen) Untersuchungen sind multilokale Haushalte eher auf Großstädte orientiert (Lanzendorf 2006). In der Studie von Vonderau (2003), die in einem kleinen Sample überwiegend Unternehmensberater/innen mit einer extrem hohen sozialen und räumlichen Mobilität über ihre Ortserfahrungen in der mobilen Welt befragt, sind die Lebensführungen ebenfalls von einer großen Affinität zu einem großstädtisch-urbanen Leben geprägt:

> „Sie war für das Wochenende kurz nach Hause in ihre Berliner Wohnung gekommen und musste am Montag wieder zurück an ihren damaligen Arbeitsort Basel fliegen [...]. Gabriele kommt am Wochenende fast immer nach Berlin, manchmal fliegt sie aber auch zum Einkaufen nach Paris, London oder an einen anderen Ort." (ebd.: 18)

Im Kontrast dazu stehen Fallstudien über das Shutteln von Arbeitern aus ländlichen Gemeinden in Kernstädte in Deutschland und Österreich (u. a. Vielhaber 1987, Hackl 1992, Junker 1992). Die von Vonderau (2003) beschriebenen mobilen großstadtorientierten Lebensweisen sind verbunden mit strukturellen Veränderungen städtischer Arbeitsmärkte, die sich durch eine steigende Spezialisierung und in Kernstädten in Agglomerationsräumen insbesondere in den alten Bundesländern durch Zuwächse hoch qualifizierter Beschäftigung auszeichnen (Fromhold-Eisebith/Schrattenecker 2006, Haas/Hamann 2008). Diese strukturellen Rahmenbedingungen der Erwerbsarbeit und die fortschreitende Pluralisierung der Lebensgestaltung scheinen den fordistisch geprägten räumlichen Mustern multilokaler Haushalte entgegenzustehen, für die Beziehungen zwischen ländlichen Räumen (Bayerischer Wald, Emsland) und städtischen Agglomerationen (v. a. in Bayern und Baden-Württemberg) vorherrschend waren.

Nur partiell können in der bisherigen Literatur Einblicke in die Wohnsituation multilokaler Haushalte gewonnen werden. Aktionsräumliche Untersuchungen betonen die unterschiedlichen Bedeutungen der Wohnorte in einer multilokalen Haushaltsorganisation: Ort der Erwerbsarbeit vs. Ort der sozialen Beziehungen und Mittelpunkt des Privatlebens (Axtner/Birmann/Wiegner 2006, Vielhaber 1987). Mit dem „Leben in zwei Welten" ist für die von Axtner, Birmann und Wiegner (2006: 77) befragten Professor/innen und für die von Vielhaber (1987) untersuchten österreichischen Arbeiter ein „minimalistisches" Wohnen am Arbeitsort verbunden. Rolshoven (2007), die sich zwar in ihren kulturwissenschaftlichen Betrachtungen von Multilokalität nicht primär auf beruflich genutzte Zweitwohnungen konzentriert, stellt im Gegensatz dazu fest, dass diese Bipolaritäten der Wohnorte und Wohnungen in der Spätmoderne immer mehr verwischen:

> „Das Nebeneinander von Gleichem – die so genannten *double nesters* [Herv. i. Original], die den Innenraum der Zweitwohnung verblüffend identisch zu reproduzieren suchen – steht neben den »Gegenweltlern«, welche die [...] Hauptwohnung mit der ästhetisch strengen und nur aufs Notwendigste karg bestückten Zweitwohnung kontrastieren [...]." (ebd.: 167)

Für die These der Auflösung bipolarer Wohnweisen in multilokalen Haushaltsorganisationen in der Spätmoderne spricht auch die Untersuchung von Van der Klis und Karsten (2005) über die Bedeutung von „home" in *commuting partnerships* in den Niederlanden. Von den insgesamt 30 Befragten wird in einigen Fällen die beruflich genutzte Zweitwohnung als „purely functional" Wohnsitz wahrgenommen, während der Zweitwohnung bei anderen Befragten in Bezug auf materielle Funktionen, Aktivitätsmuster und soziale Beziehungen die Bedeutung eines „full home" zukommt (ebd.: 11).

Auf Grundlage der schweizerischen Gebäude- und Wohnungszählung aus dem Jahr 1980 kommt Odermatt (1990) in seiner Untersuchung über städtische Zweitwohnungen zu dem Ergebnis, dass Zweitwohnungen – erfasst als „zeitweise bewohnte" Wohnungen – in den schweizerischen Großstädten und hier vor allem in Basel und Bern unterdurchschnittlich kleine, eher schlecht ausgestattete Wohnungen (Kochnische statt Küche, schlechtere Ausstattung mit eigenem Bad/eigener Dusche) in zentraler oder zentrumsnaher Lage sind. Dabei dürfte es sich nach Odermatt in erster Linie um berufs- und ausbildungsbedingte Zweitwohnungen handeln, während er größere Zweitwohnungen (drei und mehr Zimmer) in Stadtrandlagen und Villengebieten vor allem in Zürich eher mit luxuriösen Freizeitwohnungen in Zusammenhang bringt.

Einen Anhaltspunkt über Wohnstandortentscheidungen von Shuttles am Arbeitsort liefert die Untersuchung von Meier (2006) über zeitlich begrenzt ins Ausland entsandte deutsche Bankbeschäftigte in London. Die jüngeren Befragten (25 bis 30 Jahre), die sich für eine multilokale Haushaltsorganisation entschieden haben, wohnen in der City in fußläufiger Nähe zur Arbeitsstätte. Für die Wahl des Wohnstandorts ist nicht allein die Nähe zum Arbeitsplatz, sondern auch die Wohngegend als Erlebnisort entscheidend. Die anderen älteren Befragten in einer Lebensgemeinschaft mit Kindern sind mit der Familie nach London in Wohngegenden am Stadtrand nahe der deutschen Schule gezogen. Diese Beobachtung stimmt mit Befunden der Wohnforschung überein, wonach das Alter und die Haushaltsform entscheidende Bestimmungsgrößen für Wohnstandortentscheidungen sind. Die Innenstadt ist ein bevorzugter Wohnstandort von jungen Personen und kleinen Haushalten, während Stadtrandlagen von älteren Personen und Familienhaushalten präferiert werden. Dies kann damit erklärt werden, dass für junge Personen, Einpersonenhaushalte und Paarhaushalte ohne Kind die relative Lage des Wohnstandorts, d. h. die Entfernung zu anderen Orten, eine prominente Rolle spielt und sich Familien in ihren Wohnstandortentscheidungen stark an dem Wohnumfeld (v. a. naturnahe Wohnmerkmale) orientieren (Mulder/ Hooijmeier 1999, Wagner 1990). Weil Fernwanderungen im Vergleich zur Gesamtbevölkerung von jungen Personen getragen werden und Familienhaushalte unterdurchschnittlich überregional wandern, erklärt sich aus der mit dem Haushaltslebenszyklus verbundenen Dichotomie der Wohnstandortpräferenzen, warum überregionale Wanderungen in Großstädte, wie Sturm und Meyer (2008: 231-232) für Deutschland aufzeigen, deutlich auf innerstädtische Quartiere gerichtet sind.

Weitere Erkenntnisse zu Wohnstandortentscheidungen und zum Suchverhalten von Haushalten lassen sich nur in sehr eingeschränktem Maße auf multilokale Haushaltsorganisationen übertragen, weil Wohnstandortmobilität in der Wohnforschung traditionell als ein Anpassungsprozess interpretiert wird (siehe u. a. Brown/Moore 1970), um die Wohnzufriedenheit durch innerstädtische Umzüge oder intraregionale Wanderungen zu verbessern bzw. in großräumiger Perspektive, die auch interregionale Wanderungen einschließt, die Nützlichkeit des Wohnstandorts für den Haushalt (*place utility*) zu erhöhen (Wolpert 1965). Hinweise auf eine hohe Bedeutung der relativen Lage des Wohnstandorts und einer guten Erreichbarkeit des Fernverkehrs unter den Bedingungen einer kontinuierlichen großräumigen Pendelmobilität verdichten sich durch Untersuchungen über Doppelkarrierepaare: Green (1997) konnte in ihrer Untersuchung über Wohnstandorte und Mobilitätsstrategien von Doppelkarrierepaaren feststellen, dass die Wohnstandortwahl der Paare entscheidend durch die Erreichbarkeit von Autobahnen bestimmt wird. Auch die Ergebnisse einer Befragung von Behnke und Meuser (2005) verweisen auf die Bedeutung einer guten Verkehrsanbindung (ICE-Bahnhöfe) für die räumlichen Karrierestrategien junger Paarhaushalte.

Aus Sicht der Lebensstilforschung ließe sich den Shuttles in der Untersuchung von Meier (2006) eher ein außerhäuslicher, erlebnisorientierter Lebensstil zuordnen. Dem stehen Ergebnisse einiger Studien gegenüber, die für Shuttles an ihrem Arbeitsort eine extrem berufszentrierte Lebensweise konstatieren, die nur einen geringen Aktionsraum für außerhäusliche Aktivitäten und kaum soziale Kontakte außerhalb des Kollegiums hervorbringt (Vielhaber 1987, Gräbe/Ott 2003, Schneider/Limmer/Ruckdeschel 2002, Green/Hogarth/Shackleton 1999a, Axtner/Birmann/Wiegner 2006, Bonnet/Collet/Maurines 2006).

Aufgrund der unterschiedlichen Konstituierung der Wohnungsmärkte in England und den USA lassen sich die Ergebnisse angloamerikanischer Studien über den Wohnstatus multilokaler Haushalte nicht auf Deutschland übertragen (u. a. Struktur des Wohnungsangebots und Bedeutung der Mietwohnungsmärkte, siehe hierzu Matznetter 1995). Winfield (1985: 14) kommt für die USA zu dem Ergebnis, dass *married commuters* an beiden Wohnorten sowohl zur Miete als auch im Eigentum wohnen. Dagegen ist der Erwerb von Wohneigentum am Nebenwohnsitz für die *long distance weekly commuters* in der Studie von Green, Hogarth und Shackleton (1999b: 27-28) in Südengland eher selten; die meisten Befragten leben am Nebenwohnsitz in einem Appartement zur Miete. Für Deutschland lassen sich hinsichtlich des Wohnstatus folgende empirische Ergebnisse festhalten: Das Pendeln aus strukturschwachen Räumen in Großstädte ist nach Junker (1992) und Hackl (1992) am Beispiel des Bayerischen Walds stark mit der räumlichen Bindung durch Wohneigentum und der Ausrichtung der Lebensbiographie auf den Hausbau am Heimatort verbunden. In der aktuelleren Studie von Schneider, Limmer und Ruckdeschel (2002) wohnen die meisten Shuttles sowohl am Hauptwohnort als auch am Nebenwohnort zur Miete.

3.2 Living apart together und Fernbeziehungen

Im Zuge der Pluralisierung der Lebensformen sind seit Ende der 1980er Jahre neben nichtehelichen Lebensgemeinschaften auch Partnerschaften mit getrennten Haushalten in den Fokus der Sozialwissenschaften gerückt (Peuckert 1989, Schmitz-Köster 1990, Burkart/Kohli 1992). Aus individualisierungstheoretischer Perspektive standen bei der anfänglichen Diskussion über diese „nichtkonventionelle Lebensform" (Schneider/Rosenkranz/Limmer 1998) bis in die zweite Hälfte der 1990er Jahre die Deinstitutionalisierung der Ehe und die Verbreitung der neuen Beziehungsform als Gegenstück zum traditionellen Paarmodell im Mittelpunkt. Eine Paarbeziehung in zwei Haushalten ist nach dieser Lesart „die individualisierte Partnerschaft par excellence" (Burkart/Kohli 1992: 255). Fragen nach biographischen Verläufen, der Partnerschaftsbiographie sowie Rollen- und Partnerschaftsvorstellungen sollten Antwort auf die Frage geben, ob sich living apart together in der Spätmoderne zu einer alternativen Lebensform und eigenständigen Partnerschaftsform – als Alternative zur Ehe und zur nichtehelichen Lebensgemeinschaft – entwickelt hat (Schneider 1996, Schneider/Rosenkranz/ Limmer 1998, Seidenspinner et al. 1996, Asendorpf 2008). In diesem Kontext fokussieren sich einige Studien auf ältere Paare und das Leben in einer Partnerschaft mit zwei Haushalten in einer nachehelichen Phase („troisième âge") (Caradec 1996, Karlsson/Borell 2002, De Jong Gierveld 2004).

Mit der Diskussion über die riskante Moderne und deren Folgen in Gestalt von riskanten Freiheiten und ambivalenten Individualisierungsprozessen (Beck 1986, Beck/Beck-Gernsheim 1990, 1994b) werden Partnerschaften mit getrennten Haushalten seit Ende der 1990er Jahre auch unter dem Blickwinkel struktureller Zwänge betrachtet, indem die Frage stärker in den Mittelpunkt der Forschung rückt, ob living apart together eine dem Partnerschaftsideal entsprechende selbst gewählte Beziehungsform oder eine ungewollte Notlösung ist.

Für Deutschland haben erstmals Schneider, Limmer und Ruckdeschel (2002) das living apart together unter dem Einfluss zunehmender räumlicher Mobilitätsanforderungen im Berufsleben untersucht. Allerdings verwenden sie den Begriff Fernbeziehung synonym zu getrennt zusammenlebenden Paaren und identifizieren Fernbeziehungen unabhängig von der raum-zeitlichen Entfernung der Wohnorte der Partner. Folglich streuen die Fahrtzeiten der Befragten (n = 162) zwischen den Wohnungen zwischen 15 Minuten und mehr als 24 Stunden (ebd.: 114), so dass sich unterschiedliche Entstehungszusammenhänge und Motivationen hinter der so erfassten multilokalen Lebensform verbergen dürften und keine Aussagen über das Mobilitätsverhalten von großräumigen Fernbeziehungen möglich sind. Auf Grundlage dieser Studie und einer sekundäranalytischen Auswertung der dritten Welle des Familiensurveys des Deutschen Jugendinstituts (DJI) aus dem Jahr 2000 unterscheiden Schneider und Ruckdeschel (2003) zwei Typen von Partnerschaften mit getrennten Haushalten:[31] Eine Gruppe junger, lediger und kinderloser Personen, die über eine relativ kurze Dauer in einer Partnerschaft mit getrennten Haushalten leben und diese Beziehungsform aufgrund beruflicher Umstände oder aus Ausbildungsgründen als Kompromisslösung praktizieren. Eine zweite Gruppe wird von älteren Personen gebildet, die häufig Kinder haben, auf Erfahrungen mit anderen Lebensformen zurückblicken und für die das living apart together eine optimale Beziehungsform darstellt. Ersterer Typ dürfte nach Ansicht von Schneider und Ruckdeschel (ebd.) in der Bundesrepublik stärker verbreitet sein.

Für Norwegen und Schweden kommt Levin (2004) in ihrer qualitativen Befragung von n = 100 Personen im Alter zwischen 20 und 80 Jahren zu ähnlichen Ergebnissen: Zum einen gibt es Paare, die gerne zusammenleben möchten und wegen unterschiedlicher Gründe nicht können, dazu zählt Levin Personen, die wegen des Berufs und der Ausbildung nicht mit dem Partner/der Partnerin zusammenleben, aber auch Personen, die wegen der Pflege von Familienangehörigen oder wegen ihren Kindern in einer Partnerschaft mit getrennten Haushalten leben. Daneben ist eine Gruppe von LATs relevant, die nicht mit dem Part-

---

[31] Befragt wurden Personen zwischen 18 und 61 Jahren. Als Partnerschaft mit zwei getrennten Haushalten definieren Schneider und Ruckdeschel (2003) nur Paare, die mindestens seit einem Jahr eine Beziehung führen.

ner/der Partnerin zusammenleben möchten: „They Don't Want to Repeat the Same Mistake Twice" (ebd.: 233). Für Paare, in denen die Partner in verschiedenen Orten arbeiten oder studieren, ist das getrennte Zusammenleben eine zeitlich begrenzte Lebensform. Die tradierten sozialen Erwartungen an die Frau: „If you love me enough, you will relocate" (ebd.: 232) werden durch den hohen Stellenwert, den die ökonomische Unabhängigkeit für beide Partner einnimmt, abgelöst. Wie die Paare ihr *co-location* Problem lösen und ob durch die postmoderne Lebensform geschlechtstypische Muster der Migration von Paaren eine Veränderung erfahren, darüber gibt die Untersuchung keine Auskunft.

In einer quantitativen Studie über multilokales Wohnen von Paaren in Frankreich, in der in einer Omnibusbefragung mehr als 5.000 Personen im Alter zwischen 20 und 50 Jahren und darunter n = 480 LATs befragt wurden, kommt Villeneuve-Gokalp (1997) zu dem Ergebnis, dass generell jüngere Befragte die Beziehungsform nicht freiwillig wählen und dass darunter unverheiratete Erwerbstätige ohne Kind häufig eine berufliche Veränderung anstreben, um ein Zusammenleben mit dem Partner/der Partnerin in einem Haushalt zu ermöglichen. Von den verheirateten Befragten mit Kind (n = 27) werden nur in einem Fall getrennte Haushalte unterhalten, um „se réserver un espace de liberté" (ebd.: 1072). Living apart together stellt sich nach den Ergebnissen dieser Studie als eine kurze partnerschaftliche Episode dar: Gefragt nach der Partnerschaft, die im Laufe der vergangenen fünf Jahre begonnen wurde, leben drei Viertel mittlerweile mit dem Partner/der Partnerin zusammen, wobei die Phase des getrennten Zusammenlebens im Median weniger als ein Jahr andauerte. Bei Befragten, die sich mittlerweile vom Partner/von der Partnerin getrennt haben, dauerte die LAT-Partnerschaft ungefähr einundhalb Jahre (ebd.: 1063-1064). Mit diesem Ergebnis stimmen die Befunde der Studie von Asendorpf (2008: 26) überein, der auf Basis des SOEP 1992 bis 2006 die Trennungswahrscheinlichkeit für LAT-Partnerschaften in Deutschland für einen Zeitraum von sechs Jahren auf etwa 50 % schätzt und daraus schlussfolgert, dass es sich bei LAT-Partnerschaften um eine im Vergleich zu ehelichen und nichtehelichen Lebensgemeinschaften „instabile" Partnerschaftsform handelt.

Für West-Europa lässt sich daraus zusammenfassend annehmen, dass für das getrennte Zusammenleben von Paaren berufliche Umstände eine wesentliche Rolle spielen. Eine Studie von Hardill et al. (1999) über räumliche Strategien und Haushaltsentscheidungen zusammenlebender Doppelkarrierepaare in Großbritannien verweist zudem darauf, dass es vermutlich insbesondere junge hoch qualifizierte Paare sind, die unter den gegebenen flexibilisierten Arbeitsbedingungen eine Fernbeziehung zur Synchronisation von Partnerschaft und beruflichen Interessen praktizieren (müssen):

„A number of the younger couples [in shared households, D.R.] commented on the fact that labour-market changes – increase of short-term contracts and ‚flexibility' – have had an effect on their relationship. Increasing insecurity of job tenure and the need for migration to further careers can delay or inhibit household formation. This is illustrated by the fact that 18 of the 30 sampled couples [in shared households, D.R.] had had to live apart at some point during their relationship [...]. What is not evident is how many couples did not fall within the remit of this research because they permanently have to live apart thereby delaying their household formation due to their respective careers." (ebd.: 204)

Eine raumwissenschaftliche und raumplanerische Betrachtung von Paaren in getrennten Haushalten und speziell von Fernbeziehungen fehlt m. W. bislang. Obwohl mittlerweile einige Untersuchungen über das getrennte Zusammenleben von Paaren vorliegen, können aus der Literatur keine allgemeinen Aussagen über das Mobilitätsverhalten und die Wohnsituation von Personen in einer solchen multilokalen Lebens- und Wohnform gewonnen werden. Lediglich Schlemmer (1995), die auf Basis des DJI-Familiensurveys Ost und West unverheiratete Paare in getrennten Haushalten untersucht, hat die räumliche Entfernung der Wohnungen der Partner als Indikator für die Hauptmotivation der Lebensform: Wahl vs. gesellschaftliches Erfordernis – aufgegriffen. Bei der Hälfte der Befragten wohnt der Partner/die Partnerin in dem gleichen Ort, was für eine freiwillig gewählte Beziehungsform spricht. Bei der anderen Hälfte wohnt der Partner/die Partnerin in einem anderen Ort, aber zumeist maximal eine Stunde entfernt. In Ostdeutschland sind die Wohnorte der Paare insbesondere bei den jüngeren Befragten zwischen 18 und 35 Jahren deutlicher als in Westdeutschland auf größere Entfernungen ausgerichtet (ebd.: 379). Diese Beobachtung lässt auf eine größere Bedeutung struktureller Umstände für das living apart together in den neuen Bundesländern schließen, was durch die dortige schwierige Situation auf dem Arbeits- und Ausbildungsmarkt erklärbar ist.

In der Studie von Schneider, Limmer und Ruckdeschel (2002: 111) wohnen die befragten LATs zur Hälfte in einer Großstadt und fast ausschließlich zur Miete. Mit ihren Fallanalysen gewährt Schmitz-Köster (1990: 209) überdies einen konkreten Anhaltspunkt für die Wohnsituation in einer Fernbeziehung:

„Eine große Wohnung entlastet die gemeinsame Zeit – wenn beide sich auch in der Zeit des Zusammenseins einmal voneinander zurückziehen können, ist die Phase des Wieder-Aneinander-Gewöhnens und die Umstellung von der Zeit des Allein-Seins [sic] auf die des Zusammenseins leichter."

3.3 Präzisierung der Forschungsfragen und untersuchungsleitende Hypothesen

Die Literaturrecherche hat aus Sicht der Wohn-, Migrations- und Mobilitätsforschung eine Reihe spezifischer Forschungsfragen über die multilokalen Lebensformen des Shuttelns und des living apart together in einer Fernbeziehung aufgeworfen. Untersuchungsleitende Arbeitshypothesen können angesichts der aufgezeigten Forschungsdesiderate zum Teil nur aus Plausibilitätsüberlegungen abgeleitet werden.

Für die Analyse der Geographien multilokaler Lebens- und Wohnformen stellen sich erstens spezifische Fragen nach den dahinter stehenden Entscheidungen für ein multilokales Leben:

- Welche Bedeutung haben Partnerschaft und Familie für das Shutteln?
- Wie bedeutend sind berufliche Umstände für Fernbeziehungen?
- Durch welche Sozialstrukturmerkmale zeichnen sich die multilokalen Lebensformen aus?
- Welchen Stellenwert haben Paare, in denen beide Partner hoch qualifiziert erwerbstätig sind, für die wachsende Bedeutung multilokaler Lebensformen?
- Welche Kontextbedingungen sind für ein multilokales Leben bedeutsam?

Diese spezifischen Fragen nach den Bedingungen für eine multilokale Haushaltsorganisation und eine multilokale Lebensführung in einer Fernbeziehung sollen darüber hinaus in einer komplexen Sichtweise auf räumliche Mobilität, die multilokale Lebensformen mit zeitlich punktueller Wanderungsmobilität vergleicht, Antworten auf übergreifende Fragestellungen zu Mobilitätsentscheidungen von Haushalten unter beruflichen Mobilitätserfordernissen geben:

- Wer optiert eher für einen Fernumzug mit dem gesamten Haushalt statt für eine multilokale Lebensführung?
- Haben sich die für das Wanderungsverhalten von Haushalten geschlechtstypischen tied-partner Rollen modernisiert?

Es wird grundlegend davon ausgegangen, dass unter den Bedingungen fortschreitender gesellschaftlicher Modernisierung und zunehmender raum-zeitlicher Mobilitätsanforderungen auf dem postfordistischen Arbeitsmarkt multilokale Wohnformen für Paare zur Lösung des „geographic mobility dilemma" (Deitch/ Sanderson 1987) eine herausragende Bedeutung haben. Damit verbindet sich die Arbeitsthese, dass für die Einrichtung einer beruflichen Zweitwohnung die Erwerbstätigkeit des Partners/der Partnerin und für Fernbeziehungen berufliche Umstände bedeutsam sind (These 1). In Bezug auf die Sozialstrukturmerkmale der multilokalen Lebensformen werden die Hypothesen abgeleitet, dass Shuttles und Personen in einer Fernbeziehung überwiegend einer hoch qualifizierten Erwerbstätigkeit nachgehen (These 2). Ferner wird für ein multilokales Wohnarrangement von Paaren die hoch qualifizierte Erwerbstätigkeit beider Partner eine prominente Rolle spielen (These 3). Für das Shutteln ist zu erwarten, dass es sich um eine männlich dominierte multilokale Lebensform handelt (These 4).

Mit der Frage nach externen Einflussfaktoren verbinden sich Fragen nach den Wechselwirkungen von Multilokalität und postfordistischer Erwerbsarbeitswelt:

- Welchen Einfluss hat die zunehmende Flexibilisierung der Arbeitsbedingungen für die Verbreitung multilokaler Lebensformen?
- Gibt es bestimmte Wirtschaftsbranchen/Berufsfelder in denen multilokale Lebensformen besonders verbreitet sind?

Aus der Literatur sind am ehesten für Hochqualifizierte in der Wissenschaft, in kreativen Berufen, im Bereich der Unternehmensberatung und der Informations- und Kommunikationstechnologie multilokale Wohnarrangements zu erwarten (These 5).

Aufbauend auf den Entstehungskontexten soll die Analyse der Dauer und Bewertung multilokaler Lebensformen Antworten darauf geben, für wen beruflich bedingte multilokale Wohnarrangements dauerhaft, für wen sie auf eine bestimmte Dauer begrenzt sind und von welchen Faktoren die Dauer und subjektive Bewertung eines multilokalen Lebens abhängig sind. In Anlehnung an die Studien von Villeneuve-Gokalp (1997) und Asendorpf (2008) sind für Fernbeziehungen sehr kurze Episoden zu erwarten (These 6).

Die Entstehungs- und Kontextbedingungen multilokaler Lebensformen leiten über zu den Räumlichkeiten von Multilokalität und spezifischen Fragestellungen über das Mobilitätsverhalten:

- Über welche Distanzen und wie häufig pendeln Shuttles und Personen in einer Fernbeziehung zwischen den Wohnungen?
- Welche siedlungsstrukturellen Verflechtungen entstehen durch residentielle Multilokalität?
- Unterscheiden sich Männer und Frauen in ihrem Pendelverhalten?

Der Wandel der Gesellschaft und Arbeitsmärkte spricht für eine Bedeutungszunahme von großstadtorientierten Pendlerverflechtungen (These 7). Für das Mobilitätsverhalten von Shuttles wird auf Grundlage der Erkenntnisse über die tägliche Berufspendlermobilität von geschlechtstypischen Pendelmustern ausgegangen, die sich in größeren Pendeldistanzen zwischen den Wohnorten für Männer widerspiegeln dürften (These 8).

Im Unterschied zu (punktuellen) überregionalen Wanderungen zeichnet sich multilokales Wohnen durch eine kontinuierliche räumliche Mobilität aus, die –

Stand der Forschung, Theorien, Hypothesen 49

so die grundlegende Annahme der Arbeit – im Vergleich zum unilokalen Wohnen besondere Wohnbedingungen und spezifische Wohnansprüche hervorbringt. Aus dieser Grundannahme leiten sich folgende konkrete Fragestellungen über die Wohnsituation und Wohnbedürfnisse ab:

- Welche Wohnmerkmale sind in einer multilokalen Wohnsituation besonders wichtig und welche Wohnmerkmale sind weniger wichtig?
- Unterscheiden sich die Wohnanforderungen von Männern und Frauen in einer multilokalen Wohnform? Gibt es bestimmte Wohnmerkmale, die vor allen Dingen für Frauen oder für Männer in einer multilokalen Wohnsituation wichtig oder weniger wichtig sind?
- Inwiefern differieren in einer multilokalen Haushaltsorganisation die objektive Wohnsituation und die subjektiven Wohnbedürfnisse zwischen den beiden Wohnorten?
- Gewinnen Lagefaktoren in einer multilokalen Wohnsituation gegenüber anderen Merkmalen des Wohnumfelds und Eigenschaften der Wohnung an Bedeutung?
- Welche Merkmale weisen beruflich genutzte Zweitwohnungen auf? Lassen sich bestimmte Typen von beruflichen Zweitwohnungen erkennen?
- Können Shuttles an ihrem Arbeitsort und Personen in einer Fernbeziehung aufgrund der multilokalen Lebensführung ihre Wohnbedürfnisse schwerer realisieren als andere Haushalte?

Aus den spärlichen empirischen Ergebnissen lassen sich sehr hypothetisch folgende Thesen über das Wohnen an mehreren Orten formulieren:

- Shuttles und Personen in einer Fernbeziehung werden überwiegend in innerstädtischen Wohnlagen ihre (Zweit-)Wohnung haben (These 9).
- Die Anbindung der näheren Wohngegend an den Fernverkehr hat in einer multilokalen Lebenssituation eine prominente Bedeutung (These 10).
- Für Wohnstandortentscheidungen von Shuttles sind kurze Wege zwischen dem Zweithaushalt und der Arbeitsstätte zentral (These 11).
- Bisherige Literatur erweckt den Anschein, dass Shuttles an ihrem Arbeitsort allein leben und an diesem Wohnort ihre alltägliche Lebensführung auf den Beruf ausrichten. Es ist deshalb zu erwarten, dass am beruflich genutzten Zweitwohnsitz ein naturnahes Wohnumfeld und das nachbarschaftliche Gefüge im Wohnquartier zugunsten einer guten infrastrukturellen Ausstattung der Wohngegend an Bedeutung verlieren (These 12).
- Neben den Wohngegenwelten des modernen (fordistischen) Shuttle-Typus mit selbstgenutztem Wohneigentum im ländlichen Raum werden in der Spätmoderne *double nesters* mit kaum ausgeprägten Wohnunterschieden an den beiden Wohnsitzen zu finden sein (These 13).

- Für Personen in einer Fernbeziehung wird erwartet, dass sich bei regelmäßigem Aufenthalt des Partners/der Partnerin die Wohnanforderungen an einen Zweipersonenhaushalt annähern und ihnen daher eine große Wohnung sehr wichtig ist (These 14).
- Multilokales Wohnen ist überwiegend ein Wohnen zur Miete (These 15).

4 Methodische Vorgehensweise und Stichprobe

4.1 Stichprobendesign und Datenerhebung

Die Untersuchung ist induktiv erschließend angelegt. Zunächst wurden mit willkürlich ausgewählten Personen einige explorative Interviews über Alltags- und Wohnerfahrungen in einer multilokalen Lebensweise geführt (Bekannte, Verwandte und Pendler/innen, denen ich auf meinem Weg zur Arbeit im Zug begegnete). Um dann beruflich motivierte multilokale Lebens- und Wohnformen mittels einer Zufallsauswahl zu untersuchen, wurde aus dem Melderegister eine Personenstichprobe gezogen. Ein zentrales Register für die Bundesrepublik existiert allerdings nicht (vgl. Koch 1997). Stattdessen ist das Melderegister kommunal organisiert und in der Regel sammeln die kommunalen Meldebehörden die Meldedaten. Deshalb musste ein zweistufiges Auswahlverfahren angewendet werden, bei dem in der ersten Stufe Kommunen ausgewählt wurden (vgl. Albers 1997). Das Melderegister gibt jedoch keine Auskunft darüber, aus welchen Gründen Personen zugezogen sind oder eine Nebenwohnung angemeldet haben. Nur in wenigen Bundesländern dürfen Kommunen zudem Daten über die Herkunftsorte der Zugezogenen übermitteln, über die eine Unterscheidung von Nahwanderungen und Fernwanderungen (und somit stärker beruflich motivierten Zuzügen) möglich ist. Damit genügend Personen mit einer berufsbezogenen Nebenwohnung und Personen in einer Fernbeziehung in die Stichprobe fallen, sind nur Kernstädte mit Metropolfunktionen ausgewählt worden (siehe BBR 2005: 177-190): München, Stuttgart, Düsseldorf und Berlin. In den drei wirtschaftlich starken Landeshauptstädten in den alten Bundesländern ist laut der Pendlerbefragung des Mikrozensus 2004 von einer hohen Anzahl berufsbezogener Nebenwohnsitze auszugehen (siehe Kap. 2.1). Aufgrund der hohen Konzentration von Industrie- und Dienstleistungsunternehmen ist in diesen Städten generell ein bedeutender Anteil arbeitsbezogener Zuzüge zu erwarten (siehe BBR 2005), die die Wahrscheinlichkeit von Personen in einer Fernbeziehung in der Stichprobe erhöhen dürften.

Berlin ist ausgewählt worden, da aufgrund der Hauptstadtfunktionen – trotz der wirtschaftlichen Schwäche als Standort des produzierenden Gewerbes – arbeitsbezogene Zuzüge in spezifischen Wirtschaftsbranchen wie Medien/Presse/Musik und der öffentlichen Verwaltung zu erwarten sind. Angesichts der Berufseinpendlerströme aus nicht benachbarten Bundesländern (Behnen/Ott 2006, Bogai/Seibert/Wiethölter 2006) und der Verlagerung von Regierungs- und Verwaltungsfunktionen in die Hauptstadt war zudem von einer gewissen Bedeutung beruflicher Nebenwohnungen auszugehen (Richter 2000). Die wirtschaftlichen Rahmenbedingungen in Berlin, die einerseits anziehend für Personen in kulturnahen Berufen sind und andererseits im technischen Bereich (v. a. Ingenieur/innen) wenige berufliche Möglichkeiten bieten, lässt darüber hinaus auf einen signifikanten Anteil von Personen in einer Fernbeziehung schließen.

Als Grundgesamtheit wurden Personen definiert, die zum Zeitpunkt der Stichprobenziehung zwischen 25 und 59 Jahre alt waren, deren Zuzug in die Befragungsgebiete maximal fünf Jahre zurücklag und die dort einen Hauptwohnsitz oder einen Nebenwohnsitz angemeldet haben. Als untere Altersgrenze wurden 25 Jahre gewählt, damit ausbildungsbedingte räumliche Mobilität eine möglichst geringe Bedeutung bei den Befragten spielt. Zugleich sollte aber auch die Berufseinstiegsphase erfasst werden, weshalb die untere Altersgrenze nicht (noch) höher gesetzt wurde. Auf dem Hintergrund abnehmender räumlicher Mobilität mit zunehmendem Alter (Wagner 1989, Mai 2004: 35-48) und der ausgeprägten altersspezifischen Erwerbsbeteiligung in Deutschland, die mit einem frühen Austritt aus dem Erwerbsleben verbunden ist (Allmendinger/Hinz 1997: 263-266), wurde die obere Altersgrenze auf 59 Jahre festgesetzt. Für den Zeitpunkt des Zuzugs wurde eine maximale Spanne von fünf Jahren gewählt, damit der Zuzug nicht zu weit zurückliegt und die Wahrscheinlichkeit steigt, dass die befragten Personen (noch) räumlich mobile Lebenspraxen aufweisen. Die Zeitspanne durfte wiederum auch nicht zu eng gewählt werden, um die Dauer multilokaler Wohnsituationen nicht zu stark zu verzerren.

Um genügend Personen mit einer Nebenwohnung zu erreichen, wurden zwei Stichproben gezogen: eine Stichprobe von Zugezogenen mit einer angemeldeten Hauptwohnung und eine zweite Stichprobe von Zugezogenen mit einem angemeldeten Nebenwohnsitz in den Befragungsgebieten. Dadurch erfolgte zugleich ein *oversampling* von Zugezogenen mit einer Nebenwohnung. Lediglich in Stuttgart konnten die Zugezogenen nicht nach einem Haupt- oder Nebenwohnsitz unterschieden werden, so dass dort eine Stichprobe von 4.000 Personen mit einer Haupt- *oder* Nebenwohnung gezogen wurde.

In Düsseldorf wurden insgesamt 2.000 Personen ausgewählt; davon 1.200 Personen mit Hauptwohnsitz und 800 mit einem angemeldeten Nebenwohnsitz. Das Gleiche gilt für München; hier wurden zusätzlich Adressen von weiteren 100 Personen gezogen, die beim Zuzug zunächst einen Nebenwohnsitz angemeldet und später ihren Wohnsitzstatus in einen Hauptwohnsitz umgemeldet haben (Statuswechsler/innen).[32]

In Berlin waren zum Zeitpunkt der Stichprobenziehung unter den Zugezogenen überraschenderweise nur 68 Personen mit einer Nebenwohnung gemeldet.

---

[32] In den anderen Befragungsgebieten war die Ziehung von Statuswechsler/innen nicht möglich. Nach Auskunft des Einwohnermeldeamtes München werden dort Statuswechsel sehr häufig registriert. Davon entfällt sicherlich ein signifikanter Anteil auf Personen, die das berufsbezogene Pendeln an den Nebenwohnsitz in München durch einen Umzug des gesamten Haushalts beenden.

Methodische Vorgehensweise und Stichprobe 53

Das hängt sehr wahrscheinlich mit der Zweitwohnungssteuer zusammen, die in Berlin im Dezember 1997 eingeführt wurde.[33] In den anderen drei Befragungsgebieten gab es zum Zeitpunkt der Befragung keine Zweitwohnungssteuer bzw. wurde eine solche in München erst zum Februar 2006 eingeführt. In Berlin wurde deshalb der Stichprobenumfang für Hauptwohnsitze im Vergleich zu den Befragungsgebieten Düsseldorf und München etwas erhöht (n = 2.400).

Zusammengenommen wurden in den Befragungsgebieten Adressen von rd. 10.500 Personen gezogen (siehe Tab. 4.1); davon rd. 1.700 Adressen von Zugezogenen mit einem angemeldeten Nebenwohnsitz. Die Befragung erfolgte postalisch mittels eines standardisierten Erhebungsinstruments im Januar und Februar 2006.

Aus dem postalischen Sample wurden Shuttles für vertiefende qualitative Interviews ausgewählt. Auswahlverfahren und Stichprobe werden im Kapitel 6.1 erläutert.

4.2 Erhebungsinstrument und Inhalte der Befragung

Die Erhebung ist mit dem typischen methodologischen Problem postalischer Befragungen konfrontiert, einerseits eine Reihe von Themenkomplexen untersuchen zu wollen, andererseits sind dem Umfang an Fragen jedoch enge Grenzen gesetzt. Als Faustregel empirischer Sozialforschung gilt: Mit zunehmender Länge des Fragebogens nimmt die Teilnahmebereitschaft ab (Dillmann 1978, Klein/Porst 2000). Durch das Erfassen einer Breite von räumlichen, zeitlichen, wohn- und arbeitsbezogenen Aspekten eines mobilen Lebens besteht außerdem die Gefahr, dass auf einzelne Details nicht genügend eingegangen werden kann. Allerdings können durch eine Breite von Themen wiederum wichtige Hinweise für weitere Forschung generiert werden. Es musste daher eine Auswahl wichtiger Fragen und Indikatoren getroffen werden. Der Fragebogen wurde einem Pretest unterzogen, auf dessen Grundlage inhaltliche Änderungen vorgenommen wurden und zur Verbesserung der problemlosen Beantwortung der Fragen eine Umstrukturierung des Fragebogens in drei Teile erfolgte.[34]

Der Grundfragebogen richtet sich an alle Zugezogene und ist in vier Themenkomplexe gegliedert:

- Wohnbiographie mit Umzugshäufigkeit und Anzahl Fernumzüge in vergangenen zehn Jahren, Gründe für Zuzug in das jeweilige Befragungsgebiet, Einstellung zu räumlicher Mobilität und Pläne für zukünftige Fernumzüge

---

[33] BlnZwStG vom 17. Dezember 1997 (GVBl. S. 687).
[34] Der Fragebogen ist über www.vs-verlag.de/onlineplus verfügbar.

- Wohnsituation am Hauptwohnsitz: Merkmale der Wohnung und des Wohnumfelds, subjektive Wichtigkeit von Wohnmerkmalen, Wichtigkeit der Verkehrsanbindung der Wohngegend, Wohnzufriedenheit, Einstellung zu selbstgenutztem Wohneigentum
- Erwerbsstatus, Merkmale der Erwerbstätigkeit und subjektive Bewertung der Vereinbarkeit von Erwerbsarbeit und Privatleben
- sozialstrukturelle Daten der befragten Person und des Partners/der Partnerin.

Um die multilokale Lebens- und Wohnsituation detaillierter zu erfassen, wurden zwei Zusatzfragebögen verwendet: einer für eine „Nebenwohnung/-unterkunft" und ein weiterer für eine „Fernbeziehung mit getrennter Haushaltsführung". Um die Komplexität der Befragung nicht zu erhöhen, wurde für letzteren Fragebogen zur Erfassung einer Fernbeziehung vereinfachend mit der Definition „Partnerschaft in getrennten Haushalten in verschiedenen Städten/Gemeinden" und nicht mit konkreten räumlichen Distanzangaben gearbeitet. Eine Abgrenzung von Fernbeziehungen und kleinräumigen LAT-Partnerschaften ist über die Angabe der Wohnorte der Partner gewährleistet. Auf die Operationalisierung von Fernbeziehungen wird ausführlich in Kapitel 7.1 eingegangen.

Beide Zusatzfragebögen enthalten retrospektive Fragen über eine im Laufe der vergangenen zehn Jahre aufgegebene Nebenwohnung bzw. eine in diesem Zeitraum geführte Partnerschaft mit getrennten Haushalten in verschiedenen Wohnorten. Über die gegenwärtige Nebenwohnung und die bestehende Partnerschaft in getrennten Haushalten in verschiedenen Wohnorten werden die Hauptmotivation für die multilokale Lebens- und Wohnweise, die Einschätzung der Dauer der multilokalen Lebensform, das individuelle Pendelverhalten und die subjektive Bewertung der Lebensform erfasst. In dem Zusatzfragebogen zur Nebenwohnung ist analog zum Grundfragebogen ein Fragenkomplex zur Wohnsituation am Nebenwohnsitz enthalten.

Der Fragebogen ist hoch standardisiert und enthält nur geschlossene Fragen. Allerdings wurden in vielen Fragen teilstandardisierte Elemente eingebaut, indem die Befragten unter der Kategorie „Sonstiges" weitere Antworten geben konnten. Am Ende des Fragebogens wurde den Befragten darüber hinaus Raum für persönliche Anmerkungen gegeben, der erstaunlich häufig genutzt wurde. Dadurch konnten zusätzliche Informationen über die Lebenssituation der Befragten, die Bedeutung der Thematik und häufig auch Begründungen für gegebene Antworten gewonnen werden. Handschriftlich ergänzte Anmerkungen zu einzelnen Fragen wurden außerdem komplett digitalisiert. Diese boten eine wichtige Hilfestellung für einzelne Codierentscheidungen (siehe Kap. 4.3) und lieferten weitere (qualitative) Informationen zu bestimmten Sachverhalten.

4.3 Ausschöpfung und Datenedition

Die Ausschöpfungsquote ist insgesamt und für die einzelnen Befragungsgebiete in Tabelle 4.1 dargestellt. Angesichts der heterogenen Stichprobe[35] ist eine bereinigte Ausschöpfungsquote von 21,5 % als gut zu bewerten (zum Rücklauf bei postalischen Befragungen siehe Dieckmann 2002, Porst 2001). Die stichprobenneutralen Ausfälle infolge der mangelnden Aktualität des Melderegisters belaufen sich in der Gesamtstichprobe auf rd. 11 %, was für Melderegisterumfragen eine durchschnittliche Größenordnung darstellt (vgl. Wirth/Müller 2006: 100, Koch 1997).

Tabelle 4.1: Ausschöpfungsquote gesamt und nach Befragungsgebiet

	Berlin	Düsseldorf	Stuttgart	München	gesamt
Bruttostichprobe	2,468	2,000	4,000	2,100	10,568
stichprobenneutrale Ausfälle[1]	254	263	351	345	1,213
bereinigte Bruttostichprobe	2,214	1,737	3,649	1,755	9,355
systematische Ausfälle[2]	5	2	3	4	14
auswertbare Fragebögen	439	357	871	340	2,007
Ausschöpfungsquote					
gesamt	19.8%	20.6%	23.9%	19.4%	21.5%
Stichprobe Nebenwohnung	57.8%	24.1%	-	23.7%	-
Stichprobe Hauptwohnung	19.1%	18.5%	-	16.5%	-

[1] Post unzustellbar, Zielperson verzogen, Stichprobenfehler (Zielperson gehört nicht zur Grundgesamtheit).
[2] Andere Person als Zielperson hat Fragebogen ausgefüllt/Fragebogen nicht auswertbar.
Quelle: eigene Auswertung

In den betreffenden Befragungsgebieten ist die Ausschöpfungsquote in der Stichprobe der Zugezogenen mit einer Nebenwohnung höher als unter Zugezogenen mit einer angemeldeten Hauptwohnung. Diese Differenz ist in Berlin

---

[35] Unter den Zugezogenen befanden sich erwartungsgemäß viele Personen mit einer nichtdeutschen Staatsbürgerschaft. Die Staatsbürgerschaft wurde als Auswahlkriterium für die Stichprobenziehung deshalb nicht berücksichtigt, da sich zum einen auch langjährig in Deutschland lebende Migrant/innen nicht zwangsläufig einbürgern lassen und zum anderen in den ausgewählten Dienstleistungsmetropolen eine hohe Anzahl ausländischer Fachkräfte und binationaler Paare zu erwarten sind, deren multilokale Wohnarrangements für die zentrale Zielsetzung der Arbeit von Interesse sind.

besonders stark ausgeprägt.[36] Die vergleichsweise geringeren Ausschöpfungsquoten in der Stichprobe für Personen mit einer Nebenwohnung in Düsseldorf und München sind ein Indiz dafür, dass in diesen beiden Städten, wo zum Zeitpunkt der Befragung (noch) keine Zweitwohnungssteuer bestand, viele Personen mit einer Nebenwohnung gezogen wurden, die aus anderen als beruflichen Gründen eine Nebenwohnung angemeldet haben bzw. die diesen Wohnsitz nur unregelmäßig bis gar nicht nutzen und die häufig bei Einführung einer Zweitwohnungssteuer aus Kostenabwägung ihren Nebenwohnsitz abmelden oder in einen Hauptwohnsitz ummelden (zur Veränderung des Meldeverhaltens durch die Zweitwohnungssteuer siehe Schönheit 2005, Sturm/Meyer 2009).

Um die Teilnahmebereitschaft an der Befragung zu erhöhen, wurden Preise verlost. Die Verlosung wurde im ersten Anschreiben angekündigt (zu *Incentives* bei postalischen Befragungen siehe Porst 1999). Nach Stadtmüller/Porst 2005 werden durch den Einsatz von *Incentives* keine Verzerrungen der Stichprobe verursacht. Die Auswirkungen der Preisverleihung auf die Rücklaufquote und die Teilnahmemotivation bestimmter Bevölkerungssegmente kann für die vorliegende Untersuchung nicht beurteilt werden. Die Rücksendung des ausgefüllten Fragebogens war jedoch meistens mit dem Teilnahmewunsch an der Verlosung verbunden (der den Befragten freistand).

Die Daten wurden einer gründlichen Editierung unterzogen, die sich auf die Überprüfung der Konsistenz und Plausibilität der Angaben richtete. Um einen plausiblen Datensatz zu erzeugen, waren nicht nur kleinere „Korrekturen" notwendig, sondern es mussten im Laufe des Arbeitsprozesses inhaltliche Entscheidungen getroffen werden, für die Editionsregeln erstellt wurden. In Einzelfällen wurden Befragte, die ihre Kontaktdaten auf dem Fragebogen zwecks Nachfragen und weiterer Interviews hinterlassen hatten, erneut kontaktiert. Welche Probleme im Einzelnen aufgetreten sind und welche Codierentscheidungen getroffen wurden, wird im Folgenden erläutert. Daraus leiten sich zugleich erste Erkenntnisse über das multilokale Wohnen ab.

Die emotionale vs. melderechtliche Bedeutung eines Wohnsitzes
In einigen Fällen weicht die subjektive Festlegung des Wohnsitzstatus der Befragten von der melderechtlichen Registrierung ab: Einige Befragte haben einen Hauptwohnsitz im Befragungsgebiet angegeben, obwohl sie dort eine Nebenwohnung angemeldet haben. Umgekehrt haben Befragte mit einem Wohnsitz im Ausland zum Teil ihren Nebenwohnsitz im Befragungsgebiet angegeben, obschon sie dort mit einem Hauptsitz gemeldet sind (sein müssen). Der melderechtliche Wohnsitzstatus weicht in diesen Fällen von einer wohl eher emotionalen

---

[36] In München ist die Ausschöpfungsquote für die Gruppe der Statuswechsler am höchsten (28,9 %), die in der Tab. 4.1 in die Stichprobe der Zugezogenen mit einer Hauptwohnung fallen.

Methodische Vorgehensweise und Stichprobe

Bedeutung von Haupt- und Nebenwohnsitz ab.[37] Für die Datenauswertung wurden die Angaben der Befragten und damit die emotionale Bedeutung der Wohnorte herangezogen. Nur in Fällen, in denen die Befragten sich offensichtlich nicht zwischen dem melderechtlichen Status und der emotionalen Bedeutung der Wohnsitze entscheiden konnten und eine aus den Angaben nicht eindeutige Zuordnung von Haupt- und Nebenwohnsitz möglich war, wurde der melderechtliche Status im Befragungsgebiet erfasst.

Getrennte Haushalte oder doppelte Haushaltsführung?
Der Unterschied zwischen einer Paarbeziehung mit getrennten Haushalten und einer doppelten Haushaltsführung mit einem gemeinsamen Haushalt konnte mit dem standardisierten Erhebungsinstrument einer Reihe von Befragten nur unzureichend vermittelt werden. Die Lebenssituation von Paaren in einer multilokalen Haushaltsorganisation wird häufig affektiv als Fernbeziehung mit zwei Wohnungen wahrgenommen.[38] Mit dem im Fragebogen verwendeten Begriff Fernbeziehung für eine getrennte Haushaltsführung sahen einige Befragte in einer doppelten Haushaltsführung anscheinend ihre partnerschaftliche Lebenspraxis aufgrund der regelmäßigen Abwesenheitsperioden vom Partner/von der Partnerin besser umschrieben („Wochenendehe" [272]) als mit dem der Nebenwohnung/-unterkunft. Die zu editierenden Fälle lassen sich in vier Gruppen unterteilen:

1. Befragte mit einer Nebenwohnung in einer Lebensgemeinschaft haben statt des Zusatzfragebogens für Nebenwohnungen den Fernbeziehungs-Fragebogen ausgefüllt (zwölf Fälle).
2. Befragte mit einer Nebenwohnung in einer Lebensgemeinschaft haben beide Zusatzfragebögen identisch ausgefüllt (42 Fälle).
3. Der Fernbeziehungs-Fragebogen wurde ausgefüllt, obwohl ein gemeinsamer Haushalt mit dem Partner/der Partnerin besteht, der/die eine Nebenwohnung unterhält (30 Fälle).

---

[37] In einigen kulturwissenschaftlichen Studien über Multilokalität wird ebenfalls darauf verwiesen, dass mit den Bezeichnungen Zweit- oder Nebenwohnung häufig eine Hierarchie von Nutzungen verbunden ist, die nicht der Lebenswirklichkeit entspricht und z. B. bei Arbeitsmigrant/innen der beibehaltene Nebenwohnsitz in der Heimat affektiv immer Hauptwohnsitz bleibt (Rolshoven 2006, Hilti 2007). Rolshoven spricht in diesem Kontext vom „sentimentalen" Hauptwohnsitz (ebd.: 184). Glorius (2007: 155) kommt in ihrer Studie über polnische Migrant/innen in Leipzig zu dem Ergebnis, dass zwei Drittel aller Befragten (n = 162) einen Zweitwohnsitz in Polen beibehalten haben, an dem am häufigsten die Eltern oder Schwiegereltern der Befragten leben.

[38] Das zeigt sich auch sehr deutlich in der Untersuchung multilokaler Wohnformen von Stölting (2006), die in ihrer qualitativen Befragung von Shuttles bei der Probandenakquise mittels Schneeballmethode immer wieder von Shuttles an Personen in einer getrennten Haushaltsführung über große Distanzen verwiesen wurde und sich erst im Laufe der Interviews herausstellte, dass die Befragten keinen (eigenen) zweiten Haushalt unterhalten.

4. Von Befragten in einer festen Partnerschaft mit Nebenwohnung fehlt die Angabe, ob der Partner/die Partnerin mit im Haushalt lebt. Es handelt sich um einen Mehrpersonenhaushalt, aber nicht um eine Wohngemeinschaft. Der Fernbeziehungs-Fragebogen wurde ausgefüllt (neun Fälle).

In Gruppe 1 wurden die Angaben aus dem Fernbeziehungs-Fragebogen – so weit möglich – in den Fragebogen für eine Nebenwohnung/-unterkunft übertragen. Für die Gruppe 2 wurden nur die Antworten zur Nebenwohnung erfasst. Die Angaben zur Fernbeziehung in Gruppe 3 wurden nicht berücksichtigt. Zur Klärung der Fälle in Gruppe 4 wurden zwei Befragte kontaktiert. Es stellte sich heraus, dass beide Befragten in einer Lebensgemeinschaft leben. Analog dazu wurde diese Haushaltssituation auch für die anderen Fälle dieser Gruppe angenommen und entsprechend codiert. Die Antworten zur multilokalen Lebenssituation wurden deshalb für alle Befragten in den Fragebogen für eine Nebenwohnung/-unterkunft übernommen. Aufgrund der vorhandenen Daten über die gegenwärtige Haushaltssituation konnte in diesen Fällen die Lebenssituation der Befragten also sehr gut rekonstruiert werden.

Schwieriger gestaltete sich die Editierung der Antworten zu einer damaligen (aufgegebenen) Nebenwohnung und einer damaligen Fernbeziehung, da hier erstens nur allgemein für ein Zeitfenster der zurückliegenden zehn Jahre ohne genaue Zeitangaben für die multilokale Wohnsituation gefragt wurde und zweitens keine zeitlich korrespondierenden Angaben zur Haushalts- und Lebenssituation vorliegen. Ganz konkret trat bei den retrospektiven Fragen das Problem auf, dass in 87 Fällen mit Angaben zu einer damaligen Nebenwohnung *und* zu einer damaligen Fernbeziehung nicht eindeutig zu erkennen ist, ob sich die Antworten in den beiden Fragebögen – wie in Gruppe 2 – auf dieselbe multilokale Wohnsituation beziehen.[39] Da in diesen Fällen fraglich ist, ob die Partner damals getrennte Haushalte hatten oder am gemeinsamen Wohnort auch ein gemeinsamer Haushalt bestand, werden diese Fälle nicht für Analysen herangezogen, in denen es um spezifische Fragen des Shuttelns oder des living apart together in einer Fernbeziehung geht. Auch wenn sich die retrospektiven Fragen damit nur zum Teil bewährt haben und Häufigkeitsauszählungen nur mit Vorsicht verwendet werden können, lassen sich daraus trotzdem wichtige Tendenzen ableiten.

---

[39] In 66 Fällen stimmt der Nebenwohnort der Befragten mit dem angegeben Wohnort der Befragten in der damaligen Fernbeziehung auf Ebene der Postleitzahl überein. In weiteren 21 Fällen ist die Postleitzahl des Wohnorts des Partners/der Partnerin in der damaligen Fernbeziehung identisch mit den Angaben für den damaligen Nebenwohnsitz der Befragten.

Methodische Vorgehensweise und Stichprobe 59

Was ist eine Wohngemeinschaft?
Davon ausgehend, dass „Wohngemeinschaft" in verschiedenen Bevölkerungsschichten und Lebensstilgruppen ein geläufiger Begriff ist, sollten die Befragten ohne weitere begriffliche Erläuterung angeben, ob sie „in einer Wohngemeinschaft" leben. Entgegen den Erwartungen erwies sich diese Frage in 33 Fällen als problematisch:

> „Nicht klar, ob leben mit Partner im Haushalt auch Wohngemeinschaft ist – hab ich angenommen." [400]

> „Es ist für mich nicht klar erkennbar, wie der Begriff „Wohngemeinschaft" verwendet wird: Ist die Familie ebenfalls eine WG, oder nicht?" [1301]

Mit dem Wohnen in einer Wohngemeinschaft sind wiederum Angaben zu der Anzahl der Haushaltsmitglieder, dem Haushaltsnettoeinkommen, der Wohnfläche und Miethöhe (gesamt oder anteilig) verbunden. In Fällen, in denen nicht eindeutig aus den Antworten und Anmerkungen ersichtlich wurde, ob die Befragten tatsächlich in einer Wohngemeinschaft leben, wurden deshalb auch zum Teil die genannten Fragen zum Haushalt als nicht valide codiert.

4.4 Qualität der Stichprobe und Stichprobenbeschreibung

In der realisierten Stichprobe ist die Geschlechterverteilung annähernd ausgeglichen (51 % Frauen). Werden nur die Befragten mit einer Nebenwohnung betrachtet, liegt der Anteil Männer über dem Anteil der Frauen (55 %). Das entspricht auch dem Verhältnis von Männern und Frauen in der Bruttostichprobe für Nebenwohnsitzer/innen, was für die angestrebte Qualität der Stichprobe spricht.[40]

In der Bruttostichprobe für Hauptwohnsitze wurden in allen Befragungsgebieten ebenfalls mehr Männer als Frauen gezogen.[41] Der Anteil Frauen in der realisierten Stichprobe ist damit insgesamt betrachtet etwas höher als in der Bruttostichprobe. Das wirft die Frage nach der Stichprobenvalidität auf. Nicht zufallsverteilte Ausfälle sind jedoch kein spezifisches Problem dieser Erhebung, sondern infolge der unterschiedlichen Teilnahmebereitschaft einzelner Bevölkerungssegmente ist hiermit ein für postalische Befragungen ohne gesetzlich gere-

---

[40] In Düsseldorf und München sind jeweils 58 % und in Berlin 53 % der Personen in der Bruttostichprobe für Nebenwohnsitze männlich.
[41] Der Anteil Männer in der Bruttostichprobe für Hauptwohnsitze beträgt in Düsseldorf 52 %, in Berlin 54 % und in München 59 % (einschließlich Statuswechsler). In der Bruttostichprobe für Stuttgart (Personen mit einem Haupt- oder Nebenwohnsitz) sind 58 % Männer.

gelte Auskunftspflicht typisches und häufig diskutiertes Problem empirischer Sozialforschung angesprochen (Bortz/Döring 2002: 400-403, Kromrey 1995, Reuband 1999, Dieckmann 2002, Koch 1997, Klein/Porst 2000). Die durch nicht zufallsgesteuerte Ausfälle entstehenden Verzerrungen in der Nettostichprobe könnten zwar rein rechnerisch durch Gewichtungsmethoden ausgeglichen werden, indem unterrepräsentierte Gruppen entsprechend ihrer Verteilung in der Grundgesamtheit gewichtet werden. Solche Verfahren sind jedoch für diese Erhebung nicht anwendbar, da über die Grundgesamtheit nur vage Informationen vorliegen und insofern ein Vergleich bestimmter Merkmale in der realisierten Stichprobe mit Verteilungen in anderen Großerhebungen und der amtlichen Statistik nicht möglich ist. Nach Dieckmann (2002: 364) ist allerdings davon auszugehen, dass sich Ausfälle (*Non-Response*) kaum verzerrend auf die Schätzung der Stärke und Richtung von Zusammenhängen zwischen Variablen und stattdessen in viel stärkerem Maße auf Randverteilungen und die Schätzung von Mittelwerten und Anteilen auswirken.

Eine Beschreibung der Gesamtstichprobe im Vergleich zum Bevölkerungsquerschnitt, der aus dem ALLBUS 2006 errechnet wurde, ist nach ausgewählten sozialstrukturellen Merkmalen der Tabelle 4.2 zu entnehmen. Aufgrund

Tabelle 4.2: Merkmale der Zugezogenen in der Gesamtstichprobe

	Stichprobe	ALLBUS 2006*
Alter (Mittelwert / Median)	31,7 / 32	42,7 / 43
(Standardabweichung)	9,50	8,44
Familienstand		
verheiratet	32,9%	54,1%
geschieden/getrennt lebend	9,4%	17,9%
ledig	57,3%	26,1%
Lebensgemeinschaft	56,6%	61,7%
Kind im Haushalt	23,4%	37,6%
allein stehend	26,1%	28,7%
LAT-Partnerschaft	17,4%	6,6%
höchster Schulabschluss		
Volksschul-/Hauptschulabschluss	6,3%	31,4%
Mittlere Reife	16,8%	38,2%
Fachhochschulreife	0,7%	6,7%
(fachgebundene) Hochschulreife	75,7%	22,1%
höchster Ausbildungsabschluss		
(noch) kein Abschluss	7,3%	11,3%
Lehre/gleichwertiger Abschluss	23,6%	56,8%
Fachschulabschluss/Meister/in	8,4%	15,2%
Fachhoch-/Hochschulabschluss	60,8%	15,7%
erwerbstätig	75,1%	73,3%

* Alle Daten gewichtet (siehe Kap. 2.2). Nur Personen zwischen 25-59 Jahren.
N schwankt in der Stichprobe geringfügig wegen fehlender Werte (n = 2.007).
Quelle: eigene Auswertung

Methodische Vorgehensweise und Stichprobe 61

des *oversampling* von Zugezogenen, die in den Befragungsgebieten eine Nebenwohnung angemeldet haben, können aus der Übersicht keine Aussagen über die Grundgesamtheit der Zugezogenen in den vier Befragungsgebieten abgeleitet werden. Weitere Merkmale sind nach dem Geschlecht differenziert der Anhang-Tab. 1 zu entnehmen.

Im Vergleich zum bundesrepublikanischen Bevölkerungsquerschnitt unterscheiden sich die in die Metropolen Zugezogenen in der Gesamtstichprobe sehr deutlich in Bezug auf den Haushaltslebenszyklus und den Bildungsstatus: Sie sind jünger, seltener verheiratet und dafür häufiger ledig, leben weniger häufig in einem Familienhaushalt und häufiger in einer living apart together- Partnerschaft und weisen wesentlich höhere Schul- und Ausbildungsabschlüsse auf. Obschon davon auszugehen ist, dass die Bereitschaft zur Teilnahme an einer postalischen Befragung einen signifikanten Einfluss auf das Sozialprofil der Befragten hat, bestätigen sich anhand des Vergleichs Erkenntnisse der Migrationsforschung: Räumlich mobile Personen sind eine hoch selektive Bevölkerungsgruppe.

4.5 Auswertungsmethoden

Mit der Ziehung einer Zufallsstichprobe von Zugezogenen in die ausgewählten Befragungsgebiete wurden verschiedene mobile Lebensformen erfasst:

- Personen ohne weitere Wohnung mit einem intraregionalen oder überregionalen Umzug in die Befragungsgebiete
- Personen mit einer Nebenwohnung und darunter Shuttles[42]
- Innerhalb der beiden Gruppen mit Nebenwohnung und ohne weitere Wohnung befinden sich Personen in einer Partnerschaft mit getrennten Haushalten, die mit dem Partner/der Partnerin über eine kleinräumige Entfernung oder in einer Fernbeziehung über große Distanzen leben.

In methodologischer Hinsicht zielt das Untersuchungsdesign auf multivariate Vergleichsgruppenanalysen. Im Zentrum der Analyse stehen die beiden multilokalen Lebensformen des Shuttelns und der Fernbeziehung. Shuttles sind eine Teilmenge der Befragten mit einer Nebenwohnung. Eine Operationalisierung von Shuttles erfolgt in Kapitel 6.1. Als Vergleichsgruppe für Shuttles werden

---

[42] Personen mit einer Nebenwohnung in einem der Befragungsgebiete wurden nicht nach ihrem Herkunftsort gefragt. Diese Frage richtete sich nur an Personen, die ihren Hauptwohnsitz in einem der Befragungsgebiete haben. Für Shuttles wurde angenommen, dass der Herkunftsort gleich der Hauptwohnort ist. Bei Nebenwohnsitzer/innen, die keine berufsbezogene Zweitwohnung unterhalten (siehe Kap. 6.2), wird diese Annahme sehr wahrscheinlich viel weniger zutreffen. Für die Gruppe mit Nebenwohnung wird deshalb im Folgenden generell keine Klassifizierung nach intraregionalem oder überregionalem Zuzug vorgenommen.

Befragte ohne weitere Wohnung mit einem überregionalen Umzug (des gesamten Haushalts) in die Befragungsgebiete herangezogen. Es handelt sich dabei also um „klassische" Fernwandernde. Eine Typisierung der Zugezogenen ohne weitere Wohnung nach Nah- und Fernwandernde wird im nachfolgenden Kapitel vorgenommen.

Befragte in einer Fernbeziehung sind sowohl in der Gruppe der Zugezogenen mit einer Nebenwohnung als auch unter Zugezogenen ohne weitere Wohnung mit Fern- oder Nahumzug zu finden. Wie Personen in einer Fernbeziehung von Befragten in einer Partnerschaft mit getrennten Haushalten über kleinräumige Entfernungen abgegrenzt werden, wird in Kapitel 7.1 erläutert. Diese beiden distanzbezogenen Formen des living apart together werden miteinander verglichen und darüber hinaus werden Merkmale von Personen in einer Fernbeziehung unter anderem im Vergleich zu Zugezogenen in Einpersonenhaushalten, die nicht in einer Fernbeziehung leben, untersucht.

Der Vorteil von Vergleichsgruppenanalysen liegt darin, dass die Analyse der multilokalen Lebens- und Wohnformen anhand von Gemeinsamkeiten und Unterschieden zu anderen mobilen Lebensformen erfolgt. Dadurch können Besonderheiten der Lebens- und Wohnsituation herausgearbeitet werden, die Rückschlüsse auf die Entstehungszusammenhänge und Kontextbedingungen der multilokalen Lebensformen ermöglichen. Hierzu werden zum einen Modellparameter in gruppenspezifischen Modellen geschätzt. Zum anderen wird die Gruppenzugehörigkeit als unabhängige Variable vor allem in linearen und logistischen Regressionsmodellen aufgenommen und es werden Interaktionseffekte der Gruppenvariablen mit anderen Prädikatorvariablen getestet (siehe Kühnel 1996).

Mittels Vergleichsgruppenanalysen werden auch geschlechtsspezifische Aspekte multilokaler Lebens- und Wohnformen untersucht, indem gruppenspezifische Modelle für Männer und Frauen berechnet werden oder der Effekt des Geschlechts als intervenierende Variable getestet wird.

Bevor sich die Ergebnisdarstellung auf multilokale Lebensformen konzentriert, wird im nachfolgenden Kapitel zunächst eine Typisierung der Zugezogenen ohne weitere Wohnung vorgenommen und es werden Merkmale von Fernwandernden ausführlicher beschrieben, auf die dann in den darauf folgenden Kapiteln über multilokale Lebensformen immer wieder Bezug genommen wird.

5 Charakteristika von Fernwandernden

Dieses Kapitel widmet sich den Zugezogenen ohne weitere Wohnung, die mit dem gesamten Haushalt in die Befragungsgebiete gezogen sind. Es werden Erkenntnisse der Wanderungsforschung vertieft und Charakteristika von Fernwandernden untersucht, anhand derer besondere Merkmale multilokaler Lebensformen in nachfolgenden Kapiteln herausgestellt werden. In einem ersten Schritt wird eine Operationalisierung von Fern- und Nahwandernden – d. h. von Personen, die über eine großräumige oder kleinräumige Distanz mit dem gesamten Haushalt zugezogen sind – vorgenommen. Danach erfolgt in Kapitel 5.2 eine Deskription der Sozialstrukturmerkmale dieser Zugezogenen. Der Fokus der Ergebnisdarstellung wird dabei auf erwerbstätigen Fernwandernden liegen, die als Vergleichsgruppe für Shuttles im darauf folgenden Kapitel 6 herangezogen werden. Anschließend werden persönliche Motivlagen für einen Fernumzug und die allgemeine Bereitschaft aller Befragten zu einem beruflich bedingten Fernumzug untersucht (Kapitel 5.3).

5.1 Typisierung der Zugezogenen ohne weitere Wohnung

Nach Rossi (1980: 19-20) lassen sich Wanderungsmobile – gemessen anhand der Wanderungsdistanz und Wanderungsmotive – in Fernwandernde (Wanderung bzw. Migration) und Nahwandernde (residentielle Mobilität) unterscheiden. Als Fernwandernde werden in Anlehnung an gängige sekundäranalytische Operationalisierungsverfahren diejenigen Männer und Frauen klassifiziert, die über eine Distanz von 50 km und mehr in die Befragungsgebiete gezogen sind (Wagner 1989, Kalter 1994).[43] Gemäß dieser Klassifizierung sind im Sample von den Zugezogenen ohne weitere Wohnung 79 % den Fernwandernden und 21 % den Nahwandernden zuzuordnen.[44] Der Zuzug in die ausgewählten Befragungsgebiete ist damit, wie vermutet, stark durch Fernwanderungen geprägt. Der Anteil Fernwanderungen an den Zuzügen ist in Berlin und München überdurchschnitt-

---

[43] In der amtlichen Statistik werden überregionale Wanderungen durch das Kriterium des regionalen Grenzübergangs operationalisiert (z. B. Bundesländer, siehe Kap. 1.1). Sekundäranalysen auf Basis des SOEP unterscheiden aufgrund fehlender Informationen zur Wanderungsdistanz zwischen residentieller Mobilität und Migration anhand des Wanderungsmotivs (siehe Jürges 1998b: 237).
[44] Für n = 87 Befragte liegen keine Angaben zum Herkunftsort vor; n = 20 Befragte sind aus dem Befragungsgebiet weggezogen und haben keine Angaben zum Zuzug in das Befragungsgebiet gemacht, so dass insgesamt für n = 107 bzw. 7 % der Zugezogenen ohne weitere Wohnung keine Zuordnung zu den Gruppen der Nah- oder Fernwandernden erfolgen kann.

lich (91 % bzw. 82 %) und in Stuttgart und insbesondere Düsseldorf unterdurchschnittlich (75 % bzw. 68 %).

Obwohl in der Zufallsstichprobe nur Befragte ab 25 Jahren ausgewählt wurden (siehe Kap. 4.1), sind rd. 10 % der Fernwandernden (n = 107) in der beruflichen Ausbildung. Da berufliche Mobilitätsanforderungen im Zentrum dieser Arbeit stehen, werden Auszubildende/Studierende in den nachfolgenden Analysen nicht berücksichtigt.

5.2 Sozialstrukturmerkmale von Fernwandernden

Abbildung 5.1: Fern- und Nahwandernde nach Geburtskohorten und Geschlecht*

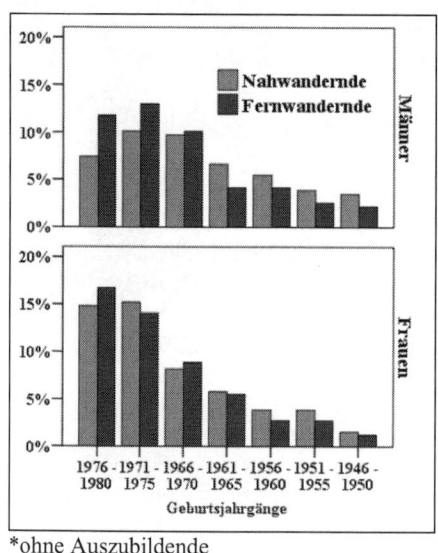

*ohne Auszubildende
Männer: n = 120 Nah- und 484 Fernwanderer
Frauen: n = 137 Nah- und 526 Fernwanderinnen
Quelle: eigene Darstellung

Empirisch sehr gut belegt ist die mit zunehmendem Alter geringere Wahrscheinlichkeit zu überregionalen und damit stärker beruflich motivierten Wanderungen. Die befragten Fernwandernden konzentrieren sich dementsprechend in hohem Maße auf die jüngeren Geburtskohorten zwischen 1966 und 1980 und bei Frauen nochmals mehr auf die jüngsten Kohorten der Jahre 1976 bis 1980 (siehe Abb. 5.1). Im Vergleich dazu ist insbesondere unter den Männern mit einem Nahumzug eine stärkere Streuung über die Geburtskohorten zu beobachten. Damit korrespondiert, dass Nahwanderer, die zwischen 1951 und 1965 geboren sind, häufig geschieden sind oder in Trennung von der Lebenspartnerin leben.[45] Auf dem Hintergrund der großen Bedeutung familiärer und persönlicher Zuzugsgründe unter Nah-

---

[45] Mehr als jeder fünfte Nahwanderer (ohne Auszubildende) ist geschieden oder lebt in Trennung von der Lebenspartnerin (23,5 %). Der Anteil ist gegenüber Fernwanderern signifikant höher (Chi Quadrat (df) = 27,12(1)). Der Geschiedenenanteil beträgt bei Nahwanderinnen 16,2 %; dieser liegt nicht signifikant über dem Anteil Geschiedener unter Fernwanderinnen.

wandernden ist deshalb zu vermuten, dass ein Teil der Frauen und insbesondere der Männer wegen der Trennung vom Ehepartner/von der Ehepartnerin vom Umland in die Kernstadt gezogen ist.[46] Zu einem ähnlichen Ergebnis kommen Feijten und Van Ham (2007), die für die Niederlande zeigen, dass Alleinwohnende nach einer Trennung vom (Ehe-)Partner/von der (Ehe-)Partnerin weniger häufig als *steady singles* und Paare über große Distanzen wandern und häufiger als Paarhaushalte in Städte ziehen.

Unter den überregional Zugezogenen sind Männer häufiger erwerbstätig als Frauen (88 % gegenüber 78 %).[47] Dabei ist der Erwerbsstatus der Frauen im Gegensatz zu den Männern davon abhängig, ob sie ein Kind im Haushalt versorgen. Allein wohnend und in einer Lebensgemeinschaft ohne Kind sind Fernwanderinnen genauso häufig wie Männer erwerbstätig. In Lebensgemeinschaften mit Kind sinkt der Anteil erwerbstätiger Frauen auf 49 % gegenüber 91 % bei Männern. Nicht erwerbstätige Männer sind meistens arbeitslos; nicht erwerbstätige Frauen in einem Familienhaushalt sind mehrheitlich in Mutterschutz/Elternzeit oder Hausfrau. In einer Lebensgemeinschaft ohne Kind und allein wohnend geht die Nichterwerbstätigkeit auch bei ihnen meistens auf Arbeitslosigkeit zurück.

Merkmale erwerbstätiger Fernwandernder, die im Hinblick auf eine Vergleichsgruppenanalyse mit Shuttles von Interesse sind (siehe Kap. 6.3.4), werden differenziert nach dem Geschlecht in Tabelle 5.1 ausgewiesen. Unter den erwerbstätigen Fernwandernden sind Männer signifikant älter und häufiger verheiratet als Frauen. Mit dem jüngeren Alter erwerbstätiger Frauen korrespondiert, dass sie seltener als überregional zugezogene Männer in einer Lebensgemeinschaft mit Kind leben. Genauer leben Männer häufiger in einem Haushalt mit Kleinkindern unter sechs Jahren. Wie bereits erläutert, ist der Anteil erwerbstätiger Fernwanderinnen mit Kleinkindern im Haushalt deshalb so gering, weil sie häufiger als überregional zugezogene Männer nicht erwerbstätig (und stattdessen in Elternzeit oder Hausfrauen) sind.

Unter erwerbstätigen Zugezogenen zeichnen sich Fernwandernde gegenüber Nahwandernden durch ihr jüngeres Alter aus. Fernwanderinnen sind zudem häufiger als erwerbstätige Frauen mit einem Nahumzug allein stehend.[48]

---

[46] Unter den Erwerbspersonen (ohne Auszubildende, Rentner/innen), die über eine kleinräumige Entfernung mit dem gesamten Haushalt in die Befragungsgebiete gezogen sind, sind 69 % der Männer (n = 79) und 75 % der Frauen (n = 93) aus persönlichen/familiären Gründen zugezogen (vgl. hierzu Zuzugsgründe Fernwandernder in Kap. 5.3).
[47] Kontrolliert durch das Alter der Befragten und die Haushaltsform.
[48] Zugezogene erwerbstätige Männer mit einem Nahumzug (n = 109 bzw. 83 %) haben ein Medianalter von 37 Jahren (SD = 8,9); erwerbstätige Nahwanderinnen (n = 118 bzw. 71 %) sind im Median 33 Jahre alt (SD = 8,6). Die logistischen Regressionskoeffizienten des Gruppenvergleichs sind der Anhang-Tab. 2 zu entnehmen.

Tabelle 5.1: Sozialstrukturmerkmale von erwerbstätigen Fernwandernden

	Männer	Frauen	Sig.
Männer-/Frauenanteil	0.51	0.49	n.s.
Alter (Jahre), arithm. Mittel / Median (Standardabweichung)	35,6 / 34 (7.9)	34,3 / 32 (7.8)	***
Familienstand[1]			
verheiratet	40.9%	27.1%	***
geschieden/getrennt lebend	6.7%	11.0%	
ledig	52.3%	62.0%	
Haushaltsform[1]			
Lebensgemeinschaft mit Kind	23.8%	13.0%	***
Lebensgemeinschaft ohne Kind	36.8%	42.8%	
allein wohnend	38.0%	37.7%	
allein stehend (ohne feste/n Partner/in)[1]	26.0%	28.0%	n.s.
Alter des jüngsten Kindes im Haushalt[1]			
ohne Kind	75.0%	82.0%	
jüngstes Kind < 6 Jahre	17.7%	10.0%	**
jüngstes Kind >= 6 Jahre	7.0%	7.9%	
höchster Ausbildungsabschluss[2]			n.s.
Lehre/gleichwertiger Abschluss	19.0%	19.8%	
Fachschulabschluss/Meister/in	6.7%	9.8%	
Fachhoch-/Hochschulabschluss	72.3%	68.0%	
berufliche Stellung[2]			
gering qualifiziert	10.0%	10.7%	
qualifiziert	20.8%	41.8%	***
hoch qualifiziert	69.2%	47.4%	***
Wohnstatus[2]			n.s.
Miete (Hauptmieter/in)	87.0%	87.3%	
Wohneigentum	11.2%	11.1%	
	n = 426	n = 411	

Signifikanzniveau (Sig.): n. s. = nicht signifikant, ** = 5 %, *** = 1 %
Wegen Rundungen/Weglassen gering besetzter Kategorien werden nicht immer 100 % erreicht.
[1] Kontrollvariable: Alter (Jahre)
[2] Zur Operationalisierung beruflicher Stellungen siehe Fußnote 50, Kontrollvariablen: Alter (Jahre), Haushaltsform.
Quelle: eigene Auswertung

Die große Mehrzahl erwerbstätiger Fernwandernder hat einen Fachhoch- oder Hochschulabschluss. Obwohl sich Männer und Frauen nach dem Ausbildungsabschluss nicht unterscheiden, spiegelt die berufliche Stellung ein bekanntes Muster der geschlechtstypischen vertikalen Segregation des Arbeitsmarktes wider (siehe u. a. Fassmann/Meusburger 1997: 200-212, Falk 2005, Albrecht 2005, Wimbauer 1999),[49] wonach Männer bei gleichem Ausbildungsabschluss höher qualifiziert erwerbstätig sind als Frauen.[50] Fernwanderinnen üben zu einem großen Teil „nur" qualifizierte Tätigkeiten aus. Gegenüber erwerbstätigen Nahwandernden erweist sich allerdings sowohl die berufliche Qualifikation der Männer als auch der Frauen mit einem Fernumzug in Bezug auf den Ausbildungsstatus und die berufliche Stellung als überdurchschnittlich hoch (siehe Anhang-Tab. 2). Erwerbstätige Nahwandernde haben häufiger als höchsten Ausbildungsabschluss eine Lehre oder eine vergleichbare Ausbildung (44 % der Männer und 35 % der Frauen). Nahwanderinnen sind (noch) häufiger als Fernwanderinnen in qualifizierten Stellungen tätig (62 %) und unter den Männern üben Nahwanderer häufiger als Fernwanderer qualifizierte und gering qualifizierte berufliche Tätigkeiten aus (39 % bzw. 17 %). Damit bestätigen sich empirische Befunde anderer Studien: Die Neigung zu Fernwanderungen nimmt mit steigender beruflicher Qualifikation zu.

In Anbetracht siedlungsstruktureller Differenzen der Wohneigentumsquote und der Tatsache, dass in Deutschland Eigentümerhaushalte in erster Linie aufgrund der im internationalen Vergleich hohen Grundstücks- und Erwerbsnebenkosten sowie der nationalspezifischen Einstellung zu Wohneigentum („ein Haus für 100 Jahre") weniger häufig als Mieterhaushalte umziehen (Matznetter 1995, BBR 2001, Behring/Helbrecht 2002), war ein geringer Anteil erwerbstätiger Fernwandernder zu erwarten, der in den Metropolen im selbstgenutzten Wohneigentum lebt. In der Tat wohnen sieben von acht erwerbstätigen Fernwandernden in den Metropolen in einer Mietwohnung. Davon hat ein Viertel auch nicht die Absicht, in Zukunft Wohneigentum zu erwerben und ein weiteres Viertel äußert sich unentschlossen. Die ausschlaggebenden Beweggründe dafür sind, „sich

---

[49] Die geschlechtsspezifischen Charakteristika des Arbeitsmarktes werden neben der vertikalen Segregation (berufliche Stellung, Einkommensunterschiede) von der horizontalen Segregation bestimmt, mit der die Ausprägung von Frauen- und Männerberufen gemeint ist.

[50] Operationalisierung der beruflichen Stellung: gering qualifiziert = Beamte im einfachen Dienst (bis einschl. Oberamtsmeister/in), Angestellte mit einfacher Tätigkeit (u. a. Verkäufer/in), Arbeiter/innen; qualifiziert = Beamte im mittleren Dienst (Assistent/in bis Hauptsekretär/in, Amtsinspektor/in), Beamte im gehobenen Dienst (Inspektor/in bis Oberamtsmann/-frau, Oberamtsrat/-rätin), Angestellte mit qualifizierter Tätigkeit (z. B. Sachbearbeiter/in, Buchhalter/in); hoch qualifiziert = Beamte im höheren Dienst (ab Regierungsrat/-rätin, Richter/in), Angestellte mit hoch qualifizierter Tätigkeit (z. B. wiss. Mitarbeiter/in, Abteilungsleiter/in, Ingenieur/in), Angestellte mit umfassenden Führungsaufgaben (z. B. Direktor/in, Geschäftsführer/in), Selbständige/Freiberufler/innen und Volontär/innen werden nach dem höchsten Ausbildungsabschluss den Kategorien zugeordnet.

nicht langfristig verschulden zu wollen" und „mobil zu bleiben".[51] Dabei sind es unter den Männern signifikant häufiger Hochqualifizierte, die sich wegen der räumlichen Flexibilität gegen selbstgenutztes Wohneigentum entscheiden.[52]

Erwerbstätige Nahwandernde wohnen im Vergleich zu erwerbstätigen Fernwandernden in den Metropolen signifikant häufiger im selbstgenutzten Wohneigentum.[53] Für Mieter/innen mit einem Nahumzug sind es zudem weniger Aspekte räumlicher Mobilität, die gegen den späteren Erwerb von Wohneigentum sprechen; vielmehr spielt das Anliegen eine Rolle, sich nicht langfristig zu verschulden.[54] Das hängt sicherlich auch mit der höheren Scheidungsquote unter den Männern mit einem Nahumzug zusammen, die sich infolge einer Scheidung nicht (noch mehr) verschulden können, wie empirische Studien über die Auswirkung von Scheidungen auf den Wohnstatus nahe legen (Feijten/Mulder 2010, Dewilde 2008, Feijten 2005).

5.3 Persönliche Motivlagen für einen Fernumzug

Fernwanderungen von Erwerbspersonen (ohne Auszubildende, Rentner/innen)[55] sind mehrheitlich beruflich motiviert (67 %). In der Geschlechterperspektive bestätigen sich allerdings die aus der Migrationsforschung bekannten geschlechtstypischen Wanderungsmotive:[56] Drei Viertel der Männer gegenüber 58 % der Frauen geben eigene berufliche Gründe für den Zuzug an. Unter Konstanthaltung von Alterseffekten ist damit die Wahrscheinlichkeit, dass männliche Fernwanderer aus beruflichen Gründen in die Befragungsgebiete gezogen sind,

---

[51] Auf einer 4er-Skala (trifft voll und ganz zu, trifft eher zu, trifft eher nicht zu, trifft überhaupt nicht zu) geben 37,5 % für das Nicht-Verschulden und 35,2 % für den Mobilitätsaspekt ihre höchste Zustimmung.

[52] Kontrollvariablen: Alter (Jahre), Paarkonstellation (kein/e Partner/in, gemeinsamer Haushalt, getrennter Haushalt), Kind im Haushalt, Anzahl überregionaler Umzüge in vergangenen zehn Jahren, Haushaltsnettoeinkommen, adjustiertes $p < 0{,}01$.

[53] Unter den erwerbstätigen Nahwandernden lebt ein Viertel der Männer und jede fünfte Frau im selbstgenutzten Wohneigentum (siehe auch Logit-Modell in Anhang-Tab.2).

[54] Sich nicht verschulden zu wollen, trifft unter den zugezogenen Mieter/innen mit einem Nahumzug auf die Hälfte der Männer und 39 % der Frauen „voll und ganz zu".

[55] Im eigentlichen Sinne sind Erwerbspersonen gleich Erwerbstätige plus Erwerbslose/Arbeitsuchende. Angelehnt an das Konzept der „Stillen Reserve" des Erwerbspersonenpotenzials (siehe u. a. Fuchs/Walwei/Weber 2005) werden in der vorliegenden Arbeit zu den Erwerbspersonen auch Hausfrauen/-männer gezählt.

[56] Bereits Ravenstein (1885/89) hielt in seinen Migrationsgesetzen, die den Beginn der Migrationsforschung darstellen, fest: „Frauen wandern häufiger als Männer über kurze Distanzen, Männer dagegen häufiger über weite Entfernungen und insbesondere Übersee." (zit. nach Bähr 1997: 291). Damit ist verbunden, dass Wanderungsbewegungen von Männern häufiger als bei Frauen berufsbezogen sind.

fast doppelt so hoch wie für Frauen (p < 0,01). Hierbei ist zu berücksichtigen, dass von den Befragten nur Angaben zur gegenwärtigen Haushaltsform und partnerschaftlichen Lebenssituation vorliegen und nicht über die Lebensform zum Zeitpunkt des Zuzugs. Geschlechterspezifische Unterschiede der Zuzugsmotive wurden deshalb nur nach dem Alter und nicht durch die (gegenwärtige) Haushaltsform kontrolliert. Frauen sind stattdessen signifikant häufiger als Männer aus familiären und persönlichen Gründen in das Befragungsgebiet gezogen: Für mehr als ein Drittel der Fernwanderinnen gegenüber nur jedem fünften Mann sind diese Gründe ausschlaggebend für den Zuzug gewesen. Sicherlich wird es sich dabei häufig um einen Zuzug zum Partner handeln, wie Ergebnisse anderer Wanderungsstudien von Gans und Kemper (2003) für Sachsen, Dienel, Gerloff und Lesske (2004) für Sachsen-Anhalt und Battu, Seaman und Sloane (2000) für Aberdeen in Großbritannien vermuten lassen. Ein kleiner Teil der Fernwandernden ist damals wegen der Ausbildung/des Studiums zugezogen (n = 59). Wohnbezogene Gründe spielen erwartungsgemäß kaum eine Rolle (n = 27).

Die wichtigsten beruflichen Zuzugsgründe sind ein Wechsel des Arbeitgebers (34 % der Männer und 38 % der Frauen) und der Berufseinstieg (29 % der Männer und 35 % der Frauen). Männer sind des Weiteren häufiger als Frauen wegen eines innerbetrieblichen Stellenwechsels oder einer Standortverlagerung des Betriebs zugezogen (21 % vs. 13 %).[57] Eine Arbeitsstelle nach Arbeitslosigkeit hat für die zum Zeitpunkt der Befragung gegebene Arbeitsmarktverfassung eine überraschend geringe und nur für Männer eine nennenswerte Bedeutung (7 %).[58] In der Arbeitsmarkt- und Migrationsforschung konnte häufiger empirisch belegt werden, dass die Zusammenhänge zwischen Arbeitslosigkeit und Binnenwanderung viel schwächer sind als von der neoklassischen Humankapitaltheorie unterstellt wird (Schlömer/Bucher 2001, Brixy/Christensen 2002, Windzio 2004a/b, Büchel/Frick/Witte 2002).

Die Persistenz tradierter geschlechtsspezifischer Migrationsrollen wird nochmals durch die Analyse der Einstellung der Befragten zu räumlicher Mobilität unterstrichen. Diese wurde mithilfe von Statements zu unterschiedlichen Mobilitätsformen (Fernumzug, Nebenwohnung, Fernbeziehung, tägliches Fernpendeln) auf einer Skala von: stimme voll zu, stimme eher zu, lehne eher ab, lehne voll ab – gemessen. Der Aussage: „Aus beruflichen Gründen würde ich meine Hauptwohnung in eine andere Stadt/Region verlegen.", stimmten unter allen zugezogenen Erwerbspersonen in der Gesamtstichprobe Männer signifikant häufiger voll zu als Frauen, wie aus dem Logit-Modell in Tabelle 5.2 zu erken-

---

[57] Kontrollvariable: Alter (in Jahren), p = 0,05.
[58] Ende des Jahres 2005 waren 4,6 Mio. Personen arbeitslos gemeldet. Die Arbeitslosenquote betrug 11,1 % in der Bundesrepublik (gesamt) und 17,5 % in den neuen Bundesländern (Bundesagentur für Arbeit, http://www.iab.de/de/daten/ba-datenzentrum.aspx, Zugriff am 03.01.2008).

nen ist. Außerdem wird deutlich, dass die Fernwanderungsbereitschaft bei Frauen viel stärker als bei Männern von der Haushaltssituation abhängig ist und Frauen in einer Lebensgemeinschaft signifikant häufiger gegen einen Fernumzug votieren als Männer in gleicher Haushaltssituation (siehe Interaktionsterm in Tab. 5.2). Mit Kleinkindern unter sechs Jahren würden sich Frauen bei beruflichen Mobilitätserfordernissen allerdings tendenziell eher als Männer zu einem Fernumzug entscheiden. Die Bereitschaft zu unterschiedlichen Mobilitätsformen in der Geschlechterperspektive wird unten weiter vertieft.

Tabelle 5.2: Merkmale von Befragten, die einem Fernumzug aus beruflichen Gründen voll zustimmen, alle zugezogenen Erwerbspersonen*

	gesamt		Männer		Frauen	
	B	SE(B)	B	SE(B)	B	SE(B)
Geschlecht (Frauen)	-0,262 **	0,104	-	-	-	-
Lebensgemeinschaft (ja)	-0,148	0,109	0,136	0,165	-0,359 **	0,149
jüngstes Kind < 6 Jahre	0,192	0,145	-0,083	0,215	0,378 *	0,198
jüngstes Kind >= 6 Jahre	-0,078	0,192	0,019	0,267	-0,259	0,283
Anzahl überreg. Umzüge (vergang. 10 J., stand.)	0,419 ***	0,057	0,479 ***	0,083	0,377 ***	0,078
hoch qualifiziert erwerbstätig (ja)	0,305 ***	0,105	0,280 *	0,152	0,323 **	0,148
im Wohneigentum[1]	-0,426 ***	0,136	-0,592 ***	0,191	-0,275	0,195
Interaktionsprodukte:						
Lebensgem.*Geschlecht (Frauen)	-0,436 **	0,218	-	-	-	-
jüng. Kind < 6 J.*Geschlecht (Frauen)	0,474 *	0,286	-	-	-	-
n	1698		830		868	
Modellgüte (ohne Interaktionsterme)						
Chi Quadrat-Wert (df)	110,288(8)		65,967(7)		47,307(7)	
-2 Log-Likelihood	2231,751		1087,754		1136,453	

* ohne Auszubildende, Rentner/innen
Dargestellt sind logistische Regressionskoeffizienten; Kontrollvariable: Alter (Jahre).
Signifikanzniveau: * = 10 %, ** = 5 %, *** = 1 %
[1] Für Befragte mit Nebenwohnung für Hauptwohnsitz.
Quelle: eigene Auswertung

Erwartungsgemäß haben darüber hinaus Hochqualifizierte und Mieter/innen (Gesamtmodell) eine höhere Neigung zu beruflich bedingten Fernumzügen (Wagner 1989, Mulder 1993, Kemper 1995, Van Ham/Mulder/Hooimeijer 2001). Wie bereits gezeigt werden konnte, haben erwerbstätige Fernwandernde auch tatsächlich eine höhere berufliche Qualifikation und leben in den Befragungsgebieten weniger häufig im selbstgenutzten Wohneigentum als erwerbstätige Nahwandernde. Die Migrationsbiographie, deren Einfluss auf das Wanderungsverhalten von Haushalten in einigen Studien empirisch belegt werden konnte (DaVanzo 1981, Bailey 1993), wirkt sich gleichfalls auf die Zustimmung zu einem beruflichen Fernumzug aus: Mit steigender Zahl realisierter überregionaler Wanderungen in den vergangenen zehn Jahren steigt die Bereitschaft von Männern und Frauen für einen Fernumzug.

Insgesamt betrachtet ist die Zustimmung für einen beruflichen Fernumzug erstaunlich hoch: Von allen zugezogenen Erwerbspersonen in der Gesamtstichprobe geben 45 % einem Fernumzug aus beruflichen Gründen ihre volle Zustimmung und weitere 33 % stimmen eher zu. Die weitaus geringste Zustimmung – noch nach einer beruflich genutzten Zweitwohnung am Arbeitsort, der 13 % voll zustimmen, und einer getrennten Haushaltsführung mit dem Partner/der Partnerin in verschiedenen Orten, für die 8 % ihre volle Zustimmung geben – erhält das tägliche Fernpendeln. Dem Statement: „Ich würde lieber 2 Stunden pro Weg zur Arbeit pendeln, als umzuziehen oder eine Nebenwohnung/-unterkunft am Arbeitsort einzurichten.", stimmen insgesamt nur 5 % voll und weitere 12 % eher zu. Da Hochqualifizierte eine signifikant höhere Neigung zu einem beruflichen Fernumzug haben, erklärt sich daraus auch die insgesamt hohe Zustimmung für Fernumzüge in der Gesamtstichprobe (siehe Tab. 4.2). Die Diskrepanz zwischen der empirisch messbaren Umzugsbereitschaft und dem tatsächlichen Umzugsverhalten (Kalter 1997, Kecskes 1994) mag hierfür ebenfalls von Bedeutung sein. Denkbar ist, dass diese Diskrepanz bei den multilokalen Lebensformen weniger groß ist und eher Klarheit darüber besteht, ob eine Nebenwohnung oder Fernbeziehung grundsätzlich in Betracht kommt oder nicht.

6 Die multilokale Lebensform des Shuttelns

Empirische Ergebnisse der multilokalen Lebensform des Shuttelns stehen im Mittelpunkt dieses Kapitels. Dazu ist es zunächst erforderlich, eine Operationalisierung des Shuttelns für die vorliegende Untersuchung vorzunehmen (Kap. 6.1). Die Motivationen für einen Nebenwohnsitz sind vielfältig und nicht alle Befragten mit einer Nebenwohnung können als berufsbezogene Pendler/innen – Shuttles – klassifiziert werden. Bevor sich die Datenauswertung auf das Shutteln fokussiert, werden zunächst im Kapitel 6.2 von „Nebenwohnsitzer/innen", die keine beruflich genutzte Nebenwohnung haben, überblicksartig Merkmale und Hauptmotivationen für die multilokale Haushaltsorganisation beschrieben.

Das Kapitel 6.3 widmet sich den Entstehungszusammenhängen und Merkmalen von Shuttles. Wer lebt als Shuttle? Welche Gründe führen zum Shutteln? Welche Bedeutung hat in Lebensgemeinschaften die (hoch qualifizierte) Erwerbstätigkeit beider Partner für das Shutteln? Dies sind die zentralen Fragestellungen, die Aufschluss über die Entstehungsbedingungen multilokaler Haushaltsstrukturen in der Spätmoderne geben sollen. Um charakteristische Merkmale von Shuttles herauszuarbeiten, werden Vergleichsgruppenanalysen angewendet. Eine Deskription der Vergleichsstichprobe wurde bereits im Kapitel 5.2 vorgenommen. Im Kapitel 6.3.4 erfolgt ein multivariater Gruppenvergleich von Shuttles und erwerbstätigen Fernwandernden.

Das Berufsleben von Shuttles wird anschließend im Kapitel 6.4 in den Blick genommen. Das darauf folgende Kapitel 6.5 beschäftigt sich mit den Geographien des Shuttelns und der raum-zeitlichen Konfiguration beruflich bedingter multilokaler Haushalte. Dabei werden die siedlungsstrukturellen Merkmale der Wohnorte der Shuttles und das individuelle Mobilitätsverhalten untersucht. Wie Shuttles an ihrem Zweitwohnsitz wohnen, welche Wohnbedürfnisse in einer multilokalen Wohnsituation bestehen und wie zufrieden Shuttles mit ihrer Wohnsituation am beruflich genutzten Wohnsitz sind – darüber gibt Kapitel 6.6 Aufschluss. Im darauf folgenden Kapitel 6.7 werden die Dauer und die subjektive Bewertung der multilokalen Lebens- und Wohnsituation analysiert und Antworten auf die Fragen gegeben, ob das Shutteln eine langfristige Lebensform oder ein temporäres Arrangement ist und welche Lebensbereiche durch eine multilokale Haushaltsorganisation besonders negativ oder positiv beeinflusst werden. Abschließend werden die Ergebnisse in einem Zwischenfazit zusammengefasst.

6.1 Stichprobe und Operationalisierung des Shuttelns

Angesichts einer fehlenden einheitlichen Definition residentieller Multilokalität (siehe Kap. 1.2) ist es nicht verwunderlich, dass in der Literatur wenige konkrete Anhaltspunkte für die Operationalisierung von Personen zu finden sind, die berufsbezogen zwischen zwei Wohnsitzen pendeln, und dass darüber hinaus unterschiedliche Auswahlkriterien für die Stichprobenziehung zur Anwendung kommen. In den meisten Studien werden berufsbezogene multilokale Haushaltsstrukturen im Kontext von partnerschaftlichen und familialen Haushaltsformen untersucht, so dass allein wohnende Personen mit einer multilokalen Haushaltsorganisation a priori aus der Stichprobe fallen (siehe Kap. 3.1). Am häufigsten wird dann die Aufenthaltsdauer am Wohnort des Arbeitsplatzes als Kriterium herangezogen. Hier lässt sich allerdings eine Vielzahl differierender Kennzahlen ausmachen:

- Bunker et al. (1992: 401) definieren Paare als *commuting couple*, „in which one of the partners regularly spends at least two nights a week in a separately maintained permanent residence that is geographically distant from the other partner's residence."
- Anderson und Spruill (1993) untersuchen nur Paare, die für mindestens drei Tage in der Woche getrennt leben.
- Gross (1980) legt für ihre Untersuchung von *dual career commuting couples* eine Trennung der Partner von vier Tagen zugrunde.
- Green, Hogarth und Shackleton (1999a: 8) definieren *long distance weekly commuters* als Personen, die „work away from home during the week and return to the family home at the weekend". Vermutlich ist dadurch eine Aufenthaltsdauer von fünf Tagen am Arbeitsort festgelegt worden, denn bei der Rekrutierung von Proband/innen sind auch Personen als „'partial' long distance weekly commuters – living away from home for part of the week" identifiziert und vom Sample ausgeschlossen worden (ebd.: 9).

Abgesehen von der willkürlichen Festsetzung des Auswahlkriteriums ist bei diesen Operationalisierungen weiterhin problematisch, dass solche Arrangements aus dem Blick geraten können, bei denen die betriebliche Zeitsouveränität eine Verkürzung der Aufenthaltsdauer am beruflichen Wohnsitz ermöglicht (z. B. Di-Mi-Do-Praxis von Universitätsprofessor/innen[59]) oder in denen eine längere Aufenthaltsdauer im Haupthaushalt eine wesentliche subjektive Bedingung für die Einrichtung einer temporär genutzten beruflichen Zweitwohnung ist.

Hogarth und Daniel (1988: 34) berücksichtigen für ihre Operationalisierung auch Merkmale der Erwerbstätigkeit und schließen alle Berufe für ihre Definiti-

---

[59] Damit ist der Aufenthalt am Wohnort des Arbeitsplatzes von Dienstag bis Donnerstag gemeint.

on von *long distance weekly commuters* aus, in denen räumliche Mobilität und temporäre Abwesenheiten vom Hauptwohnort immanent und vertraglich vereinbart sind. Darunter fassen sie Berufstätigkeiten im Vertrieb und Baugewerbe oder Berufe wie Fernfahrer und Arbeiter auf Erdöl-Bohrinseln. Die Lebenspraxis insbesondere von gering qualifizierten Arbeitern mit einer beruflichen Nebenwohnung/-unterkunft wird somit nur wenig berücksichtigt. Die Forschungsperspektive auf multilokale Haushaltsstrukturen wird dadurch – genauso wie durch die Festlegung einer bestimmten Aufenthaltsdauer im Haupthaushalt – sehr verengt.

Die räumliche Entfernung zwischen den Wohnorten fließt in den vorliegenden Studien nicht direkt in die Operationalisierung ein. Lediglich Hogarth und Daniel (ebd.) formulieren vage, dass „[...] we defined a long distance weekly commuter as a head of household who is employed at such a distance from his family home that he has normally to live away from the home whilst he is at work."[60]

Da über die Lebenspraktiken und Lebensbedingungen von Männern und Frauen mit einer berufsbezogenen Nebenwohnung nur wenig bekannt ist – wie aus den unterschiedlichen Kriterien bisheriger Operationalisierungen multilokaler Haushalte ebenfalls deutlich hervorgeht – sind für die vorliegende Untersuchung die Aufenthaltsdauer im Haupthaushalt und spezifische Merkmale der Berufstätigkeit nicht für die Operationalisierung herangezogen worden, um so die lebenspraktische Realität von Männern und Frauen mit einer berufsbezogenen Zweitwohnung in ihrer Vielfalt erfassen zu können und nicht spezifische Lebensbedingungen und Ausprägungen des Shuttelns per se durch willkürlich gewählte Kriterien auszuschließen. Als Shuttles werden all jene Personen definiert, die zwei Haushalte unterhalten und bei denen berufliche Entscheidungszwänge für die multilokale Haushaltsorganisation ausschlaggebend sind. Für die Operationalisierung wurden folgende Variablen berücksichtigt:

- Ort der Haupt- und Nebenwohnung
- Bedeutung der Wohnorte: Arbeitsort ja/nein
- Gründe für die Unterhaltung einer Nebenwohnung
- Zuzugsgründe in das jeweilige Befragungsgebiet
- Erwerbsstatus.

Die räumliche Entfernung zwischen den Wohnorten wird nur insofern berücksichtigt, dass die Wohnungen nicht in einem Ort liegen dürfen. Die Haushaltsform und die partnerschaftliche Lebenssituation spielen als Auswahlkriterien keine Rolle. Die Personen müssen erwerbstätig sein. Dabei werden aufgrund der übergeordneten Fragestellung nach den Folgen steigender räumlicher Mobilitäts-

---

[60] Es wurden nur Männer befragt.

anforderungen im Berufsleben auch Referendare (einschließlich Arzt im Praktikum), Volontär/innen, Doktorand/innen (Stipendium) und postgraduelle Praktikant/innen als erwerbstätig klassifiziert. Aus den Gründen für die Unterhaltung einer Nebenwohnung in Verbindung mit den Zuzugsgründen in das jeweilige Befragungsgebiet muss hervorgehen, dass die Ursache für die multilokale Haushaltsorganisation in dem räumlichen Arrangement von Arbeitsort und Haupthaushalt bzw. Lebensmittelpunkt liegt. Das müssen nicht immer die eigenen beruflichen Motive, sondern können auch berufliche oder andere private Gründe des Partners/der Partnerin sein. Anhand dieser Kriterien können 52 % der Männer (n = 137) und 41 % der Frauen (n = 89) mit einer Nebenwohnung als Shuttle klassifiziert werden.[61]

Angesichts der Stichprobenziehung (siehe Kap. 4.1) wurde der größte Anteil der Befragten mit einer berufsbezogenen Nebenwohnung in den Befragungsgebieten Düsseldorf (36 % bzw. n = 82) und München (28 % bzw. n = 64) erreicht. Ein weiteres Viertel hat einen Wohnsitz in Stuttgart (n = 56) und der geringste Anteil wohnt in Berlin (11 % bzw. n = 24).

Das räumliche Arrangement der Wohnsitze und des Arbeitsorts von Befragten in einer Lebensgemeinschaft stellt sich differenzierter dar als anfänglich vermutet. Nach dem Melderechtsrahmengesetz liegt der Hauptwohnsitz einer Person mit mehreren Wohnsitzen an dem Ort, wo er/sie sich vorwiegend aufhält („Schwerpunkt der Lebensbeziehungen"). Bei Verheirateten und Lebensgemeinschaften ist die Hauptwohnung „die vorwiegend benutzte Wohnung der Familie oder der Lebenspartner".[62] Dementsprechend ist die Erscheinungsform berufsbezogener multilokaler Haushaltsstrukturen in der amtlichen Statistik und der Literatur verbunden mit dem Arbeiten am „formalen" Nebenwohnort. Das trifft auch auf knapp 90 % der klassifizierten Shuttles zu, deren Nebenwohnort sich erwartungsgemäß in der Mehrzahl in den Befragungsgebieten befindet (n = 168).

Von diesem bekannten Muster des Shuttelns abweichend, können multilokale Wohnarrangements beobachtet werden, in denen Befragte an beiden Wohnorten aus beruflichen Gründen mit dem Partner zusammenleben oder von ihrem „formalen" Hauptwohnsitz die Arbeitsstätte erreichen (siehe Abb. 6.1). In den

---

[61] Insgesamt liegen n = 483 auswertbare Fragebögen zur gegenwärtigen Nebenwohnung/-unterkunft vor. Für zwei Befragte mit einer Nebenwohnung ist aufgrund fehlender Angaben zu den Motiven für eine Nebenwohnung und den Zuzugsgründen in das Befragungsgebiet eine Klassifizierung zu Shuttles oder anderen Nebenwohnsitzer/innen nicht möglich. Die Angaben dieser Befragten finden deshalb keine weitere Berücksichtigung. Von zwei Männern und einer Frau liegen zwar keine Informationen zum Hauptgrund für die Nebenwohnung vor, aber durch die weiteren Angaben konnte eine eindeutige Zuordnung zur Gruppe der Shuttles erfolgen.
[62] Melderechtsrahmengesetz in der Fassung der Bekanntmachung vom 19. April 2002 (BGBl. I S. 1342), zuletzt geändert durch Artikel 26b des Gesetzes vom 20. Dezember 2007 (BGBl. I S. 3150).

Fällen, in denen die Befragten nicht von der Nebenwohnung zur Arbeit pendeln (n = 24), handelt es sich nicht um beruflich genutzte Nebenwohnungen im eigentlichen Sinne, aber die multilokale Lebensform beruht ebenfalls auf beruflichen Entscheidungszwängen und der räumlichen Unvereinbarkeit von Arbeitsort und Haupthaushalt bzw. gemeinsamem Wohnsitz mit dem Partner/der Partnerin. Diese Form multilokaler Haushaltsorganisation wird deshalb gleichfalls als Shutteln klassifiziert. Dementsprechend wird im Folgenden nicht der Begriff der beruflichen Nebenwohnung verwendet, sondern stattdessen wird die Wohnung, von der die Arbeitsstätte erreicht wird, als beruflich genutzte Zweitwohnung und der Wohnort als beruflich genutzter (Zweit-)Wohnsitz bezeichnet. In dem Begriff der Zweitwohnung schwingt zwar ebenfalls eine Hierarchie der Nutzungen mit (Hilti 2007), aber damit ist weniger die melderechtliche Unterscheidung des Wohnsitzstatus konnotiert. Beweggründe für „untypische" Wohnarrangements, in denen Personen keine „klassische" berufliche Nebenwohnung unterhalten, sondern vom formalen Hauptwohnsitz die Arbeitsstätte erreichen, werden im Kapitel 6.3.3 durchleuchtet.

Abbildung 6.1: Vielfältige Muster des Shuttelns

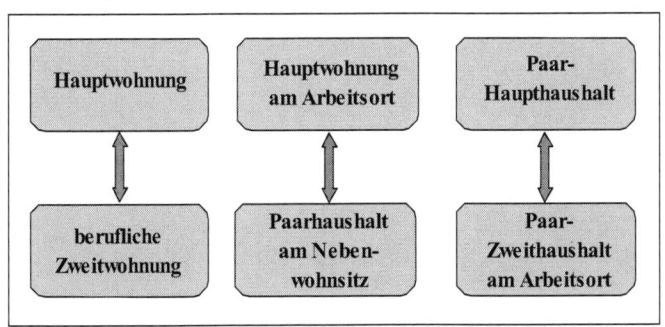

Hauptwohnung	Hauptwohnung am Arbeitsort	Paar-Haupthaushalt
berufliche Zweitwohnung	Paarhaushalt am Nebenwohnsitz	Paar-Zweithaushalt am Arbeitsort

Quelle: eigene Darstellung

Vertiefende qualitative Interviews
Mit n = 20 Shuttles des postalischen Samples wurden im Frühjahr 2009 qualitative Interviews geführt, mittels derer multilokale Wohnerfahrungen und Wohnweisen vertiefend untersucht wurden. Für das Telefonsample wurde ein bewusstes Auswahlverfahren gewählt, mit dem sichergestellt wurde, dass die objektive Wohnsituation der Befragten an ihrem beruflichen Zweitwohnsitz möglichst breit streut (siehe Wohntypen in Kap. 6.6.4). Als Erhebungsinstrument kam ein gering standardisierter Leitfaden zum Einsatz. In der zweiten Erhebungswelle lebte gut die Hälfte der Befragten (n = 11) noch als Shuttle, davon hatte sich bei acht Befragten das multilokale Wohnarrangement nicht verändert; zwei Befragte

hatten den Arbeitsort und damit den Zweitwohnsitz gewechselt und lebten noch in derselben Hauptwohnung; eine Befragte arbeitete nach einer kurzzeitigen Unterbrechung des Shuttelns und einem überregionalen Umzug mit dem Haupthaushalt wieder in Berlin, lebt dort aber nicht mehr in der Zweitwohnung, in der sie zum Zeitpunkt der ersten Erhebung wohnte. Die restlichen neun Befragten hatten das Shutteln in der zweiten Erhebungswelle beendet.

Daten zu einer früheren beruflich genutzten Zweitwohnung
Zusätzlich liegen von n = 134 Männern und n = 157 Frauen (ohne Auszubildende) des postalischen Samples valide Antworten zu einer damaligen – inzwischen aufgegebenen – Nebenwohnung vor.[63] Das beinhaltet folgende Angaben: damaliger Nebenwohnort, Hauptgrund für die Nebenwohnung, wie und warum die Nebenwohnung aufgegeben wurde. Zeitlich korrespondierende Angaben zum Erwerbsstatus liegen nicht vor, so dass nur diejenigen Befragten als Shuttles erfasst werden, die eigene berufliche Gründe für die damalige Nebenwohnung angegeben haben. Insgesamt trifft das auf 42 % der Männer (n = 56) und ein Drittel der Frauen (n = 51) zu.

Befragte ohne beruflich motivierten Nebenwohnsitz
Die restlichen n = 255 Befragten mit einer Nebenwohnung unterhalten nicht aus primär beruflichen Entscheidungszwängen zwei Wohnungen. Wenngleich nur beruflich bedingtes Pendeln im Fokus der vorliegenden Untersuchung steht, sollen diese Befragten nicht völlig aus dem Blick geraten, denn wer aus welchen Gründen eine Nebenwohnung unterhält – darüber ist bislang wenig bekannt. Im folgenden Kapitel wird deshalb ein kurzer Überblick über diese „anderen Nebenwohnsitzer/innen" gegeben, bevor dann in den darauf folgenden Kapiteln beruflich motivierte multilokale Haushaltsorganisationen untersucht werden.

6.2 Andere „Nebenwohnsitzer/innen" – eine kurze Übersicht

Von den Befragten mit einer nicht beruflich genutzten Zweitwohnung (n = 255) lässt sich eine kleine Gruppe von n = 32 Männern und n = 30 Frauen abgrenzen, die aus beruflichen Gründen in eines der Befragungsgebiete gezogen sind, dort einen Hauptwohnsitz angemeldet und den damaligen Wohnsitz als Nebenwohnung beibehalten haben. Die multilokale Haushaltsorganisation steht also zumindest bei diesen Erwerbstätigen indirekt mit beruflichen Mobilitätsanforderungen in Zusammenhang. Darunter fallen auch zwei Befragte, die infolge häufi-

---

[63] Zur Problematik valider Angaben bei retrospektiven Fragen zur Nebenwohnung siehe Kap. 4.3.

ger überregionaler Umzüge und beruflicher Auslandsaufenthalte einen konstanten Aufenthaltsort bzw. eine feste Anschrift bewahren möchten. Der Zuzug erfolgte bei dieser Gruppe von Nebenwohnsitzer/innen insbesondere aufgrund des Berufseinstiegs (n = 18 Männer und n = 13 Frauen). An den Nebenwohnort sind die meisten (weiterhin) stark sozial gebunden. Hierbei ist für über die Hälfte der Männer und fast zwei Drittel der Frauen der lokale Bezug durch die Eltern am wichtigsten. Die deutliche Mehrzahl wohnt am Nebenwohnort im Wohneigentum der Eltern und wird sehr wahrscheinlich die Nebenwohnung bei den Eltern bzw. einem Elternteil haben. Die soziodemographischen Merkmale weisen für die Männer darauf hin, dass es sich um einen Typ hoch qualifiziert ausgebildeter und erwerbstätiger junger Männer vor allem der Geburtskohorten 1966-1980 handelt, die überwiegend (noch) nicht partnerschaftlich gebunden sind. Die Frauen sind überwiegend zwischen 1971 und 1980 geboren und leben im Vergleich zu den Männern häufiger in einer Lebensgemeinschaft. Bedingt durch das junge Alter und den Wohnsitz in einer Großstadt wohnen diese Befragten in der Hauptwohnung weit überwiegend zur Miete.

Weitere n = 96 Männer und n = 97 Frauen sind bereits während der Ausbildung/des Studiums oder aus wohnbezogenen, familiären oder persönlichen Gründen in eines der Befragungsgebiete gezogen und haben dort eine Hauptwohnung (59 % bzw. n = 114) oder eine Nebenwohnung (41 % bzw. n = 79) angemeldet. Die meisten sind zwischen 1976 und 1980 geboren (n = 124), ledig und allein wohnend. Demnach ist diese Form multilokaler Haushaltsorganisation überwiegend lebenszyklisch bedingt. Gut die Hälfte sind Ausbildungspendler/innen (n = 94), die überwiegend am Ausbildungsort eine Nebenwohnung angemeldet haben (n = 53). Es sind vor allem Faktoren der sozialen Verbundenheit mit dem Wohnort, die ausschlaggebend sind für die Multilokalität und die Aufrechterhaltung des anderen Wohnsitzes (Eltern, soziale Kontakte, Freunde, die Bindung an den Wohnort/ die Region an sich). Sehr häufig wohnen die Befragten an ihrem anderen Wohnsitz im Wohneigentum der Eltern. Ein Teil der Befragten hat den Nebenwohnsitz lediglich pro forma aus steuerlichen Gründen gewählt (v. a. Kfz-Steuer) und nutzt den Nebenwohnsitz nur unregelmäßig oder überhaupt nicht. Darunter befinden sich auch Befragte, die sich ihrer angemeldeten Nebenwohnung nicht (mehr) bewusst waren und sich entweder vergessen hatten abzumelden oder denen nicht mehr präsent war, dass sie immer noch bei den Eltern mit einem Wohnsitz gemeldet sind.

Ein Freizeitwohnsitz ist unter den befragten Großstädtern selten vorhanden (n = 19), was allerdings auch damit zusammenhängen könnte, dass aufgrund der

auf berufliche Zusammenhänge orientierten Fragen der Eindruck erweckt wurde, dass Freizeitwohnsitze für die Untersuchung nicht von Interesse sind.[64]
    Zusammenfassend ist festzuhalten, dass ein großer Teil der „anderen Nebenwohnsitzer/innen" den Zweitwohnsitz aufgrund emotionaler Verbundenheit aufrechterhält. Die Bindung durch die Eltern spielt dabei eine wesentliche Rolle. Der frühere Wohnsitz bei den Eltern wird während der Ausbildung mehrheitlich als Hauptwohnsitz und nach Beendigung der Ausbildung als Zweitwohnsitz beibehalten. Zum anderen ist aber auch deutlich geworden, dass ein angemeldeter Nebenwohnsitz nicht zwangsläufig residentielle Multilokalität bedeuten muss. Ein Rückschluss vom Melderegister auf „gelebte" Multilokalität kann folglich irreführend sein. Sicherlich würden viele der Befragten mit einer angemeldeten Nebenwohnung in den Befragungsgebieten bei der Einführung einer Zweitwohnsitzsteuer (wie in München bereits geschehen) ihren Nebenwohnsitz in einen Hauptwohnsitz ummelden (vgl. Sturm/Meyer 2009).

6.3 Entstehungszusammenhänge und Merkmale des Shuttelns

6.3.1 Sozialstrukturmerkmale von Shuttles

Nachdem kurz Merkmale von Personen mit einer nicht beruflich genutzten Zweitwohnung und deren Hauptmotivation für einen Zweitwohnsitz präsentiert wurden, liegt nun der Fokus auf Shuttles und damit auf beruflich bedingten multilokalen Haushaltsorganisationen. Es erfolgt zunächst eine Deskription der Sozialstrukturmerkmale der befragten Shuttles; außerdem werden Geschlechterunterschiede unter Kontrolle wechselseitiger Effekte untersucht. Eine Übersicht soziodemographischer Merkmale von Shuttles ist in Tabelle 6.1 zusammengestellt.
    Es bestätigt sich die These, dass mehr Männer berufsbedingt in einem multilokalen Haushalt leben als Frauen. Männer sind zudem signifikant älter als weibliche Shuttles. Wie in Abbildung 6.2 zu erkennen ist, konzentriert sich das Shutteln für Frauen in hohem Maße auf die jüngeren Geburtskohorten zwischen 1971 und 1980. Männer mit einer beruflich genutzten Zweitwohnung sind in den älteren Geburtskohorten 1946 bis 1960 stärker vertreten.
    Gut die Hälfte der männlichen Shuttles ist ledig, bei den Frauen sind es sogar knapp zwei Drittel. Zwei von fünf Männern und ein Drittel der Frauen sind verheiratet. Shuttles leben auffällig selten geschieden oder in Trennung vom Ehepartner/von der Ehepartnerin.

---

[64] Ein Befragter merkte bei der Frage nach dem Ort der Nebenwohnung an, dass er ein Ferienhaus besitzt. Die Angaben zur Nebenwohnung/-unterkunft fehlen allerdings komplett.

Die multilokale Lebensform des Shuttelns

Tabelle 6.1: Sozialstrukturmerkmale von Shuttles

	Männer	Frauen	Sig.
Männer-/Frauenanteil	60.6%	39.4%	***
Alter (Jahre), arithm. Mittel / Median	38,6 / 36	34,5 / 31	***
(Standardabweichung)	(9.7)	(8.3)	
Familienstand[1]			
verheiratet	41.2%	31.5%	n.s
geschieden/getrennt lebend	6.6%	3.4%	-
ledig	52.2%	65.2%	n.s
Haushaltsform[1]			
Lebensgemeinschaft mit Kind	30.7%	12.4%	**
Lebensgemeinschaft ohne Kind	35.8%	42.7%	n.s
allein wohnend	31.4%	43.8%	n.s
allein stehend (ohne feste/n Partner/in)[1]	18.0%	23.0%	n.s
Alter des jüngsten Kindes im Haushalt[1]			
ohne Kind	67.2%	87.6%	**
jüngstes Kind < 6 Jahre	9.5%	5.6%	n.s
jüngstes Kind >= 6 Jahre	23.4%	6.7%	**
höchster Ausbildungsabschluss[2]			n.s
Lehre/gleichwertiger Abschluss	15.6%	14.8%	
Fachschulabschluss/Meister/in	11.9%	5.7%	
Fachhoch-/Hochschulabschluss	71.1%	79.5%	
berufliche Stellung[2]			n.s
gering qualifiziert	4.7%	5.6%	
qualifiziert	20.9%	28.1%	
hoch qualifiziert	74.4%	66.3%	
Wohnstatus am (formalen) Hauptwohnort[2]			n.s
Miete (Hauptmieter/in)	43.3%	48.3%	
Wohneigentum	52.2%	50.6%	
Art des Wohneigentums (Hauptwohnort)[2]			n.s
im Wohneigentum der Eltern	28.6%	55.6%	
im eigenen Wohneigentum	58.6%	35.6%	
Haushaltsnettoeinkommen nach Anzahl Personen im HH[3]			
unter 2000 EUR im Einpersonenhaushalt (1-P-HH)	(43.6%)	(74.3%)	**
4000 EUR und mehr im 2-P-HH	(47.9%)	(47.1%)	n.s.
> 5000 EUR im 3-P-HH und mehr	(45.5%)	(33.3%)	n.s.

N = 137 Männer und n = 89 Frauen; n schwankt geringfügig wegen fehlender Werte.
Wegen Rundungen/Weglassen gering besetzter Kategorien werden nicht immer 100 %
erreicht. Signifikanzniveau: n. s. = nicht signifikant, ** = 5 %, *** = 1 %.
[1] Kontrollvariable: Alter (Jahre),
[2] Operationalisierung siehe Fußnote 50; Kontrollvariablen: Alter (Jahre), Haushaltsform.
[3] HH = Haushalt, Anteile wegen n < 50 in Klammern, Kontrollvariable: Alter (Jahre).
Quelle: eigene Auswertung

Abbildung 6.2: Shuttles nach Geburtskohorten und Geschlecht

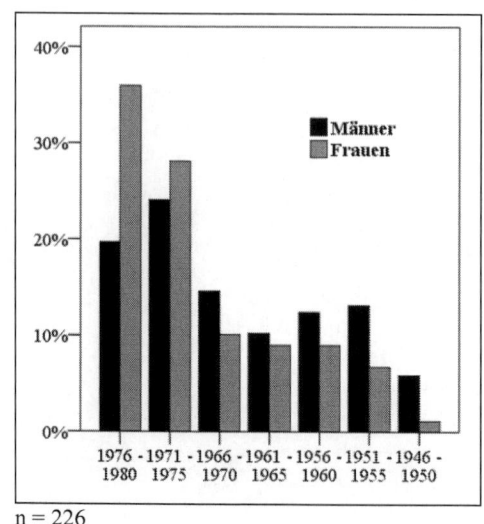

[Balkendiagramm: Männer / Frauen; Geburtskohorten 1976-1980, 1971-1975, 1966-1970, 1961-1965, 1956-1960, 1951-1955, 1946-1950; y-Achse 0% bis 40%]

n = 226
Quelle: eigene Darstellung

Verheiratete Shuttles in der nachelterlichen Phase, die von Gerstel und Gross (1984) für die USA als spezifischer Typ von *Dual Career Commuters* untersucht worden sind, sind in dem Sample sowohl bei Männer als auch Frauen kaum vertreten.[65]

Ein Drittel der Männer lebt mit Kindern im Haushalt zusammen. Dabei handelt es sich weniger um Kleinkinder und eher um ältere – und vermutlich schulpflichtige – Kinder. Genauer lebt knapp jeder vierte männliche Shuttle mit Kindern zusammen, die sechs Jahre und älter sind. Für Frauen ist das Shutteln hingegen eine eher kinderlose Lebensform. Nur jede Achte lebt in einer Lebensgemeinschaft mit Kind.

Im selbstgenutzten Wohneigentum lebt am (formalen) Hauptwohnort gut die Hälfte der Frauen und Männer, wobei jüngere Shuttles häufig (noch) im Wohneigentum der Eltern leben. Bei den Frauen handelt es sich in über der Hälfte der Fälle um das Wohneigentum der Eltern. Drei Viertel der Frauen, die am Hauptwohnort im Wohneigentum der Eltern leben, wohnen nicht mit einem Partner zusammen und werden dort vermutlich bei den Eltern bzw. einem Elternteil leben. Männliche Shuttles leben am Hauptwohnort überwiegend im eigenen Wohneigentum.

Shuttles verfügen weit überwiegend über einen Fachhoch-/Hochschulabschluss. Vor dem Hintergrund der Bildungsexpansion und der Tatsache, dass es für Frauen u. a. aufgrund einer geschlechtstypischen Diskriminierung auf dem Arbeitsmarkt schwieriger ist als für Männer, eine hoch qualifizierte Erwerbstätigkeit trotz hoch qualifizierter Ausbildung zu realisieren, ist die Betrachtung der beruflichen Stellungen für die Diskussion über räumliche Mobilität im spätmo-

---

[65] Es wurde nach Kindern im Haushalt gefragt; Angaben über Kinder, die nicht mehr im Haushalt leben, liegen nicht vor. Werden zur Schätzung des Anteils Verheirateter in der nachelterlichen Phase die Geburtskohorten 1946-1955 herangezogen, könnten sich unter den Männern max. 6 % und unter den Frauen max. 3 % in dieser Lebensphase befinden.

dernen Gesellschaftswandel von größerer Bedeutung. Für Frauen ist deshalb die hoch qualifizierte Erwerbstätigkeit ein wichtiger Indikator für den sozialen Wandel. Wie sich anhand der beruflichen Stellungen zeigt, können weibliche Shuttles im Beruf gut mit Männern aufschließen. Zwei Drittel der Frauen haben eine hohe berufliche Stellung und der Anteil unter den Männern ist nicht überzufällig verschieden. Das Haushaltsnettoeinkommen ist trotzdem unter den Alleinwohnenden für Männer signifikant höher als für Frauen. Fast zwei Drittel der allein wohnenden Frauen verfügen über ein Haushaltsnettoeinkommen zwischen 1000 und 2000 EUR im Vergleich zu knapp einem Drittel unter den allein wohnenden männlichen Shuttles.

6.3.2 Hauptgrund für eine berufliche Zweitwohnung

Im Fragebogen wurde nach dem Hauptgrund für die Nebenwohnung gefragt. Ein nicht zu vernachlässigender Anteil der befragten Shuttles (n = 17 bzw. 8 %) hat jedoch mehr als einen Grund angegeben. Mehrfachangaben sind deshalb übernommen worden. Der wichtigste Grund für die multilokale Haushaltsorganisation ist in Tabelle 6.2 nach dem Geschlecht und der Haushaltsform abgebildet.

Frauen nennen insgesamt häufiger als Männer eigene berufliche Gründe (57 % gegenüber 46 %). Wird zusätzlich für beruflich genutzte Wohnsitze im Befragungsgebiet das wichtigste Zuzugsmotiv betrachtet, hat der Berufseinstieg für die Einrichtung einer Zweitwohnung für Frauen eine größere Bedeutung als für Männer (36 % vs. 19 %). Diese Beobachtung korrespondiert mit dem jüngeren Alter weiblicher Shuttles. Männer sind vor allen Dingen infolge eines Wechsels des Arbeitgebers (41 %) in das Befragungsgebiet gezogen und haben dort eine Nebenwohnung angemeldet, was nur auf knapp jede fünfte Frau zutrifft.

Des Weiteren sind für Männer und Frauen in einer Lebensgemeinschaft (mit und ohne Kind) häufig Gründe der Partnerin/des Partners ausschlaggebend für die Multilokalität. Dabei spielt die Erwerbstätigkeit der Partnerin/des Partners – wie erwartet – eine besondere Rolle. Immerhin nennt mehr als jeder vierte Mann und jede fünfte Frau in einer Lebensgemeinschaft berufliche Gründe der Partnerin/des Partners als Hauptgrund für die Unterhaltung einer Zweitwohnung. Die Modernisierung traditioneller geschlechtstypischer Migrationsrollen in Paar- und Familienhaushalten lässt sich daran direkt aufzeigen (vgl. Kap. 3.1).

Weitere Faktoren sind als Hauptmotiv für das Shutteln in einer Lebensgemeinschaft deutlich nachrangig. Alleinwohnende nennen neben beruflichen Gründen erwartungsgemäß häufiger als Shuttles in einer Lebensgemeinschaft die Verbundenheit mit dem Wohnort bzw. der Wohnregion, soziale Kontakte und Freunde als ausschlaggebenden Grund für die multilokale Haushaltsorganisation.

Tabelle 6.2: Wichtigster Grund für eine berufliche Zweitwohnung nach Geschlecht und Haushaltsform, absolute und prozentuale Werte

	Männer				Frauen			
	ges.	Lebensgemeinschaft mit Kind	Lebensgemeinschaft ohne Kind	allein wohnend	ges.	Lebensgemeinschaft mit Kind	Lebensgemeinschaft ohne Kind	allein wohnend
berufliche Gründe	62 (46%)	20 (48%)	22 (45%)	20 (45%)	50 (57%)	4 (36%)	19 (50%)	26 (67%)
Gründe d. Partners/ Partnerin	38 (28%)	12 (29%)	20 (41%)	4 (9%)	17 (19%)	6 (55%)	11 (29%)	-
davon: berufl. Gründe	29 (21%)	7 (17%)	18 (37%)	3 (7%)	10 (11%)	5 (45%)	5 (13%)	-
familiäre Gründe (Kind/Eltern)	18 (13%)	9 (21%)	3 (6%)	6 (14%)	9 (10%)	1	3 (8%)	5 (13%)
soziale Kontakte/ Freunde	13 (10%)	2 (5%)	3 (6%)	8 (18%)	5 (6%)	1	-	4 (10%)
Verbundenheit mit Ort/Region	11 (8%)	-	3 (6%)	8 (18%)	9 (10%)	-	4 (11%)	5 (13%)
Wohneigentum	10 (7%)	4 (10%)	3 (6%)	2 (5%)	1	-	1	-
andere priv. Gründe	1	-	-	1	2	-	1	1
n	135	42	49	44	88	11	38	39

Es wurde nach dem Hauptgrund für die Nebenwohnung gefragt; Mehrfachnennungen wurden in 17 Fällen übernommen.
Quelle: eigene Auswertung

Trotz des hohen Anteils selbstgenutzten Wohneigentums am Hauptwohnort wird die lokale Bindung durch Wohneigentum kaum als primärer Grund für den Zweitwohnsitz genannt. Da nach dem Hauptgrund für eine Nebenwohnung gefragt wurde, kann daraus nicht geschlossen werden, dass selbstgenutztes Wohneigentum bei der Entscheidung für eine multilokale Haushaltsorganisation keine Rolle spielt. Vielmehr wird das Wohneigentum eine sekundäre Bedeutung einnehmen, die der partnerschaftlichen, familialen und emotionalen Bindung nachgeordnet ist. Diese These wird weiter in Kapitel 6.3.4 vertieft.

Für die Aufnahme einer Arbeitsstelle nach Arbeitslosigkeit sind 10 % der Männer und 9 % der Frauen in das Befragungsgebiet gezogen und haben also mit dem Pendeln begonnen, um wieder in Arbeit zu kommen. Weitere acht Befragte sind zuvor täglich zur Arbeit gependelt und haben sich wegen des langen Arbeitsweges für eine Zweitwohnung am Arbeitsort entschieden. Wegen der Probezeit haben sechs Befragte eine Nebenwohnung im Befragungsgebiet angemeldet. Da sich die Probezeit in der Regel nur über eine Zeitspanne von maximal sechs Monaten erstreckt, ist die geringe Anzahl der Nennungen nicht weiter verwunderlich. Als primären Grund für eine damalige – inzwischen aufgegebene – Nebenwohnung nennen mit n = 27 entsprechend mehr Befragte die unsichere Einstiegsphase bei einem neuen Arbeitgeber. Das sind immerhin ein Viertel der Befragten, die eigene berufliche Gründe für eine aufgegebene Nebenwohnung angegeben haben. Dabei ist der Anteil unter den Männern mit 30 % (n = 17) besonders hoch. In diesen Fällen war die Multilokalität ganz klar eine Übergangslösung. Die Dauer multilokaler Haushaltsorganisationen wird in Kapitel 6.7 weiter untersucht.

6.3.3 Das „besondere" Wohnortarrangement

Eine kleine Gruppe von Shuttles (n = 14 Männer und n = 10 Frauen) zeichnet sich durch ein besonderes Arrangement der Haushalte aus: Der Arbeitsplatz wird in diesen Fällen nicht vom „formalen" Nebenwohnsitz erreicht und folglich handelt es sich nicht um beruflich genutzte Nebenwohnsitze im eigentlichen Sinne (siehe Abb. 6.1). Für diese multilokalen Haushaltsstrukturen sind weit überwiegend die Verortungen der Erwerbsarbeit und der Paarbeziehung ausschlaggebend. Fast alle Befragten leben in einer festen Partnerschaft (n = 22) und mehrheitlich auch in einer Lebensgemeinschaft (n = 15), wobei sich der gemeinsame Haushalt am „formalen" Nebenwohnort befindet. Für die multilokale Haushaltsorganisation sind entweder eigene berufliche Gründe oder Gründe des Partners/der Partnerin entscheidend.

Dieses Pendelmuster trifft nicht nur auf ledige Befragte zu, bei denen melderechtliche Restriktionen eine Ursache für das „untypische" räumliche Arrangement der Wohnorte sein können,[66] sondern auch Verheiratete wohnen am „formalen" Nebenwohnort mit dem Partner/der Partnerin zusammen. Anhand dieser Beispiele zeigt sich erneut, dass die formalrechtliche Bedeutung der Wohnorte nicht immer der Lebenspraxis räumlich mobiler Frauen und Männer entspricht (vgl. Kap. 4.3).

---

[66] Für ledige Frauen und Männer ist es mitunter schwierig nachzuweisen, dass der Arbeitsort nicht gleich dem Lebensmittelpunkt entspricht. So musste z. B. eine Befragte an ihrem beruflich genutzten Zweitwohnsitz in Mainz den Hauptwohnsitz anmelden, obwohl der gemeinsame Wohnsitz mit dem Partner in Düsseldorf für sie subjektiv der Lebensmittelpunkt war [1492].

Zur Veranschaulichung der außergewöhnlichen Lebenspraxen werden drei Fallbeispiele ausgewählt, anhand derer sich unterschiedliche Entstehungszusammenhänge für einen gemeinsamen Wohnsitz mit dem Partner/der Partnerin am „formalen" Nebenwohnort veranschaulichen lassen:

> Die 29-Jährige ist zum Berufseinstieg nach Köln gezogen, wo sie einen Hauptwohnsitz angemeldet hat. Zuvor hat sie mit dem Partner, der selbständig tätig ist, fünf Jahre in München zusammengewohnt. Mit dem Zuzug nach Köln wurde der gemeinsame Münchener Wohnsitz in ihren Nebenwohnsitz umgemeldet. Beide Partner wechseln sich mit dem Pendeln ab. Sie selbst fährt alle zwei Wochen nach München. Zukünftig plant sie, ihren Haushalt ganz nach Köln zu verlegen. [736]

> Vor zwei Jahren ist die 28-jährige hoch qualifizierte Angestellte zum Partner nach Düsseldorf gezogen, wo sie eine Nebenwohnung angemeldet hat. Die Arbeitsstelle und ihren formalen Hauptwohnsitz in einer kleinen Gemeinde in Bayern hat sie beibehalten. Der ausschlaggebende Grund für die Nebenwohnung ist für sie die Partnerschaft. Die multilokale Haushaltsorganisation möchte sie im Laufe der kommenden zwei Jahre beenden, in dem sie ihre Wohnung in Bayern aufgibt und ganz nach Düsseldorf zum Partner zieht. [846]

> Der 30-Jährige hat seinen Hauptwohnsitz in Düsseldorf, von wo aus er seine Arbeitsstelle erreicht. Seit einem Jahr wohnt er mit seiner Frau in ihrer Eigentumswohnung in Kiel zusammen. Die Partnerin ist sehr wahrscheinlich wegen des Wohneigentums und ihrer Tätigkeit als gehobene Beamtin nur in eingeschränktem Maße räumlich flexibel. Beide wechseln sich mit dem Pendeln ab. Er selbst fährt alle zwei Wochen zum gemeinsamen Wohnsitz nach Kiel. In naher Zukunft möchte er seine Hauptwohnung aufgeben und mit dem gesamten Haushalt nach Kiel ziehen. [385]

In allen drei Fällen ist die multilokale Haushaltsorganisation eine Übergangslösung im Spannungsfeld von Partnerschaft und Berufstätigkeit. In dem ersten Fall ist die gemeinsame Wohnung mit dem Partner zunächst Haupthaushalt und wird dann aus beruflichen Gründen zum Zweitwohnsitz. Da die Befragte nicht wöchentlich zum gemeinsamen Wohnsitz fährt und zukünftig die Aufgabe dieses Haushalts plant, wird sich der Schwerpunkt der sozialen Beziehungen sukzessive an den neuen Haupthaushalt verlagern. Welche Auswirkungen die Aufgabe des gemeinsamen Haushalts für die Paarbeziehung hat, bleibt offen. Im zweiten und dritten Fallbeispiel soll die gemeinsame Wohnung vom (formalen) Nebenwohnsitz zum Hauptwohnsitz werden. Die sozialen Beziehungen werden sich in beiden Fällen auf beide Wohnorte verteilen. Das zweite Fallbeispiel veranschaulicht sehr deutlich, dass multilokale Haushaltsorganisationen von Lebensgemeinschaften nicht immer durch die Berufstätigkeit eines Partners an einem von der gemeinsamen Wohnung entfernten Ort ausgelöst werden müssen.

6.3.4 Was unterscheidet Shuttles von Fernwandernden?

Inwiefern die in den vorangegangenen Kapiteln beschriebenen Sozialstrukturmerkmale von Shuttles besondere Ausprägungen oder bekannte Muster von überregional mobilen Personen aufweisen, ob die beobachteten Geschlechterunterschiede charakteristisch für die multilokale Lebensform sind oder andersherum: ob die Ähnlichkeit der beruflichen Positionen von männlichen und weiblichen Shuttles ein Zeichen der Modernisierung mobiler Lebensformen ist, wird in diesem Kapitel untersucht.

Zur Analyse charakteristischer Merkmale von Shuttles im Vergleich zu erwerbstätigen Fernwandernden werden logistische Regressionen verwendet, in denen die abhängige Variable den Wert eins annimmt, wenn die Befragten eine berufliche Zweitwohnung haben und gleich Null ist, wenn die Befragten zur Gruppe der Fernwandernden gehören. Die Ergebnisse der Regressionsanalysen sind in Tabelle 6.3 abgebildet.

Männer sind unter Shuttles im Vergleich zu überregional Zugezogenen ohne weitere Wohnung – wie erwartet – tendenziell überrepräsentiert. Weitere signifikante Unterscheidungsmerkmale sind in dem Vorhandensein von Kindern im Haushalt und dem Alter des jüngsten Kindes begründet. Frauen mit einer berufsbezogenen Zweitwohnung leben im Vergleich zu Fernwanderinnen häufiger ohne ein Kind im Haushalt. Männer mit Kleinkindern unter sechs Jahren sind ebenfalls eher unter Fernwandernden zu finden, jedoch ist die Wahrscheinlichkeit, dass im Haushalt das jüngste Kind sechs Jahre und älter ist, für männliche Shuttles im konditionalen Logit-Modell um das Zweifache höher als für Fernwanderer.[67] In dem Vorhandensein älterer Kinder im Haushalt beruht auch das wesentliche Unterscheidungsmerkmal von Frauen und Männern mit einer berufsbezogenen Zweitwohnung im Vergleich zu Fernwandernden (siehe Interaktionsterm im Modell I in Tab. 6.3).

Unter Kontrolle der Haushaltsform und der partnerschaftlichen Lebenssituation besteht kein Altersunterschied zwischen den Gruppen. Werden wechselseitige Effekte des Alters und des Familienstandes berücksichtigt (siehe Modell II in Tab. 6.3), wird deutlich, dass die Einrichtung einer beruflich genutzten Zweitwohnung im Kontrast zu Fernwanderungen für zwei Gruppen von Männern relevant ist: Zum einen für jüngere ledige Männer und zum anderen für ältere Verheiratete. Es sind auch die verheirateten und damit durchschnittlich älteren Männer, die mit einem Kind im Haushalt zusammenleben (64 %), während der

---

[67] Der Effektkoeffizient (Exp(B)) gibt an, um welchen Faktor sich das Wahrscheinlichkeitsverhältnis der Kategorien der abhängigen Variable ändert (hier: Shuttles/Fernwandernde), wenn die Prädikatorvariable (hier: jüngstes Kind ≥ sechs Jahre) um eine Einheit steigt (hier: nein/ja) und alle anderen Prädikatoren im konditionalen Modell konstant bleiben (Menard 2002: 56-57).

Anteil mit Kindern bei jüngeren Ledigen – genauso wie bei weiblichen Shuttles – sehr gering ist (7 %). Eine solch starke Gruppenbildung ist für Frauen nicht zu beobachten, denn wie bereits gezeigt wurde, ist nur rd. jede Dritte verheiratet und älter als 35 Jahre.

Tabelle 6.3: Sozialstrukturmerkmale von Shuttles (Gruppe 1) im Vergleich zu erwerbstätigen Fernwandernden (Gruppe 0)

	alle Befragte		Männer		Frauen	
	B	Exp(B)	B	Exp(B)	B	Exp(B)
Modell I						
Geschlecht (Frauen)	-0,305 *	0,737	-		-	
Paarkonstellation (Referenzkat.: Partner/in, getrennter Haushalt)						
Partner/in, gemeinsamer Haushalt	-0,258	0,772	-0,271	0,763	-0,169	0,844
kein/e Partner/in	-0,622 **	0,537	-0,569	0,566	-0,624	0,536
Kind im Haushalt (Referenzkat.: kein Kind)						
jüngstes Kind < 6 Jahre	-1,174 ***	0,309	-0,959 **	0,383	-1,393 **	0,248
jüngstes Kind >= 6 Jahre	0,109	1,115	0,736 *	2,089	-1,065 *	0,345
hohe berufliche Stellung (ja)	0,396 **	1,486	0,186	1,204	0,515 *	1,674
Anzahl überreg. Umzüge (in vergangenen 10 J.)	0,069	1,071	-0,020	0,980	0,159 *	1,173
im Wohneigentum (ja)[1]	2,266 ***	9,640	2,157 ***	8,645	2,492 ***	12,089
Interaktionsprodukt: Geschlecht*jüng. Kind >= 6 Jahre	-1,658 ***	0,190	-		-	
Modell II						
Alter (in Jahren)	-	-	0,059 ***	1,061	0,007	1,007
Familienstand[2]						
ledig (Referenzkat.: verheiratet)	-	-	1,043 ***	2,839	0,029	1,029
n	1021		540		481	
Modellgüte (Modell I ohne Interaktionsterm):						
Chi Quadrat-Wert (df)	189,682(10)		111,600(9)		86,031(9)	
-2 Log-Likelihood	848,016		472,746		362,623	
Mc Faddens R Quadrat	0,224		0,236		0,237	

Dargestellt sind logistische Regressionskoeffizienten, Kontrollvariablen: Alter (Jahre), Haushaltsnettoeinkommen und Modell II zusätzlich: berufliche Stellung (3 Kategorien), Anzahl überregionaler Umzüge (in vergangenen zehn Jahren).
Signifikanzniveau: * = 10 %, ** = 5 %, *** = 1 %
[1] Wohnstatus bezieht sich bei Shuttles auf Hauptwohnort.
[2] Die Kategorien „verwitwet" und „geschieden/getrennt lebend" sind gering besetzt und werden deshalb nicht abgebildet.
Quelle: eigene Auswertung

Das in bisherigen Studien zu beobachtende höhere Alter von Personen, die berufsbedingt in einer multilokalen Haushaltsorganisation leben (Green/Hogarth/ Shackleton 1999a, Schneider/Limmer/Ruckdeschel 2002), hängt deshalb sicherlich damit zusammen, dass aufgrund der Beschränkung der Forschungsperspektive auf Paare, die Gruppe verheirateter und damit älterer Männer unter den Befragten überrepräsentiert gewesen ist.

Partnerschaftsorientierte Lebensformen sind insgesamt stärker verbreitet bei Shuttles als Fernwandernden (siehe Gesamtmodell I in Tab. 6.3). In den getrennten Regressionen für Männer und Frauen ist der Effekt zwar nicht auf dem 10 % Niveau signifikant, aber die Effektkoeffizienten weisen auch hier gegenüber Fernwandernden auf eine geringere Wahrscheinlichkeit hin, dass Frauen und Männer mit einer berufsbezogenen Zweitwohnung nicht in einer festen Partnerschaft leben. Insofern scheint die Fokussierung der bisherigen Forschung über berufsbedingte multilokale Haushalte auf Paare gerechtfertigt. Andererseits machen die Ergebnisse auch deutlich, dass es sich nicht nur um zusammenlebende Paare, sondern im Vergleich zu Fernwandernden häufiger um Paare in getrennten Haushalten handelt. Ein bedeutender Anteil von Shuttles lebt demnach in einer LAT-Partnerschaft (n = 42 bzw. 19 %) und damit in einer sehr komplexen multilokalen Lebensform, was das räumliche Arrangement der Wohnorte und die alltäglichen Lebenspraktiken betrifft.

Der Wohnstatus hat ebenfalls einen erwarteten starken Effekt auf die Unterscheidung der beiden mobilen Lebensformen (siehe Modell I in Tab. 6.3). In Bezug auf das Pro-Kopf-Einkommen unterscheiden sich Fernwandernde und Shuttles allerdings nicht. Wie zuvor gezeigt werden konnte, wohnen insbesondere weibliche Shuttles auch weniger im eigenen Wohneigentum und häufiger im Wohneigentum der Eltern bzw. eines Elternteils. Die in der Literatur vorgebrachte These, dass Eigentümerhaushalte immobil seien, beschränkt sich diesen Befunden zufolge auf Umzüge mit dem gesamten Haushalt. Selbstnutzer/innen sind stattdessen durch eine multilokale Haushaltsorganisation räumlich mobil. Dass selbstgenutztes Wohneigentum zum Shutteln führt, bestätigt sich anhand der Einstellung der Befragten zur Einrichtung einer beruflich genutzten Zweitwohnung. Der Aussage: „Bei einem Arbeitsangebot in einer anderen Stadt/Region würde ich mich für eine Nebenwohnung/-unterkunft am neuen Arbeitsort entscheiden und den Hauptwohnsitz beibehalten.", stimmen von allen befragten zugezogenen Erwerbspersonen Wohneigentümer/innen überzufällig häufiger zu als Mieter/innen, wie aus den Logit-Modellen für Männer und Frauen in Tabelle 6.4 zu entnehmen ist. Dieser Befund stützt auch die zuvor formulierte These, dass selbstgenutztes Wohneigentum ein wichtiger sekundärer Einflussfaktor für die Entscheidung zum Shutteln ist (vgl. Kap. 6.3.2).

Tabelle 6.4: Merkmale von zugezogenen Erwerbspersonen, die der
Einrichtung einer beruflichen Zweitwohnung zustimmen*

	Männer			Frauen		
	B	SE(B)	Exp(B)	B	SE(B)	Exp(B)
Alter (Jahre)	0,021 **	0,009	1,021	0,021 **	0,010	1,022
gemeinsamer Haushalt m. Partner/in	0,040	0,164	1,041	0,275 *	0,156	1,316
jüngstes Kind < 6 J.	-0,596 ***	0,230	0,551	-0,549 ***	0,216	0,578
jüngstes Kind >= 6 J.	0,203	0,266	1,225	-0,857 ***	0,300	0,424
hoch qualifiziert erwerbstätig (ja)	-0,010	0,151	0,990	0,207	0,153	1,230
im Wohneigentum (Hauptwohnung)	0,915 ***	0,186	2,496	1,328 ***	0,196	3,775
n	830			858		
Chi Quadrat-Wert (df)	50,324(6)			71,142(6)		
-2 Log-Likelihood	1062,695			1058,061		

* Kategorien: stimme eher zu / stimme voll zu, ohne Auszubildende und Rentner/innen.
Dargestellt sind logistische Regressionskoeffizienten.
Signifikanzniveau: * = 10 %, ** = 5 %, *** = 1 %.
Quelle: eigene Auswertung

Nach dem Ausbildungsstatus unterscheiden sich Shuttles nicht von Fernwandernden. Dass Shuttles höher qualifiziert erwerbstätig sind als Fernwandernde, wie die bisherige Forschung über berufsbezogenes Pendeln zwischen verschiedenen Wohnorten vermuten ließ, lässt sich empirisch nur für weibliche Shuttles nachweisen. Im konditionalen Logit-Modell in Tabelle 6.3 ist die Wahrscheinlichkeit für eine hoch qualifizierte Erwerbstätigkeit von weiblichen Shuttles gegenüber Fernwanderinnen um das 1,7-fache höher (siehe Effektkoeffizient in Modell I). Die Stabilität dieses gruppenspezifischen Effekts bestätigt sich, wenn Determinanten einer hoch qualifizierten Erwerbstätigkeit von Fernwandernden und Shuttles zusammen untersucht werden. Unter Kontrolle wechselseitiger Effekte erweist sich auch hier bei Frauen im Gegensatz zu Männern die multilokale Lebensform als signifikante Einflussgröße auf eine hohe Stellung im Beruf.[68] Der höher qualifizierten Erwerbstätigkeit entsprechend, weisen Frauen mit einer berufsbezogenen Zweitwohnung gegenüber Fernwanderinnen – gemessen an der Zahl überregionaler Umzüge in den vergangenen zehn Jahren – auch tendenziell eine höhere überregionale Wanderungsmobilität auf (siehe Modell I in Tab. 6.3).[69]

Für Männer mit einer berufsbezogenen Zweitwohnung zeigen die Befunde, dass es sich im Vergleich zu Fernwanderern nicht um eine Gruppe mit einer

---

[68] Kontrollvariablen: Alter (Jahre), Paarkonstellation (kein/e Partner/in, gemeinsamer Haushalt, getrennter Haushalt), Kind im Haushalt, adjustiertes p = 0,01.
[69] Einschließlich Wanderungen an einen Nebenwohnort.

höheren beruflichen Qualifikation handelt. Wie die deskriptiven Analysen zeigen, sind in beiden mobilen Gruppen die Anteile hoher beruflicher Stellungen sehr hoch (vgl. Tab. 5.1 und Tab. 6.1).

6.3.5 Partnerschaft und Erwerbstätigkeit

Wie die persönlichen Motivlagen für das Shutteln zeigen, spielen bei Personen in einer Lebensgemeinschaft berufliche Gründe des Partners/der Partnerin für die multilokale Haushaltsorganisation eine wichtige Rolle (vgl. Tab. 6.2). Im Folgenden wird die Bedeutung der Erwerbstätigkeit der Partner für das Shutteln weiter konkretisiert. Ausgehend von der These, dass sich Paare mit einer modernisierten Geschlechterbeziehung durch die Erwerbstätigkeit beider Partner auszeichnen, wird der Frage nachgegangen, ob Männer mit einer beruflichen Zweitwohnung häufiger als Fernwanderer eine erwerbstätige Partnerin haben. Inwiefern multilokale Haushalte ein Zeichen für den sozialen Wandel und modernisierte Paarbeziehungen sind, wird weiter anhand der beruflichen Stellungen der Partner untersucht. Angesichts der mit der Spätmoderne verbundenen Erscheinungsform des hoch qualifizierten Paares (Doppelkarrierepaar) wird konkret danach gefragt, ob Shuttles häufiger als Fernwandernde in einer Lebensgemeinschaft leben, in der beide Partner hoch qualifiziert erwerbstätig sind.

In Tabelle 6.5 ist die Erwerbskonstellation in Lebensgemeinschaften für Shuttles und erwerbstätige Fernwandernde abgebildet. Die Werte weichen davon nur geringfügig ab, wenn alle Befragten in einer festen Partnerschaft – also einschließlich LATs – berücksichtigt werden, da der überwiegende Anteil in einer Lebensgemeinschaft lebt. In Tabelle 6.6 wird die Erwerbskonstellation von Lebensgemeinschaften weiter spezifiziert und dargestellt, wie viele Shuttles und wie viele Personen des Vergleichssamples in einer Lebensgemeinschaft leben, in der beide Partner hoch qualifiziert erwerbstätig sind (im Folgenden auch: DCC-Haushalt). In beiden Tabellen werden Ergebnisse der Geschlechtervergleiche innerhalb der Gruppen (Shuttles und erwerbstätige Fernwandernde) zusammengefasst (siehe Schattierungen) und nicht im Einzelnen dokumentiert.

Inwiefern Shuttles signifikant häufiger als Fernwandernde in einer Lebensgemeinschaft leben, in der beide Partner erwerbstätig sind und ob Shuttles häufiger mit dem Partner/der Partnerin als hoch qualifiziert erwerbstätiges Paar zusammenleben, wurde mittels logistischer Regressionen untersucht, deren Ergebnisse in Tabelle 6.7 dargestellt sind. Für Befragte, deren Partner/in nicht erwerbstätig ist, werden in den Logit-Modellen für die Dummy-Variable einer hohen Stellung im Beruf die Mittelwerte erwerbstätiger Partner/innen entsprechend der Gruppenzugehörigkeit (Shuttles vs. Fernwandernde) und des Geschlechts ersetzt, damit die Regressionskoeffizienten nicht verzerrt werden (zur Methodik siehe Cohen et al. 2003: 437-438). An dieser Stelle sei nochmals darauf verwiesen, dass sich die Angaben der Befragten zur Haushalts- und Erwerbssituation auf den Status quo zum Zeitpunkt der Befragung und nicht auf den Zuzug (der bis zu fünf Jahre zurückliegen kann) bezieht. Direkte Rückschlüsse auf das Migrationsverhalten von Haushalten sind deshalb nicht möglich.

Tabelle 6.5: Erwerbskonstellation in Lebensgemeinschaften für Shuttles und erwerbstätige Fernwandernde nach Geschlecht

	Shuttles		erwerbstätige Fernwandernde	
	Männer	Frauen	Männer	Frauen
Partner/in erwerbstätig	73%	86%	62%	88%
n	88	49	255	228
Berufliche Stellung d. Partners/Partnerin				
gering qualifiziert	5%	7%	13%	8%
qualifiziert	57%	17%	39%	23%
hoch qualifiziert	38%	76%	48%	69%
n	60	42	151	196
Berufliche Stellung d. Befragten im Vergleich zur Stellung d. Partners/Partnerin				
geringer	9%	24%	7%	27%
gleich	46%	64%	64%	63%
höher	46%	12%	29%	10%
n	59	42	150	195
Berufliche Stellung d. Partners/Partnerin, wenn Befragte/r hoch qualifiziert ist				
gering qualifiziert	2%	-	7%	1%
qualifiziert	55%	(8%)	31%	13%
hoch qualifiziert	43%	(92%)	63%	86%
n	47	25	104	101

Bei geringer Fallgröße werden prozentuale Anteile in Klammern gesetzt.
<u>Schattiert:</u> Geschlechtervergleich innerhalb der Gruppen, geringerer Anteil mit p = 0,05 unter Kontrolle des Alters und des Vorhandenseins von Kindern im Haushalt.
Quelle: eigene Auswertung

Die Auswertungen zeigen, dass männliche Shuttles signifikant häufiger als erwerbstätige Fernwanderer in einem doppelerwerbstätigen Haushalt leben (siehe Tab. 6.7). Das Wahrscheinlichkeitsverhältnis, dass die Lebenspartnerin von Männern mit einer berufsbezogenen Zweitwohnung nicht erwerbstätig ist, sinkt gegenüber der Vergleichsgruppe um die Hälfte. Nicht erwerbstätige Lebenspartnerinnen von männlichen Shuttles sind überwiegend Hausfrauen oder wegen der Kindererziehung nicht erwerbstätig (n = 16).

Tabelle 6.6: Anteile von Shuttles und Fernwandernden in einem Haushalt, in dem beide Partner hoch qualifiziert erwerbstätig sind

	Männer	Frauen	gesamt
Shuttles (n)	20	23	43
von gesamt (%)[1]	15%	26%	19%
von Lebensgemeinschaften (%)[2]	23%	47%	32%
Fernwandernde (n)	65	87	152
von gesamt (%)[3]	12%	15%	14%
von Erwerbstätigen gesamt (%)[4]	15%	21%	18%
von Erwerbstätigen in Lebensgemeinschaft (%)[5]	26%	39%	32%

Schattiert: Geschlechtervergleich innerhalb der Gruppen, unterdurchschnittlicher Anteil (p = 0,05), Kontrollvariable: Alter (Jahre).
[1] n = 133, n = 89, n = 222
[2] n = 87, n = 49, n = 136
[3] n = 536, n = 574, n = 1110
[4] n = 421, n = 407, n = 828
[5] n = 253, n = 225, n = 478
Quelle: eigene Auswertung

In Bezug auf die beruflichen Stellungen der Partnerinnen sind die Erwerbskonstellationen von männlichen Shuttles in Lebensgemeinschaften allerdings weitaus weniger modernisiert (siehe Tab. 6.5). Sie leben zwar häufiger als Fernwandernde in einem Haushalt, in dem beide Partner erwerbstätig sind, aber die Lebenspartnerinnen arbeiten überwiegend in qualifizierten Positionen, so dass fast die Hälfte der männlichen Shuttles höher qualifiziert erwerbstätig ist als die Lebenspartnerin und bei lediglich gut zwei von fünf Hochqualifizierten im Vergleich zu knapp zwei Dritteln unter den Fernwanderern ist die erwerbstätige Lebenspartnerin gleichfalls in einer hohen beruflichen Stellung tätig. Deshalb leben männliche Shuttles auch tendenziell weniger häufig als erwerbstätige Fernwandernde in einer Lebensgemeinschaft, in der beide Partner hoch qualifiziert erwerbstätig sind (siehe Interaktionsterm in Tab. 6.7). Der signifikant höhere Anteil erwerbstätiger Fernwanderer, der mit der Partnerin als hoch qualifiziertes Paar zusammenlebt, muss allerdings vorsichtig interpretiert werden, da dieser auch darauf zurückzuführen sein könnte, dass ein Teil der Fernwanderer beim Zuzug in die Befragungsgebiete noch nicht mit der Partnerin zusammengelebt hat.

Die Erwerbskonstellation der Haushalte von Frauen mit einer berufsbezogenen Zweitwohnung ist derjenigen erwerbstätiger Fernwanderinnen sehr ähnlich. Die Partner sind mehrheitlich hoch qualifiziert erwerbstätig, zwei Drittel der Frauen mit einer berufsbezogenen Zweitwohnung leben mit einem Partner gleicher beruflicher Qualifikation und Hochqualifizierte fast ausschließlich mit einem hoch qualifizierten Partner zusammen (siehe Tab. 6.5). Bei der Interpretation ist jedoch zu berücksichtigen, dass im Gruppenvergleich nur erwerbstätige Fernwanderinnen betrachtet werden und von den Fernwanderinnen in einer Lebensgemeinschaft mehr als jede Fünfte in einem Haushalt lebt, in dem nur der Partner erwerbstätig ist. Der Anteil doppelerwerbstätiger Haushalte unter Fernwanderinnen sinkt dadurch insgesamt betrachtet auf 60 %.

Tabelle 6.7: Vergleich von Shuttles (Gruppe 1) und Fernwandernden (Gruppe 0) nach Erwerbsstatus d. Lebenspartners/-partnerin und beruflicher Stellung beider Partner

	Männer			Frauen		
	B	SE(B)	Exp(B)	B	SE(B)	Exp(B)
hohe berufl. Stellung d. Befragten (ja)	0,531	0,317	1,700	0,503	0,359	1,654
Partner/in nicht erwerbstätig	-0,658 **	0,324	0,518	0,433	0,562	1,542
hohe berufl. Stellung d. Partners/Partnerin (ja)[1]	-0,410	0,336	0,663	0,351	0,436	1,421
Interaktionsprodukt: hohe berufl. Stellung Befragte/r * hohe berufl. Stellung Partner/in	-1,343 *	0,823	0,261	-0,608	0,724	0,544
n	343			274		
Modellgüte (ohne Interaktionsterm):						
Chi Quadrat-Wert (df)	36,152(6)			11,235(6)		
-2 Log-Likelihood	352,332			246,116		

Dargestellt sind logistische Regressionskoeffizienten; Kontrollvariablen: Alter (Jahre), Alter d. jüngsten Kindes im HH (kein Kind, jüngstes Kind < 6 J., jüngstes Kind ≥ 6 J.). Signifikanzniveau: * = 1 %, ** = 5 %
[1] Für nicht erwerbstätige Lebenspartner/innen wurden die Mittelwerte der beruflichen Stellung erwerbstätiger Lebenspartner/innen ersetzt.
Quelle: eigene Auswertung

Wie in Tabelle 6.6 zu erkennen ist, stellen hoch qualifizierte zusammenlebende Paare unter Shuttles und erwerbstätigen Fernwandernden insgesamt betrachtet eine Minorität dar.[70] Von den Fernwandernden lebt insgesamt jeder achte Mann und jede siebte Frau in einem DCC-Haushalt. Unter den befragten Shuttles sind es 43 Befragte bzw. 19 %, die in einer Lebensgemeinschaft leben, in der beide Partner hoch qualifiziert erwerbstätig sind. Dabei leben weibliche Shuttles signifikant häufiger in einem DCC-Haushalt als männliche Shuttles. Die Wahrschein-

---

[70] Am geringsten ist der Anteil unter Nahwandernden, von denen n = 13 Männer und n = 22 Frauen bzw. 10 % der erwerbstätigen Männer und 14 % der erwerbstätigen Frauen in einem DCC-Haushalt leben.

lichkeit, unter Shuttles in einer Lebensgemeinschaft auf Befragte in einem DCC-Haushalt zu treffen, ist für Frauen dreimal so hoch wie für Männer, wenn Effekte des Alters der Befragten, des Alters des jüngsten Kindes im Haushalt und der Anzahl überregionaler Umzüge in den vergangenen zehn Jahren konstant gehalten werden ($p < 0{,}01$).

Weibliche Shuttles in einem DCC-Haushalt schätzen die Vereinbarkeit von Berufs- und Privatleben nicht mehr oder weniger problematisch ein als weibliche Shuttles, die nicht in einem DCC-Haushalt leben.[71] Anders fällt die Einschätzung unter Fernwanderinnen aus: Fernwanderinnen in einem DCC-Haushalt sehen sich bei der Vereinbarkeit der beiden Lebensbereiche vor größere Probleme gestellt als Frauen, die nicht in einer Lebensgemeinschaft leben, in der beide Partner hoch qualifiziert erwerbstätig sind.[72] Über Gründe für die unterschiedliche Bewertung der Vereinbarkeitsproblematik von Shuttle-Frauen und erwerbstätigen Fernwanderinnen nach der DCC-Haushaltskonstellation lässt sich nur spekulieren. Da weitere Effekte der Haushaltssituation kontrolliert wurden, ist es nahe liegend, dass auch Aspekte beruflich bedingter räumlicher Mobilitätsanforderungen für die schwierigere Vereinbarkeitssituation von Fernwanderinnen in einem DCC-Haushalt eine Rolle spielen – Probleme, die Shuttle-Frauen durch die Einrichtung einer berufsbezogenen Zweitwohnung (zumindest vorübergehend) gelöst haben.

Zusammenfassend zeigen die Ergebnisse, dass der Konflikt der Unilokalität von hoch qualifizierten Paaren eine bedeutsame Kontextbedingung für eine multilokale Haushaltsorganisation von Frauen in einer Lebensgemeinschaft ist. Für Männer verweisen die beobachteten Erwerbskonstellationen in Lebensgemeinschaften auf eine gespaltene Modernisierung: Die spätmoderne Ausprägung multilokaler Haushalte ist mit einer höheren Wahrscheinlichkeit doppelerwerbstätiger Haushalte für männliche Shuttles gegenüber Fernwanderern verbunden. Aber es ist weniger die hoch qualifizierte Erwerbstätigkeit der Partnerinnen, die zum Shutteln führt.

---

[71] Frage im Erhebungsinstrument: „Die Arbeitszeit im Beruf lässt sich nicht immer ganz einfach mit dem Privatleben (z. B. Aufgaben im Haushalt oder in der Familie) vereinbaren. Ist das für Sie persönlich ein Problem?" Antwortmöglichkeiten: „ja, sehr", „ja, gelegentlich", „nein, eher nicht", „nein, überhaupt nicht".

[72] Die Antworten „ja, sehr problematisch" und „ja, gelegentlich problematisch" wurden zusammengefasst und als abhängige Variable in einem Logit-Modell untersucht. Der Effekt der DCC-Haushaltskonstellation ist für erwerbstätige Fernwanderinnen auf dem 5 % Niveau signifikant. Unter erwerbstätigen Männern wirkt sich diese Haushaltskonstellation nicht auf die subjektive Bewertung der Vereinbarkeit der beiden Lebensbereiche aus. Sowohl Männer als auch Frauen mit einem Fernumzug schätzen die Vereinbarkeit problematischer ein, je älter sie sind ($p = 0{,}05$), je mehr Stunden sie in der Woche arbeiten ($p = 0{,}01$) und wenn sie Kinder im Haushalt zu versorgen haben (Frauen: $p = 0{,}01$, Männer: $p = 0{,}05$), $n = 411$ Männer und $n = 397$ Frauen.

Berufsbezogene Zweitwohnung des Partners/der Partnerin
Die Zugezogenen wurden auch nach der berufsbezogenen räumlichen Mobilität des Partners/der Partnerin befragt. Insgesamt geben 59 Befragte eine berufliche Zweitwohnung für den Partner/die Partnerin an, was einem Anteil von 6 % der Befragten mit einem erwerbstätigen Partner/einer erwerbstätigen Partnerin entspricht. Trotz des geringen Anteils wird dadurch der höhere Männeranteil unter Shuttles unterstrichen, denn es handelt sich zu 70 % (n = 41) um weibliche Zugezogene, deren Partner eine berufliche Zweitwohnung unterhält. Die meisten von ihnen sind Fernwanderinnen.

Das Sozialprofil der Befragten, dessen Partner/deren Partnerin eine berufliche Zweitwohnung hat, bestätigt die bisherigen Ergebnisse sozialstruktureller Merkmale der multilokalen Lebensform:

- Mehr als ein Drittel der Frauen, dessen Partner eine Zweitwohnung aus beruflichen Gründen unterhält, ist verheiratet. Zwei Drittel leben in einer Lebensgemeinschaft ohne Kind (n = 26), sieben Frauen versorgen ein Kind im Haushalt. Sie sind fast alle erwerbstätig, der größte Anteil von 47 % ist in mittleren Positionen tätig, ein Drittel lebt als DCC-Paar.
- Männer, deren Partnerin eine berufsbezogene Zweitwohnung hat (n = 18), sind überwiegend ledig und leben mit der Partnerin in einem getrennten Haushalt oder in einer Lebensgemeinschaft ohne Kind. Sie sind fast alle erwerbstätig und hoch qualifiziert erwerbstätig. Die Partnerinnen sind überwiegend auch hoch qualifiziert erwerbstätig, so dass die Hälfte als DCC-Paar lebt.

Wenngleich die Gruppengröße im Vergleich zur Gesamtzahl befragter Zugezogener verschwindend gering ist, soll an dieser Stelle nicht unerwähnt bleiben, dass fünf Shuttle-Paare identifiziert werden können, in denen beide Lebenspartner eine beruflich genutzte Zweitwohnung an unterschiedlichen Orten unterhalten und die somit ein sehr komplexes räumliches Wohnarrangement führen, wie z. B. ein 46-jähriger Befragter:

> Er wohnt mit seiner Frau in Ulm (Baden-Württemberg) in der gemeinsamen Eigentumswohnung, in der er seit elf Jahren lebt. Beide sind hoch qualifiziert erwerbstätig. Er arbeitet im gut 100 km entfernten Stuttgart, hat dort eine Nebenwohnung angemeldet und pendelt seit zwei Jahren zwischen den beiden Haushalten. Seine Frau arbeitet im Allgäu, wo sie eine Zweitwohnung eingerichtet hat, ebenfalls ca. 100 km von der gemeinsamen Hauptwohnung entfernt. [1958]

6.3.6 Zwischenfazit

Haushaltssituation, Alter und Geschlecht wirken sich zentral auf Mobilitätsentscheidungen von Haushalten und die Wahl zwischen einem Fernumzug und einer multilokaler Haushaltsorganisation aus. Die wesentlichen Geschlechterunterschiede der multilokalen Lebensform lassen sich auf den Haushaltslebenszyklus (Alter, Familienstand, Kinder) zurückführen. Die jüngeren, zumeist ledigen und kinderlosen Frauen und Männer mit einer beruflichen Zweitwohnung sind mit dem von Gross (1980) bezeichneten „adjusting" Typ des Pendelns vergleichbar (siehe Kap. 3.1). Es handelt sich dabei allerdings nicht nur um Frauen und Männer in einer Lebensgemeinschaft. Die älteren Shuttles, die oft in einer Lebensgemeinschaft mit Kind leben, entsprechen am ehesten dem von Gross klassifizierten „established" Typ des Pendelns. Diese Form des Shuttelns ist sehr stark männlich geprägt. Der höhere Männeranteil unter Shuttles lässt sich deshalb auf diese Gruppe zurückführen. Mit zunehmendem Alter wird gleichfalls die Einrichtung einer Zweitwohnung aus beruflichen Gründen eher als eine Option räumlicher Mobilität wahrgenommen. Das gilt für Männer und Frauen gleichermaßen (siehe Tab. 6.4).

„Mit 30 würde ich das [die multilokale Haushaltsorganisation] viel negativer sehen. Das hätten wir nie akzeptiert. Die Zweisamkeit wäre viel wichtiger gewesen. Dann hätten wir das eine Haus verkauft, wie wir das schon einmal gemacht haben. Wir hätten nie gezögert. Aber jetzt ziehen wir das durch auf diese Art und Weise. [...] Als junger Mensch wäre ich nie dazu bereit gewesen. Es war für uns immer klar gewesen, dass wir umziehen." 50-jähriger Mann in einer ehelichen Lebensgemeinschaft ohne Kind, lebt seit sechs Jahren multilokal [105]

Unabhängig davon, ob die befragten Zugezogenen in einer multilokalen Haushaltsorganisation leben oder überregional mit dem gesamten Haushalt zugezogen sind, leben sie überwiegend nicht mit Kindern zusammen. Trotzdem können die Befunde zahlreicher Migrationsstudien, wonach von Kindern eine hemmende Wirkung auf die räumliche Mobilität von Haushalten ausgeht (u. a. Mulder/ Hooimeijer 1999, Mulder 1993, Wagner 1989), nur zum Teil bestätigt werden. Kinder im Haushalt – gleich welchen Alters – reduzieren die Wahrscheinlichkeit von Frauen zum Shutteln erheblich. Wenn Frauen Kinder im Haushalt zu versorgen haben, sind sie auch deutlich weniger als Frauen ohne Kind zu einer multilokalen Haushaltsorganisation bereit (siehe Tab. 6.4). Bei Männern hingegen erhöht sich die Wahrscheinlichkeit zum Shutteln durch ältere (schulpflichtige) Kinder. Mit Kleinkindern ist auch für sie das Shutteln eine nicht „erstrebenswerte" Lebensform [1722]. So hatten zwei Männer der zweiten Erhebungswelle das Pendeln beendet, als sie mit der Partnerin Nachwuchs erwarteten.

Als spätmoderne Charakteristika der multilokalen Lebensform sind für Männer die Doppelerwerbstätigkeit in Lebensgemeinschaften und für Frauen hohe berufliche Stellungen festzuhalten. Andererseits lassen die verschiedenen Haushaltsformen männlicher und weiblicher Shuttles darauf schließen, dass das Pendeln für Frauen weniger zur Vereinbarung von Beruf und Familie geeignet ist als für Männer. Die Tatsache, dass Männer häufiger als Frauen in einer Lebensgemeinschaft mit Kind pendeln, ist ein Hinweis auf eine tradierte geschlechtstypische Arbeitsteilung im Bereich der Kindererziehung. Dafür spricht auch, dass männliche Shuttles weniger häufig als Fernwandernde in einer Lebensgemeinschaft leben, in der beide Partner hoch qualifiziert erwerbstätig sind. In der multilokalen Lebensform existieren damit moderne und spätmoderne gesellschaftliche Prozesse nebeneinander (Löfgren 1995).

Anhand der räumlichen Bindung an den Haupthaushalt durch Partnerschaft, Familie und selbstgenutztes Wohneigentum wird bei einer bedeutenden Anzahl von Shuttles die gegenseitige Bedingtheit von residentieller Multilokalität und Sesshaftigkeit deutlich, wie das Beispiel eines 56-jährigen Befragten verdeutlicht:

> Zusammen mit seiner Frau und zwei Kindern lebt der Befragte in einer Mittelstadt in Sachsen-Anhalt und pendelt seit vier Jahren zum Arbeiten nach Stuttgart. Zuvor war der Akademiker arbeitslos und arbeitet nun als qualifizierter Angestellter. Die Familie hat sich vor zehn Jahren ein Einfamilienhaus gekauft; das Wohneigentum ist auch der Hauptgrund für die Aufnahme einer Arbeit in dieser großen räumlichen Entfernung von mehr als 400 km. Seine Frau wollte aus privaten und familiären Gründen nicht mit nach Stuttgart ziehen. Sie pendelt mehr als eine Stunde zur Arbeit, so dass beide Partner aus beruflichen Gründen räumlich mobil sind. Ansonsten ist der Haushalt aufgrund des Wohneigentums und der Kinder als eher sesshaft einzuschätzen, so war der Umzug nach Stuttgart der einzige überregionale Umzug in den vergangenen zehn Jahren. [986]

Als wahrhaft „neue multilokale Haushaltstypen" (Weiske/Petzold/Zierold 2009) dürfte das multilokale Wohnarrangement von Personen betrachtet werden, die an ihrem „formalen" Nebenwohnsitz mit dem Partner/der Partnerin zusammenleben. In diesen Fällen handelt es sich nicht um einen beruflich genutzten Nebenwohnsitz im eigentlichen Sinne, denn das Erwerbsleben ist am Haupthaushalt verortet und der Nebenwohnsitz ist der Ort der partnerschaftlichen Beziehung. Entscheidend ist, dass die multilokale Lebensform in einer Lebensgemeinschaft nicht immer durch die Einrichtung einer Nebenwohnung eines Partners entsteht, sondern dass auch andere Umstände zu einer multilokalen Haushaltsorganisation von Paaren führen können.

6.4 Das Berufsleben von Shuttles

Untersuchungen über beruflich bedingte Multilokalität sind häufig auf bestimmte Berufsgruppen ausgerichtet. Zielgruppe früherer Studien über das sog. Wochenendpendeln waren v. a. Arbeiter im Baugewerbe (Vielhaber 1987, Junker 1992, Lutz/Kreuz 1968, Beyer 1970, Hackl 1992). Jüngere Studien haben sich dem multilokalen Leben von Professor/innen (Axtner/Birmann/Wiegner 2006) und der transnationalen Lebensführung von Bankangestellten (Meier 2006) gewidmet. In der Mobilitätssoziologie sind Veränderungen von sozialer und räumlicher Mobilität anhand von Beschäftigten in der IT-Branche und freien Journalist/innen untersucht worden (u. a. Bonß/Kesselring/Weiß 2004, Pelizäus-Hoffmeister 2001). Diese Untersuchungen vermitteln eindrucksvolle Einsichten in wechselseitige Einflüsse von räumlicher Mobilität, Berufswelt und alltäglicher Lebensgestaltung. In einem größeren Kontext stellen sich für die multilokale Lebensform die Fragen, ob die Berufstätigkeit von Shuttles spezifische Eigenschaften aufweist und ob in bestimmten Berufsfeldern bzw. unter bestimmten beruflichen Bedingungen die Neigung zum Shutteln höher ist. Ein hohes Maß an selbstbestimmter Arbeitszeitgestaltung und -organisation dürfte eine multilokale Lebensführung eher befördern. Demgegenüber dürfte das Pendeln zwischen zwei Haushalten durch klassische Regelarbeitszeiten mit festem Beginn und festem Ende der täglichen Arbeitszeit oder durch lange Arbeitszeiten und keiner selbstbestimmten Variation der täglichen Arbeitszeit sehr erschwert werden. Außerdem dürfte prinzipiell ein befristeter Arbeitsvertrag mehr für residentielle Multilokalität sprechen als für einen überregionalen Umzug mit dem gesamten Haushalt. Die Akzeptanz einer Teilzeitbeschäftigung über große räumliche Entfernungen dürfte wohl gering sein (sowohl was einen Fernumzug mit dem gesamten Haushalt als auch die Einrichtung einer Nebenwohnung betrifft), sofern dadurch nicht deutliche soziale Aufstiegschancen verbunden sind. Diese Zusammenhänge zwischen der multilokalen Lebensform und den beruflichen Rahmenbedingungen werden in diesem Kapitel näher durchleuchtet.

Auf die Qualifikationsstruktur der befragten Shuttles wurde bereits im vorangegangenen Kapitel eingegangen. Beamte und Selbständige sind erwartungsgemäß in geringem Umfang räumlich mobil: 10 % der befragten Shuttles sind Beamte (n = 22); davon zehn Befragte im höheren Dienst. Weitere 12 % sind selbständig/freiberuflich tätig (n = 17). Die Anteile sind unter den Fernwandernden mit 9 % Beamten und 10 % Selbständigen ähnlich gering (für die Gesamtstichprobe siehe Anhang-Tab. 1). Selbständige Shuttles verfügen in der großen Mehrzahl über einen Fachhoch-/Hochschulabschluss. Selbständige Shuttle-Frauen sind auffällig häufig im Bereich Medien/Grafik/Werbung tätig. Sehr wahrscheinlich werden darunter auch freie Journalistinnen sein, die in der Mobilitätssoziologie in den vergangenen Jahren eine vermehrte Aufmerksamkeit erfahren haben. Nur fünf Befragte haben während eines Volontariats, Referendariats oder eines postgraduellen Praktikums eine Nebenwohnung eingerichtet. Angesichts der zum Zeitpunkt der Befragung in der Fachöffentlichkeit geführten Diskussionen über die „Generation Praktikum" (Grühn/Hecht 2007) – weshalb eine Praktikantenstelle nach Abschluss der Berufsausbildung/des Studiums explizit in die Item-Batterie der beruflichen Stellungen aufgenommen wurde – war ein höherer Anteil postgradueller Praktikant/innen unter Shuttles zu erwarten. Zum einen wird sicherlich bei einer kurz befristeten Praktikantenstelle oft kein formaler Nebenwohnsitz angemeldet. Zum anderen ist aber auch unter Fernwandernden der Anteil postgradueller Praktikant/innen verschwindend gering (n = 9). Vermutlich ist die Diskussion über prekäre Beschäftigungsformen von Hochschulabsolvent/innen wohl auch deshalb deutlich abgeebbt, weil deren Bedeutung überschätzt worden ist.

6.4.1 Wirtschaftsbranchen ·

Durch die Auswahl von Befragungsgebieten und damit zugleich von Städten mit einer spezifischen Wirtschaftsstruktur werden zweifelsohne die Wirtschaftsbereiche beeinflusst, in denen die befragten Shuttles tätig sind. Eine Konzentration von Shuttles und überregional Zugezogenen auf bestimmte Branchen zeichnet sich in Stuttgart und Düsseldorf ab. In Stuttgart als bedeutendem Produktionsstandort in Deutschland ist erwartungsgemäß der Anteil der Beschäftigten in der Industrie und dem verarbeitenden Gewerbe (einschließlich Handwerk/Baugewerbe) deutlich höher als in den anderen Befragungsgebieten. Das Gleiche gilt für die Dienstleitungsmetropole Düsseldorf im Kredit- und Versicherungsgewerbe und der Rechts-/Steuer-/Unternehmensberatung. Insofern können aus den Ergebnissen keine allgemeingültigen Aussagen über branchenspezifische Ausprägungen des Shuttelns abgeleitet werden. In der Vergleichsanalyse mit Fernwandernden lassen sich dennoch einige Auffälligkeiten erkennen.

Wie in Abbildung 6.3 zu sehen ist, arbeiten die befragten Shuttles am häufigsten in der Industrie und im verarbeitenden Gewerbe (einschließlich Handwerk/Baugewerbe), gefolgt vom Kredit-/Versicherungsgewerbe und der Rechts-/Steuer-/Unternehmensberatung (zusammengefasst) und dem Bereich Forschung/Entwicklung/Wissenschaft. In den beiden erst genannten Branchen sind männliche Shuttles am häufigsten tätig. Der größte Anteil weiblicher Shuttles arbeitet im Gesundheits- und Sozialwesen.

Die multilokale Lebensform des Shuttelns 101

Abbildung 6.3: Berufstätigkeit von Shuttles nach Wirtschaftbranchen und Geschlecht, absolute Werte

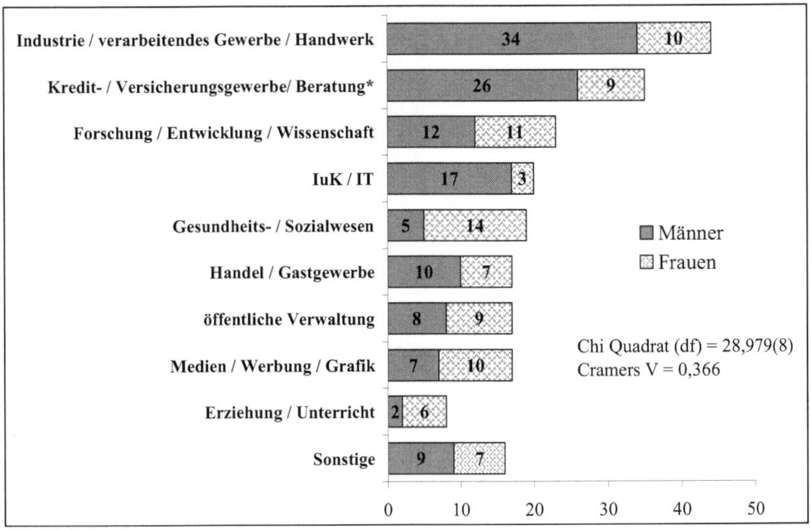

Branche	Männer	Frauen
Industrie / verarbeitendes Gewerbe / Handwerk	34	10
Kredit- / Versicherungsgewerbe/ Beratung*	26	9
Forschung / Entwicklung / Wissenschaft	12	11
IuK / IT	17	3
Gesundheits- / Sozialwesen	5	14
Handel / Gastgewerbe	10	7
öffentliche Verwaltung	8	9
Medien / Werbung / Grafik	7	10
Erziehung / Unterricht	2	6
Sonstige	9	7

Chi Quadrat (df) = 28,979(8)
Cramers V = 0,366

n = 216
* Rechts-/Steuer-/Unternehmensberatung
Quelle: eigene Darstellung

Welche Besonderheiten gegenüber dem Vergleichssample erwerbstätiger Fernwandernder sind zu beobachten? Die horizontale Geschlechtersegregation im Arbeitsmarkt ist ein bekanntes Phänomen (Achatz 2005, Wimbauer 1999, Fassmann/Meusburger 1997: 200-212, Hanson/Pratt 1995) und insofern der Zusammenhang zwischen den Wirtschaftsbereichen und dem Geschlecht unter Shuttles nicht weiter erstaunlich. Die Männerdominanz in der Industrie und der Informations- und Kommunikationstechnologie-Branche (IuK/IT) ist auch für überregional Zugewanderte typisch.[73] Wiederum sind auch unter Fernwandernden überzufällig mehr Frauen im Gesundheits- und Sozialwesen sowie tendenziell im Bereich Medien/Werbung/Grafik tätig.[74] Daraus kann folglich nicht geschlussfol-

---

[73] Chi Quadrat-Unabhängigkeitstest für Geschlechtervergleich bei Shuttles: Industrie $X^2 = 6,733(1)$, $p < 0,01$, IuK/IT $X^2 = 5,664(1)$, $p = 0,05$; bei Fernwandernden: Industrie $X^2 = 21,111(1)$, $p < 0,01$, IuK/IT $X^2 = 12,784(1)$, $p < 0,01$.

[74] Chi Quadrat-Unabhängigkeitstest für Geschlechtervergleich unter Shuttles: Gesundheits-/Sozialwesen $X^2 = 9,973(1)$, $p < 0,01$, Medien/Grafik/Werbung $X^2 = 2,782(1)$, $p = 0,1$; unter Fernwandernden: Gesundheits-/Sozialwesen $X^2 = 11,385$, $p < 0,01$, Medien/Grafik/Werbung $X^2 = 3,097(1)$, $p = 0,1$.

gert werden, dass in diesen genannten Wirtschaftsbranchen Männer oder Frauen eher zum Shutteln neigen. Unter dem Vorbehalt geringer Fallzahlen sind stattdessen folgende markante Auffälligkeiten festzuhalten:

- Annähernd gleich viele weibliche wie männliche Shuttles arbeiten im Bereich Forschung/Entwicklung/Wissenschaft, während unter den überregional Zugezogenen auch hier ein signifikanter Geschlechterunterschied zugunsten der Männer zu beobachten ist.[75] Für Frauen mit einer berufsbezogenen Zweitwohnung ist gegenüber Fernwanderinnen außerdem die Wahrscheinlichkeit höher, in diesem Wirtschaftsbereich zu arbeiten.[76]
- Der prozentual größte Anteil Fernwanderinnen ist im Handel, Gast- und personenbezogenen Dienstleistungsgewerbe beschäftigt und damit in einem Wirtschaftsbereich, der durch überdurchschnittlich viele gering qualifizierte Tätigkeiten gekennzeichnet ist. Entsprechend ihrer signifikant höheren beruflichen Qualifizierung arbeiten weibliche Shuttles seltener in diesem Bereich ($p = 0{,}05$).
- Männliche Shuttles arbeiten tendenziell häufiger als Fernwanderer im Kredit-/Versicherungsgewerbe oder in der Steuer-/Rechts-/Unternehmensberatung.[77] Die ungleiche Geschlechterverteilung ist in diesen beiden Wirtschaftsbereichen zusammengenommen ebenfalls größer unter Shuttles als unter Fernwandernden.[78]

Für die befragten Männer und Frauen mit einer berufsbezogenen Zweitwohnung zeichnen sich damit höhere Anteile in Wirtschaftsbereichen mit hoch qualifizierten Tätigkeiten ab. Mit der Überrepräsentanz weiblicher Shuttles im Bereich Forschung/Entwicklung/Wissenschaft sind zugleich eine junge Altersstruktur sowie ein hoher Anteil von befristeten Beschäftigungsverhältnissen verbunden. Der erhöhte Anteil männlicher Shuttles im Kredit- und Versicherungsgewerbe sowie der Steuer-/Rechts-/Unternehmensberatung impliziert Tätigkeiten mit überdurchschnittlich langen Arbeitszeiten und überdurchschnittlicher Entlohnung.[79]

---

[75] Geschlechterunterschied: Chi Quadrat-Wert = $4{,}420(1)$, $p = 0{,}05$.
[76] Kontrollvariablen: Alter (Jahre), Anzahl überregionaler Umzüge in vergangenen zehn Jahren, $p = 0{,}05$.
[77] Kredit-/Versicherungsgewerbe und Steuer-/Rechts-/Unternehmensberatung zusammengefasst, Kontrollvariablen: Alter (Jahre), Anzahl überregionaler Umzüge in vergangenen zehn Jahren, $p = 0{,}1$.
[78] Cramers V für Shuttles = $0{,}15$ ($p = 0{,}1$) gegenüber Cramers V = $0{,}07$ ($p = 0{,}05$) für Fernwandernde.
[79] Es wurde nicht direkt nach dem eigenen Erwerbsarbeitsverdienst, sondern nach dem Haushaltsnettoeinkommen gefragt. Die Aussage bezieht sich auf das (ungewichtete) Pro-Kopf-Einkommen, das in der Gesamtstichprobe bei Befragten in diesen beiden Wirtschaftsbereichen zusammengenommen signifikant höher ist als bei Befragten, die in anderen Wirtschaftsbereichen tätig sind

6.4.2 Befristete Beschäftigungsverhältnisse

Mit der Beschäftigung in einem bestimmten Wirtschaftsbereich steht die Befristung des Beschäftigungsverhältnisses in engem Zusammenhang. So ist die Mehrzahl der Shuttles und Fernwandernden im Bereich Forschung/Entwicklung/ Wissenschaft befristet beschäftigt. Auch im Gesundheits- und Sozialwesen ist der Anteil befristeter Beschäftigungsverhältnisse überdurchschnittlich hoch. Damit sind zugleich die Branchen angesprochen, in denen weibliche Shuttles häufig beschäftigt sind. Insgesamt haben von den männlichen Shuttles 18 % und von den Frauen 26 % einen befristeten Arbeitsvertrag (jeweils n = 23).

Kontrolliert durch das Alter haben Shuttles zwar nicht signifikant häufiger eine befristete Beschäftigung als Fernwandernde, von denen ebenfalls 18 % der Männer und 20 % der Frauen befristete Arbeitsverträge haben (für Anteile in der Gesamtstichprobe siehe Anhang-Tab. 1). Wird allerdings die Befristungsquote (an allen abhängig Beschäftigten) für Deutschland herangezogen, die im Jahr 2004 bei rd. 8 % lag (Keller/Seifert 2005: 137), zeigen die Befunde deutlich, dass in beiden mobilen Lebensformen die Anteile befristeter Beschäftigung überdurchschnittlich hoch sind. Der hohe Anteil befristeter Beschäftigung unter Fernwandernden könnte dadurch verzerrt sein, dass Fernwandernde aus anderen Gründen in die Befragungsgebiete gezogen sind und erst nach dem Zuzug eine befristete Beschäftigung aufgenommen haben. Aber vielmehr spricht dafür, dass der Dienstleistungsbereich, in dem befristete Beschäftigungsverhältnisse überrepräsentiert sind (Albrecht 2005: 108), in den ausgewählten Metropolen auch überdurchschnittlich viele junge Fernwandernde anzieht, denn unter den erwerbstätigen Männern und Frauen mit einem Nahumzug in die Metropolen sind die Anteile Befragter mit befristeten Arbeitsverträgen mit 7 % bzw. 10 % auf einem für die Bundesrepublik durchschnittlichen Niveau.

Nach aktuellen Befunden der (geographischen) Arbeitsmarktforschung sind befristete Beschäftigungsverhältnisse unter jüngeren Kohorten besonders verbreitet und dienen überwiegend dem Berufseinstieg (Albrecht 2006, Giesecke/ Groß 2006), dabei weist die Qualifikationsstruktur ein bipolares Muster auf: Auf der einen Seite haben Geringqualifizierte und auf der anderen Seite Hochschulabsolvent/innen ein höheres Risiko, einen befristeten Arbeitsvertrag zu erhalten (Albrecht 2006: 52, Giesecke 2006: 180). Im Vergleich dazu weist befristete Beschäftigung unter Shuttles einige Besonderheiten auf:

- Shuttles mit einem befristeten Arbeitsvertrag sind fast ausschließlich hoch qualifiziert erwerbstätig (n = 20 Frauen und n = 17 Männer). Gut die Hälfte

---

($p = 0,01$). Ein gewichtetes Pro-Kopf-Einkommen konnte nicht berechnet werden, da das Alter der Kinder im Haushalt nicht in den von der OECD gewählten Altersgruppen vorliegt.

der Frauen ist im Bereich Forschung/Entwicklung/Wissenschaft beschäftigt. Bei Männern streut eine befristete Beschäftigung stärker über verschiedene Wirtschaftsbereiche: neben Forschung und Wissenschaft auch IuK/IT, Industrie/verarbeitendes Gewerbe, Kredit-/Versicherungsgewerbe/Unternehmensberatung.

- Die „typische" Altersstruktur trifft mehr auf weibliche und weniger auf männliche Shuttles zu: Frauen konzentrieren sich stark auf die Geburtskohorten 1971 bis 1980, sind mit im Median 30 Jahren jünger als männliche Shuttles mit einer befristeten Beschäftigung und wohnen überwiegend (noch) allein. Die Frauen sind am häufigsten für den Berufseinstieg in die Befragungsgebiete gezogen, so dass es sich bei der Mehrzahl um die erste Stelle nach dem Studium handeln wird. Einige Männer befinden sich auch am Anfang ihrer Berufslaufbahn, andere sind wegen eines Wechsels des Arbeitgebers an den Nebenwohnsitz gezogen. Zusammenhänge zwischen dem Lebenszyklus und einem befristeten Beschäftigungsverhältnis sind bei ihnen weniger eindeutig: Sie sind im Median 32 Jahre alt, ein Viertel ist älter als 44 Jahre. Im Mittel sind sie damit nicht jünger als andere Männer mit einer beruflich genutzten Zweitwohnung. Ihre Haushaltssituation variiert stärker als unter den Frauen zwischen Lebensgemeinschaften mit und ohne Kind und dem Alleinwohnen.

6.4.3 *Arbeitszeiten*

Im Fragebogen wurde nach der vertraglich vereinbarten und der tatsächlichen minimalen und maximalen Wochenarbeitszeit gefragt. In Anlehnung an einschlägige Fachliteratur wird bei einem Umfang der vereinbarten Wochenarbeitszeit von mindestens 35 Stunden von einer Vollzeitbeschäftigung ausgegangen. Eine Unterscheidung zwischen Teilzeitbeschäftigung und geringfügiger Beschäftigung ist für die Analyse der Merkmale der Erwerbstätigkeit von Shuttles nicht relevant, denn werden Wochenarbeitszeiten unter 15 Stunden als Referenzgröße herangezogen, spielen geringfügige Beschäftigungsverhältnisse bei Shuttles keine und bei erwerbstätigen Fernwandernden eine marginale Rolle. Im Folgenden werden deshalb Beschäftigte mit einer vereinbarten Wochenarbeitszeit unter 35 Stunden vereinfachend auch als Teilzeitbeschäftigte bezeichnet. In Tabelle 6.8 sind Merkmale der Dauer der Arbeitszeiten von Shuttles und des Vergleichssamples abgebildet.

Die multilokale Lebensform des Shuttelns

Tabelle 6.8: Dauer der Arbeitszeiten von Shuttles und Fernwandernden nach Geschlecht

	Shuttles		Fernwandernde	
	Männer	Frauen	Männer	Frauen
in Vollzeit beschäftigt (%)	78.6%	64.8%	82.7%	67.7%
vereinbarte Wochenarbeitszeit < 35 Stunden (%)	8.7%	21.6%	6.3%	20.3%
selbständig/keine festgelegte Arbeitszeit (%)	12.7%	13.6%	11.1%	11.9%
vereinbarte Wochenarbeitszeit (in Stunden)				
Beschäftigte mit < 35 Stunden/Woche, Mittelwert	25.0	22.6	23.7	23.4
(Standardabweichung)	(8.5)	(7.2)	(6.0)	(6.5)
tatsächliche Wochenarbeitszeit (in Stunden)				
Vollzeitbeschäftigte, Mittelwert	48.8	44.6	47.7	44.5
(Standardabweichung)	(7.9)	(9.5)	(7.8)	(7.4)
Beschäftigte mit < 35 Stunden/Woche, Mittelwert	29.5	28.6	30.6	30.3
(Standardabweichung)	(11.7)	(11.1)	(10.2)	(11.2)
normalarbeitszeitähnliche Dauer d. Wochenarbeitszeit[1] (an allen Erwerbstätigen in %)	13.3%	12.6%	13.6%	15.8%
überlange tatsächliche Wochenarbeitszeit (>= 43 h)				
an allen Erwerbstätigen in %	73.4%	55.8%	72.1%	54.9%
an Vollzeitbeschäftigten in %	76.8%	75.9%	71.9%	67.8%
extrem schwankende tats. Wochenarbeitszeit (>= 20 h)				
an allen Erwerbstätigen in %	33.9%	17.6%	26.3%	17.5%
an Vollzeitbeschäftigten in %	28.6%	14.0%	22.1%	13.8%
n	126	88	421	404

Geschlechtervergleich innerhalb der Gruppen: schattiert = höherer Anteil (p = 0,05), gestrichelt: tendenziell höherer Anteil (p = 0,1); Kontrollvariablen: berufliche Stellung, Alter (Jahre), Haushaltssituation, befristeter Arbeitsvertrag.
[1] Abhängige Vollzeitbeschäftigung, tatsächliche durchschnittliche Wochenarbeitszeit < 43 h, max. zwei Überstunden.
Quelle: eigene Auswertung

In Anlehnung an Groß, Seifert und Sieglen (2007) werden überlange tatsächliche Wochenarbeitszeiten von 43 und mehr Stunden sowie Arbeitszeiten mit Schwankungen von 20 Stunden und mehr pro Woche als zwei Formen extremer Arbeitszeitflexibilisierung unterschieden. In Abgrenzung dazu werden Anteile der Erwerbstätigen mit einer „normalarbeitszeitähnlichen" Dauer der Arbeitszeit ermittelt. Darunter werden abhängig Vollzeitbeschäftigte mit einer tatsächlichen Wochenarbeitszeit von max. 42 Stunden und einer minimalen Anzahl Überstunden gefasst. Streng genommen schließt die fordistische Normalarbeitszeit Überstunden aus. Aber durch die Abfrage der Spanne der tatsächlichen Wochenarbeitszeit statt der durchschnittlichen Wochenarbeitszeit ist die Anzahl der Überstunden ein ermittelter Durchschnittswert und beruht nur indirekt auf der Selbsteinschätzung der Befragten. Das hatte bei einigen Befragten zur Folge, dass die errechnete durchschnittliche tatsächliche Arbeitszeit knapp unterhalb der vereinbarten Wochenarbeitszeit liegt. Insofern erschien es sinnvoll, eine geringe Anzahl von ein bis zwei Überstunden noch als eine normalarbeitszeitähnliche Dauer der Arbeitszeit einzustufen. Die Operationalisierung bezieht sich damit ausschließlich auf die Dauer der Arbeitszeit; die Lage der Arbeitszeiten (z. B. Wochenendarbeit) und die Arbeitszeitverteilung (z. B. Gleitzeit) konnten im Rahmen der vorliegenden Arbeit nicht erhoben werden.

Auf Basis der hier definierten Formen der Arbeitszeiten sind normalarbeitszeitähnliche Arbeitsbedingungen für mobile Lebensformen keine „Normalität". Form und Ausmaß der Arbeitszeitflexibilisierung sind mit der beruflichen Stellung hoch korreliert, was grundlegend die hohen Anteile flexibilisierter – das heißt nicht normalarbeitszeitähnlicher – Arbeitszeiten unter Fernwandernden und Shuttles erklärt (vgl. Tab. 5.1 und Tab. 6.1). Im Vergleich dazu hat gut ein Drittel der befragten Nahwanderinnen, deren berufliches Qualifikationsprofil deutlich geringer als das weiblicher Shuttles ist, normalarbeitszeitähnliche Arbeitszeiten.

Die geschlechtsspezifische Dichotomie der Arbeitszeitflexibilisierung ist in Anbetracht der hohen Qualifizierung weiblicher Shuttles erstaunlich: Unter Shuttles haben genauso wie im Vergleichssample signifikant mehr Frauen als Männer eine vereinbarte Arbeitszeit von weniger als 35 Stunden pro Woche. Die Erwerbsarbeit räumlich mobiler Männer hat durch überlange und stark schwankende Arbeitszeiten eher extreme Formen der Arbeitszeitflexibilisierung angenommen. Die Arbeitszeitstruktur beider mobiler Lebensformen entspricht damit dem allgemeinen geschlechtstypischen Trend der Arbeitszeitflexibilisierung in der Bundesrepublik (Groß/Seifert/Sieglen 2007).

Werden nur Vollzeitbeschäftigte betrachtet, haben Shuttle-Frauen allerdings genauso häufig wie Männer überlange Arbeitszeiten. Der höhere Anteil Frauen mit faktischen Wochenarbeitszeiten von 43 und mehr Stunden gegenüber Fernwanderinnen ist auf ihr durchschnittlich höheres berufliches Qualifikationsniveau zurückzuführen (vgl. Tab. 6.3). Extrem schwankende Arbeitszeiten erweisen sich hingegen auch unter Kontrolle des Beschäftigungsumfangs als ein Kennzeichen männlicher hoch qualifizierter Erwerbsarbeit.

Angesichts der geringen Fallgrößen können teilzeitbeschäftigte Shuttles ($n = 19$ Frauen und $n = 11$ Männer) nicht tief gehender auf typische Merkmalsausprägungen untersucht werden. Einige Tendenzen können jedoch festgehalten werden:

- Für Männer ist die typische bipolare Qualifikationsstruktur männlicher Teilzeitbeschäftigung erkennbar: Entweder sind sie gering oder hoch qualifiziert erwerbstätig (siehe hierzu Sacher 1998: 175).
- Teilzeitbeschäftigung trifft bei weiblichen Shuttles mehrheitlich mit einem befristeten Arbeitsvertrag zusammen (n = 11). In Teilzeit beschäftigte Frauen arbeiten überwiegend in unterschiedlichen Stellungen im Gesundheits- und Sozialwesen oder als Hochqualifizierte in Forschung/Entwicklung/ Wissenschaft. In ihrem Sozialprofil weichen sie insofern von der „typischen" weiblichen Teilzeitbeschäftigung ab, als dass es sich mehrheitlich um allein stehende Frauen am Beginn der beruflichen Laufbahn und nicht um Berufsrückkehrerinnen in einer Lebensgemeinschaft mit Kind handelt (siehe hierzu Sacher 1998: 175, Albrecht 2006: 54).

Insgesamt betrachtet unterscheiden sich Männer und Frauen mit einer berufsbezogenen Zweitwohnung nicht von Fernwandernden in Bezug auf die Dauer der Arbeitszeit. Stattdessen sind Differenzen zwischen Shuttles und Fernwandernden in der individuellen Gestaltung der täglichen Arbeitszeit zu erkennen. Die Angaben der Befragten zur Arbeitszeitgestaltung sind danach zusammengefasst worden, ob die Arbeitszeit selbstbestimmt variiert werden kann oder von innerbetrieblichen Anforderungen bestimmt wird. Individuelle Möglichkeiten der Arbeitszeitgestaltung werden darüber hinaus nach dem Ausmaß der Flexibilität in eine geringe und große Selbstbestimmung über die tägliche Arbeitszeit differenziert.[80] Daraus ergeben sich vier Kategorien der Arbeitszeitgestaltung, die in Abbildung 6.4 getrennt nach mobiler Lebensform und Geschlecht dargstellt sind.

Frauen haben grundlegend – unabhängig von der beruflichen Stellung – weniger häufig als Männer Arbeitsstellen mit einer großen selbst gesteuerten Variation der täglichen Arbeitszeit, weil sie seltener in Wirtschaftsbranchen wie der Industrie/dem verarbeitenden Gewerbe arbeiten, in denen mit steigender beruflicher Qualifikation die selbstbestimmte Arbeitszeitgestaltung stark zunimmt. Stattdessen arbeiten sie häufiger im Gesundheits- und Sozialwesen und damit in einer Wirtschaftsbranche, in der auch in hohen Stellungen die täglichen

---

[80] keine Variation = fester Beginn und festes Ende der täglichen Arbeitszeit, betrieblich bestimmte Variation = vom Betrieb festgelegte, teilweise wechselnde Arbeitszeiten pro Tag; fester Beginn und festes Ende der täglichen Arbeitszeit nach Bedarf im Betrieb; wechselnde Arbeitszeiten pro Tag je nach Bedarf im Betrieb; teils festgelegte, teils selbstbestimmte tägliche Arbeitszeiten (v. a. Lehrer/innen im Schuldienst), geringe selbst gesteuerte Variation = Gleitzeit mit Arbeitszeitkonto und einer geringen Selbstbestimmung über die tägliche Arbeitszeit, große selbst gesteuerte Variation = Gleitzeit mit Arbeitszeitkonto und einer relativ großen Selbstbestimmung über die tägliche Arbeitszeit, Vertrauensarbeitszeit/Jahreszeitkonto, tägliche Arbeitszeit wird selbst festgelegt.

Arbeitszeiten nicht variieren oder nur betrieblich bestimmte Variationen eingefordert werden. Im Bereich Medien/Werbung/Grafik sind die betrieblichen Anforderungen an die zeitliche Flexibilität der Beschäftigten ebenfalls tendenziell höher als in anderen Wirtschaftsbereichen. Die horizontale Geschlechtersegregation (vgl. Kap. 6.4.1) erklärt deshalb auch bei Männern die höheren Anteile einer großen selbst gesteuerten Variation der täglichen Arbeitszeit gleich welcher mobilen Lebensform.[81]

Abbildung 6.4: Merkmale der Arbeitszeitgestaltung von Shuttles und Fernwandernden nach Geschlecht

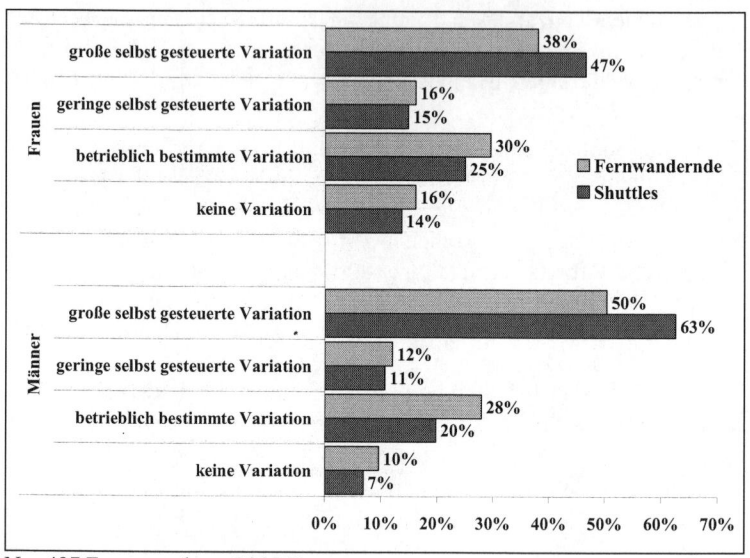

	Fernwandernde	Shuttles
Frauen		
große selbst gesteuerte Variation	38%	47%
geringe selbst gesteuerte Variation	16%	15%
betrieblich bestimmte Variation	30%	25%
keine Variation	16%	14%
Männer		
große selbst gesteuerte Variation	50%	63%
geringe selbst gesteuerte Variation	12%	11%
betrieblich bestimmte Variation	28%	20%
keine Variation	10%	7%

N = 497 Frauen und n = 556 Männer
Quelle: eigene Darstellung

Bei weiblichen Shuttles ist der Anteil einer großen selbst gesteuerten Variation der täglichen Arbeitszeit höher als bei Fernwanderinnen. Dieser Unterschied lässt sich auf die vergleichsweise höheren beruflichen Stellungen weiblicher

---

[81] Zur Ermittlung des Einflusses der Wirtschaftsbranchen auf die Arbeitszeitgestaltung wurde in der Gesamtstichprobe – also für alle befragten Erwerbstätigen unabhängig von der Gruppenzugehörigkeit – mittels logistischer Regressionen für die dummy-codierten Formen der Arbeitszeitgestaltung (vier Kategorien) der Effekt einzelner Wirtschaftsbereiche unter Konstanthaltung der Effekte der beruflichen Stellung und weiterer soziodemographischer Merkmale der Befragten geschätzt. Die Ergebnisse werden hier nur zusammengefasst und nicht im Einzelnen dokumentiert.

Shuttles zurückführen (vgl. Kap. 6.3.4). Unter Kontrolle der beruflichen Stellungen ist die Arbeitszeitgestaltung von Frauen in einer multilokalen Haushaltsorganisation nicht durch eine höhere selbstbestimmte Flexibilität gekennzeichnet. Eine besondere Ausprägung einer flexiblen Arbeitszeitgestaltung ist allerdings für Shuttle-Frauen mit einer befristeten Beschäftigung verbunden: Während für Fernwanderinnen die Wahrscheinlichkeit selbstbestimmter flexibler Arbeitszeiten größeren Umfangs bei einem befristeten Arbeitsvertrag sinkt, haben weibliche Shuttles in einem befristeten Beschäftigungsverhältnis eher flexible selbst gesteuerte Arbeitszeiten.[82] Das sind genau die jungen Frauen mit einem befristeten Arbeitsvertrag, die zumeist im Bereich Forschung/Entwicklung/Wissenschaft in Teilzeit beschäftigt sind. Ihre Erwerbsarbeit ist damit in hohem Maße „entstandardisiert" (Beck 1986: 225-226). Die Ambivalenz von sozialem Aufstieg und unsicherem Beschäftigungsverhältnis wird für eine multilokale Haushaltsorganisation sprechen.

Die tägliche Arbeitszeit ist bei männlichen Shuttles in hohem Maße selbstbestimmt und beruht weniger als bei Fernwanderern auf betrieblich gesteuerten Bedarfen. Unter Kontrolle soziodemographischer Merkmale, befristeter Beschäftigungsverhältnisse und der beruflichen Qualifikation ist die Wahrscheinlichkeit, dass männliche Shuttles eine Erwerbsarbeit mit einem hohen Grad an selbstbestimmter Arbeitszeitgestaltung ausüben, 1,5-mal so hoch wie bei Fernwanderern ($p = 0,1$). Dabei steht eine große Selbstbestimmung über die Arbeitszeit bei männlichen Shuttles genauso wie bei Fernwanderern mit einer hohen beruflichen Stellung im Zusammenhang. Die Wahrscheinlichkeit einer großen Selbststeuerung der täglichen Arbeitszeit ist unter männlichen Shuttles deshalb höher, weil unabhängig von der beruflichen Stellung mit steigendem Alter und tendenziell bei extrem langen Wochenarbeitszeiten von 45 und mehr Stunden die Wahrscheinlichkeit einer großen selbst gesteuerten Variation der täglichen Arbeitszeit steigt (siehe Anhang-Tab. 3). Vermutlich werden aufgrund der multilokalen Haushaltsorganisation bei höherem Alter und extrem langen Wochenarbeitszeiten mit dem Arbeitgeber eher flexible Regelungen der individuellen Arbeitszeitgestaltung ausgehandelt. Inwiefern es Frauen analog dem bekannten Problem geschlechtsspezifischer Lohnunterschiede (Hinz/Gartner 2005, Hübler 2003, Holst 2003) schwieriger als Männer haben, in gleicher beruflicher Stellung flexible Arbeitszeitregelungen zur Erleichterung der multilokalen Lebensführung mit dem Arbeitgeber zu verhandeln, kann aus den Daten nicht abgeleitet werden. Sicherlich wird die Entlohnung eine wesentliche Komponente für die Verhandlungsposition spielen. Nach aktuellsten Daten des Statistischen Bundesam-

---

[82] Siehe signifikante Merkmale von Shuttles mit einer großen selbst gesteuerten Variation der täglichen Arbeitszeit im Vergleich zu Shuttles mit einer geringeren Selbstbestimmung über die tägliche Arbeitszeit nach Geschlecht in Anhang-Tab. 3.

tes ist der prozentuale Unterschied des Bruttostundenverdienstes zwischen den Geschlechtern (*gender pay gap*) genau in diesen Wirtschaftszweigen am größten, in denen die befragten männlichen Shuttles zum großen Teil beschäftigt sind: Unternehmensnahe Dienstleistungen 30 %, Kredit- und Versicherungsgewerbe 29 %, verarbeitendes Gewerbe 28 % (Droßard 2008: 5).

6.4.4 *Arbeitsorganisation*

Shuttles arbeiten genauso wie Fernwandernde in der Regel an fünf Tagen pro Woche an ihrem Arbeitsplatz im Betrieb. Erstaunlich ist, dass der Median und das obere Quartil sowohl bei Teilzeitbeschäftigten als auch bei Vollzeitbeschäftigten und anderen Erwerbstätigen ohne festgelegte Arbeitszeit (v. a Selbständige und Freiberufler/innen) bei genau fünf Tagen liegt. Im Vergleich zu Fernwandernden weist die Arbeitsorganisation in Teilzeit beschäftigter Shuttles keine signifikanten Unterschiede auf. Von den in Teilzeit beschäftigten Shuttles (n = 30) verteilen nur vier Männer ihre Arbeit im Betrieb auf drei bis vier Tage und acht Frauen auf zwei bis vier Tage. Inwiefern die anderen Teilzeitbeschäftigten freiwillig oder gezwungenermaßen ihre Präsenzarbeitszeit wie Vollzeitbeschäftigte auf fünf Tage verteilen, kann auf Basis der vorliegenden Daten nicht beantwortet werden. Es fällt jedoch auf, dass in Teilzeit beschäftigte Frauen mit einer 5-Tage-Woche entweder im Gesundheits- und Sozialwesen oder im Bereich Erziehung/Unterricht arbeiten und keine variierenden täglichen Arbeitszeiten haben. Sie werden deshalb vermutlich aufgrund branchenspezifischer Regelungen (Schule, Krankenhaus u. Ä.) ihre Arbeitsorganisation nicht flexibler gestalten können.

Von den Vollzeitbeschäftigten und anderen Erwerbstätigen ohne festgelegte Arbeitszeit arbeiten unter den männlichen Shuttles knapp drei Viertel und unter den Frauen sogar fünf von sechs an fünf Tagen am Arbeitsplatz im Betrieb. Die verbleibenden n = 27 Männer und neun Frauen sind in der großen Mehrzahl vier Tage im Betrieb anwesend. Nur 10 % der Männer arbeiten zwei bis drei Tage im Betrieb (1. Dezil = 2,1). Bei den Frauen ist der Anteil marginal, der weniger als vier Tage im Betrieb arbeitet.[83] Daraus lässt sich zwar nicht direkt schließen, dass die restlichen Tage am anderen Wohnort verbracht werden, da Hochqualifizierte generell weniger Tage im Betrieb und dafür häufiger direkt beim Kunden arbeiten (z. B. Kredit-/Versicherungsgewerbe, Unternehmensberatung, IuK/IT, Handel/Gastgewerbe/personenorientierte Dienstleistungen, Medien/Werbung/ Grafik), aber aus der Betrachtung der Arbeitstage im Betrieb wird sehr deutlich,

---

[83] Das 5 %-Quantil liegt bei 3,9 Tagen.

dass Shuttles in der großen Mehrzahl – genauso wie Fernwandernde – regelmäßig im Betrieb anwesend sind und nur ein geringer Teil über einen größeren Spielraum in der Arbeitsorganisation verfügt.

Es war zu vermuten, dass eine selbstbestimmte Arbeitszeitgestaltung dafür genutzt wird, den Aufenthalt im Haupthaushalt zu verlängern, aber ein statistischer Zusammenhang zwischen einer großen Selbstbestimmung der täglichen Arbeitszeit und der Anzahl der Tage im Haupthaushalt besteht nicht. Wie im nachfolgenden Kapitel über das Pendelverhalten gezeigt wird (siehe Kap. 6.5.3), beschränkt sich die größere Selbststeuerung der Arbeitszeit im Großen und Ganzen auf eine größere Zeitsouveränität an den Pendeltagen: freitags früher Feierabend machen und montags später zur Arbeit kommen.

Einen Teil der Erwerbsarbeit erledigt rd. jede/r Dritte mit einer berufsbezogenen Zweitwohnung zu Hause, allerdings verkürzt der größere Teil dadurch nicht seine/ihre Anwesenheit im Betrieb, sondern arbeitet trotzdem fünf Tage im Betrieb und wird sich folglich abends oder am Wochenende Arbeit mit nach Hause nehmen. Shuttles mit einer 5-Tage-Woche und zusätzlicher Heimarbeit erreichen somit enorm hohe faktische Wochenarbeitszeiten von im Durchschnitt 52 Stunden für Männer (n = 25) und 46 Stunden für Frauen (n = 16).[84] Diese Shuttles haben fast ausschließlich hohe berufliche Stellungen. Die Frauen arbeiten überwiegend im Bereich Medien/Grafik/Werbung; die Männer sind im Kredit- und Versicherungsgewerbe, der Rechts-/Steuer-/Unternehmensberatung, der IuK/IT-Branche oder in der Industrie/im verarbeitenden Gewerbe tätig.

Die Anzahl der Befragten, die weniger als fünf Tage die Woche im Betrieb arbeiten, zusätzlich Erwerbsarbeit zu Hause leisten und dadurch effektiv die Aufenthaltsdauer im Haupthaushalt verlängern, ist mit neun Shuttles minimal. Diese verschwindend geringe Bedeutung von Heimarbeit zur Entlastung der multilokalen Lebensführung stimmt mit Ergebnissen der Studie von Schneider, Limmer und Ruckdeschel (2002: 414-415) überein, wonach Heimarbeit von Shuttles kaum als Entlastungsmöglichkeit wahrgenommen und gewünscht wird, weil der Spielraum für die Umsetzung als zu gering eingeschätzt wird.

---

[84] Standardabweichung für Männer = 12,5 und für Frauen SD = 17,7.

6.4.5 Zwischenfazit

Die Erwerbstätigkeit von Shuttles erstreckt sich über eine Breite von Wirtschaftsbranchen einschließlich solcher Bereiche wie das Gesundheits- und Sozialwesen, die nur wenige Spielräume für eine flexible Arbeitszeitgestaltung offen halten. Als Spezifikum des Shuttelns ist die Überrepräsentanz von Frauen in Wissenschaft und Forschung und von Männern im Kredit-/Versicherungsgewerbe und der Rechts-, Steuer- und Unternehmensberatung festzuhalten. In der Wissenschaft besteht auf der einen Seite durch befristete Arbeitsverträge eher als in anderen Wirtschaftsbereichen ein struktureller Zwang für eine multilokale Lebensführung. Auf der anderen Seite wird durch eine hohe Selbstbestimmung der Arbeitszeit das Shutteln eher ermöglicht als in Bereichen mit unflexiblen Arbeitszeitregelungen. Der Bereich Kredit-/Versicherungsgewerbe/Unternehmensberatung wird durch zeitlich befristete Projektarbeit und Entsendungen innerhalb des Betriebs unter Hochqualifizierten multilokale Haushaltsorganisationen befördern. Da Frauen seltener als Männer diese hoch qualifizierten und extrem raum-zeitlich flexiblen Positionen bekleiden, richten in diesem Bereich überdurchschnittlich viele Männer – vermutlich für kurze Zeiträume – eine beruflich genutzte Zweitwohnung/-unterkunft ein.

In diesem Zusammenhang sei auch darauf verwiesen, dass eine auffallend geringe Anzahl weiblicher Shuttles und Fernwanderinnen im Bereich Erziehung/Unterricht als klassischer Frauendomäne tätig sind. Frauen in diesem Tätigkeitsbereich scheinen ganz offensichtlich weniger räumlich mobil zu sein als Frauen in anderen Berufsfeldern. Wie gezeigt werden konnte, sind in diesem Bereich beschäftigte Shuttle-Frauen von extrem unflexiblen Arbeitszeiten betroffen, die bei einer gleichzeitig gering entlohnten Teilzeitbeschäftigung eine multilokale Haushaltsorganisation nicht „lukrativ" erscheinen lassen.

Die These, dass befristete Arbeitsverträge generell eher zum Shutteln führen, bestätigt sich nicht. In beiden mobilen Gruppen ist der Anteil befristeter Beschäftigungsverhältnisse überdurchschnittlich hoch. Die veränderten arbeitsrechtlichen Bedingungen stellen demnach eine wesentliche Ursache für residentielle Multilokalität *und* überregionale Wanderungen dar. Die Entstandardisierung der Erwerbsarbeit tritt in der multilokalen Lebensform am prägnantesten bei jungen Frauen zutage, deren räumliche Flexibilität mit befristeten Arbeitsverträgen und Teilzeitbeschäftigung verbunden ist. Teilzeitbeschäftigung spielt für weibliche Shuttles insgesamt eine nicht minder relevante Rolle wie für Fernwanderinnen. Aber mit einer Teilzeitbeschäftigung sind bei ihnen – wie vermutet – überdurchschnittlich hohe berufliche Stellungen verbunden. Die geschlechtstypischen Muster des Beschäftigungsumfangs bestehen auch für Shuttles, denn Männer mit einer beruflichen Zweitwohnung arbeiten nur selten in Teilzeit.

Werden befristete Arbeitsverträge und Teilzeitbeschäftigung als unsichere Beschäftigungsverhältnisse zusammen betrachtet, haben sich gut jede dritte Frau und jeder vierte Mann (jeweils n = 31) wegen bzw. trotz einer geringen Beschäftigungssicherheit für eine multilokale Haushaltsorganisation entschieden.

Die 5-Tage-Woche im Betrieb dominiert das Berufsleben von Shuttles, auch wenn sie in Teilzeit beschäftigt sind. Nur ein verschwindend geringer Anteil leistet einen Teil der Erwerbsarbeit zu Hause und kann damit die Anwesenheit im Betrieb effektiv verringern. Der Grad der Selbstbestimmung über die tägliche Arbeitszeit ist insbesondere unter männlichen Shuttles auffällig hoch, unflexible Regelarbeitszeiten mit festem Beginn und festem Ende sind bei ihnen selten. Das hohe Maß an zeitlicher Souveränität ermöglicht zwar nicht mehr Aufenthaltstage im Haupthaushalt, dafür aber den späten Beginn der Arbeit am Montagmorgen und damit ein längeres Wochenende im Haupthaushalt, was von mehreren Befragten der zweiten Erhebungswelle als wesentliche Bedingung für das Shutteln hervorgehoben wurde. Weibliche Shuttles haben aufgrund branchenspezifischer Regelungen der Arbeitsgestaltung – aber ganz offensichtlich auch aufgrund geschlechtsspezifischer Disparitäten auf dem Arbeitsmarkt – weniger häufig als männliche Shuttles die Möglichkeit, ihre Arbeitszeit in größerem Umfang selbst zu bestimmen.

Es ist anzunehmen, dass sich die beobachteten Strukturen der Arbeitszeiten und Arbeitsorganisation auf die raum-zeitlichen Muster des Pendelns zwischen den Wohnsitzen, auf die durch die zirkuläre Pendelmobilität subjektiv empfundenen Belastungen und möglicherweise auch auf Wohnstandortentscheidungen am Zweitwohnsitz auswirken. Merkmale der Erwerbsarbeit werden deshalb als intervenierende Variablen in nachfolgenden Kapiteln über das Pendelverhalten, die Wohnsituation am Zweitwohnsitz und die Bewertung der multilokalen Lebens- und Wohnform weiter in den Blick genommen.

6.5 Geographien des Shuttelns und raum-zeitliche Konfiguration multilokaler Haushalte

Das folgende Kapitel widmet sich den Formen und Bedingungen des „Geographie-Machens" von Shuttles (Werlen 1993). Im Mittelpunkt der Betrachtung steht dabei die Frage nach den Determinanten der raum-zeitlichen Konfiguration multilokaler Haushalte. Zunächst wird die räumlich-distanzbezogene Dimension multilokaler Haushaltsstrukturen untersucht. Dabei werden Pendeldistanzen, räumliche Verflechtungen und Siedlungsstrukturen in den Blick genommen. Danach wird der Fokus auf die zeitliche Dimension des Pendelns gelegt und das zeitliche Pendelarrangement zwischen den Wohnorten untersucht.

6.5.1 Räumliche Verflechtungsstrukturen und Distanzen des Shuttelns

Von den befragten Shuttles nutzt in den drei Städten München, Stuttgart und Düsseldorf erwartungsgemäß die große Mehrzahl die Metropole zum Arbeiten (in acht bis neun von zehn Fällen) und hat folglich die Hauptwohnung bzw. den Lebensmittelpunkt außerhalb des Befragungsgebiets. Dagegen pendeln Shuttles, die unter den Zugezogenen in Berlin erreicht worden sind, überwiegend aus Berlin zum Arbeiten in einen anderen Ort (n = 18 von 24). Die Zielorte liegen vor allen Dingen in den alten Bundesländern (v. a. Bayern, Nordrhein-Westfalen, Hamburg), was mit den Disparitäten der Arbeitsmärkte in Ost- und Westdeutschland zu erklären ist.

Die räumlichen Verflechtungsmuster des Shuttelns in Düsseldorf, Stuttgart und München konzentrieren sich in hohem Maße zuallererst auf das eigene Bundesland der Metropole und dann auf angrenzende Bundesländer. Shuttles mit einem Wohnsitz in Düsseldorf kommen zu 45 % (n = 37) aus Nordrhein-Westfalen und weitere räumliche Verflechtungen bestehen in nennenswertem Umfang nur mit Rheinland-Pfalz und Hessen (9 % bzw. 7 %). In Stuttgart konzentrieren sich die räumlichen Verflechtungsstrukturen des Shuttelns fast ausschließlich auf Baden-Württemberg (43 %, n = 24) und Bayern (27 %, n = 15). Daneben pendelt ein geringer Anteil von Shuttles noch eher von der Metropole ins Ausland (v. a. Frankreich) als in weitere Bundesländer (9 %). Ähnlich sieht es in München aus: Dort haben 47 % (n = 31) den anderen Wohnsitz ebenfalls in Bayern und mehr als jede/r Vierte pendelt nach Baden-Württemberg (28 %). Weitere 8 % der Shuttles mit einem Wohnsitz in München pendeln nach Nordrhein-Westfalen.

Die Medianentfernung zwischen den Wohnorten beträgt 218 km (siehe Boxplot in Abb. 6.5), was ungefähr der Distanz zwischen den Städten Düsseldorf und Frankfurt am Main oder Stuttgart und München entspricht.[85] Ein Viertel pendelt mindestens 375 km (oberes Quartil), was in etwa mit der Entfernung zwischen den Städten Frankfurt am Main und München oder Chemnitz und München gleichzusetzen ist. Dabei unterscheiden sich Frauen und Männer nicht hinsichtlich der mittleren Distanz zwischen den Wohnorten. Anhand der Boxplots für Männer und Frauen in Abbildung 6.5 wird deutlich, dass die räumlichen Entfernungen der Wohnorte unter den Frauen jedoch stärker zugunsten größerer

---

[85] Über die Postleitzahlen konnten mithilfe der BBSR-Entfernungsmatrix die räumlichen Entfernungen (in km) zwischen Wohnorten innerhalb Deutschlands ermittelt werden. Der Messung liegt die kürzeste Entfernung zwischen den Wohnorten auf Basis des Straßenrasters zu Grunde. Für Wohnorte im Ausland wurden drei Online-Routenplaner herangezogen; aus den Angaben wurde das arithmetische Mittel gebildet. Bei allen Angaben zur räumlichen Entfernung zwischen den Wohnorten ist ein Extremwert ausgeschlossen worden. Extremwerte sind Werte, die vom oberen Quartilswert um mindestes drei Kantenlängen (Interquartilsabstand) abweichen.

Die multilokale Lebensform des Shuttelns 115

Distanzen streuen als unter den Männern. Das Distanzverhalten von Shuttles weicht also von geschlechtsspezifischen Mustern der täglichen Berufspendlermobilität ab (vgl. Kap. 3.1).

Abbildung 6.5: Entfernungen zwischen den Wohnorten (in km)

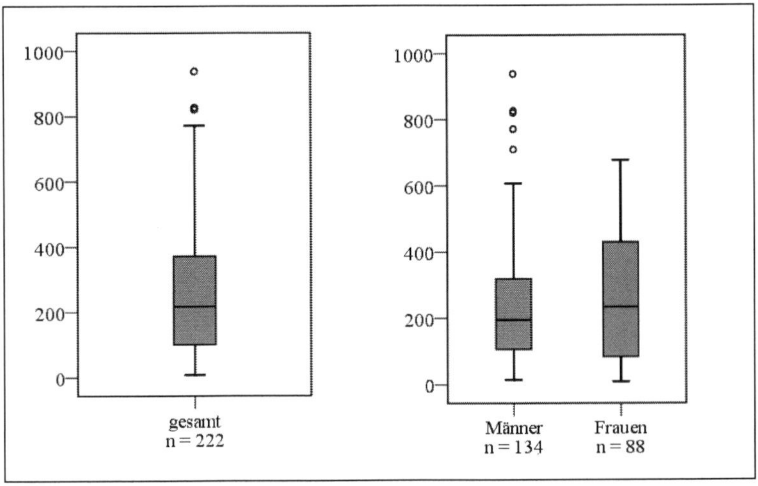

Quelle: eigene Darstellung

Entsprechend der starken räumlichen Verflechtungen des Shuttelns in den drei westdeutschen Metropolen mit Wohnorten innerhalb desselben Bundeslandes sind bei 10 % der Befragten die Wohnungen maximal nur 56 km voneinander entfernt (1. Dezil). Der untere Schwellenwert für die Einrichtung einer Nebenwohnung ist damit geringer als erwartet.[86]

Wenngleich die Fallgrößen für die einzelnen Befragungsgebiete zu gering sind, um verallgemeinerbare Aussagen für die ausgewählten Metropolen abzuleiten, können Tendenzen über den Zusammenhang der Distanz zwischen den Wohnorten und der Raumstruktur festgehalten werden:

Für Shuttles mit einem Wohnsitz in Berlin resultieren aus dem beschriebenen großräumigen Verflechtungsmuster deutlich größere Entfernungen zwischen den Wohnorten (Medianentfernung 294 km) als für Shuttles mit einem Wohnort in einem der Befragungsgebiete in den alten Bundesländern.[87] Durch das Kong-

---

[86] Axtner, Birmann und Wiegner (2006) gehen beispielsweise von einer Mindestentfernung der Wohnorte von 100 bis 150 km aus.
[87] Medianentfernung in Düsseldorf 186 km, Stuttgart 165 km und München 237 km.

lomerat aus wirtschaftlicher Solitärstellung und desolater Arbeitsmarktlage müssen Erwerbspersonen, die sich gegen Migration und für das Shutteln entscheiden, in Berlin große Pendeldistanzen zum Arbeitsort akzeptieren.

Daneben zeichnen sich auffällig geringe Pendeldistanzen für Shuttles mit einem Wohnsitz in Düsseldorf ab: Ein Viertel pendelt maximal nur 75 km zwischen den Wohnorten,[88] die Mehrzahl der Shuttles mit einer Entfernung der Wohnorte unter 50 km wohnt in Düsseldorf (59 % bzw. n = 11)[89] und der überwiegende Anteil der Befragten, die das tägliche Pendeln zur Arbeitsstätte zugunsten einer Zweitwohnung am Arbeitsort aufgegeben haben, arbeitet ebenfalls in Düsseldorf (fünf von acht).[90] Da sich der Verdichtungsraum Rhein-Ruhr gegenüber den anderen monozentrischen Agglomerationen durch eine polyzentrische Struktur – und den damit in Verbindung stehenden dispersen Pendlerverflechtungen zwischen den Oberzentren – auszeichnet, liegt deshalb die Vermutung nahe, dass sich die siedlungsstrukturellen Unterschiede in den Agglomerationen auf das Distanzverhalten der Berufspendler/innen auswirkt. Diese Vermutung wird dadurch gestärkt, dass – wie bereits gezeigt wurde – der Anteil Fernwanderungen in der Gesamtstichprobe für Düsseldorf weit unterdurchschnittlich ist (siehe Kap. 5.1). Eine Erklärung dafür, dass im Rhein-Ruhr-Gebiet bei einer geringeren Wegelänge zwischen dem Wohn- und Arbeitsort eher ein Nebenwohnsitz eingerichtet wird als in den monozentrischen Metropolräumen, liegt in der durch das *cross-commuting* verursachten hohen Verkehrsdichte und der dadurch bedingten geringen Raumdurchlässigkeit (Kloosterman/Musterd 2001: 625). Damit stehen auf der individuellen Ebene eine größere physische und psychische Belastungsempfindung des Berufspendelns in Zusammenhang, das nachweislich zu Stress und gesundheitlichen Schädigungen führt (siehe Flade 2007, Ott/Gerlicher 1992, Koslowsky/Kluger/Reich 1995). So hatte sich zum Beispiel eine Befragte für eine Nebenwohnung in Düsseldorf entschieden, weil sie aus gesundheitlichen Gründen nicht mehr, wie in den Jahren zuvor, täglich zwischen Bonn und Düsseldorf pendeln wollte bzw. konnte.

Welche Faktoren haben auf der Mikroebene einen Einfluss auf die räumliche Distanz zwischen den Wohnorten? Wie die Ergebnisse der linearen Regressionen mit der Distanz zwischen den Wohnorten (in km) als abhängiger Variable

---

[88] Das untere Quartil beträgt im Vergleich dazu in München 126 km, in Berlin 199 km und in Stuttgart 93 km.

[89] Damit übersteigt die Distanz zwischen den Wohnorten noch nicht einmal den Schwellenwert von 50 km, der zur Abgrenzung des täglichen Nah- und Fernpendelns in der amtlichen Statistik und der einschlägigen Literatur herangezogen wird. So gibt z. B. eine Frau (Jg. 1964) an, zwischen Köln und ihrem Arbeitsort in Düsseldorf nicht täglich zu pendeln, weil sie keinen Führerschein hat [670]. Andere Befragte haben bei einem Wechsel der Arbeitsstelle eine Unterkunft in Düsseldorf eingerichtet und den Haupthaushalt in Wuppertal oder Kempen beibehalten.

[90] Befragte haben das tägliche Pendeln u. a. zwischen Düsseldorf und Köln oder Bonn aufgegeben.

in Tabelle 6.9 verdeutlichen, pendeln Shuttles, die partnerschaftlich nicht gebunden sind, über kürzere Distanzen zwischen den beiden Haushalten als Shuttles in einer festen Partnerschaft.[91] Daraus lässt sich die Hypothese ableiten, dass Shuttles, die nicht in einer Partnerschaft leben und deren Wohnortbindung stärker durch Faktoren der emotionalen Verbundenheit bestimmt werden, bei einer größeren Entfernung zum Arbeitsort eher mit dem gesamten Haushalt umziehen und den Lebensmittelpunkt an den Arbeitsort verlegen, statt zwei Haushalte aufrechtzuerhalten. Dahingegen verlangt die soziale Bindung durch den Partner/die Partnerin ein großräumiges Arrangement der Wohnorte.

Tabelle 6.9: Entfernung der Wohnorte (in km) nach Merkmalen von Shuttles*

	gesamt B	Männer B	Männer B	Frauen B
kein/e Partner/in	-0,265 ***	-0,242 **	-0,274 **	-0,287 **
extrem schwankende Wochenarbeitszeit[1]	-0,122	-0,231 **	-	-
überlange + extrem schwankende Wochenarbeitszeit[2]	-	-	-0,186 **	-
vereinbarte Wochenarbeitszeit < 35 h	-0,131 *	-	-	-0,197 *
n	210	126	126	84
R Quadrat korr.	0,07	0,12	0,10	0,07

*Wegen linkssteiler Verteilung der Entfernung (in km) wird X zu ln(X) transformiert (Fahrmeir et al. 2004: 301).
Dargestellt sind standardisierte Beta-Gewichte; Kontrollvariablen: Alter (Jahre), Kind im Haushalt, Heimarbeit (ja).
Signifikanzniveau: * = 10 %, ** = 5 %, *** = 1 %
[1] Schwankungen zwischen der tatsächlichen min. und max. Wochenarbeitszeit ≥ 20 h.
[2] Tatsächliche Wochenarbeitszeit > 42 h und Schwankungen ≥ 20 h.
Quelle: eigene Auswertung

Männer mit stark variierenden wöchentlichen Arbeitszeiten und einer hohen zeitlichen Arbeitsbelastung pendeln über signifikant geringere Distanzen zwischen den Wohnsitzen als Männer mit weniger extremen flexiblen Arbeitszeiten. Dies legt die Vermutung nahe, dass sich Männer mit überlangen und extrem schwankenden wöchentlichen Arbeitszeiten bei sehr großen Distanzen zwischen dem Hauptwohnsitz und dem Arbeitsort eher nicht für eine Zweitwohnung entscheiden und stattdessen entweder den Haupthaushalt an den Arbeitsort verlegen oder sich gegen die Berufstätigkeit an einem anderen Arbeitsort entscheiden. Für die Umzugsvariante sprechen Ergebnisse geschlechtsdifferenzierender Wande-

---

[91] Die Hälfte der allein stehenden Shuttles pendelt max. 100 km zwischen den Wohnorten (SD = 132,94) im Vergleich zu fast 250 km für Shuttles in einer festen Partnerschaft (SD = 222,94).

rungsstudien, wonach Wanderungen von Paar- und Familienhaushalten (immer noch) durch die Berufstätigkeit des Mannes bestimmt werden (siehe Kap. 3.1). In der zweiten Erhebungswelle traten die distanzbezogenen Mobilitätsentscheidungen von Haushalten bei einem Befragten (Jg. 1965) sehr deutlich zum Vorschein, der als Führungskraft in der Automobilindustrie und einer tatsächlichen Wochenarbeitszeit von mindestens 50 Stunden vier Jahre zwischen dem Familienwohnsitz in München und Stuttgart gependelt und zum Zeitpunkt des zweiten Interviews gerade von seiner Firma nach Düsseldorf versetzt worden ist. Angesichts der großen Entfernung hatte sich die Familie nun entschieden, den Haupthaushalt nach Düsseldorf zu verlegen. [1572]

Da Teilzeitbeschäftigung auch unter Shuttles eher auf Frauen zutrifft (siehe Kap. 6.4.3), überrascht es nicht, dass der Umfang der vereinbarten Arbeitszeit auch deshalb nur für das Shutteln von Frauen eine raumwirksame Bedeutung hat. Das zeigt sich darin, dass in Teilzeit beschäftigte Frauen über eine geringere Entfernung zwischen den Wohnorten pendeln als in Vollzeit beschäftigte Frauen.[92] Die äußeren Einschränkungen der Handlungsmöglichkeiten (*constraints*) für ein großräumigeres zirkuläres Pendeln zwischen zwei Wohnsitzen werden durch den verminderten Beschäftigungsumfang und den dadurch geringen Erwerbsarbeitsverdienst sicherlich zu groß sein (v. a. Wohnkosten, Mobilitätskosten, Zweitwohnungssteuer). Dieser räumliche Effekt des Beschäftigungsumfangs dürfte sich zusätzlich dadurch verstärken, dass weibliche Shuttles mehrheitlich ledig sind und Ledigen finanzielle staatliche Unterstützungen für multilokales Wohnen in Form der doppelten Haushaltsführung deutlich schwerer zugänglich sind als verheirateten Personen (siehe Kap. 1.1).

6.5.2 Siedlungsstrukturelle Muster der Pendelmobilität

Welche siedlungsstrukturellen Merkmale zeichnen die „anderen" Wohnorte der befragten Shuttles außerhalb des Befragungsgebiets aus? In diesen Wohnorten befinden sich, wie bereits erläutert, bei Befragten mit einem Wohnsitz in den drei Metropolen Düsseldorf, Stuttgart und München schwerpunktmäßig der Haushaushalt und Lebensmittelpunkt und bei Befragten in Berlin überwiegend der Arbeitsort und Zweithaushalt. Zur Analyse der räumlichen Muster werden die siedlungsstrukturellen Raumtypen des BBSR und Gemeindegrößenklassen herangezogen. Die Ergebnisse sind in Tabelle 6.10 abgebildet.

---

[92] Frauen, die in Teilzeit beschäftigt sind, pendeln im Median knapp 100 km (SD = 185,02) und Vollzeitbeschäftigte fast 300 km (Median) zwischen den Haushalten (SD = 202,77).

In dem Sample wird das Pendeln zwischen zwei Wohnorten innerhalb Deutschlands[93] mehrheitlich durch die räumliche Verflechtung von Agglomerationsräumen geprägt. Knapp ein Drittel pendelt zwischen einer der Metropolen und einer Gemeinde im verstädterten Raum, wo sich städtische und ländliche Siedlungsstrukturen vermischen und die Bevölkerungs- und Arbeitsplatzdichte folglich geringer ist als in Agglomerationsräumen. Fast jede/r Sechste hat einen Wohnort in einer der Metropolen und einen weiteren Wohnsitz im ländlichen Raum, also in einer Gemeinde mit einer dörflichen bis kleinstädtischen Siedlungsstruktur und einer geringen Bevölkerungsdichte. Werden die Wohnorte außerhalb der Befragungsgebiete weiter nach dem siedlungsstrukturellen Gemeindetyp untersucht (der nicht weiterführend in Tab. 6.10 ausgewiesen ist), zeigt sich allerdings, dass Shuttles, die zwischen den Metropolen und einem weiteren Agglomerationsraum pendeln, dort nur zu einem Teil in den Kernstädten (55 %) und zum anderen Teil im Umland (45 %) und hier insbesondere im hochverdichteten suburbanen Raum (28 %) wohnen. Die Betrachtung des Wohnorts außerhalb des Befragungsgebiets nach der Gemeindegrößenklasse zeigt ebenfalls, wie in Tabelle 6.10 zu sehen ist, dass gut drei von fünf Personen mit einer berufsbezogenen Zweitwohnung nicht zwischen Großstädten pendeln.

Welche Konsequenzen haben diese siedlungsstrukturellen Muster für das Shutteln? Lassen sich siedlungsstrukturell bedingte Unterschiede nach soziodemographischen Merkmalen der Befragten beobachten? Anhand multinomialer logistischer Regressionsanalysen mit dem Gemeindetyp als abhängiger Variable – aufgenommen in den drei Kategorien: Großstadt, Mittelstadt und Kleinstadt/Landgemeinde – werden siedlungsstrukturelle Differenzierungen des Shuttelns nach dem Geschlecht, dem Wohnstatus und der Befristung des Beschäftigungsverhältnisses sichtbar. Wie der Tabelle 6.11 zu entnehmen ist, pendeln

Tabelle 6.10: Siedlungsstruktur des Wohnorts außerhalb des Befragungsgebiets

siedlungsstruktureller Regionstyp	
Agglomerationsraum	53.0%
verstädterter Raum	31.1%
ländlicher Raum	15.8%
Gemeindegrößen nach Bevölkerungszahl	
Großstadt (> 100.000 EW)	38.1%
Mittelstadt (> 20.000 - 100.000 EW)	25.6%
Kleinstadt (> 10.000 - 20.000 EW)	15.3%
Landgemeinde (< 10.000 EW)	20.9%

n = 215
Quelle: eigene Auswertung

---

[93] Neun Shuttles pendeln zwischen einem Wohnort in Deutschland und dem Ausland.

Frauen unter Kontrolle wechselseitiger Effekte häufiger als Männer zwischen den Metropolen und einer anderen Großstadt. Deskriptive Analysen zeigen, dass jede zweite Frau des Samples auch am Wohnort außerhalb des Befragungsgebiets in einer Großstadt wohnt, wodurch das Shutteln für Frauen also eher ein großstädtisches Phänomen ist. Dahingegen pendeln immerhin zwei von fünf Männern aus einer Kleinstadt oder Landgemeinde in die Metropolen.

Tabelle 6.11: Merkmale von Shuttles nach Gemeindetypen

		Referenzkat.: Kleinstadt/ Landgemeinde			Referenzkategorie: Mittelstadt		
		B	SE(B)	Exp(B)	B	SE(B)	Exp(B)
Großstadt	Geschlecht (Frauen)	0,796 **	0,363	2,216	0,928 **	0,401	2,528
	Wohneigentum (ja)	-0,994 ***	0,352	0,370	-1,292 ***	0,393	0,275
	befristeter Arbeitsvertrag	0,981 **	0,455	2,667	1,016 **	0,515	2,761
Mittelstadt	Geschlecht (Frauen)	-0,132	0,398	0,876	-	-	-
	Wohneigentum (ja)	0,297	0,391	1,346	-	-	-
	befristeter Arbeitsvertrag	-0,035	0,546	0,966	-	-	-

Modellgüte:
Chi Quadrat-Werte (df): Modell 28,35(10)***, Geschlecht 7,10(2)**, Wohneigentum 13,73(2)***, befristeter Arbeitsvertrag 6,39(2)**, -2 Log-Likelihood: 373,384

N = 208, dargestellt sind logistische Regressionskoeffizienten. Kontrollvariablen: Alter (Jahre), Anzahl Personen im Haushalt, Signifikanzniveau: ** = 5 %, *** = 1 %.
Lesebeispiel: Für Frauen ist die Wahrscheinlichkeit, dass sie aus einer Großstadt in die Metropolen pendeln (1. Zeile im oberen Block), mehr als doppelt so hoch (Exp(B) = 2,216) wie für eine Kleinstadt/Landgemeinde (Referenzgruppe in Spalte).
Quelle: eigene Auswertung

Entsprechend der siedlungsstrukturellen Unterscheidung der Wohneigentumsquote (BBR 2007b: 213) wohnen Shuttles aus Mittel-/Kleinstädten oder Landgemeinden häufiger im selbstgenutzten Wohneigentum und damit korrespondierend in einem Einfamilienhaus als großstädtische Pendler/innen.[94] Obwohl Frau-

---

[94] In Tab. 6.11 sind aufgrund der für Deutschland bekanntlich hohen Korrelation von selbstgenutztem Wohneigentum und dem Wohngebäudetyp (Ein-/Zweifamilienhaus vs. Mehrfamilienhaus) die logistischen Regressionskoeffizienten nicht zusätzlich für den Wohngebäudetyp Einfamilienhaus ausgewiesen. Der Zusammenhang lässt sich anhand folgender Daten aufzeigen: Shuttles, die zwischen einer der Metropolen und einer weiteren Großstadt pendeln, wohnen in der anderen Großstadt zu 31,3 % (n = 25) in einem Einfamilienhaus (freistehend oder als Reihenhaus/Doppelhaushälfte). Der Anteil beträgt für Shuttles aus Mittelstädten 61,8 % (n = 34) und für Shuttles aus Kleinstädten/Landgemeinden 68,4 % (n = 52).

en häufiger aus einer Großstadt in die Metropolen pendeln, wohnen sowohl Männer als auch Frauen am anderen Wohnort außerhalb des Befragungsgebiets überwiegend im Wohneigentum (58 % Männer, 54 % Frauen).[95] Unterschiede zwischen weiblichen und männlichen Shuttles werden sichtbar, wenn der Wohnstatus im Kontext des siedlungsstrukturellen Gemeindetyps betrachtet wird, denn jeder dritte Mann im Vergleich zu jeder vierten Frau wohnt am anderen Wohnort im suburbanen Raum im selbstgenutzten Einfamilienhaus, d. h. in einem (hoch-) verdichteten Kreis in einem Agglomerationsraum oder verstädterten Raum. Für Männer ist das Shutteln daher häufiger als für Frauen am Wohnort des Haupthaushalts und Lebensmittelpunkts mit einer suburbanen Lebensweise verbunden.

Während folglich für einen Teil der Shuttles aus Mittel-/Kleinstädten oder Landgemeinden die Pendelmobilität eng mit Wohneigentum verbunden ist, sind für Shuttles aus Großstädten befristete Beschäftigungsverhältnisse eine wesentliche Bedingung für die multilokale Lebensform. Die Wahrscheinlichkeit, dass Shuttles mit einem befristeten Beschäftigungsverhältnis aus einer Großstadt in die Metropolen pendeln, ist mehr als doppelt so hoch wie für eine Mittel-/Kleinstadt oder Landgemeinde (siehe Tab. 6.11). Die Betrachtung der Anteile befristeter Beschäftigungsverhältnisse nach dem Gemeindetyp des Wohnorts außerhalb der Befragungsgebiete macht den Zusammenhang nochmals deutlicher: Unter den großstädtischen Shuttles hat fast jede dritte Frau und knapp jeder vierte Mann einen befristeten Arbeitsvertrag. Damit sind unter großstädtischen Pendler/innen befristete Beschäftigungsverhältnisse deutlich überrepräsentiert (siehe Kap. 6.4.2 und vgl. Anhang-Tab. 1). Mit diesem Befund steht die zeitliche Perspektive der großstädtischen Erscheinungsform des Shuttelns in engem Zusammenhang. Die Frage nach dem Zeithorizont des Shuttelns im Allgemeinen und des großstädtischen Pendelphänomens im Besonderen wird in Kapitel 6.7.1 detaillierter untersucht.

6.5.3 Periodizität des Shuttelns und Pendelarrangements

Die Mehrzahl der befragten Shuttles pendelt wöchentlich zwischen den Wohnorten (58 %). Gut ein Fünftel fährt im Zwei-Wochen-Rhythmus zum anderen Wohnort (22 %).[96] Zur Analyse von Bestimmungsfaktoren des wöchentlichen Pendels sind logistische Regressionsanalysen berechnet worden, in denen die

---

[95] Die Anteile der Befragten, die außerhalb des Befragungsgebiets im selbstgenutzten Wohneigentum leben, sind damit etwas höher als die Anteile für selbstgenutztes Wohneigentum am formalen Hauptwohnort, die in Tab. 6.1 ausgewiesen sind.
[96] Die Prozentangaben beziehen sich auf die Anzahl gültiger Fälle (n = 211); von 15 Befragten fehlen Angaben zum Periodizitätsverhalten.

abhängige Variable den Wert eins annimmt, wenn die Befragten wöchentlich zwischen den Wohnorten pendeln und Null ist, wenn die Befragten alle zwei Wochen oder weniger häufig zum anderen Wohnort fahren. Wie die Ergebnisse in Tabelle 6.12 zeigen, pendeln Shuttles in einer festen Partnerschaft nicht nur über größere Distanzen, sondern auch häufiger im wöchentlichen Rhythmus zwischen den Wohnorten als allein stehende Shuttles.[97]

Tabelle 6.12: Bestimmungsgrößen des wöchentlichen Pendelns von Shuttles

	B	SE (B)	Exp(B)
Entfernung d. Wohnorte in km (stand.)	-0,796 ***	0,183	0,451
Geschlecht (Frauen)	-0,658 **	0,310	0,518
Alter (Jahre)	0,045 ***	0,017	1,046
feste Partnerschaft (ja)	1,108 ***	0,402	3,030
Chi Quadrat-Wert (df)	40,059 (4)***		
- 2 Log-Likelihood	259,045		

N = 218; dargestellt sind logistische Regressionskoeffizienten.
Signifikanzniveau: ** = 5 %, *** = 1 %
Quelle: eigene Auswertung

Dass mit steigendem Alter die Wahrscheinlichkeit des wöchentlichen Pendelns zunimmt, hängt mit dem Familienstand und der Haushaltsform zusammen: Verheiratete und Shuttles in einer Lebensgemeinschaft mit Kind pendeln häufiger wöchentlich als ledige und allein wohnende Shuttles.[98]

Darüber hinaus ist die Periodizität des Pendelns von der Distanz zwischen den Wohnorten abhängig. Shuttles, die nicht wöchentlich zwischen den Wohnorten pendeln, müssen größere Distanzen zurücklegen als wöchentliche Pendler/innen. Im Sample sinkt die Häufigkeit für das wöchentliche Pendeln ab einer Entfernung von 295 km stark ab, wie in Abbildung 6.6 zu erkennen ist, so dass mit größeren Distanzen als beispielsweise zwischen den Städten Hamburg und Berlin seltener wöchentliches Pendeln verbunden ist.

Wie bereits gezeigt werden konnte, bestehen keine Zusammenhänge zwischen dem Geschlecht und der mittleren Wegelänge zwischen den Wohnorten. Die Analyse der Periodizität des Pendelns offenbart jedoch geschlechtsspezifische Unterschiede des Shuttelns in der zeitlichen Dimension: Frauen pen-

---

[97] Von Shuttles mit einem festen Partner/einer festen Partnerin pendeln 62 % und von denjenigen ohne Partner/in 42 % wöchentlich zwischen den Wohnsitzen.
[98] Prozentuale Anteile des wöchentlichen Pendelns nach Haushaltsform und Familienstand: Lebensgemeinschaft mit Kind = 77 %, Lebensgemeinschaft ohne Kind = 55 %, Alleinwohnende = 40 %, Verheiratete = 67 %, Ledige = 48 %.

deln unter Kontrolle des Alters, der Entfernung zwischen den Wohnorten und unabhängig davon, ob sie in einer festen Partnerschaft leben, weniger häufig als Männer wöchentlich zwischen den Wohnorten (siehe Tab. 6.12).

Abbildung 6.6: Pendelhäufigkeit von Shuttles nach Entfernungsklassen

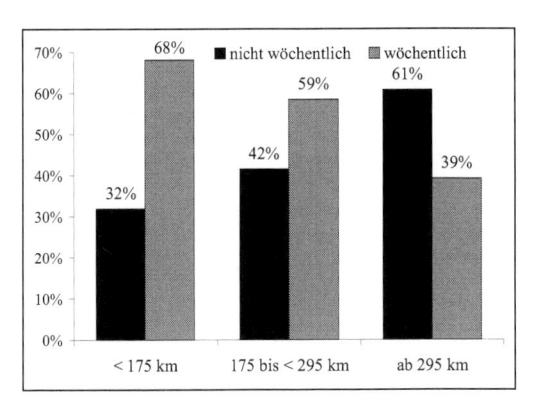

[Balkendiagramm: nicht wöchentlich vs. wöchentlich; < 175 km: 32% / 68%; 175 bis < 295 km: 42% / 59%; ab 295 km: 61% / 39%]

n = 218
Quelle: eigene Darstellung

Werden die Anteile des wöchentlichen Pendelns betrachtet, zeigt sich, dass fast zwei Drittel der männlichen Shuttles, aber nur 43 % der Frauen im wöchentlichen Rhythmus pendeln. Aus dem geschlechtstypischen Pendelmuster folgt auf der Mesoebene der partnerschaftlichen Beziehung jedoch nicht, dass weibliche Shuttles weniger häufig mit ihrem Partner zusammenleben als Männer mit einer berufsbezogenen Zweitwohnung, denn Frauen pendeln häufiger abwechselnd mit dem Partner und praktizieren somit ein alternierendes Pendelarrangement. Daraus ergibt sich für fast die Hälfte der Frauen in einer festen Partnerschaft, dass sie abwechselnd mit dem Partner an beiden Wohnorten zusammenleben. Ein solches alternierendes Pendelarrangement wird eher nicht praktiziert, wenn die Befragten in einer Lebensgemeinschaft mit Kind leben. Dieses Mobilitätsverhalten trifft deshalb auf Männer signifikant weniger zu (vgl. Kap. 6.3.1). Von ihnen pendelt jeder Vierte in einer Partnerschaft abwechselnd mit der Partnerin.

Auf welche Wochentage sich das wöchentliche Pendeln zwischen den Wohnorten konzentriert und wie lange sich wöchentlich Pendelnde am Ort des Haupthaushalts aufhalten, stellt Abbildung 6.7 dar. Sowohl Männer als auch Frauen, die wöchentlich zwischen den Wohnorten pendeln, fahren am häufigsten Freitagabend zum anderen Wohnort, an dem sie das Wochenende verbringen, und kehren Montag an den Arbeitsort zurück. Mehr als jeder dritte Mann pendelt Freitag- und Sonntagabend. Dieses zeitliche Pendelarrangement trifft auf wöchentliche Pendlerinnen signifikant weniger zu. Sie fahren stattdessen häufiger als Männer bereits Donnerstagabend zum anderen Wohnort und verbleiben dort bis Sonntag oder Montag. Ein Teil dieser Frauen ist in Teilzeit beschäftigt, der andere Teil nutzt die Möglichkeit, Erwerbsarbeit zu Hause erledigen zu können.

Abbildung 6.7: Aufenthaltsdauer von wöchentlich pendelnden Shuttles am Ort des Haupthaushalts

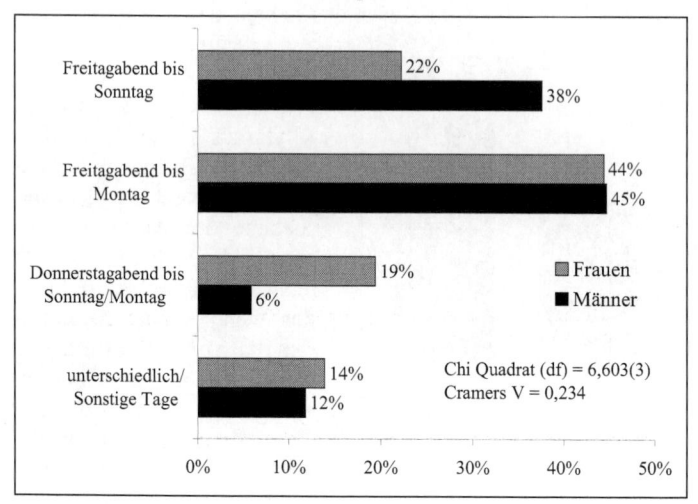

Aufenthaltsdauer	Frauen	Männer
Freitagabend bis Sonntag	22%	38%
Freitagabend bis Montag	44%	45%
Donnerstagabend bis Sonntag/Montag	19%	6%
unterschiedlich/ Sonstige Tage	14%	12%

Chi Quadrat (df) = 6,603(3)
Cramers V = 0,234

n = 123
Quelle: eigene Darstellung

Für Shuttles, die nur alle zwei Wochen zwischen den Wohnorten pendeln, ist kein Geschlechterunterschied hinsichtlich der Aufenthaltsdauer im Haupthaushalt zu erkennen. Fast zwei Drittel dieser Männer und Frauen pendeln Freitagabend und kehren Sonntag an den Arbeitsort zurück.

6.5.4 Zwischenfazit

Das Kapitel hat versucht, raum-zeitliche Strukturen des berufsbezogenen Pendelns zwischen verschiedenen Wohnorten sichtbar zu machen und Erklärungen für die Mobilitätsmuster zu geben. Die partnerschaftliche Lebenssituation und Haushaltsform bestimmt im Wesentlichen das Distanz- und Periodizitätsverhalten von Shuttles. Auf makrostruktureller Ebene spielen für die raum-zeitliche Konstellation der Haushalte externe Faktoren einer flexibilisierten Arbeitswelt (befristete Arbeitsverträge, Arbeitszeitflexibilisierung) eine Rolle. Für die spätmoderne Erscheinungsform des Shuttelns haben infolge des Anstiegs befristeter

Beschäftigungsverhältnisse großstädtische Pendlerverflechtungen an Bedeutung gewonnen. Daneben ist die moderne Erscheinungsform des Pendelns aus Kleinstädten und Landgemeinden in Arbeitsplatzzentren weiterhin bedeutsam. Dabei wird die spätmoderne Ausprägung der auf Großstädte orientierten multilokalen Haushaltsstrukturen eher von Frauen und traditionelle moderne raum-zeitliche Muster multilokaler Haushalte eher von Männern getragen.

Geschlechtsspezifische Muster des Shuttelns werden nicht, wie in Anlehnung an Erkenntnisse über das tägliche Berufspendeln erwartet, in der räumlich-distanzbezogenen Dimension, dafür aber in der zeitlichen Dimension des Pendelns zwischen den Wohnorten sichtbar. Eine Erklärung für diese geschlechtsspezifischen raum-zeitlichen Pendelmuster lässt sich auf Grundlage der quantitativen Daten und der vertiefenden Interviews nur hypothetisch formulieren. Dass Frauen unter Kontrolle der Lebensphase und Lebensform weniger häufig wöchentlich zwischen den Wohnorten pendeln bzw. dass die Partnerin männlicher Shuttles nicht häufiger zum Zweitwohnsitz des Partners fährt, könnte mit einer höheren Belastungsempfindung der zirkulären Pendelmobilität (u. a. gesundheitliche Auswirkungen) zusammenhängen. Diese Arbeitsthese wird im Kontext der Analyse der Bewertung des multilokalen Lebens in unterschiedlichen Lebensbereichen (einschließlich Stress/Gesundheit) weiter verfolgt (Kap. 6.7.2).

Die Ergebnisse über das zeitliche Pendelarrangement zwischen den Wohnorten zeigen darüber hinaus, dass die Bedeutungen der Wohnorte insbesondere unter den weiblichen Shuttles nicht bipolar in primäre und sekundäre Aktionsräume getrennt werden können, wie in bisherigen Untersuchungen angenommen worden ist (Vielhaber 1987, Axtner/Birmann/Wiegner 2006). Alternierende Pendelarrangements und das damit verbundene zeitweilige Zusammenleben mit dem Partner/der Partnerin am beruflich genutzten Zweithaushalt lassen spezifische Wohnpräferenzen und Wohnerwartungen am Zweitwohnsitz vermuten, denen im nachfolgenden Kapitel über die Wohnsituation und Wohnbedürfnisse von Shuttles weiter nachgegangen wird.

6.6 Wohnsituation und Wohnbedürfnisse von Shuttles

Im vorangegangenen Kapitel sind die Verortungen von Shuttles über raumstrukturelle Merkmale der Wohnorte betrachtet worden. Wie Shuttles am Zweitwohnsitz wohnen und inwiefern durch die multilokale Haushaltsorganisation spezifische Bedürfnisstrukturen im Bereich des Wohnens entstehen, ist Gegenstand dieses Kapitels. In kleinräumiger Perspektive wird danach gefragt, auf welche unterschiedlichen städtischen Wohnlagen sich beruflich genutzte Zweitwohnungen verteilen und welchen Einfluss darauf Verkehrserreichbarkeiten, Wohnungsmerkmale und die Wertigkeit bestimmter Wohnumfeldmerkmale haben. Die Betrachtung von Ausstattungsmerkmalen der Zweitwohnung und des Wohnumfelds sowie von subjektiven Anforderungen an Wohnung, Wohnlage und Wohnumfeld am Zweitwohnsitz sollen mithilfe eines Vergleichs mit erwerbstätigen Fernwandernden Aufschluss über die Besonderheiten der Wohnsituation von Shuttles geben und in planungspraktischer Perspektive Einblicke in die Wohnungsnachfrage von Shuttles am beruflich genutzten Zweitwohnsitz gewähren.

Bei den nachfolgenden Wohnanalysen ist grundlegend zu beachten, dass angesichts der Auswahl von vier Befragungsgebieten die Wohnsituation der befragten Shuttles in den Metropolen von unterschiedlich strukturierten Wohnungsmärkten beeinflusst wird. Nach der Wohnungsmarkttypisierung des BBSR (BBR 2007b: 30-34) ist München eine Wohnungsmarktregion, in der sich der Wohnungsmarkt unter Bedingungen eines starken Wachstums entwickelt. Das Bevölkerungs- und Beschäftigungswachstum spiegelt sich in den Angebotsmieten wider, die die höchsten in Deutschland sind. Die Marktentwicklung auf dem Stuttgarter Wohnungsmarkt vollzieht sich ebenfalls – wenngleich auf geringerem Niveau als in München – unter Wachstumsbedingungen. Die Wohnungsmärkte Düsseldorfs und Berlins werden als divergierend eingestuft, wobei Düsseldorf Bevölkerungsverluste bei gleichzeitigem Beschäftigungswachstum verzeichnet und in Berlin unter Bedingungen des Beschäftigungsrückgangs die Bevölkerung wächst.

Angesichts geringer Fallzahlen für die einzelnen Befragungsgebiete kann der Frage, inwiefern die unterschiedlichen strukturellen Bedingungen der Wohnungsmärkte die Wohnsituation multilokaler Haushalte beeinflussen, nicht vertiefend nachgegangen werden. Allerdings wird nachfolgend versucht, durch eine nach Befragungsgebieten differenzierte Betrachtung zumindest markante Auffälligkeiten der Wohnsituation und spezifische Problemsituationen von Shuttles in den jeweiligen Metropolen im Ansatz herauszuarbeiten.

6.6.1 Eigenschaften der Zweitwohnung

Für den Hauptwohnsitz ist selbstgenutztes Wohneigentum bereits als eine Kontextbedingung der multilokalen Lebensform in Kapitel 6.3 betrachtet worden. An ihrem beruflich genutzten Zweithaushalt wohnen nur rd. 10 % der Männer und 8 % der Frauen im selbstgenutzten Wohneigentum. Nach der Kombination des Wohnstatus an beiden Wohnorten wohnen männliche Shuttles am häufigsten am Hauptwohnort im Eigentum und am Nebenwohnort zur Miete (45 %) und etwas weniger häufig an beiden Wohnorten zur Miete (40 %). Frauen wohnen zu fast gleichen Anteilen am Nebenwohnort zur Miete und am Hauptwohnort zur Miete oder im Eigentum (44 % und 45 %). In Bezug auf den Wohnstatus sind Shuttles an ihrem Zweithaushalt erwerbstätigen Zugezogenen mit einem Fernumzug also sehr ähnlich (vgl. Tab. 5.1). Aber die Vermutung, dass die Erscheinungsform des Shuttelns angesichts zunehmender raum-zeitlicher Flexibilitätsanforderungen im spätmodernen Gesellschaftswandel auch für den Haupthaushalt eher mit dem Wohnen zur Miete verbunden ist, bestätigt sich nicht (vgl. Kap. 6.3 und Kap. 6.5.2). Die Tatsache, dass in Deutschland die Wohnsituation von Haushalten in hohem Maße von dem Wohnstatus bestimmt wird (u. a. haben Eigentümerhaushalte gegenüber Mieterhaushalten eine höhere Pro-Kopf-Wohnfläche),[99] lässt bereits eine im Durchschnitt recht unterschiedliche Wohnsituation von Shuttles an den beiden Wohnorten erwarten.

Bezogen auf die Befragungsgebiete fällt auf, dass der Anteil Shuttles, der in München in einer Zweitwohnung im Wohneigentum lebt, signifikant höher ist als in den anderen Befragungsgebieten (19 % bzw. n = 10). Das könnte mit den hohen Mieten in München im oberen Preissegment zusammenhängen. Von Shuttles, die in Düsseldorf und Stuttgart eine beruflich genutzte Zweitwohnung haben, wohnen nur jeweils zwei Befragte im selbstgenutzten Wohneigentum. Aufgrund zu geringer Fallzahlen für beruflich genutzte Zweitwohnungen in Berlin, wird Berlin nachfolgend bei gebietsspezifischen Betrachtungen nicht berücksichtigt.

Dem unterschiedlichen Wohnstatus an den beiden Wohnorten entsprechend, wohnen Shuttles in ihrem Haupthaushalt im Durchschnitt in signifikant größeren Wohnungen als im Zweithaushalt. Die Medianwohnfläche männlicher Shuttles beträgt am Zweitwohnsitz 40 qm und am Hauptwohnsitz 120 qm, was einer Pro-Kopf-Wohnfläche für die Hauptwohnung von im Median 50 qm entspricht.[100] Die Medianwohnfläche der Zweitwohnungen der Frauen beträgt 45 qm und unterscheidet sich nicht signifikant von der Wohnfläche der Zweitwohnung männlicher Shuttles. Die Hauptwohnung der Frauen hat eine Medianwohnfläche

---

[99] Angesichts nationalspezifischer Eigenschaften von Wohnungsmärkten sind diese Zusammenhänge zwischen Wohnungsmerkmalen und dem Wohnstatus in anderen Industrieländern nicht in diesem Maße zu beobachten, z. B. in Ländern mit einem standardisierten Wohnungsbau wie u. a. in den Niederlanden und Großbritannien (Behring/Helbrecht 2002) oder in mittelosteuropäischen Staaten und hier vor allem in Rumänien, Bulgarien und Ungarn, wo in der Phase der Transformation seitens des Staates massenhaft Mieterprivatisierungen forciert worden sind und es deshalb kaum noch funktionierende Mietwohnungsmärkte gibt (Sailer 1999).

[100] Personen, die in einer Wohngemeinschaft wohnen und folglich mit den anderen Personen in der Wohnung nicht gemeinsam wirtschaften, werden in Anlehnung an die amtliche Wohnungsstatistik als Einpersonenhaushalte gezählt.

von 80 qm bzw. eine Pro-Kopf-Wohnfläche von 47 qm (Median).[101] Verglichen mit Daten der Wohnungsversorgung des BBSR, das für mobile Einpersonenhaushalte (Umzug in vergangenen zwei Jahren) in Deutschland eine Pro-Kopf-Wohnfläche von im Median 54 qm ausweist, haben Shuttles am Zweitwohnsitz im Querschnitt also eine geringere Wohnfläche (BBR 2007b: 173). Der Wohnflächenverbrauch am beruflich genutzten Zweitwohnsitz wird unten im Kontext der Ausstattungsmerkmale der Zweitwohnung weiter untersucht.

Tabelle 6.13: Ausstattungsmerkmale der Zweit- und Hauptwohnung nach Geschlecht, prozentuale Anteile

	Zweitwohnung am Arbeitsort (alle)		Hauptwohnung, allein wohnend		Hauptwohnung, in Lebensgemeinschaft	
	Frauen	Männer	Frauen	Männer	Frauen	Männer
Raum > 30 qm	20%	24%	46%	56%	62%	67%
separate Küche	76%	67%	80%	84%	81%	91%
Arbeitszimmer	24%	15%	51%	51%	47%	68%
Gästezimmer	11%	11%	33%	47%	43%	56%
helle Räume	72%	60%	85%	84%	85%	90%
komfortables Bad	55%	46%	64%	64%	89%	85%
separates Gäste-WC	21%	21%	36%	53%	53%	71%
Balkon/Terrasse	65%	53%	62%	67%	85%	90%
Garage/Pkw-Stellplatz	34%	41%	56%	73%	68%	74%
n	86	123	39	45	47	88

Schattiert: Häufiger als am anderen Wohnort vorhanden, p = 0,05. Fett umrahmt: Weniger häufig vorhanden als in Vergleichsgruppe erwerbstätiger Fernwandernder in Einpersonenhaushalten gleichen Geschlechts (p = 0,1), Kontrollvariablen: Alter (Jahre), Haushaltsnettoeinkommen, städtische Wohnlage (Innenstadtlage, Innenstadtrand, Stadtrand).
Quelle: eigene Auswertung

Wohngemeinschaften haben als Wohnform für multilokale Haushalte eine geringe Bedeutung: Am beruflichen Zweitwohnsitz wohnen n = 14 Shuttles (7 %) in einer Wohngemeinschaft (WG), am Hauptwohnsitz sind es nur sechs Befragte. Der Anteil am Zweitwohnsitz entspricht in etwa demjenigen von erwerbstätigen Fernwandernden (6 % bzw. n = 50).

---

[101] Standardabweichung für Zweitwohnung: Männer = 25,7, Frauen = 33,3; SD für Hauptwohnung: Männer = 64,9, Frauen = 73,3.

Ein Vergleich der Ausstattungsqualitäten der Haupt- und Zweitwohnung ist in Tabelle 6.13 wiedergegeben. Die prozentualen Anteile vorhandener Ausstattungsattribute werden für beide Wohnungen nach Geschlecht dargestellt. Da die Ausstattung der Hauptwohnung von der Haushaltssituation abhängt, sind die Ausstattungsmerkmale für die Hauptwohnung danach differenziert worden, ob die Männer und Frauen in einer Lebensgemeinschaft leben oder allein wohnen. Ob sich die Ausstattung am Haupt- und Zweitwohnsitz in Bezug auf ausgewählte Merkmale überzufällig unterscheidet, wurde mittels T-Tests für verbundene Stichproben berechnet. Um zu ermitteln, inwiefern sich die Ausstattung der beruflich genutzten Zweitwohnung in den Metropolen von der Ausstattung der Wohnung anderer Zugezogener signifikant unterscheidet, wurden als Vergleichsgruppe nur erwerbstätige Fernwandernde in Einpersonenhaushalten herangezogen. Mithilfe von Logit-Modellen wurde dann der Effekt der Gruppenzugehörigkeit auf das Vorhandensein einzelner Ausstattungsmerkmale unter Kontrolle wechselseitiger Effekte untersucht. Die Ergebnisse der Vergleichsgruppenanalysen werden in Tabelle 6.13 zusammengefasst (siehe Umrahmung) und nicht im Einzelnen dokumentiert.

Wie angesichts der im Querschnitt signifikant unterschiedlichen Wohnsituation an den beiden Wohnorten in Bezug auf den Wohnstatus und den Wohnflächenverbrauch pro Kopf zu erwarten war, ist die Ausstattung der Wohnung am Zweitwohnsitz durchschnittlich schlechter als am Hauptwohnsitz. Die Unterschiede der Wohnungsausstattung beider Wohnungen sind im Allgemeinen für Männer größer als für Frauen, wie anhand der Anzahl der Schattierungen in Tabelle 6.13 deutlich wird, wobei insbesondere Männer in einer Lebensgemeinschaft (mit und ohne Kind) eine im Durchschnitt gegenüber der Hauptwohnung deutlich schlechter ausgestattete Zweitwohnung haben. Die geringsten Unterschiede in der Ausstattung der Wohnungen ergeben sich für allein wohnende Frauen. Die unterschiedliche Ausstattungsqualität der Wohnungen lässt sich bei ihnen in erster Linie auf wohnflächenbezogene Merkmale zurückführen (großer Raum > 30 qm, ein weiteres Zimmer). Bei Frauen in einer Lebensgemeinschaft (mit und ohne Kind) ist auffällig, dass sich die Wohnungen an beiden Wohnorten hinsichtlich des Vorhandenseins eines zusätzlichen Zimmers, das als Arbeitszimmer genutzt wird, nicht signifikant voneinander unterscheiden.

Der Vergleich der Ausstattung beider Wohnungen ergibt also je nach Haushaltstyp und Geschlecht mehr oder weniger große Unterschiede. Diese unterschiedlichen objektiven Gegebenheiten der Wohnungen sind im Wesentlichen auf die hohe Selbstnutzerquote am Hauptwohnsitz zurückzuführen. So ist mit Ausnahme „heller Räume" für alle Ausstattungsmerkmale die Wahrscheinlichkeit des Vorhandenseins in der Hauptwohnung größer, wenn Shuttles dort im Wohneigentum leben.[102]

Wird die Ausstattung der Zweitwohnungen in den Metropolen mit den Wohnungen von erwerbstätigen Fernwandernden in Einpersonenhaushalten verglichen, zeigen sich keine Unterschiede für die Wohnungen weiblicher Shuttles. Die Zweitwohnungen männlicher Shuttles weisen im Querschnitt hingegen eine geringere Ausstattungsqualität auf. Diese bezieht sich sowohl auf den Wohnungszuschnitt (ein weiterer Raum) als auch auf die Aufenthaltsqualität der Wohnung (helle Räume) und die Sanitärausstattung (Gäste-WC).

Nun ermöglicht eine auf den Querschnitt gerichtete Betrachtungsweise nur „gemittelte" Einblicke in multilokale Wohnsituationen. Zu fragen bleibt, ob sich nach den Eigenschaften der Zweitwohnung „typische" Fälle klassifizieren lassen und welche Einflussgrößen auf die Gegebenheiten der Wohnung am Zweitwohnsitz insgesamt (und nicht nur in Bezug auf einzelne Ausstattungsattribute) von Bedeutung sind. Zur Beantwortung dieser Fragen werden die Ausstattungsattribute der Zweitwohnung mithilfe einer Clusteranalyse auf die Ausprägung von Gruppen mit bestimmten Ausstattungsmerkmalen untersucht. Das Ward-Verfahren als eines der am häufigsten angewendeten hierarchisch agglomerativen Clusterverfahren ist dafür zur Anwendung gekommen.[103] Es handelt sich hierbei um ein Verfahren, bei dem als Fusionierungskriterium festgelegt wird, „dass die Binnenvarianz der Gruppierungen minimal wächst" (Wiedenbeck/Züll 2001: 9), weshalb Backhaus et al. (2006: 528) dieses Verfahren zur Klassifizierung homogener Gruppen besonders empfehlen. Der Fusionierungsalgorithmus ist zudem nach Bacher (1996: 297) bezüglich des Skalenniveaus der einbezogenen Variablen und des Unähnlichkeitsmaßes als sehr robust einzuschätzen, so dass binäre Variablen wie intervallskalierte Variablen behandelt werden können. Durch die einheitliche Messung der objektiven Gegebenheit aller Ausstattungsattribute auf einer binären Nominalskala werden keine analytischen – für Clusteranalysen ansonsten typischen – Probleme hinsichtlich der Gleichgewichtung der Variablen verursacht. Außerdem liegen keine problematischen Korrelationen zwischen den Variablen vor,[104] so dass alle Ausstattungsmerkmale in die Aus-

---

[102] Kontrollvariablen: Alter (Jahre), Geschlecht, Haushaltsform (gemeinsamer Haushalt mit Partner/in, Kinder im Haushalt), Haushaltsnettoeinkommen, p = 0,05.

[103] Dieses Cluster-Verfahren beginnt mit der feinsten Partitionierung und verringern die Anzahl der Cluster sukzessive (Bortz 1993: 528).

[104] Die größte Korrelation besteht zwischen dem Vorhandensein eines Gästezimmers und einem Gäste-WC mit r = 0,46. Backhaus et al. (2006: 550) problematisieren für clusteranalytische Verfahren hohe Korrelation erst ab r > 0,9. Außerdem dient der Ausschluss hoch korrelierter Variablen aus der Ausgangsdatenmatrix dazu, eine Gleichgewichtung der Daten sicherzustellen, die in der vorliegenden Datenmatrix, in der alle Variablen binär gemessen worden sind, ohnehin gegeben ist.

gangsdatenmatrix aufgenommen wurden. Nach Backhaus et al. (2006: 489-555) wurden zunächst mithilfe des Single-Linkage-Verfahrens Ausreißer identifiziert (n = 3). Dann wurden die verbleibenden Fälle (n = 206)[105] mit dem Ward-Verfahren und der quadrierten Euklidischen Distanz als Proximitätsmaß gruppiert.[106]

Für jede Gruppe werden im Folgenden die prozentualen und absoluten Anteile dokumentiert. Dabei ist jedoch zu beachten, dass die Gruppenbildung von dem gewählten Fusionierungsalgorithmus abhängig ist. Das Ward-Verfahren neigt dazu, annähernd gleich große Gruppen zu bilden (Bortz 1993: 534-535). Aus der Gruppengröße soll deshalb nicht direkt auf die Bedeutung des Ausstattungstyps geschlossen werden.

Nach der objektiven Ausstattung der beruflich genutzten Zweitwohnung lassen sich drei Gruppen von Shuttles unterscheiden:

Shuttles mit sehr kleiner Zweitwohnung und geringer Ausstattungsqualität
Eine erste Gruppe hat sehr kleine Wohnungen mit einer geringen Wohnqualität (n = 79 bzw. 38 %). Die Medianwohnfläche beträgt 34 qm, so dass in diesen Wohnungen kein großer oder zusätzlicher Raum, kein separates Gäste-WC und nur selten ein Balkon/eine Terrasse vorhanden sind. Auch über eine Garage/einen Pkw-Stellplatz verfügen diese Befragten nicht. Weniger als die Hälfte hat eine separate Küche (48 %) und helle Räume (43 %). Über ein komfortables Bad verfügt knapp ein Drittel dieser Befragten. Die Nutzungsmöglichkeiten und die sanitäre Ausstattung der Wohnungen sind folglich gering.

Shuttles mit kleiner Zweitwohnung und hohem Freizeitwert
In einer zweiten Gruppe werden Fälle zusammengefasst (n = 81 bzw. 39 %), die kleine Zweitwohnungen haben, die durch die Ausstattung mit einem Balkon/einer Terrasse, hellen Räumen und einer separaten Küche über einen hohen Freizeitwert verfügen. Die Wohnfläche ist – mit im Median 43 qm – größer als für die Gruppe mit geringster Ausstattungsqualität, aber die Wohnungen verfügen über keinen zusätzlichen Raum, kein Gäste-WC und nur selten über einen großen Raum > 30 qm. Neben der freizeitorientierten Ausstattungsqualität fällt in dieser Gruppe ein hoher Anteil von Wohnungen auf, in deren unmittelbarer Nähe sich ein Parkplatz/eine Garage befindet (59 %).

---

[105] Fehlende Werte wurden listenweise ausgeschlossen (n = 17).
[106] Zur Absicherung der Ergebnisse sind die Ausstattungsmerkmale gleichfalls mithilfe einer Hauptkomponentenanalyse auf latente Faktoren untersucht worden. Die drei ermittelten Faktoren wurden dann clusteranalytisch mittels Ward-Verfahren nach Gruppenausprägungen analysiert. Die inhaltliche Interpretation der Cluster ist identisch. Folglich kann von einer guten Lösung zur Klassifizierung der Zweitwohnungen nach Ausstattungsmerkmalen ausgegangen werden.

Shuttles mit großer Zweitwohnung und hoher Ausstattungsqualität
Eine dritte Gruppe hat eine großzügige Zweitwohnung mit einer hohen Ausstattungsqualität (n = 46 bzw. 22 %). Die Zweitwohnungen sind fast ausschließlich mit einer separaten Küche, einem Balkon/einer Terrasse und hellen Räumen ausgestattet. Angesichts der Wohnfläche, die mit im Median 69 qm deutlich größer als in den beiden anderen Gruppen ist,[107] ist in den Wohnungen überwiegend ein Arbeitszimmer (65 %), ein Gäste-WC (78 %) und in der Hälfte der Fälle auch ein großer Raum > 30 qm vorhanden. Die sanitäre Ausstattung befindet sich auf einem hohen Niveau.

Was sind das für Personen, die in diesen Typen von Zweitwohnungen leben? Was hat einen Einfluss darauf, ob Shuttles in kleinen, einfach ausgestatteten Wohnungen, in kleinen Wohnungen mit einer höheren Freizeitqualität oder in großen, gut ausgestatteten Wohnungen am beruflich genutzten Zweitwohnsitz wohnen? Dazu sind multinomiale Regressionen berechnet worden, in denen die Gruppen nach signifikanten Merkmalen untersucht werden (siehe Tab. 6.14). Zusätzlich wurden logistische Regressionen mit den jeweiligen Ausstattungsmerkmalen der Zweitwohnung als abhängiger Variable berechnet (die hier nicht weiter dokumentiert werden). Determinanten für den Wohnflächenverbrauch am Zweitwohnsitz wurden gesondert in linearen Regressionsanalysen untersucht (siehe Tab. 6.15).

Die Differenzen der Ausstattungsqualität zwischen den Gruppen sind in hohem Maße auf die Periodizität des Pendelns zurückzuführen. Dieses Ergebnis wird zusätzlich durch logistische Regressionen mit den jeweiligen Ausstattungsmerkmalen der Zweitwohnung als abhängiger Variable gestützt, in denen für das Vorhandensein eines großen Raums > 30 qm, einer separaten Küche, eines Arbeitszimmer, eines Gästezimmer, eines Gäste-WCs und einer Terrasse/eines Balkons nur das wöchentliche Pendeln als Einflussfaktor ermittelt werden kann.[108] Shuttles, die weniger häufig im wöchentlichen Rhythmus zwischen den Wohnorten pendeln, haben größere und besser ausgestattete Wohnungen. Die Geschlechterunterschiede in der Ausstattung der Zweitwohnung, die in Tabelle 6.13 in Bezug auf ein Arbeitszimmer und einen Balkon/eine Terrasse zum Vorschein kommen (p = 0,05), erklären sich deshalb über das Pendelarrangement (vgl. Kap. 6.5.3).

In prozentualen Anteilen ausgedrückt, pendeln fast drei Viertel der Befragten mit den kleinsten und einfachsten Wohnungen wöchentlich zum Hauptwohnort. Alternierende Pendelarrangements, die mit weniger häufigem Pendeln zwi-

---

[107] Eta = 0,532, p < 0,01.
[108] Kontrollvariablen: Alter (Jahre), Geschlecht, Haushaltsform, Haushaltsnettoeinkommen, Dauer der multilokalen Lebensform in Jahren, p = 0,05.

schen den Wohnorten verbunden sind und deshalb nicht zusätzlich in Tabelle 6.14 ausgewiesen werden, werden deshalb von ihnen im Vergleich zu den beiden anderen Gruppen seltener praktiziert. Unter den Befragten mit kleinen Zweitwohnungen mit hohem Freizeitwert fährt etwas mehr als die Hälfte wöchentlich zum Hauptwohnort und bei einem Drittel der Befragten, die in einer festen Partnerschaft leben, pendelt auch der Partner/die Partnerin an den Zweitwohnsitz des/der Befragten. Von den Shuttles mit großer Zweitwohnung und hoher Ausstattungsqualität pendelt nur weniger als ein Drittel wöchentlich zwischen den Haushalten (31 %) und bei denjenigen, die in einer Partnerschaft leben, pendelt in der Hälfte der Fälle auch der Partner/die Partnerin zum Zweitwohnsitz des/der Befragten.

Tabelle 6.14: Gruppen mit spezifischer Ausstattung der Zweitwohnung nach signifikanten Merkmalen

		Referenzgruppe 1: groß mit hoher Ausstattungsqualität			Referenzgruppe 2: klein mit hohem Freizeitwert		
		B	SE(B)	Exp(B)	B	SE(B)	Exp(B)
sehr klein mit geringer Ausstattungsqualität	Alter (in Jahren)	0,064 **	0,031	1,066	0,014	0,021	1,014
	wöchentliches Pendeln (ja)	1,671 ***	0,493	5,319	0,708 *	0,385	2,030
	HH-Nettoeinkommen (stand.)	-0,523 *	0,272	0,593	-0,461 **	0,206	0,631
	Wohneigentum (Zweitwhg.)	-2,200 **	0,987	0,111	-1,686 *	0,880	0,185
klein mit hohem Freizeitwert	Alter (in Jahren)	0,050 *	0,030	1,051	-	-	-
	wöchentliches Pendeln (ja)	0,963 **	0,469	2,620	-	-	-
	HH-Nettoeinkommen (stand.)	-0,062	0,259	0,940	-	-	-
	Wohneigentum (Zweitwhg.)	-0,514	0,722	0,598	-	-	-

Modellgüte:
Chi Quadrat-Werte (df): Modell 36,12(16), Alter 4,73(2), wöchentliches Pendeln 12,51(2), Haushaltsnettoeinkommen 6,48(2), Wohneigentum Zweitwohnung 6,69(2)
-2 Log-Likelihood für das Gesamtmodell: 352,696

N = 185; dargestellt sind logistische Regressionskoeffizienten.
Kontrollvariablen: Geschlecht, Anzahl Personen im Haushalt, selbstgenutztes Wohneigentum am Hauptwohnort, Dauer der multilokalen Lebensform (Jahre),
Signifikanzniveau: * = 10 %, ** = 5 %, *** = 1 %
Lesebeispiel: Shuttles mit einer sehr kleinen Zweitwohnung und einer geringen Ausstattungsqualität (erster Block in Zeile) pendeln signifikant häufiger wöchentlich zwischen den Wohnorten (2. Zeile) als Shuttles mit großer Zweitwohnung und hoher Ausstattungsqualität (Referenzgruppe 1 in Spalte) und Shuttles mit einer kleinen Zweitwohnung und einem hohen Freizeitwert (Referenzgruppe 2 in Spalte).
Quelle: eigene Auswertung

Der Zusammenhang zwischen dem Pendelverhalten und den Eigenschaften der Zweitwohnung lässt sich auch anhand der Determinanten des Wohnflächenverbrauchs am Zweitwohnsitz in Tabelle 6.15 aufzeigen. Bei männlichen Shuttles wird die Wohnfläche am Zweitwohnsitz am stärksten durch die Periodizität des Pendelns zwischen den Wohnorten bestimmt.[109] So haben Männer, die im wöchentlichen Rhythmus zwischen den Wohnorten pendeln, durchschnittlich kleinere Wohnungen als Männer, die weniger häufig zum Hauptwohnsitz fahren (39 qm vs. 57 qm). Im Gruppenvergleich mit allein wohnenden erwerbstätigen Fernwanderern, die im Querschnitt über eine Medianwohnfläche von 56 qm verfügen, haben männliche Shuttles mit einer Zweitwohnung in den Metropolen im Mittel unter Kontrolle des Alters, des Pro-Kopf-Einkommens und der städtischen Wohnlage einen geringeren Wohnflächenverbrauch. Genauer betrachtet sind es allerdings nur die wöchentlichen Pendler, die in den Metropolen kleinere Wohnungen als Fernwanderer in Einpersonenhaushalten bewohnen. Darüber hinaus leben männliche Shuttles mit zunehmender Dauer der multilokalen Lebensform in größeren Zweitwohnungen.

Tabelle 6.15: Determinanten des Wohnflächenverbrauchs für die berufliche Zweitwohnung

	gesamt		Männer		Frauen	
	B	SE(B)	B	SE(B)	B	SE(B)
gemeinsamer Haushalt m. Partner/in	0.158	4.801	0.029	5.727	0.282 **	8.199
wöchentliches Pendeln (ja)	-0.303 ***	4.133	-0,384 ***	5.130	-0,157	6.693
Dauer d. multilok. Lebensform (Jahre)	0.112	0.629	0.196 **	0.736	0.092	1.168
Wohnfläche am anderen Ort (qm)	0.122	0.030	0.108	0.040	0.186	0.047
n	194		118		76	
R Quadrat korr.	0.17		0.18		0.13	

Dargestellt sind standardisierte Beta-Gewichte; Kontrollvariablen: Alter (Jahre), Haushaltsnettoeinkommen. Signifikanzniveau: ** = 5 %, *** = 1 %.
Quelle: eigene Auswertung

---

[109] Standardisierte Regressionskoeffizienten können im Gegensatz zu nicht standardisierten Regressionskoeffizienten als Maß für die Stärke der Einflussgröße einer erklärenden Variable auf die abhängige Variable im Vergleich zur Einflussstärke der anderen unabhängigen Variablen im Modell interpretiert werden (Urban/Mayerl 2006: 79). Weil der Zusammenhang in Logit-Modellen nicht linear ist, erweist sich die Berechung standardisierter logistischer Regressionskoeffizienten als äußerst mühevoll (vgl. Menard 2002: 51-56), weshalb in dieser Arbeit darauf verzichtet wurde und für logistische Regressionen – den internationalen Standards entsprechend – stets nur die nicht standardisierten Koeffizienten ausgewiesen und zur Interpretation der Ergebnisse die Effektkoeffizienten herangezogen werden.

Das wöchentliche Pendeln wirkt sich bei Frauen zwar nicht – wie bei Männern – signifikant auf den Wohnflächenverbrauch am Zweitwohnsitz aus, aber der Effekt ist ebenfalls negativ.[110] Bei ihnen ist die Größe der Zweitwohnung stärker von der Haushaltsform (bezogen auf den Haupthaushalt) abhängig (siehe Tab. 6.15). Das erklärt sich über die praktizierten alternierenden Pendelarrangements (siehe Kap. 6.5.3). Aufgrund des geschlechtstypischen Pendelverhaltens steht bei männlichen Shuttles die Haushaltssituation nicht im Zusammenhang mit der Wohnungsgröße am Zweitwohnsitz. Allein wohnende Frauen haben eine kleinere Zweitwohnung als Frauen in einer Lebensgemeinschaft (Medianwohnfläche 44 qm vs. 53 qm) und die wenigen Frauen (n = 11), die in einer Lebensgemeinschaft mit Kind leben, haben nochmals größere Zweitwohnungen (Medianwohnfläche 70 qm). Insgesamt betrachtet unterscheidet sich die Wohnungsgröße von weiblichen Shuttles und allein wohnenden Fernwanderinnen, deren Medianwohnfläche 54 qm beträgt, in den Metropolen unter Kontrolle des Alters, des Pro-Kopf-Einkommens und der städtischen Wohnlage nicht überzufällig voneinander. Jedoch zeigt eine Berücksichtigung der Haushaltsform weiblicher Shuttles, dass allein wohnende Frauen am Zweitwohnsitz in den Metropolen in vergleichsweise kleineren Wohnungen leben.

In kleinen, einfach ausgestatteten Zweitwohnungen wohnen Shuttles ausschließlich zur Miete (siehe Tab. 6.14). Die besondere Wohnsituation am beruflich genutzten Zweitwohnsitz wird dadurch unterstrichen, dass Befragte mit einer großen, sehr gut ausgestatteten Zweitwohnung jünger sind als die beiden Gruppen von Befragten mit kleineren und weniger gut ausgestatteten Wohnungen (siehe Tab. 6.14).[111] Das hängt erstens damit zusammen, dass der Frauenanteil in dieser Gruppe im Vergleich zur Teilstichprobe für Shuttles mit 50 % etwas (aber nicht signifikant) erhöht ist. Zweitens haben männliche Shuttles in einer Lebensgemeinschaft mit Kind und folglich ältere Männer kaum großzügige Zweitwohnungen mit einer hohen Ausstattungsqualität.

Dass Shuttles in sehr kleinen und einfach ausgestatteten Wohnungen über ein geringeres Haushaltsnettoeinkommen verfügen als Shuttles mit größeren und besser ausgestatteten Zweitwohnungen (siehe Tab. 6.14) lässt sich damit erklären, dass zum einen in dieser Gruppe häufig Shuttles in einer jungen Lebensphase zu finden sind. Zum anderen sind in dieser Gruppe gleichfalls männliche Shuttles in einer Lebensgemeinschaft mit Kind vertreten, deren ungewichtetes

---

[110] Die Wohnfläche der beruflichen Zweitwohnung beträgt im Median 40 qm (SD = 33,8) für wöchentliche Pendlerinnen (n = 38) und 50 qm (SD = 32,2) für Frauen, die nicht wöchentlich pendeln (n = 48).
[111] Aufgrund der altersspezifischen Wohneigentumsquoten in Deutschland steigt der Wohnflächenverbrauch in den alten Bundesländern bis zu den Alterskohorten der 60- bis 65-Jährigen steil an (vgl. BBR 2004: 108).

Haushaltseinkommen in Relation zu der Anzahl der Personen im Haushalt durch die Kinder sinkt.

In der Gruppe mit den höchsten Ausstattungsqualitäten am Zweitwohnsitz fällt außerdem in weiteren deskriptiven Analysen gegenüber den anderen Gruppen ein höherer Anteil Befragter mit einem „besonderen" Wohnarrangement auf (siehe Kap. 6.3.3), bei denen sich der „formale" Hauptwohnsitz am Arbeitsort befindet. Die vergleichsweise hohe Ausstattungsqualität der Wohnung am Arbeitsort ist folglich darauf zurückzuführen, dass diese Befragten zum Partner/zur Partnerin gezogen sind und am Arbeitsort die damalige, gut ausgestattete Hauptwohnung beibehalten haben.

Zusammenhänge zwischen der Wohnsituation am Haupt- und Zweitwohnsitz sind interessanterweise nicht zu beobachten (in Bezug auf Wohnungsgröße siehe Tab. 6.15). Wohnerfahrungen und Wohnbiographien scheinen daher für die Wohnsituation am Zweithaushalt eine untergeordnete Rolle zu spielen. Vielmehr ist für die Wohnsituation entscheidend, wie häufig sich Shuttles in der Zweitwohnung aufhalten.

6.6.2 Wohnkosten am beruflichen Zweitwohnsitz

Mobilitätshemmende Wirkungen der Funktionsweise und rechtlichen Rahmenbedingungen des Mietwohnungsmarktes in Deutschland sind vielfach in der Fachliteratur diskutiert und anhand höherer Mieten bei Erst- und Neuvermietung und damit höherer Wohnkosten räumlich mobiler gegenüber immobiler Mieterhaushalte auch empirisch belegt worden (Behring 1988, Eeckhoff 1995, Kornemann 1997, Kofner 1996, Sailer 2002). Nun ließe sich vermuten, dass die Wohnungssuche in einer beruflich bedingten multilokalen Haushaltsorganisation gegenüber anderen räumlich mobilen Haushalten aufgrund spezifischer lebensformbedingter Wohnansprüche (z. B. Nähe zum Arbeitsplatz) nochmals zu einer größeren Benachteiligung auf dem Mietwohnungsmarkt führt. Wie gezeigt werden konnte, wohnen wöchentlich pendelnde Männer und allein wohnende weibliche Shuttles im Vergleich zu allein wohnenden Fernwandernden in den Metropolen in kleineren Wohnungen, und kleinere Wohnungen sind verhältnismäßig teurer als größere Wohnungen (Timm 2008: 118).

Im Fragebogen wurde nach der Höhe der Mietkosten gefragt, die monatlich an den Vermieter überwiesen wird. Daran schloss sich die Frage an, ob in den Kosten bereits die Heizkosten enthalten sind. Aus diesen Angaben wurde mithilfe der Mietspiegel die Bruttowarmmiete errechnet.[112]

---

[112] Für Berlin sind im aktuellsten vorliegenden Mietspiegel aus dem Jahr 2005 Heizkosten von im Mittel 0,54 EUR/qm angegeben. In München ist im Mietspiegel 2007 eine Spanne von

Tabelle 6.16: Bruttowarmmiete von Shuttles und erwerbstätigen Fernwandernden in Einpersonenhaushalten*

	Bruttowarmmiete in EUR pro m²			
	< 8,16	>= 8,16 < 9,77	>=9,77 < 12,10	>= 12,10
Fernwandernde	28,9%	24,1%	24,8%	22,1%
Shuttles	17,1%	27,6%	25,0%	30,3%
gesamt	24,9%	25,3%	24,9%	24,9%

Chi Quadrat-Wert (df): 8,769(3), p = 0,05

* Nur Wohnungen in den Metropolen; für Shuttles berufliche Zweitwohnung.
N = 446; Split entlang der Quartile in vier gleiche Gruppen.
Quelle: eigene Auswertung

Die Wohnkosten für die Zweitwohnung sind, wie angesichts der gegenwärtigen regionalen Wohnungsmarktentwicklung und der Mietenstufen der Gemeinden laut Wohngeldgesetz zu erwarten war, in der Metropole München durchschnittlich am höchsten und in Düsseldorf signifikant geringer als in den beiden wachsenden süddeutschen Metropolen.[113] Das Gleiche gilt für die Gesamtstichprobe.[114] Allein der Wohnstandort München erklärt 15 % der Varianz der Bruttowarmmiete (in qm) von Shuttles am Zweitwohnsitz. Darüber hinaus sind keine signifikanten Effekte auf die Höhe der Mietkosten zu beobachten.

Um die Mietkosten von Shuttles und Fernwandernden zu vergleichen, werden nur die beruflich genutzten Zweitwohnungen von Shuttles in den Metropo-

---

0,46 EUR/qm für Wohnungen mit dezentral betriebenen Strom- oder Gasheizungen und 0,85 EUR/qm für Wohnungen mit Einzelöfen ausgewiesen. Für Stuttgart und Düsseldorf fehlen Angaben zu den Heizkosten für die Berechnung der ortsüblichen Vergleichsmiete in den Mietspiegeln (Stuttgart für die Jahre 2007/2008 und Düsseldorf für das Jahr 2006). Für die Berechnung der Bruttowarmmiete ist deshalb der Mittelwert der Heizkosten aus den Befragungsgebieten Berlin und München (für dezentral betriebene Strom- und Gasheizungen) von 0,50 EUR/qm herangezogen worden (siehe Senatsverwaltung für Stadtentwicklung Berlin 2005, Sozialreferat der Landeshauptstadt München 2007).

[113] Laut Mietenstufen der Gemeinden ab 1. Januar 2009 sind München und Stuttgart der höchsten Mietenstufe 6 zuzuordnen, Düsseldorf hat die Mietenstufe 5 und Berlin hat von den ausgewählten Befragungsgebieten die geringste Mietstufe 4. Siehe hierfür die Mietenstufen der Gemeinden nach Ländern ab dem 01. Januar 2009: http://www.bmvbs.de/Anlage/original_1061243/Wohngeld-2009-Mietstufen.pdf (Zugriff am 01. März 2009).

[114] Die Bruttowarmmieten pro qm sind in Berlin am geringsten (arithmetisches Mittel = 8,32 EUR, SD = 2,9), am zweithöchsten in Düsseldorf (M = 9,44 EUR, SD = 2,3), am dritthöchsten in Stuttgart (M = 10,23 EUR, SD = 3,8) und am höchsten in München (M = 12,33 EUR, SD = 3,3). Die Unterschiede sind zwischen allen Befragungsgebieten in der Gesamtstichprobe mit p < 0,01 signifikant, Eta = 0,35, korrigiertes R Quadrat = 0,12.

len und die Wohnungen erwerbstätiger Fernwandernder in Einpersonenhaushalten betrachtet. Im Median zahlen die befragten Shuttles insgesamt und auch diejenigen mit einem Zweitwohnsitz in einer der Metropolen für die Zweitwohnung eine Bruttowarmmiete von 10 EUR pro qm.[115] Der Mittelwertvergleich der Bruttowarmmiete pro qm ergibt keinen signifikanten Unterschied zwischen Shuttles und Fernwandernden in Einpersonenhaushalten. Werden allerdings die Bruttowarmmieten entlang der Quartile in vier gleiche Gruppen geteilt, zeigt sich ein anderes Bild (siehe Tab. 6.16). Nun wird sichtbar, dass allein wohnende Fernwandernde häufiger als Shuttles in Wohnungen im unteren Preissegment bis 8,16 EUR/qm bruttowarm wohnen und Shuttles im oberen Mietpreissegment über 12,10 EUR/qm bruttowarm überrepräsentiert sind. Für einen Signifikanztest nach Mietpreissegment und Gruppenzugehörigkeit unter Kontrolle der unterschiedlichen Mietpreisniveaus in den Befragungsgebieten sind die Fallgrößen im Sample zu gering. Insofern kann festgehalten werden, dass es in der Stichprobe Hinweise darauf gibt, dass auf einen signifikanten Anteil von Shuttles in den Metropolen verhältnismäßig höhere Mietkosten als auf die Vergleichsgruppe entfallen.

6.6.3 Wohnungspräferenzen und Wohnungsoptimierung

Inwiefern sich die Wohnungspräferenzen von Shuttles am beruflich genutzten Zweitwohnsitz gegenüber dem anderen Wohnsitz unterscheiden und welche spezifischen Wohnungsbedürfnisse durch beruflich bedingte Multilokalität hervorgerufen werden, ist Gegenstand dieses Kapitels. Aus dem Vergleich der subjektiven Wichtigkeit der Ausstattungsattribute der Zweitwohnung mit den objektiven Gegebenheiten können überdies Aussagen über die Bedürfnisrealisierung am beruflich genutzten Zweitwohnsitz abgeleitet werden.

Die Bewertung der Wichtigkeit der Ausstattungsmerkmale der Wohnung wurde mithilfe einer 4er-Skala (sehr unwichtig, wenig wichtig, wichtig, sehr wichtig) gemessen. In Tabelle 6.17 sind die Anteile der Befragten wiedergegeben, denen die ausgewählten Ausstattungsmerkmale der Wohnung wichtig bis sehr wichtig („wichtig") sind. Da die subjektive Wichtigkeit der Ausstattungsmerkmale der Hauptwohnung von der Haushaltssituation abhängig ist, sind die Wertigkeiten für die Hauptwohnung erneut danach differenziert worden, ob die Befragten in einer Lebensgemeinschaft leben oder allein wohnen. Die subjektive Wichtigkeit der Ausstattungsmerkmale für die Haupt- und Zweitwohnung wird mittels nichtparametrischer Wilcoxon-Tests für verbundene Stichproben vergli-

---

[115] N = 187 (gesamt) bzw. n = 152 (Zweitwohnsitz in den Metropolen); SD = 3,91 bzw. 3,74.

chen.[116] Für den Gruppenvergleich der Wohnungsansprüche werden erneut nur Shuttles mit einer beruflich genutzten Zweitwohnung in den Metropolen und erwerbstätige Fernwandernde in Einpersonenhaushalten ausgewählt, um überhaupt eine Vergleichbarkeit der Wohnsituation und Wohnungsansprüche herzustellen. Der statistische Gruppenvergleich erfolgt mittels logistischer Regressionen, in denen Unterschiede in der Wertigkeit der Ausstattungsmerkmale – aufgenommen als kategoriale intervenierende Variable – zwischen den Gruppen kontrolliert durch das Alter, das Pro-Kopf-Einkommen und die städtische Wohnlage untersucht werden. Die Ergebnisse werden nicht im Einzelnen ausgewiesen, sondern signifikante Unterschiede sind in Tabelle 6.17 nach dem Geschlecht hervorgehoben (siehe Umrahmung).

Tabelle 6.17: Anteile wichtiger Ausstattungsmerkmale für die Zweit- und Hauptwohnung (wichtig und sehr wichtig)

	Männer			Frauen		
	berufl. Zweithaushalt (alle)	Haupthaushalt, Lebensgemeinschaft	Haupthaushalt, allein wohnend	berufl. Zweithaushalt (alle)	Haupthaushalt, Lebensgemeinschaft	Haupthaushalt, allein wohnend
Raum > 30 qm	40%	77%	71%	51%	74%	57%
separate Küche	70%	91%	84%	76%	81%	85%
Arbeitszimmer	24%	68%	54%	47%	51%	61%
Gästezimmer	17%	53%	41%	33%	56%	34%
helle Räume	86%	99%	93%	94%	100%	95%
komfortables Bad	71%	89%	73%	85%	95%	90%
separates Gäste-WC	30%	71%	57%	38%	63%	53%
Balkon/Terrasse	56%	94%	80%	77%	91%	89%
Garage/Pkw-Stellplatz	58%	72%	64%	49%	63%	61%
n	113	85	44	79	41	38

N schwankt minimal wegen fehlender Werte. <u>Schattiert</u>: Wichtiger als am anderen Wohnort (p = 0,05). <u>Fett umrahmt</u>: Weniger wichtig gegenüber erwerbstätigen Fernwandernden in Einpersonenhaushalten nach Geschlecht (p = 0,05); Kontrollvariablen: Alter (Jahre), städtische Wohnlage (3 Kategorien), Pro-Kopf-Einkommen.
Quelle: eigene Auswertung

---

[116] Der Wilcoxon-Test ist das nichtparametrische „Gegenstück" zum T-Test, der bei einer 4er-Skala einem parametrischen Test vorzuziehen ist (Büning/Trenkler 1994: 135).

Inwiefern die Wohnbedürfnisse bezüglich einzelner Ausstattungsmerkmale der Zweitwohnung am Arbeitsort realisiert oder nicht realisiert werden können, zeigt Tabelle 6.18. Für die Analyse der Bedürfnisrealisierung am Zweitwohnsitz ist dabei nur von Interesse, ob die Wohnwünsche erfüllt (wichtig + vorhanden) oder nicht erfüllt (wichtig + nicht vorhanden) werden können. Darüber hinaus können aus Vergleichen der Bedürfnisrealisierung am Haupt- und Zweitwohnsitz, für die T-Tests für verbundene Stichproben berechnet wurden, Aussagen darüber abgeleitet werden, ob die Umsetzung von Wohnwünschen am beruflich genutzten Wohnsitz (der sich zumeist in den Metropolen befindet) schwerer als am anderen Wohnort ist.

Tabelle 6.18: Realisierung der gewünschten Ausstattung der beruflichen Zweitwohnung nach Geschlecht, prozentuale Anteile

	Männer	Frauen		Männer	Frauen
Raum > 30 qm			**komfortables Bad**		
wichtig + vorhanden	21%	22%	wichtig + vorhanden	43%	53%
wichtig + nicht vorhanden	19%	29%	wichtig + nicht vorhanden	27%	32%
n	109	72	n	113	79
separate Küche			**separates Gäste-WC**		
wichtig + vorhanden	60%	67%	wichtig + vorhanden	16%	18%
wichtig + nicht vorhanden	10%	10%	wichtig + nicht vorhanden	14%	21%
n	115	84	n	107	68
Arbeitszimmer			**Balkon/ Terrasse**		
wichtig + vorhanden	14%	19%	wichtig + vorhanden	44%	58%
wichtig + nicht vorhanden	10%	**28%**	wichtig + nicht vorhanden	13%	19%
n	105	74	n	112	79
Gästezimmer			**Garage/ Pkw-Stellplatz**		
wichtig + vorhanden	7%	9%	wichtig + vorhanden	36%	24%
wichtig + nicht vorhanden	11%	**24%**	wichtig + nicht vorhanden	24%	28%
n	104	75	n	117	78
helle Räume					
wichtig + vorhanden	61%	73%			
wichtig + nicht vorhanden	25%	21%			
n	113	80			

Schattiert: Höherer Anteil als am anderen Wohnort, p = 0,05.
Fett umrahmt: Geschlechterunterschied mit p = 0,05, Kontrollvariablen: Alter (Jahre), Haushaltstyp (gemeinsamer Haushalt mit Partner/in, Kind im Haushalt), Haushaltsnettoeinkommen.
Quelle: eigene Auswertung

Zur vergleichenden Analyse von Wohnungswünschen und der objektiven Wohnungssituation wäre grundsätzlich die Bildung eines „Diskrepanzindex" hilfreich gewesen, anhand dessen die Anzahl nicht realisierter Wohnmerkmale für jeden Befragten hätte ermittelt werden können. Durch die Kombination von Wunsch und Wirklichkeit über alle ausgewählten Wohnungsmerkmale ergibt sich allerdings eine relativ hohe Anzahl fehlender Werte. Auf ein Imputationsverfahren (z. B. Ersetzen durch Mittelwerte) muss aus analytischen Gründen verzichtet werden, da davon auszugehen ist, dass sich die fehlenden Werte aufgrund der Fragekonstruktion im Erhebungsinstrument nicht zufällig verteilen („nonignorable missing" nach Allison 2002: 5) und somit die Grundvoraussetzungen für Imputationsverfahren nicht erfüllt sind. Im Fragebogen wurde zunächst nach dem Vorhandensein des jeweiligen Ausstattungsmerkmals gefragt. Daran schloss sich die Frage nach der subjektiven Wichtigkeit an. Befragte, die nicht über das Ausstattungsattribut verfügen, haben auffällig häufiger die Frage nach der subjektiven Wichtigkeit nicht beantwortet. Auf die Bildung eines Diskrepanzindex musste deshalb verzichtet werden.

Die vergleichende Analyse der Wichtigkeit der Ausstattungsmerkmale der beiden Wohnungen macht deutlich, dass die Zweitwohnung nicht nur im Querschnitt über eine geringere Ausstattungsqualität verfügt (vgl. Tab. 6.13), sondern dass Shuttles an ihre beruflich genutzte Zweitwohnung insgesamt betrachtet geringere Ansprüche stellen als an die Hauptwohnung. Das betrifft Männer im Allgemeinen mehr als Frauen und diejenigen Männer, die am Haupthaushalt in einer Lebensgemeinschaft leben, nochmals mehr als allein wohnende Männer (siehe Schattierungen in Tab. 6.17). Die Differenzen zwischen den Wertigkeiten für einzelne Ausstattungsattribute der beiden Wohnungen sind in hohem Maße darauf zurückzuführen, dass die Wohnpräferenzen am Hauptwohnsitz entscheidend mit dem Wohnstatus zusammenhängen.[117]

Für Männer in einer Lebensgemeinschaft sind durchgängig alle Ausstattungsmerkmale am Zweitwohnsitz weniger wichtig als am Hauptwohnsitz. Diese deutlichen Differenzen konnten bereits hinsichtlich der objektiven Wohnungsausstattung beobachtet werden. Für allein wohnende Männer ist dagegen die Ausstattung der Zweitwohnung mit einer separaten Küche, hellen Räumen, einem komfortablen Bad sowie das Vorhandensein eines Parkplatzes in der Wohngegend nicht weniger wichtig als am Hauptwohnort. Daraus ergeben sich

---

[117] Für den Haupthaushalt werden von Eigentümern höhere Wertigkeiten für einen großen Raum über 30 qm, weitere Räume (Arbeitszimmer, Gästezimmer) und einen Balkon/eine Terrasse als von Mietern vergeben. Diese Ergebnisse wurden unter Kontrolle des Alters der Befragten, des Geschlechts, der Haushaltsform und des Pro-Kopf-Einkommens in logistischen Regressionen mit der binär codierten Wertigkeit des jeweiligen Ausstattungsmerkmals (wichtig/nicht wichtig) als abhängiger Variable getestet.

für männliche Shuttles insgesamt betrachtet auffallend geringe Wertigkeiten für Wohnungsmerkmale, die sich auf die Anzahl der Räume bzw. auf die Wohnfläche beziehen.

Analog zur objektiven Ausstattung der Wohnungen ergeben sich die geringsten Unterschiede in der Wertigkeit der Ausstattungsmerkmale der beiden Wohnungen für allein wohnende Frauen. Lediglich zusätzliche Räume zur Nutzung als Arbeitszimmer und/oder Gästezimmer sowie ein großer Raum > 30 qm sind für diese Frauen für die beruflich genutzte Zweitwohnung weniger wichtig als am Hauptwohnort.

Die geringeren Ansprüche männlicher Shuttles an ihre Zweitwohnung werden nochmals durch den Vergleich mit allein wohnenden Fernwanderern in den Metropolen unterstrichen (siehe Umrahmung in Tab. 6.17). Die unterschiedlichen Bedürfnisstrukturen beruhen im Wesentlichen auf dem Freizeitwert und der täglichen Aufenthaltsqualität der Wohnung (separate Küche, Balkon/Terrasse, helle Räume, komfortables Bad), auf die Männer am Zweitwohnsitz in den Metropolen gegenüber Fernwanderern durchschnittlich betrachtet einen geringeren Wert legen. Im Vergleich dazu unterscheiden sich weibliche Shuttles von allein wohnenden Fernwanderinnen in ihren Ansprüchen an die Zweitwohnung in den Metropolen nur in der Wichtigkeit eines Ausstattungsmerkmals (helle Räume). Inwiefern geschlechtsspezifische lebensformbedingte Wohnbedürfnisse für den beruflichen Zweitwohnsitz zu beobachten sind, wird weiter unten verfolgt.

Sowohl für Männer als auch für Frauen sind helle Räume das im Durchschnitt wichtigste Merkmal der Zweitwohnung. Dass immerhin ein Viertel der Männer in der Zweitwohnung nicht, wie gewünscht, über helle Räume verfügt (siehe Tab. 6.18), hängt mit der Wohnfläche zusammen. In kleineren Wohnungen lässt sich in den Metropolen der Wohnwunsch nach hellen Räumen schwerer verwirklichen.

Für eine separate Küche werden am Zweitwohnsitz durchschnittlich etwas geringere Wichtigkeitswerte als für die Belichtung der Wohnung vergeben. Im Vergleich zu anderen Ausstattungsmerkmalen der Wohnung kann der Wohnwunsch nach einer separaten Küche am besten realisiert werden (siehe Tab. 6.18). Immerhin gut drei von fünf Frauen gegenüber 38 % der Männer geben an, dass in der Zweitwohnung eine separate Küche sehr wichtig ist. Dem größten Anteil der Frauen ist eine separate Küche an beiden Wohnorten gleich wichtig (71 %) verglichen mit 42 % unter männlichen Shuttles. Mit zunehmendem Alter ist die Ausstattung der Zweitwohnung mit einer separaten Küche weniger wichtig, so dass der höhere Anteil weiblicher Shuttles, dem eine separate Küche in der Zweitwohnung sehr wichtig ist, auf ihr jüngeres Alter zurückzuführen ist (vgl. Tab. 6.1).

Einen ebenfalls hohen Stellenwert am beruflich genutzten Zweitwohnsitz nimmt für Frauen ein Balkon/eine Terrasse ein. Für die Hälfte von ihnen ist ein Balkon/eine Terrasse in der Zweitwohnung sehr wichtig und für zwei Drittel genauso wichtig wie in der Hauptwohnung. Allerdings kann fast jede Fünfte diesen Wohnwunsch im Zweithaushalt nicht verwirklichen (siehe Tab. 6.18). Fast die Hälfte der Männer kann im Vergleich dazu am Zweitwohnsitz gut auf einen Balkon/eine Terrasse verzichten.

Frauen vergeben am Zweitwohnsitz im Querschnitt auch für einen weiteren Raum (Arbeits-/Gästezimmer) und ein komfortables Bad deutlich höhere Werte als Männer. Ein weiterer Raum in der Zweitwohnung zur Nutzung als Arbeitszimmer ist knapp der Hälfte der Frauen wichtig bis sehr wichtig. Für Frauen in einer Lebensgemeinschaft ist die Wertigkeit an beiden Wohnorten vergleichbar hoch. Die Präferenz für ein Arbeitszimmer steht im Zusammenhang mit dem Pendelarrangement: Frauen in einer Lebensgemeinschaft ohne Kind, die nicht wöchentlich pendeln, ist ein Arbeitszimmer wichtiger als anderen Frauen. Für ein weiteres Drittel ist das Vorhandensein eines Gästezimmers wichtig. Diese Präferenz für einen weiteren Raum zur Nutzung als Gästezimmer ist auf eine längere Dauer der multilokalen Lebensform zurückzuführen. Korrespondierend mit den Ansprüchen an einen weiteren Raum ist für gut die Hälfte der Frauen auch ein großer Raum > 30 qm in der Zweitwohnung wichtig.

Ihre Ansprüche an den Zuschnitt der Wohnung können Frauen generell am Zweitwohnsitz schwieriger realisieren als Männer und auch im Vergleich zum anderen Wohnort ist der Anteil nicht erfüllter Wohnwünsche für einen weiteren Raum zur Nutzung als Arbeitszimmer erhöht (siehe Tab. 6.18). Die Gründe für diese mangelnde Wohnungsoptimierung stehen eher mit dem Mietpreis für größere Wohnungen (das heißt für Wohnungen mit einem weiteren Raum und einem großen Raum) als mit ungünstigen Wohnungsgrundrissen in Zusammenhang, da Frauen vor allen Dingen zu hohe Mietkosten und seltener den Zuschnitt der Wohnung als Grund dafür angeben, warum die Zweitwohnung beim Zuzug in die Metropolen nicht den subjektiven Vorstellungen entsprach (siehe unten Kap. 6.6.6).

Die Anteile der Shuttles, für die ein komfortables Bad in der Zweitwohnung wichtig ist, sind im Vergleich zu anderen Ausstattungsmerkmalen recht hoch (siehe Tab. 6.17), aber nur jede/r Vierte bewertet dieses Ausstattungsattribut auch als sehr wichtig. Männern sind damit im Querschnitt helle Räume und eine separate Küche deutlich häufiger sehr wichtig als ein komfortables Bad und Frauen vergeben zudem vergleichsweise eher für einen Balkon/eine Terrasse in der Zweitwohnung die höchsten Wichtigkeitswerte. Ein separates Gäste-WC ist in Bezug auf die sanitäre Ausstattung der Zweitwohnung deutlich weniger wichtig. Der Wohnwunsch nach einem komfortablen Bad lässt sich allerdings am

Zweitwohnsitz schwer realisieren; so hat mehr als jeder vierte Mann und fast jede dritte Frau in der Zweitwohnung nicht, wie gewünscht, ein komfortables Bad (siehe Tab. 6.18). Für Männer lässt sich hierbei erneut ein Zusammenhang mit dem Wohnflächenverbrauch erkennen.

Eine schwierige Wohnungsoptimierung für Shuttles am Zweitwohnsitz zeichnet sich ebenfalls in Bezug auf das Vorhandensein eines Parkplatzes in der unmittelbaren Wohngegend ab. Für drei von fünf Männern ist eine Garage bzw. ein Pkw-Stellplatz in der Nähe der Wohnung am Zweitwohnsitz wichtig bis sehr wichtig. Diese Wohnpräferenz ist vor allem bei denjenigen Männern ausgeprägt, die aus einer Kleinstadt oder Landgemeinde in die Metropolen pendeln. Für Frauen ist zwar der Anteil erhöht, der eine Garage/einen Pkw-Stellplatz für überhaupt nicht wichtig erachtet (27 % vs. 12 % für Männer), aber andererseits hätte jede Vierte – genauso wie ein Viertel der Männer – am Zweitwohnsitz gerne eine Parkmöglichkeit in der näheren Wohngegend.

Verglichen mit der Bedürfnisrealisierung einzelner Ausstattungsmerkmale von allein wohnenden erwerbstätigen Fernwandernden sind unter den befragten Shuttles keine höheren Anteile mangelnder Wohnungsoptimierung festzustellen. Differenziert nach Befragungsgebieten lässt sich – unter Vorbehalt geringer Stichprobengrößen – eine schwierigere Wohnungsoptimierung von Shuttles mit einer Zweitwohnung in Düsseldorf erkennen. Dort können Shuttles weniger ihre Wohnwünsche nach einer Garage/einem Pkw-Stellplatz und einer separaten Küche verwirklichen.[118] In der Vergleichsgruppe allein wohnender erwerbstätiger Fernwandernder sind diese Tendenzen einer erschwerten Wohnungssuche in Düsseldorf nicht zu erkennen. Wie weiter unten im Zusammenhang mit dem Wohnstandort am Zweitwohnsitz gezeigt wird (Kap. 6.6.5.3), weisen Shuttles mit einer beruflich genutzten Zweitwohnung in Düsseldorf eine stärkere Tendenz zu zentralen Wohnlagen auf. Die Vermutung ist daher nahe liegend, dass die mangelnde Wohnoptimierung in Düsseldorf mit Wechselwirkungen zwischen der städtischen Wohnlage und dem Wohnungsangebot zusammenhängt.

Nachdem für den beruflich genutzten Zweitwohnsitz Wohnungsansprüche bezüglich einzelner Ausstattungsmerkmale untersucht worden sind, soll nun der Frage nachgegangen werden, ob sich Gruppen mit spezifischen Wohnungsan-

---

[118] Es wurden nur Shuttles mit einer beruflich genutzten Zweitwohnung in Düsseldorf, Stuttgart oder München betrachtet, da die Fallgrößen für Berlin zu gering sind. Dabei zeigt sich, dass 54,5 % der Shuttles mit einer Zweitwohnung in Düsseldorf gegenüber 64,1 % in den drei Befragungsgebieten gesamt ihren Wunsch nach einer separaten Küche erfüllen können und 16,7 % (n = 11) gegenüber 10,3 % nicht wie gewünscht, über eine separate Küche in der Zweitwohnung verfügen. Ein Pkw-Stellplatz/eine Garage ist in der näheren Wohngegend, wie gewünscht, bei 20,3 % der Shuttles in Düsseldorf gegenüber 29,1 % in den drei Befragungsgebieten gesamt vorhanden. Den Wunsch nach einem Parkplatz/einer Garage können sich in Düsseldorf 40,6 % gegenüber 28,5 % gesamt nicht erfüllen.

sprüchen identifizieren lassen. Dazu wurden die Wertigkeiten der Ausstattungsmerkmale in einem ersten Schritt faktoranalytisch danach untersucht, ob die Bewertungen einzelner Ausstattungsmerkmale miteinander korreliert sind und zu „Dimensionen" zusammengefasst werden können. Diese wurden dann in einem zweiten Schritt clusteranalytisch auf Gruppenausprägungen untersucht. Faktorenanalysen verlangen intervallskalierte oder binäre Variablen, so dass die Wertigkeitsskalen in binäre Nominalskalen transformiert werden mussten, die den Wert eins erhalten, wenn das Ausstattungsmerkmal eher wichtig oder sehr wichtig ist und Null sind, wenn das Attribut wenig wichtig oder sehr unwichtig ist.[119]

Da mit dem faktoranalytischen Verfahren das Ziel verfolgt wird, die Ausstattungsattribute in Faktoren („Komponenten") zusammenzufassen, wird nach Backhaus et al. (2006: 292-293) eine Hauptkomponentenanalyse angewendet.[120] Zur besseren Interpretation der Faktoren werden die Faktorladungen orthogonal mit dem Varimax-Kriterium rotiert. Somit können zwei Dimensionen von Wohnungswünschen für den beruflich genutzten Zweitwohnsitz ermittelt werden:[121]

- Auf dem ersten Faktor laden subjektive Wichtigkeiten für wohnflächenbezogene Ausstattungsmerkmale (ein großer Raum, zusätzliche Räume, ein Gäste-WC). Diese „latente" Wichtigkeitsdimension wird im Folgenden als „Wohnfläche/Wohnungsgrundriss" bezeichnet.
- Ein zweiter Faktor wird durch Wichtigkeiten für freizeit- und aufenthaltsorientierte Ausstattungsqualitäten (Balkon/Terrasse, komfortables Bad, helle Räume) und einen Parkplatz in der näheren Wohngegend gekennzeichnet. Diese Wichtigkeitsdimension lässt sich als „Freizeit- und Nutzungsqualität" umschreiben.

---

[119] Dieser Analyseweg ist mit einem Informationsverlust verbunden, weshalb zur Überprüfung der Ergebnisse eine zweite Faktoranalyse berechnet wurde, in der die kompletten Wertigkeitsskalen aufgenommen (d. h. intervallskaliert interpretiert) worden sind. Die extrahierten Faktoren lassen sich in beiden Verfahren inhaltlich gleich interpretieren, so dass trotz des geringeren Informationsgehalts der binären Nominalskalen von guten Ergebnissen ausgegangen werden kann. Für den Umgang mit fehlenden Werten ist der listenweise Fallausschluss gewählt worden, obwohl sich dadurch die Fallzahl stark reduziert (auf n = 158 bzw. um 30 %). Auf ein Imputationsverfahren (z. B. Ersetzen durch Mittelwerte) muss aus analytischen Gründen verzichtet werden, da sich die fehlenden Werte nicht zufällig verteilen und somit eine wichtige Prämisse für Imputationsverfahren nicht erfüllt wird. Allison (2002: 7) diskutiert mit dem Fokus auf Regressionen verschiedene Methoden zum Umgang mit fehlenden Werten und kommt zu dem Ergebnis, dass der listenweise Ausschluss von Fällen „is even more robust than these sophisticated methods [maximum likelihood, multiple imputation, Anm. d. V.] to violation of the MAR [Missing At Random, Anm. d. V.] assumption".

[120] Im Gegensatz zu einer Hauptachsenanalyse.

[121] Dabei werden nach Backhaus et al. (2006: 331) nur Faktorladungen > 0,5 zur Interpretation herangezogen. Lediglich die Wichtigkeit für eine separate Küche lädt auf keinem der beiden Faktoren hoch.

Aus der Faktorwerte-Matrix lassen sich sodann drei Cluster bilden:[122]

Unterdurchschnittliche Wohnungsansprüche
Eine erste Gruppe (24 %) hat negative Werte bezüglich beider Faktoren, so dass sich diese Gruppe durch unterdurchschnittliche Wohnungsansprüche auszeichnet. Lediglich die Ausstattung der Zweitwohnung mit hellen Räumen und einer separaten Küche erhält in dieser Gruppe eine etwas höhere Wichtigkeit, alle anderen wohnflächenbezogenen, freizeit- und nutzungsorientierten Ausstattungsattribute werden für die Zweitwohnung für unwichtig erachtet.

Hohe Ansprüche an Freizeit- und Nutzungsqualität
Eine zweite Gruppe (53 %) legt einen unterdurchschnittlichen Wert auf die Dimension „Wohnfläche/Wohnungsgrundriss" und misst der Freizeit- und Nutzungsqualität der Wohnung eine überdurchschnittliche Wichtigkeit bei. Für so gut wie alle Befragten sind ein zusätzlicher Raum und ein Gäste-WC unwichtig. Besonders hohe Ansprüche werden an helle Räume und ein komfortables Bad gestellt. Für zwei Drittel sind eine separate Küche, ein Balkon/eine Terrasse und eine Garage wichtig.

Überdurchschnittliche Wohnungsansprüche
Einer dritten Gruppe (24 %) sind sowohl Merkmale der Wohnfläche/des Wohnungsgrundrisses als auch die Ausstattung der Wohnung bezüglich der Freizeit- und Nutzungsqualität wichtig. Dabei wird der größte Wert auf eine separate Küche, einen Balkon/eine Terrasse, helle Räume und ein komfortables Bad und damit auf die Freizeit- und Aufenthaltsqualität der Wohnung gelegt.

Wie die Ergebnisse multinomialer logistischer Regressionen in Tabelle 6.19 zeigen, in der signifikante Merkmale für die drei Gruppen mit spezifischen Wohnungsansprüchen wiedergegeben werden, pendeln Shuttles mit überdurchschnittlichen Wohnungsansprüchen am wenigsten häufig im wöchentlichen Rhythmus zwischen den Wohnorten. Abwechselnde Pendelarrangements mit dem Partner/der Partnerin, die in der Tabelle aufgrund der Korrelation mit der Pendelhäufigkeit nicht zusätzlich ausgewiesen sind, werden deshalb von ihnen auch am häufigsten praktiziert. Mit der Periodizität des Pendelns zwischen den Wohnorten hängen die beobachteten Geschlechterdifferenzen in der subjektiven Wich-

---

[122] Mithilfe des Single-Linkage-Verfahrens wurde ein Ausreißer identifiziert und ausgeschlossen. Die verbleibenden Fälle (n = 157) wurden dann mit dem Ward-Algorithmus und der quadrierten Euklidischen Distanz als Proximitätsmaß gruppiert. Die Ergebnisse der Clusteranalyse werden an dieser Stelle nur deskriptiv wiedergegeben. Die Mittelwerte der Faktoren sind für die Cluster in der Anhang-Tab. 4 abgebildet.

tigkeit der Ausstattungsmerkmale der Zweitwohnung zusammen, die in Bezug auf ein Arbeits-/Gästezimmer, ein komfortables Bad und einen Balkon/eine Terrasse in Tabelle 6.17 zu erkennen sind (p = 0,05). Über die Periodizität des Pendelns hinaus übt das Geschlecht keinen eigenständigen Effekt auf die Wohnungsansprüche am Zweitwohnsitz aus.

Tabelle 6.19: Gruppen mit spezifischen Wohnungsansprüchen am Zweitwohnsitz nach signifikanten Merkmalen

		Referenzgruppe 1: überdurchsch. Wohnungsansprüche			Referenzgruppe 2: hohe Ansprüche an Freizeit- u. Nutzungsqualität		
		B	SE(B)	Exp(B)	B	SE(B)	Exp(B)
unterdurchsch. Wohnungsansprüche	Alter (in Jahren)	0,070 *	0,039	1,073	-0,001	0,028	0,999
	Anzahl Personen im HH[1]	0,224	0,306	1,251	0,378 *	0,215	1,459
	wöchentliches Pendeln (ja)	0,796 *	0,577	2,217	-0,448	0,459	0,639
	HH-Nettoeinkommen (z)	-0,927 ***	0,342	0,396	-0,410	0,259	0,664
	Dauer d. multilok. Lebensform (Jahre)	-0,149	0,102	0,862	-0,196 **	0,083	0,822
hohe Ansprüche an Freizeit- u. Nutzungsqualität	Alter (in Jahren)	0,071 **	0,034	1,074	-	-	-
	Anzahl Personen im HH	-0,154	0,291	0,857	-	-	-
	wöchentliches Pendeln (ja)	1,244 **	0,505	3,469	-	-	-
	HH-Nettoeinkommen (z)	-0,517 *	0,298	0,596	-	-	-
	Dauer d. multilok. Lebensform (Jahre)	0,047	0,081	1,048	-	-	-

Modellgüte:
Chi Quadrat-Werte (df): Modell 29,79(12), Alter 5,26(2), [Personen im Haushalt 3,35(2)], Dauer der multilokalen Lebensform 6,48(2), wöchentliches Pendeln 6,53(2), Haushaltsnettoeinkommen 8,23(2), -2 Log-Likelihood für Gesamtmodell: 260,269
N = 157, dargestellt sind logistische Regressionskoeffizienten.
Kontrollvariable: Geschlecht, Signifikanzniveau: * = 10 %, ** = 5 %, *** = 1 %.
[1] Für das Gesamtmodell ist der Effekt nicht signifikant.
Lesebeispiel: Befragte mit unterdurchschnittlichen Wohnungsansprüchen (erster Block in Zeile) haben gegenüber Befragten mit überdurchschnittlichen Wohnungsansprüchen (Referenzgruppe 1 in Spalte) ein geringeres Haushaltsnettoeinkommen.
Quelle: eigene Auswertung

Shuttles mit überdurchschnittlich hohen Wohnungsansprüchen am Zweitwohnsitz zeichnen sich des Weiteren gegenüber den beiden anderen Gruppen mit geringeren Wohnungsansprüchen durch ein jüngeres Alter und ein höheres Haushaltsnettoeinkommen aus. Der Zusammenhang mit dem Alter erklärt sich damit, dass zum einen Frauen häufiger in diese Gruppe fallen und zum anderen männliche (ältere) Shuttles in einer Lebensgemeinschaft mit Kind tendenziell geringste Ansprüche an die Zweitwohnung haben, wie anhand des (schwachen) Einflusses der Anzahl der Personen im Haushalt zu erkennen ist. Zugleich unterstreicht dieses Ergebnis die besondere Wohnsituation beruflich motivierter multilokaler Haushalte, da am Zweitwohnsitz nicht mit zunehmendem Alter die Wohnungsansprüche steigen.[123]

Befragte mit unterdurchschnittlichen Wohnungsansprüchen an die Zweitwohnung fallen gegenüber Shuttles mit höheren Ansprüchen an die Freizeit- und Nutzungsqualität durch eine signifikant kürzere Dauer der multilokalen Lebensform auf. Allerdings spiegelt sich dieser Effekt nicht in den Vorstellungen über die Fortdauer der multilokalen Haushaltsorganisation wider, so dass nicht davon auszugehen ist, dass diese Befragten eine kleine und schlechter ausgestattete Wohnung präferieren, da sie den Zweitwohnsitz nicht mehr lange aufrechterhalten wollen. Daraus lässt sich vielmehr die Vermutung ableiten, dass mit zunehmender Dauer der multilokalen Lebensform die Ansprüche an die Freizeit- und Nutzungsqualität der Zweitwohnung am Arbeitsort steigen.

6.6.4 Eine Typenbildung für das Wohnen am beruflichen Zweitwohnsitz

Wird die soeben erfolgte Typisierung nach Ansprüchen an die Zweitwohnung mit der Gruppenbildung nach der objektiven Wohnungsausstattung (Kap. 6.6.1) kreuztabelliert, ergibt sich eine sehr gute Übereinstimmung der Gruppen auf der inhaltlich-interpretativen und statistischen Ebene.[124] Insgesamt können fünf *Wohntypen* ermittelt werden, davon stimmen bei drei Wohntypen die Wohnungsansprüche mit der objektiven Wohnsituation überein:

Typ 1: hohe Wohnungsansprüche und große, gut ausgestattete Zweitwohnung
Typ 2: geringe Wohnungsansprüche und sehr kleine, einfache Zweitwohnung
Typ 3: hohe Wohnungsansprüche an Freizeit- und Nutzungsqualität und kleine Zweitwohnung mit hohem Freizeitwert.

Wie sich anhand der Analysen zur Wohnoptimierung andeutete, ist darüber hinaus eine weitere Gruppe relevant, die sich Ihre Wohnbedürfnisse am beruflichen Zweitwohnsitz nicht erfüllen kann:

---

[123] In der Gesamtstichprobe ist ein Zusammenhang zwischen dem Alter und der Wertigkeit eines weiteren Raums zur Nutzung als Gästezimmer und eines Gäste-WCs unter Konstanthaltung der Effekte des Geschlechts, der Haushaltsform (gemeinsamer Haushalt mit Partner/in, Kind im Haushalt), des Pro-Kopf-Einkommens und der Stellung im Beruf auf dem 1 % Signifikanzniveau zu beobachten.

[124] Chi Quadrat-Wert (df) = 33,354 (4), Cramers V = 0,327;, n = 156.

Typ 4: defizitäre Wohnungsoptimierung.

Diese mangelnde Bedürfnisrealisierung zeigt sich dabei insbesondere bei Befragten mit höheren Ansprüchen an die Freizeit- und Nutzungsqualität und geringen Anforderungen an die Wohnfläche/den Wohnungsgrundriss, die zu einem Teil nur in sehr kleinen und gering ausgestatteten Wohnungen am Zweitwohnsitz leben und folglich ihre Ansprüche an den Freizeitwert und die Nutzungsvielfalt der Zweitwohnung nicht verwirklichen können.

Daneben gibt es ferner eine Gruppe, bei denen die objektive Wohnungsausstattung die subjektiven Wohnansprüche übersteigt:

Typ 5: besser ausgestattete Zweitwohnung als gewünscht.

Die meisten wohnen in großen, gut ausgestatteten Wohnungen, legen aber wenig Wert auf wohnflächenbezogene Merkmale wie ein Gäste-WC oder ein separates Arbeitszimmer. Diese Gruppe wäre aus wohnungswirtschaftlicher Sicht von besonderem Interesse, wenn die Befragten eine kleinere und einfachere Wohnung nicht finden konnten und sich deshalb für eine größere und besser ausgestattete (also: teurere) Zweitwohnung entscheiden mussten. Allerdings führt nur ein Befragter als Grund für die Unzufriedenheit mit der Wohnung beim Zuzug in das Befragungsgebiet eine zu große Wohnung an.

Welche charakteristischen Merkmale diese Wohntypen auszeichnen, ist in Tabelle 6.20 zusammengefasst. Aufgrund geringer Gruppengrößen können nicht alle Gruppen unter Kontrolle wechselseitiger Effekte auf spezifische Merkmalsausprägungen untersucht werden.[125] Die Analyse charakteristischer Merkmale muss sich deshalb für die Gruppe mit hohen Wohnungsansprüchen und einer sehr gut ausgestatteten Zweitwohnung (Typ 1), Shuttles mit geringen Wohnungsansprüchen und einer sehr kleinen, gering ausgestatteten Zweitwohnung (Typ 2) und für Personen in einer besser ausgestatteten Zweitwohnung als gewünscht (Typ 5) auf deskriptive Beschreibungen beschränken. Angesichts der zuvor getesteten Einflüsse auf die Ausstattung der Zweitwohnung und auf die Wohnungswünsche lassen sich zumindest für die Wohntypen 1 und 2 Rückschlüsse auf Zusammenhänge mit anderen Einflussgrößen gut herleiten.

Um charakteristische Merkmale der Wohntypen weiter zu präzisieren und die Ergebnisse zu interpretieren, wurden vertiefende Interviews mit n = 20 Shuttles des postalischen Samples geführt (siehe Kap. 6.1). Die qualitativen Interviews streuen über alle Wohntypen:

---

[125] Logit-Modelle sollten nach Backhaus et al. (2006: 480) eine Gruppengröße von n = 25 nicht unterschreiten.

- Wohntyp 1: zwei Frauen
- Wohntyp 2: sieben Interviews, davon fünf Männer
- Wohntyp 3: fünf Männer
- Wohntyp 4: drei Frauen
- Wohntyp 5: drei Interviews, davon zwei Frauen.

Anhand der Auswahl von „typischen" Fällen, die zufällig für die einzelnen Wohntypen aus dem Sample ausgewählt wurden, und der Datenauswertung der qualitativen Interviews werden im Folgenden Merkmale und Wohnweisen der ermittelten Wohntypen durchleuchtet.

Tabelle 6.20: Wohntypen am Zweitwohnsitz nach Merkmalen von Shuttles

	Typ 1 hohe Ansprüche u. große Wohnung[1]	Typ 2 geringe Ansprüche u. einfache Wohnung[1]	Typ 3 hohe Ansprüche an Freizeit-/ Nutzungsqualität erfüllt[2]	Typ 4 defizitäre Wohnungsoptimierung[2]	Typ 5 besser ausgestattet als gewünscht[1]
Frauen (%)	53	23	30	47	55
DCC-Paar*Frauen (%)	-	-	23	54	-
gemeinsamer HH mit Partner/in (%)	77	68	68	47	50
Pro-Kopf-Einkommen (Median in EUR)	1791	1438	1750	1625	-
wöchentliches Pendeln (in %)	27	71	66	63	32
in der Regel pendelt d. Befragte (%)	31	82	74	56	23
Dauer d. multilokalen Lebensform (Mittelwert in Jahren)	3,7	2,5	4,0	3,7	3,7
befristeter Arbeitsvertrag (%)	18	36	14	22	14
Hauptwohnung am Arbeitsort (%)	29	5	7	8	14
Wohneigentum Zweitwohnsitz (%)	29	0	16	2	9
Wohneigentum Haupthaushalt (%)	69	55	58	45	73
n	17	22	44	51	22

[1] deskriptive Signifikanztests (Chi Quadrat-Test bzw. exakter Test nach Fisher, T-Test)
[2] Kontrollvariablen: Alter (Jahre), kein/e Partner/in, Kind im Haushalt
<u>Schattiert</u>: Signifikanzniveau = 10 % (wegen geringer Fallgrößen).
Quelle: eigene Auswertung

Wohntyp 1: Hohe Wohnungsansprüche und große, gut ausgestattete Zweitwohnung

Befragte, die ihre hohen Wohnungsansprüche am Zweitwohnsitz verwirklichen können, zeichnen sich gegenüber den anderen Wohntypen durch das Leben in einer Lebensgemeinschaft, selbstgenutztes Wohneigentum am Zweitwohnsitz und einer geringeren Wahrscheinlichkeit für wöchentliches Pendeln aus. Häufig pendelt der Partner/die Partnerin an den beruflich genutzten Wohnsitz der Befragten. Shuttles mit einem „besonderen Wohnarrangement", die von der formalen Hauptwohnung ihre Arbeitsstätte aufsuchen und am formalen Nebenwohnsitz in einer Lebensgemeinschaft leben (siehe Kap. 6.3.3), fallen häufiger in diese Gruppe. Aufgrund der Entstehungsbedingungen der multilokalen Haushaltsorganisation sind in diesen Fällen die Wohnbedingungen und Wohnansprüche an beiden Wohnsitzen sehr hoch:

> Der 31-Jährige hat seine Hauptwohnung in einer Kleinstadt im Rheinisch-Bergischen Landkreis nahe Köln. Seit zwei Jahren pendelt er zu seiner Partnerin nach Düsseldorf, wo er formell einen Nebenwohnsitz angemeldet hat. Zur Arbeit pendelt er weiterhin von der Hauptwohnung. Als Grund für das multilokale Leben führt er berufliche Gründe seiner Partnerin an, die Beamtin im gehobenen Dienst ist. Seit einem Jahr wohnen beide in Düsseldorf im selbstgenutzten Reihenhaus mit einer 130 qm großen Wohnfläche und einer sehr guten Ausstattung. Seine Ansprüche an die Wohnung am gemeinsamen Wohnsitz entsprechen den Ansprüchen an seine 78 qm große Eigentumswohnung nahe dem Arbeitsplatz. Mit Ausnahme einer separaten Küche sind ihm alle Ausstattungsmerkmale wichtig bis sehr wichtig. Seine Eigentumswohnung verfügt ebenfalls über eine sehr gute Freizeit- und Nutzungsqualität. Beide wechseln sich mit dem Pendeln ab, so dass er ungefähr alle zwei Wochen zu seiner Partnerin an den gemeinsamen Wohnsitz in Düsseldorf fährt. [1315]

In anderen Fällen sind es individuelle Lebensumstände, infolge derer die beruflich genutzte Nebenwohnung in die Hauptwohnung umgewandelt und umgekehrt der Haupthaushalt zum Zweithaushalt wird und sich sowohl die objektive Wohnungsausstattung als auch die subjektiven Wohnungswünsche an beiden Wohnsitzen kaum voneinander unterscheiden:

> Aufgrund einer Versetzung ist die 51-jährige Beamtin im höheren Dienst von Bonn nach Berlin gezogen. Sie ist verheiratet und hat zwei Kinder; das jüngere ist zwischen sechs und zwölf Jahre und das ältere über zwölf Jahre alt. Der Ehemann, der ebenfalls Beamter im höheren Dienst ist, kann aus beruflichen Gründen nicht mit nach Berlin ziehen. Ihr formal angemeldeter Hauptwohnsitz befindet sich in Berlin, wo sie in einem Mehrfamilienhaus in einer 200 qm Eigentumswohnung lebt. Die Wohnung verfügt über mehrere Zimmer und über eine hohe Freizeitqualität, was für sie alles sehr wichtige Ausstattungsmerkmale für beide Wohnungen sind. Sie wäre

allerdings in Berlin lieber in ein innerstädtisch gelegenes Einfamilienhaus gezogen. In Bonn lebt sie in einem selbstgenutzten Einfamilienhaus mit einer Wohnfläche von 150 qm. Zunächst ist sie zum gemeinsamen Wohnsitz nach Bonn gependelt. Diese Pendelsituation wurde von ihr persönlich als sehr negativ erfahren. Zurzeit pendelt ausschließlich ihr Mann nach Berlin. Ob die Kinder weiterhin in Bonn leben, mit nach Berlin gezogen sind oder zwischen beiden Wohnungen pendeln, lässt sich aus den Antworten nicht eindeutig ableiten. [381]

Der im Kapitel 6.6.1 beobachtete überdurchschnittlich hohe Wohnflächenverbrauch am beruflich genutzten Wohnsitz von weiblichen Shuttles mit Kindern ist folglich unter anderem darauf zurückzuführen, wie aus dem letztgenannten Fallbeispiel deutlich wird, dass die Kinder (zumindest teilweise) in dieser Wohnung leben.

Mit vergleichbar hohen Wohnstandards und -präferenzen an beiden Wohnorten verbinden sich bei den beiden Frauen, mit denen vertiefende Interviews geführt wurden, komplementäre Lebensstile. In der multilokalen Wohnsituation können urbane und ländliche Wohnpräferenzen kombiniert werden, wie bei einer freischaffenden Journalistin [1817], die aus beruflichen Gründen eine zweite Wohnung in Stuttgart eingerichtet hat. Eine Hierarchie der Wohnungen gibt es für sie nicht. Beide Wohnorte sind für sie die „passende Ergänzung" von großstädtischen Kultur- und Freizeitmöglichkeiten, die Stuttgart bietet, und dem Naturerleben im ländlichen Raum, auf das sie nicht verzichten möchte.

Wohntyp 2: Geringe Wohnungsansprüche und sehr kleine, einfache Zweitwohnung

Shuttles mit geringen Wohnungsansprüchen und einer diesen Wohnwünschen entsprechenden sehr kleinen, einfach ausgestatteten Zweitwohnung wohnen am Zweitwohnsitz ausschließlich zur Miete (einschließlich Untermiete). Das wöchentliche Pendeln zum Hauptwohnort ist vorherrschend, alternierende Pendelarrangements mit dem Partner/der Partnerin werden kaum praktiziert. Damit korrespondiert, dass signifikant mehr Männer als Frauen diesem Wohntyp zuzuordnen sind.

Innerhalb dieses Wohntyps lassen sich zwei Gruppen von Shuttles erkennen. Zum einen handelt es sich um verheiratete Männer in einer Lebensgemeinschaft mit Kind:

Seit fünf Jahren pendelt der 41-Jährige aus einer ländlichen Gemeinde in Nordrhein-Westfalen nach Düsseldorf. Am Familienwohnsitz wohnt er mit seiner Frau und zwei Kindern, beide über sechs Jahre alt, im selbstgenutzten freistehenden Einfamilienhaus. Das Haus bietet entsprechend der Wohnfläche von 173 qm eine große Nutzungsvielfalt, eine hohe Freizeitqualität und verfügt über einen Pkw-Stellplatz. All diese Ausstattungsattribute sind für ihn am Familienwohnsitz auch sehr wichtig. Ganz anders sind seine Wohnbedingungen und Wohnbedürfnisse am Zweitwohnsitz in Düsseldorf: Die teilmöblierte Mietwohnung befindet sich in einem Wohnhaus mit mehr als acht Wohneinheiten. Die sanitäre Ausstattung, der Wohnungszuschnitt, helle Räume und ein Balkon sind dort für ihn sehr unwichtig. Für die einfach ausgestattete Wohnung (ohne helle Räume, Balkon) bezahlt er monatlich 290 EUR bruttowarm. Er fährt die gut 140 km zum Familienwohnsitz wöchentlich. [899]

Zum anderen sind in dieser Gruppe ledige allein wohnende Männer und Frauen vertreten, die häufig einen befristeten Arbeitsvertrag haben:

Die 33-Jährige arbeitet in einer wissenschaftlichen Einrichtung in Thüringen. Sie ist in Teilzeit beschäftigt und nimmt sich seit vier Jahren für die Tage, an denen sie in Thüringen arbeitet (gegenwärtig Dienstag bis Donnerstag), ein Zimmer in einer Pension, für das sie pro Übernachtung 20 EUR bezahlt. Entsprechend einfach ist das 12 qm große Zimmer ausgestattet: nicht hell und ohne komfortables Bad. Aber mit Ausnahme der Belichtung und eines zusätzlichen Raums ist ihr die Ausstattung der Zweitwohnung auch nicht wichtig. Ihr jetziger Arbeitsvertrag ist auf zwei Jahre befristet. Erst vor drei Jahren hat sie ihren Hauptwohnsitz von Göttingen nach Berlin verlegt. Sie ist Single und lebt in Berlin in einer WG mit weiteren sechs Personen. Sehr wichtig sind für sie dort ein großen Raum > 30 qm, eine separate Küche und helle Räume. [937]

Die vier verheirateten Männer der zweiten Erhebungswelle beschreiben ihre Zweitwohnung als zweckmäßig und die Wohnungseinrichtung als rationalisiert. Aber nur bei einem der befragten vier Männer ist der Zweitwohnort ein Ort fehlender regelmäßiger sozialer Kontakte, fehlender Freizeitaktivitäten und ein Nicht-Ort für die Partnerin. So war die Nähe zu einer beleuchteten Joggingstrecke für einen Befragten genauso wichtig für die Wohnstandortwahl wie die Nähe zur Autobahn; zwei Befragte haben für Freizeitaktivitäten ein Fahrrad an den Zweitwohnsitz mitgenommen und Grillfeste mit den Nachbarn sowie die günstige Lage der Zweitwohnung für gemeinsame Wochenendausflüge mit der Partnerin werden als positive Nebeneffekte der multilokalen Wohnsituation wahrgenommen.

Bei jüngeren, ledigen Befragten mit befristeten Arbeitsverträgen sind es in erster Linie finanzielle Gründe, die nur einfache Wohnbedingungen am Zweitwohnsitz erlauben. Gleichwohl spielt die Befristung der Beschäftigung und insofern die zeitliche Perspektive der multilokalen Haushaltsorganisation eine bedeutende Rolle, wegen der für zwei Frauen nur möblierte Unterkünfte („ein möbliertes Zimmer") infrage kommen, um sich nicht einen Haushalt neu einrichten zu müssen. In einem anderen Fall sind es eher lebensphasen- und lebensstilbedingte Wohnpräferenzen, die sich auf die Wohnweise am beruflichen Zweitwohnsitz auswirken: Weil die Wohnpräferenzen weniger auf die Wohnung und vielmehr auf das Wohnumfeld gerichtet sind und sich das Sozialleben außerhalb der Wohnung konzentriert, ist die Aufenthaltsqualität der Zweitwohnung (z. B. die Ausstattung mit einem Balkon) nicht wichtig.

Das Pro-Kopf-Einkommen ist im Vergleich zu Shuttles mit anderen Ausstattungsgegebenheiten und Wohnungsansprüchen deshalb bei diesem Wohntyp insgesamt betrachtet unterdurchschnittlich, weil sich zum einen ledige Alleinwohnende mit einer beruflich genutzten Zweitwohnung häufig noch am Anfang ihrer Berufslaufbahn befinden und/oder in Teilzeit beschäftigt sind und deshalb einen geringeren Erwerbsarbeitsverdienst haben. Zum anderen sinkt für männliche Shuttles in einer Lebensgemeinschaft mit Kindern durch die Anzahl der Personen im Haushalt das ungewichtete Haushaltsnettoeinkommen pro Kopf.

Wohntyp 3: Hohe Wohnungsansprüche an Freizeit- und Nutzungsqualität und kleine Zweitwohnung mit hohem Freizeitwert

Für die Gruppe mit kleinen Zweitwohnungen, die sich ihre hohen Wohnungsansprüche an die Freizeit- und Nutzungsqualität erfüllen können, lässt sich die überdurchschnittliche Dauer der multilokalen Lebensform als besonderes Merkmal festhalten. Dieses Ergebnis unterstreicht die These, dass mit zunehmender Dauer des multilokalen Lebens die Ansprüche an die Freizeit- und Nutzungsqualität der Zweitwohnung steigen. Gut die Hälfte hat die multilokale Haushaltsorganisation gleich zu Beginn als längerfristig betrachtet und hat sich vermutlich wegen der antizipierten zeitlichen Perspektive der Lebensform gleich für eine besser ausgestattete Zweitwohnung entschieden. Für ein Drittel dieser Befragten übersteigt die Dauer der multilokalen Haushaltsorganisation die Wohndauer in der Zweitwohnung. Gründe hierfür könnten sein, dass die mit der Zeit gestiegenen Ansprüche an die Freizeit- und Nutzungsqualität der Zweitwohnung durch innerstädtische Umzüge angepasst worden sind, oder dass, wie bei einem Befragten des Telefonsamples [1188], zunächst einmal ein Zuzug in eine „Übergangswohnung" am neuen Arbeitsort erfolgte und ein Umzug in eine größere, besser ausgestattete Zweitwohnung gleich zu Beginn des Pendelns beabsichtigt war.

Auch in dieser Gruppe überwiegt das wöchentliche Pendeln zwischen den Wohnorten. Hinsichtlich der Haushaltsform ist auffällig, dass Männer dieses Wohntyps überwiegend in einer Lebensgemeinschaft ohne Kind leben:

> Der 57-Jährige lebt mit seiner Frau in einer ländlichen Gemeinde bei Darmstadt in Hessen. In der dortigen Hauptwohnung wohnt er seit 29 Jahren. Nach Düsseldorf ist er aufgrund einer innerbetrieblichen Versetzung gezogen, hat dort einen Nebenwohnsitz angemeldet und wohnt in der jetzigen Nebenwohnung seit vier Jahren. Ein

multilokales Leben führt er als Angestellter mit umfassenden Führungsaufgaben bereits seit acht Jahren. Die multilokale Haushaltsorganisation war damals bereits für eine längere, unbestimmte Dauer angedacht, sollte aber nicht dauerhaft sein. Wöchentlich pendelt er die gut 250 km zum gemeinsamen Wohnsitz, wo er im selbstgenutzten Einfamilienhaus mit einer Wohnfläche von 175 qm lebt. Das Haus verfügt über mehrere Zimmer, mindestens einen großen Raum über 30 qm, eine hohe Freizeitqualität, eine sehr gute sanitäre Ausstattung und einen Pkw-Stellplatz. All diese Ausstattungsmerkmale sind ihm für die gemeinsame Hauptwohnung wichtig bis sehr wichtig. Am Zweitwohnsitz in Düsseldorf wohnt er in einer 60 qm großen Mietwohnung in einem Wohnhaus mit mehr als acht Wohneinheiten. Die Wohnung verfügt über eine hohe Nutzungs- und Freizeitqualität (separate Küche, helle Räume, komfortables Bad, Balkon, Pkw-Stellplatz). Mit Ausnahme einer guten Belichtung ist ihm die Aufenthaltsqualität der Zweitwohnung sehr wichtig, wohingegen er für diese Wohnung zusätzliche Räume und ein Gäste-WC als sehr unwichtig erachtet. [904]

Sich in der Zweitwohnung wohl und wie zu Hause fühlen, ist für die fünf befragten Männer der zweiten Erhebungswelle, die alle in einer Lebensgemeinschaft ohne Kind leben, sehr wichtig. Dazu gehört z. B. ein „richtiges" (d. h. separates) Schlafzimmer, ein Balkon, um sich nicht „eingesperrt" zu fühlen oder um sich mit Bekannten zu treffen, eine separate Küche, damit das Geschirr aus dem Blickfeld ist und die Gerüche vom Kochen nicht stören, sowie die Einrichtung der Wohnung mit Pflanzen. Ein weiteres Kennzeichen sind häufige außerhäusliche Aktivitäten am Zweitwohnsitz und das Wahrnehmen der Stadt und der Region als Erlebnisraum („München ist lebbar."). Die außerhäuslichen Aktivitäten haben einen Einfluss auf die Wohnstandortwahl, wie zum Beispiel bei einem Befragten, der von Düsseldorf an den Hauptsitz des Unternehmens nach München versetzt wurde [105]. Für den Pendelweg benutzt er das Flugzeug, aber für die Wohnungssuche spielte die Lage der Wohnung zum Flughafen genauso wenig eine Rolle wie die Entfernung zur Arbeitsstätte. Er hatte gezielt eine Wohnung im landschaftlich attraktiven Münchener Süden gesucht, weil er eine naturnahe Wohngegend für seine regelmäßigen Sportaktivitäten bevorzugt. Für den Weg zur Arbeit benötigt er 35 Minuten und zum Ausgehen in der Innenstadt mit Kollegen legt er auch weite Wege zurück, aber wichtig ist für ihn, dass sich in nur 300 Meter Entfernung der Wohnung Wald- und Feldwege befinden.

Wohntyp 4: Defizitäre Wohnungsoptimierung

Für eine defizitäre Wohnungsoptimierung sind strukturelle Effekte angespannter Wohnungsmärkte bedeutsam. Bei einem hohen Mietpreisniveau wie in München ist zum Beispiel für eine Befragte bei der Wohnungssuche der Mietpreis wichtig gewesen, genauso wie die Anbindung an öffentliche Verkehrsmittel, weil sie am Zweitwohnsitz kein Auto zur Verfügung hatte. Andere Wohnkriterien wie die

Ausstattung der Wohnung mit einem Balkon und einem komfortablen Bad konnten bei dem gegebenen Wohnungsangebot nicht gestellt werden [670].

Befragte, die ihre Wohnungswünsche im Zweithaushalt nicht optimal verwirklichen können, wohnen am Zweitwohnsitz fast ausschließlich zur Miete und am anderen Wohnort weniger häufig als andere Shuttles im selbstgenutzten Wohneigentum. Männer und Frauen sind in diesem Wohntypus zu annähernd gleichen Anteilen vertreten. Auffällig viele Frauen leben in einer Partnerschaft, in der beide Partner hoch qualifiziert erwerbstätig sind. Für diese Frauen stellt die multilokale Haushaltsorganisation eine Übergangslösung dar; ein Großteil wird in absehbarer Zeit das Pendeln zwischen den Wohnorten beenden. In der Tat hatten alle drei befragten Frauen des Telefonsamples zum Zeitpunkt der zweiten Befragung das Shutteln beendet. Zwei Frauen hatten damals nicht beabsichtigt, über eine längere Dauer zu pendeln und hatten deshalb nicht versucht, ihre Wohnsituation an die höheren Ansprüche an die Freizeit- und Nutzungsqualität der Wohnung anzupassen. Eine Befragte wollte zunächst einmal nur versuchen, wie sie mit einer Nebenwohnung am Arbeitsplatz zurechtkommt, nachdem sie jahrelang täglich gependelt ist und diese Mobilitätsform wegen gesundheitlicher Probleme nicht mehr praktizieren wollte.

Der hoch qualifizierten Erwerbstätigkeit beider Partner im Haushalt entsprechend, sind Frauen, die sich ihre Wohnwünsche am Zweitwohnsitz nicht verwirklichen können, auffällig häufig in den vergangenen zehn Jahren überregional umgezogen[126] und verfügen aufgrund dessen wohl auch weniger als andere Shuttles über selbstgenutztes Wohneigentum:

> Vor knapp zwei Jahren ist die 29-Jährige aus einer kleinen Gemeinde bei Tübingen nach Stuttgart gezogen, wo sie mit ihrem Mann zusammenlebt. Ihre Arbeitsstätte befindet sich in einer ca. 80 km entfernten Mittelstadt in der Nähe von Tübingen, die sie nach dem Umzug nach Stuttgart beibehalten hat. Zunächst ist sie täglich von der Stuttgarter Wohnung zur Arbeit gependelt. Aber auf Dauer war die „Pendelei zu anstrengend", weshalb sie eine Nebenwohnung eingerichtet hat, die nur fünf Minuten von der Arbeitsstätte entfernt liegt. Die möblierte Mietwohnung ist 20 qm groß und verfügt über keinen Balkon, kein komfortables Bad und keine separate Küche, was ihr wichtig wäre. Aber zumindest ist die Wohnung hell, worauf sie sehr großen Wert legt. An den gemeinsamen Wohnsitz in Stuttgart pendelt sie wöchentlich, ab und zu kommt ihr Mann auch an ihren Nebenwohnsitz. Im Gegensatz zur kleinen, einfach ausgestatteten Zweitwohnung, verfügt die Stuttgarter Mietwohnung über einen Balkon und ein komfortables Bad, was ihr für den Haupthaushalt sehr wichtig ist. Lange wird sie nicht mehr multilokal leben, denn der nächste Umzug in eine andere Stadt steht bevor. Primär sind dafür berufliche Gründe des Partners entscheidend. [772]

---

[126] F-Wert (df) des deskriptiven Gruppenvergleichs = 2,549(4), p = 0,05.

Wohntyp 5: Besser ausgestattete Zweitwohnung als gewünscht
Befragte mit einer besser ausgestatteten Zweitwohnung als gewünscht wohnen überwiegend am Hauptwohnsitz im selbstgenutzten Eigentum. In Partnerschaften pendeln oft beide Partner. Gründe dafür, dass Shuttles in besser ausgestatteten Zweitwohnungen als gewünscht wohnen, sind zum einen auf strukturelle Effekte des Wohnungsmarktes zurückzuführen. In entspannten Wohnungsmärkten ist das Angebot groß, so dass eine Wohnung ausgewählt werden kann, die über Ausstattungsmerkmale verfügt, die eigentlich für die Zweitwohnung nicht wichtig sind: „In Berlin gibt es viele schöne möblierte Wohnungen." [69]

Zum anderen ist es die Veränderung der partnerschaftlichen Lebenssituation, durch die sich die Nutzung und Bedeutung der beruflichen Zweitwohnung ändert, wie bei einer Befragten, die mit dem Partner zwei Haushalte unterhält:

> Beide arbeiten seit sechs Jahren in Stuttgart bei demselben Arbeitgeber und haben dort eine gemeinsame Zweitwohnung eingerichtet. Der gemeinsame Hauptwohnsitz und der Schwerpunkt ihrer sozialen Beziehungen befinden sich in einer kleinen Gemeinde in der Nähe von Karlsruhe, wo beide aufgewachsen sind. Seit gut einem Jahr nimmt der Partner an einer Vollzeit-Weiterbildung an einem anderen Ort teil. Dort verbringt er die Tage unter der Woche und pendelt am Wochenende direkt zur gemeinsamen Hauptwohnung – einer Einliegerwohnung im Haus der Eltern der Befragten. Die Stuttgarter Nebenwohnung, zu der die Partner gegenwärtig nicht mehr pendelt, ist 80 qm groß. Die Zweitwohnung war für die Befragte „mal eine ganz normale Wohnung", aber nun nutzt sie diese Wohnung häufig nur noch als eine „Schlafstätte". Die große Wohnung „rentiert" sich nicht mehr, seit der Partner eine dritte Unterkunft hat. Beide versuchen seit Längerem, in ihre Herkunftsregion versetzt zu werden. Obwohl sie immer noch keine Gewissheit darüber haben, ob und wann sie versetzt werden können, haben sie beschlossen, im Herkunftsort ein Einfamilienhaus zu bauen. In Stuttgart wollen sie zukünftig nur noch ein „einfaches Zimmer" unterhalten. [49]

Anhand der statistisch erfolgten Wohntypisierung und der Fallbeispiele konnte die zuvor erfolgte „Querschnittsbetrachtung" der Eigenschaften der Zweitwohnungen und der Wohnungsnachfrage am Zweitwohnsitz weiter präzisiert und stärker kontextualisiert werden. Mit den clusteranalytischen Verfahren wurde das Ziel verfolgt, Shuttles mit einer ähnlichen Wohnungsausstattung und ähnlichen Wohnungspräferenzen am Zweithaushalt zusammenzufassen. Mit der Beschreibung von Einzelfällen sollten charakteristische Merkmale der Cluster möglichst gut abbildet werden. Bei der Auswahl „typischer" Fälle für die jeweiligen Wohntypen war insbesondere für verheiratete Männer in einer Lebensgemeinschaft mit Kind und einer sehr kleinen, einfachen Zweitwohnung (Wohntyp 2) sowie für Männer in einer Lebensgemeinschaft ohne Kind und einer kleinen Zweitwohnung mit hohem Freizeitwert (Wohntyp 3) die Ähnlichkeit der Sozialstrukturmerkmale innerhalb der Cluster beeindruckend. Damit bestätigt sich die Bedeutung dieser Wohntypen für das multilokale Wohnen von Shuttles.

Auf der anderen Seite weisen die dargestellten Fallbeispiele spezifische Problemlagen und Verhaltsmuster auf, die aus einer subjektorientierten Perspektive nicht als „typisch" für multilokales Wohnen bezeichnet werden können, wie die Beamtin im höheren Dienst, die in einer Lebensgemeinschaft mit Kindern lebt und in beiden Wohnungen im selbstgenutzten Eigentum wohnt [381], die junge Wissenschaftlerin, die an ihrem Arbeitsort improvisiert und im Haupthaushalt in einer WG lebt [937] und die Befragte, die aus beruflichen Gründen zwei Haushalte mit ihrem Mann unterhält [49]. Dadurch wird wiederum die Komplexität des berufsbezogenen multilokalen Wohnens offenbar, die von den Entstehungsbedingungen der multilokalen Lebensform und von der individuellen Lebenslage der Befragten (u. a. Erwerbstätigkeit in Partnerschaft, befristetes Beschäftigungsverhältnis) bestimmt wird.

Im folgenden Kapitel soll nun der Wohnstandort am Zweitwohnsitz näher in den Blick genommen werden. Zunächst werden die Ausstattung des Wohnumfelds und die Ansprüche an das Wohnumfeld untersucht.

6.6.5 Wohnstandort, Verkehrsanbindung und Eigenschaften des Wohnumfelds

6.6.5.1 Ausstattungsqualitäten des Wohnumfelds und Wohnumfeldansprüche

Ob und inwiefern Männer und Frauen, die berufsbedingt in einer multilokalen Haushaltsorganisation leben, an ihr Wohnumfeld am Haupt- und Zweitwohnort unterschiedliche Anforderungen stellen und welche besonderen Bedürfnisstrukturen in Bezug auf das Wohnumfeld von Shuttles am Zweitwohnsitz gegenüber erwerbstätigen Fernwandernden zu beobachten sind, wird in diesem Kapitel untersucht.

Die subjektiven Bewertungen der Ausstattungsqualitäten der Wohngegend wurden – wie die Wichtigkeit der Ausstattungsmerkmale der Wohnung – mithilfe einer 4er-Skala (sehr unwichtig bis sehr wichtig) gemessen (vgl. Kap. 6.6.3). In Tabelle 6.21 sind die prozentualen Anteile der Befragten dargestellt, denen die ausgewählten Eigenschaften der Wohngegend wichtig sind (wichtig und sehr wichtig zusammen). Die prozentualen Anteile für die Kategorie „sehr wichtig" werden nochmals separat aufgeführt. In der Tabelle werden ebenfalls signifikante Unterschiede der Ansprüche an das Wohnumfeld zwischen dem Haupt- und Zweitwohnort (siehe Umrahmung) sowie nach dem Geschlecht (siehe Schattierung) hervorgehoben. Zur Ermittlung signifikanter Unterschiede, die hier nicht im Einzelnen dokumentiert werden, siehe Kap. 6.6.3.

Eine Verknüpfung der subjektiven Wichtigkeit mit den objektiven Gebietseigenschaften am Zweitwohnsitz wird in Tabelle 6.22 vorgenommen. Daraus wird ersichtlich, welche Bedürfnisse verwirklicht („wichtig und vorhanden") und welche nicht befriedigt werden können („wichtig und nicht vorhanden"). Einflussgrößen auf die subjektive Wichtigkeit der Eigenschaften der Wohngegend am Zweitwohnsitz wurden mithilfe logistischer Regressionen ermittelt, deren Ergebnisse in Tabelle 6.23 dargestellt sind. Signifikant unterschiedliche Ansprüche an das Wohnumfeld von Shuttles mit einer beruflich genutzten Zweitwohnung in den Metropolen gegenüber erwerbstätigen Fernwandernden werden in Tabelle 6.24 gezeigt.

Tabelle 6.21: Anteile wichtiger Merkmale des Wohnumfelds für den Haupt- und Zweitwohnsitz nach Geschlecht

	Männer		Frauen	
	berufl. Zweitwohnsitz	Hauptwohnsitz	berufl. Zweitwohnsitz	Hauptwohnsitz
Geschäfte wichtig	91%	91%	98%	98%
darunter: sehr wichtig	42%	33%	56%	61%
Freizeit / Kultur wichtig	67%	79%	80%	94%
darunter: sehr wichtig	22%	20%	29%	31%
Gastronomie wichtig	62%	62%	77%	81%
darunter: sehr wichtig	20%	11%	23%	20%
grün wichtig	77%	94%	94%	98%
darunter: sehr wichtig	34%	47%	53%	63%
ruhig wichtig	90%	94%	90%	90%
darunter: sehr wichtig	42%	53%	46%	59%
gute Nachbarschaft wichtig	46%	68%	59%	66%
darunter: sehr wichtig	10%	24%	9%	19%
n	125	132	79	80

N schwankt minimal wegen fehlender Werte.
<u>Schattiert</u>: Höherer Anteil gegenüber anderem Geschlecht (p = 0,05), Kontrollvariablen: Alter (Jahre), Haushaltsform, Haushaltsnettoeinkommen.
<u>Fett umrahmt</u>: Weniger wichtig als am anderen Wohnort (p = 0,05).
Quelle: eigene Auswertung

Für die Ausstattungsqualitäten der Wohngegend am Zweitwohnsitz werden im Mittel höhere Werte als für die Eigenschaften der Zweitwohnung vergeben (vgl. Tab. 6.21 und Tab. 6.17). Während alle ausgewählten Ausstattungsmerkmale der Zweitwohnung unabhängig davon, ob die Befragten in einer Lebensgemeinschaft leben oder allein wohnen, im Durchschnitt weniger wichtig sind als am Hauptwohnort, fällt hinsichtlich der Merkmale der Wohngegend auf, dass die infrastrukturelle Ausstattung am beruflich genutzten Zweitwohnsitz gegenüber dem Hauptwohnsitz zum Teil etwas (aber nicht signifikant) häufiger als sehr wichtig bewertet wird. Das betrifft die Nähe zu Geschäften und Freizeit- und Kulturangeboten für Männer und zu gastronomischer Infrastruktur für beide Geschlechter.

Tabelle 6.22: Wohnumfeldoptimierung am beruflichen Zweitwohnsitz nach Geschlecht, prozentuale Anteile

	Männer	Frauen		Männer	Frauen
Geschäfte			**grün**		
wichtig + vorhanden	78%	89%	wichtig + vorhanden	61%	63%
wichtig + nicht vorhanden	13%	8%	wichtig + nicht vorhanden	17%	31%
n	126	83	n	118	80
Freizeit-/Kulturangebote			**ruhig**		
wichtig + vorhanden	56%	65%	wichtig + vorhanden	67%	60%
wichtig + nicht vorhanden	10%	16%	wichtig + nicht vorhanden	22%	29%
n	124	83	n	122	82
Gastronomie			**gute Nachbarschaft**		
wichtig + vorhanden	55%	66%	wichtig + vorhanden	21%	26%
wichtig + nicht vorhanden	6%	12%	wichtig + nicht vorhanden	23%	32%
n	215	83	n	119	78

Fett umrahmt: Geschlechterunterschied mit p = 0,05, Kontrollvariablen: Alter (Jahre), Haushaltsnettoeinkommen.
Schattiert: Höherer Anteil als am anderen Wohnort (p = 0,05).
Quelle: eigene Auswertung

Werden die Wertigkeiten an beiden Wohnorten weiter danach verglichen, an welchem Wohnort die subjektive Wichtigkeit höher ist, ergibt sich für Männer ein auffällig hoher Anteil von gut einem Fünftel, für den Geschäfte und Gastronomie am beruflich genutzten Zweitwohnsitz wichtiger sind als am Hauptwohnsitz. Ein grünes, ruhiges Wohnumfeld und ein gutes Nachbarschaftsgefüge sind Merkmale der Wohnumgebung, die sowohl für Männer als auch für Frauen am Hauptwohnsitz durchschnittlich wichtiger sind. Frauen legen darüber hinaus auch auf Freizeit- und Kulturangebote am Hauptwohnsitz im Querschnitt einen größeren Wert (siehe Tab. 6.21).

Von den ausgewählten Merkmalsausprägungen der näheren Wohnumgebung ist eine gute Versorgungsinfrastruktur für Frauen und Männer am Zweitwohnsitz durchschnittlich am wichtigsten. In den meisten Fällen ist eine gute Versorgungsinfrastruktur auch vorhanden (siehe Tab. 6.22), so dass Shuttles in der großen Mehrzahl am Zweitwohnsitz nicht in reinen Wohngebieten leben. Dabei wird für Frauen und Männer eine wohnungsnahe Versorgungsinfrastruktur am Zweitwohnsitz mit zunehmender Dauer der multilokalen Lebensführung wichtiger, wie in Tabelle 6.23 zu erkennen ist. Zugleich ist die Versorgungsstruktur der näheren Wohngegend am Zweitwohnsitz für wöchentliche Pendler/innen weniger wichtig als für Shuttles, die weniger häufig zum anderen Wohnort fahren.

Tabelle 6.23: Einflussgrößen auf die Wichtigkeit von Wohnumfeldmerkmalen am beruflichen Zweitwohnsitz

	Geschäfte sehr wichtig[1]	Freizeit/ Kultur wichtig[2]	Gastronomie wichtig[2]	grün sehr wichtig[1]	ruhig wichtig[1]	Nachbarschaft wichtig[2]	Nachbarschaft wichtig[2]
	gesamt	gesamt	gesamt	gesamt	Männer	Frauen	Männer
	B	B	B	B	B	B	B
Geschlecht	0,140	0,385	0,467	**0,678**	-	-	-
Alter (Jahre)	-0,020	-0,002	-0,041	-0,003	0,017	0,006	0,042
Lebensgemeinschaft (ja)	-0,610	-	-0,428	-0,601	**1,220**	-0,652	-0,596
Kind im Haushalt (ja)	-0,243	-	-0,127	-0,272	-0,311	**2,418**	-0,658
Anzahl Personen im HH	-	**-0,656**	-	-	-	-	-
Pro-Kopf-Einkommen (z)	0,380	-	**0,556**	-0,180	0,404	0,216	-0,226
HH-Nettoeinkommen (z)	-	0,378	-	-	-	-	-
wöchentliches Pendeln	**-0,769**	**-0,774**	-0,475	**-0,900**	**-1,244**	0,528	0,136
Dauer d. Multilokalität (in Jahren)	**0,112**	**0,183**	0,088	-0,002	0,018	**0,349**	0,007
hoch qualif. erwerbstätig	-	0,571	**0,920**	-	-	-0,553	0,203
im Wohneigentum (Hauptwohnung)	-	-	-	-	-	-0,955	**-0,887**
n	192	189	185	185	114	70	106
Chi Quadrat-Wert (df)	30,7(10)	34,5(10)	33,7(11)	25,0(10)	14,2(6)	18,1(10)	18,9(10)
-2 Log-Likelihood	234,179	193,103	199,438	225,526	139,555	76,089	127,116

Dargestellt sind logistische Regressionskoeffizienten, Schattierung: p = 0,05.
[1] Kategorie "sehr wichtig" im Vergleich zu allen anderen Kategorien, Kontrollvariablen: Herkunftsort (Groß-, Mittel-, Kleinstadt/Landgemeinde), Wohneigentum (Zweitwohnung).
[2] Kategorien "sehr wichtig/wichtig" im Vergleich zu "wenig wichtig/sehr unwichtig", Kontrollvariablen <u>Gastronomie</u>: Herkunftsort (drei Kat.), Wohneigentum (Zweitwohnung), <u>Freizeit/Kultur</u>: Herkunftsort (drei Kat.), tatsächliche Wochenarbeitszeit (h), <u>Nachbarschaft</u>: Herkunftsort Großstadt (ja/nein), Anzahl überreg. Umzüge in vergangenen zehn Jahren
Quelle: eigene Auswertung

Tabelle 6.24: Wichtigkeit von Wohnumfeldeigenschaften, Shuttles und erwerbstätige Fernwandernde nach Geschlecht

Gastronomie wichtig[1] (Referenzkat.: wenig wichtig/sehr unwichtig)	Männer B	SE(B)	Exp(B)	Frauen B	SE(B)	Exp(B)
Kind im Haushalt (ja)	-0,482	0,263	0,617	-0,150	0,307	0,861
Pro-Kopf-Einkommen (stand.)	0,259 **	0,124	1,296	0,485 ***	0,124	1,624
Wohnlage (Referenzkat.: Innenstadtrand)						
Innenstadt	1,251 ***	0,236	3,493	0,447	0,235	1,564
Stadtrand	-0,050	0,253	0,952	-0,485	0,295	0,616
Shuttle (ja)	0,000	0,259	1,000	0,732 **	0,337	2,079
n	499			443		
Chi Quadrat-Wert (df)	67,161(7)			59,974(7)		
-2 Log-Likelihood	590,870			526,043		

Grün sehr wichtig (Referenzkat.: (wichtig/wenig wichtig/sehr unwichtig)	Männer B	SE(B)	Exp(B)	Frauen B	SE(B)	Exp(B)
Kind im Haushalt (ja)	0,236	0,256	1,266	0,587	0,310	1,799
Pro-Kopf-Einkommen (stand.)	0,097	0,110	1,102	-0,167	0,112	0,847
Wohnlage (Referenzkat.: Innenstadtrand)						
Innenstadt	-0,241	0,216	0,786	-0,754 ***	0,219	0,470
Stadtrand	0,536 **	0,246	1,708	0,469	0,288	1,599
Shuttle (ja)	-0,489 **	0,254	0,613	0,416	0,287	1,515
n	493			444		
Chi Quadrat-Wert (df)	20,353(7)			37,936(7)		
-2 Log-Likelihood	651,014			576,678		

Nachbarschaft wichtig[1] (Referenzkat.: wenig wichtig/sehr unwichtig)	Männer B	SE(B)	Exp(B)	Frauen B	SE(B)	Exp(B)
Kind im Haushalt (ja)	-0,035	0,251	0,965	0,740 **	0,310	2,096
Pro-Kopf-Einkommen (stand.)	-0,201	0,107	0,818	-0,048	0,107	0,954
Wohnlage (Referenzkat.: Innenstadtrand)						
Innenstadt	-0,189	0,206	0,828	-0,498 **	0,213	0,608
Stadtrand	0,322	0,248	1,380	-0,290	0,278	0,749
Shuttle (ja)	-0,916 ***	0,232	0,400	-0,225	0,268	0,798
n	524			470		
Chi Quadrat-Wert (df)	31,177(7)			19,116(7)		
-2 Log-Likelihood	690,463			615,102		

* Nur Bewertung für Wohnung in Metropolen; für Shuttles beruflicher Zweitwohnsitz. Dargestellt sind logistische Regressionskoeffizienten; Kontrollvariablen: Alter (Jahre), gemeinsamer Haushalt mit Partner/in.
Signifikanzniveau: ** = 5 %, *** = 1 %.
[1] Kategorien „sehr wichtig" und „wichtig" zusammen.
Quelle: eigene Auswertung

Für männliche Shuttles ist das Kriterium „ruhig" im Querschnitt fast genauso wichtig wie eine gute Versorgungsinfrastruktur. Ein ruhiges Wohnumfeld ist am beruflich genutzten Zweitwohnsitz für diejenigen Männer wichtig, die nicht wöchentlich zum anderen Wohnort pendeln und in einer Lebensgemeinschaft ohne Kind leben (siehe Tab. 6.23). Das Bedürfnis nach einem ruhigen Wohnumfeld ist am Zweitwohnsitz sowohl für Männer als auch für Frauen schwieriger zu realisieren als eine gute infrastrukturelle Ausstattung der Wohngegend (siehe Tab. 6.22). Immerhin gibt mehr als jeder fünfte Mann und mehr als jede vierte Frau an, den Wunsch nach einer ruhigen Wohngegend nicht verwirklicht zu haben. Es handelt sich hierbei aber nicht um ein spezifisches Defizit des Wohnens von Shuttles am Zweitwohnsitz, sondern um ein allgemeines Problem großstädtischen Wohnens, wie der ebenfalls hohe Anteil in der Vergleichsgruppe erwerbstätiger Fernwandernder zeigt, für den die Wohngegend nicht ruhig genug ist.[127]

Mit dem Anspruch an ein ruhiges Wohnumfeld sind Bedürfnisse nach einer grünen Wohnumgebung eng verbunden. Die Bedeutung einer grünen Wohngegend ist für Shuttles an ihrem Zweithaushalt erstaunlich hoch (siehe Tab. 6.21). Gut die Hälfte wohnt an beiden Wohnorten in einem grünen Wohnumfeld. Lediglich ein Drittel gibt an, nur am Hauptwohnsitz in einer grünen Wohnumgebung zu wohnen. Die subjektive Wichtigkeit eines grünen Wohnumfelds am Zweitwohnort ist von der Periodizität des Pendelns zwischen den Wohnorten abhängig (siehe Tab. 6.23). So hat für Shuttles, die jede Woche an den anderen Wohnort fahren, ein grünes Wohnumfeld am Zweitwohnsitz eine geringere Bedeutung als für Shuttles, die sich häufiger am Wochenende am Zweitwohnsitz aufhalten. Dabei präferieren Frauen unter Kontrolle sozialstruktureller Merkmale und unabhängig davon, ob sie wöchentlich zum Hauptwohnsitz pendeln, am Zweitwohnsitz eher ein grünes Wohnumfeld als Männer. Männlichen Shuttles ist ein grünes Wohnumfeld am Zweitwohnsitz in einer der Metropolen auch im Vergleich zu erwerbstätigen Fernwanderern signifikant weniger wichtig (siehe Tab. 6.24).

Knapp ein Drittel der Frauen kann den Wohnwunsch nach einem naturnahen Wohnumfeld am Zweitwohnsitz nicht erfüllen (siehe Tab. 6.22). Erwerbstätige Fernwanderinnen betrifft der nicht verwirklichte Wohnwunsch nach einem naturnahen Wohnumfeld gleichermaßen wie weibliche Shuttles,[128] so dass es

---

[127] In der Vergleichsgruppe erwerbstätiger Fernwandernder bewerten 27 % der Frauen (n = 393) und 21 % der Männer (n = 405) ihre Wohngegend als nicht ruhig genug.

[128] Von den erwerbstätigen Fernwanderinnen sehen 29,4 % (n = 388) ihren Wunsch nach einem grünen Wohnumfeld nicht verwirklicht. Der Anteil ist unter den Männern mit 22,7 % (n = 410) unter Kontrolle des Alters (Jahre), der Haushaltsform und des Haushaltsnettoeinkommens tendenziell geringer (p = 0,1).

sich folglich weniger um eine für Frauen aus der multilokalen Wohnsituation resultierende mangelnde Bedürfnisrealisierung handelt, sondern sich darin vielmehr Wohnbedingungen eines großstädtischen Lebens widerspiegeln, die (zugezogene) Frauen aufgrund ihrer höheren Ansprüche an eine grüne Wohngegend in stärkerem Maße betrifft als Männer.

Geschlechtsspezifische Wohnumfeldansprüche am Zweitwohnsitz sind gleichwohl für die Wichtigkeit eines guten Nachbarschaftsgefüges zu erkennen (siehe Tab. 6.21). Insgesamt betrachtet nimmt das nachbarschaftliche Miteinander unter den ausgewählten Wohnumfeldmerkmalen sowohl für Frauen als auch für Männer den geringsten Stellenwert am Zweitwohnsitz ein. Zusammenhänge zwischen dem Sozialstatus und der subjektiven Wichtigkeit der Nachbarschaft, wie sie sich für die Vergleichsgruppe erwerbstätiger Fernwandernder beobachten lassen, sind für Shuttles am Zweitwohnsitz nicht relevant.[129] Nur gut jeder fünfte Mann und jede vierte Frau wohnt am Zweitwohnsitz in einem Wohngebiet mit einem guten Nachbarschaftsgefüge und schätzt dieses Wohnmerkmal (siehe Tab. 6.22). Mehr als jeder vierte Mann und knapp ein Drittel der Frauen würde jedoch am beruflichen Zweitwohnsitz gern in einer Wohngegend mit einem guten nachbarschaftlichen Gefüge wohnen. Für Frauen nimmt mit der Dauer der multilokalen Lebensform die Wahrscheinlichkeit zu, dass ein Wohngebiet mit einer funktionierenden Nachbarschaft am Zweitwohnsitz wichtig ist (siehe Tab. 6.23). Gleichwohl bewerten vor allem Frauen mit Kindern die Nachbarschaft als wichtig. Das hängt vermutlich damit zusammen, dass – wie anhand eines Fallbeispiels erläutert – in der beruflich genutzten Wohnung der Frauen auch die Kinder (zumindest zeitweise) leben. Von den männlichen Shuttles kann mehr als die Hälfte am Zweithaushalt auf eine gute Nachbarschaft verzichten. Gegenüber dem Vergleichssample legen sie damit am Zweitwohnsitz einen signifikant geringeren Wert auf das Nachbarschaftsgefüge (siehe Tab. 6.24). Dabei ist insbesondere für Männer, die im Haupthaushalt im selbstgenutzten Wohneigentum leben, am Zweitwohnsitz das nachbarschaftliche Gefüge in der näheren Wohngegend wenig wichtig (siehe Tab. 6.23). Von ihnen werden hinsichtlich der Nachbarschaft große Bedeutungsunterschiede zwischen dem Haupt- und Zweitwohnsitz gemacht:

„Die [Nachbarschaft] wäre mir sonst wichtig, aber da abstrahiere ich sehr stark. Normalerweise würde ich in so ein Haus nie ziehen." 50-jähriger Mann mit Zweitwohnung in München [105]

---

[129] Je höher die berufliche Stellung und je höher das Haushaltsnettoeinkommen, umso weniger wichtig ist eine funktionierende Nachbarschaft in der Vergleichsgruppe, oder anderes ausgedrückt: Bei fehlenden finanziellen Ressourcen werden wohnortnahe soziale Netzwerke wichtiger.

Angesichts der in empirischen Untersuchungen immer wieder betonten arbeitszentrierten Lebensweise von Shuttles an ihrem beruflich genutzten Wohnsitz überrascht, dass Kultur- und Freizeitangebote in der Wohngegend für fast die Hälfte wichtig und für immerhin jeden fünften Mann und mehr als jede vierte Frau sogar sehr wichtig sind (siehe Tab. 6.21). Mit dem wöchentlichen Pendeln sinkt die Wahrscheinlichkeit, dass Freizeit- und Kulturangebote am Zweithaushalt als wichtig bewertet werden (siehe Tab. 6.23). Des Weiteren ist ein Zusammenhang zwischen der Wertigkeit von Kultur- und Freizeitinfrastruktur und der Haushaltsform zu beobachten: Allein bzw. in getrennten Haushalten lebenden Shuttles ist eine gute Kultur- und Freizeitinfrastruktur in der Wohngegend am Zweitwohnsitz wichtiger als Shuttles in einer Lebensgemeinschaft. Den geringsten Wert auf Freizeit- und Kulturangebote in der näheren Wohngegend legen Shuttles in einer Lebensgemeinschaft mit Kind. Unabhängig von der Haushaltsform lässt sich sowohl für Männer als auch für Frauen erkennen, dass mit zunehmender Dauer der multilokalen Lebensform die Wertigkeit einer guten Kultur- und Freizeitinfrastruktur am Zweithaushalt steigt. Wie bereits gezeigt werden konnte, legen Befragte in kleinen Zweitwohnungen mit hohem Freizeitwert (Wohntyp 3), die sich im Sample durch eine überdurchschnittlich lange Multilokalitätsepisode auszeichnen, einen großen Wert auf außerhäusliche Aktivitäten am Zweitwohnsitz (Kap. 6.6.4.).

In Anbetracht des unter männlichen Shuttles auffällig hohen Anteils, für den gastronomische Angebote in der näheren Wohngegend am Zweitwohnsitz wichtiger sind als am Hauptwohnort, lässt sich vermuten, dass zumindest ein Teil am Zweitwohnsitz häufiger außer Haus isst als am Hauptwohnsitz. Für weibliche Shuttles werden spezifische infrastrukturelle Präferenzen am Zweitwohnsitz daran deutlich, dass sie gegenüber Fernwanderinnen für eine gute gastronomische Infrastruktur im näheren Wohnumfeld signifikant höhere Werte vergeben (siehe Tab. 6.24). Van der Klis und Karsten (2005: 8) kommen in ihrer qualitativen Studie in den Niederlanden zu dem Ergebnis, dass ein Teil der von ihnen befragten Shuttles in einer Lebensgemeinschaft bevorzugt in der Zweitwohnung zu Abend isst und der andere Teil stets außer Haus essen geht. Unter den Männern und Frauen der zweiten Erhebungswelle befindet sich allerdings nur ein Befragter, der überwiegend am Zweitwohnsitz außer Haus isst. Es handelt sich in diesem Fall weniger um einen bewusst gelebten außerhäuslichen Lebensstil oder um einen durch die multilokale Haushaltsorganisation induzierten Lebensstil und vielmehr um eine Lebensweise, die der Beruf (Führungsposition in der Automobilindustrie) mit sich bringt. Unter Kontrolle der beruflichen Stellung übt auch das Einkommen einen Effekt auf die subjektive Wichtigkeit von gastronomischen Angeboten in der Wohngegend am Zweitwohnsitz aus (siehe Tab. 6.23). Die Nachfrage nach Gastronomie im Wohnumfeld ist daher auch eine Frage finanzieller Möglichkeiten (siehe auch Tab. 6.24). Dass wiederum für mehr als ein Drittel der Männer und mehr als jede fünfte Frau Gastronomie im näheren Wohnumfeld am Zweithaushalt nicht wichtig ist, erklärt die große Bedeutung einer separaten Küche in der Zweitwohnung (siehe Tab. 6.17). Insgesamt betrachtet ist die Bedürfnisrealisierung bezüglich der infrastrukturellen Ausstattung des Wohnumfelds mit Geschäften, Gastronomie, Kultur- und Freizeitangeboten am beruflich genutzten Zweitwohnsitz sehr hoch einzuschätzen, wenngleich Frauen häufiger als Männer ihre Wünsche nach einer guten gastronomischen Infrastruktur in der näheren Wohngegend nicht verwirklicht sehen. Die geringen Fallzahlen erlauben keine verallgemeinerbaren Aussagen über die Bedürfnisrealisierung von Wohnumfeldmerkmalen für die einzelnen Befragungsgebiete, jedoch fallen leicht überdurchschnittliche Anteile einer mangelnden Bedürfnisrealisierung im Bereich der infrastrukturellen Ausstattung des Wohngebiets für Befragte mit einer Zweitwohnung in Stuttgart auf. Eine vergleichsweise gute Wohnoptimierung in Bezug auf ein grünes und ruhiges Wohnumfeld und ein gutes Nachbarschaftsgefüge lässt sich für München erkennen.[130]

Eine größere Diskrepanz zwischen den Bedürfnissen und der objektiven Ausstattung des Wohngebiets besteht für Frauen am beruflich genutzten Wohnsitz hinsichtlich der Kriterien: grün, ruhig und gutes Nachbarschaftsgefüge. Männliche Shuttles sehen im Vergleich zum Hauptwohnort im Durchschnitt nur ihre Bedürfnisse nach einer ruhigen Wohngegend unzureichend erfüllt (siehe Tab. 6.22). Gegenüber der Vergleichsgruppe lassen sich keine signifikant höheren Anteile mangelnder Bedürfnisrealisierung in den Metropolen beobachten, so dass es sich wahrscheinlich eher um eine spezifische Problemlage großstädtischen Wohnens als um ein Spezifikum multilokalen Wohnens handelt. So zeigt die laufende BBSR-Umfrage, dass die Zufriedenheit mit den Umweltbedingungen großräumig betrachtet von dem siedlungsstrukturellen Gemeindetyp und auf kleinräumiger Ebene von der städtischen Wohnlage abhängt und Bewohner/innen in Kernstädten und in Wohngebieten in Innenstadtlage mit ihrer Umweltsituation (u. a. Verkehrslärm) am unzufriedensten sind (BBR 2006: 20-25).

---

[130] In Stuttgart können 17,8 % (n = 8) der Shuttles ihren Wunsch nach einer guten Ausstattung der Wohngegend mit Geschäften nicht erfüllen. Der Anteil beträgt in den drei Metropolen in den alten Bundesländern (ohne Berlin) zusammen 8,5 %. Das Gleiche gilt für Freizeit- und Kulturangebote (16 % vs. 9,9 %). Am beruflichen Zweitwohnsitz in München können sich zwei Drittel ihren Wunsch nach einer grünen Wohngegend erfüllen; 16,7 % können diesen Wohnwunsch nicht realisieren. In den drei Metropolen zusammen betragen die Anteile 59,4 % und 25,8 %. Den Wunsch nach einer ruhigen Wohngegend können in München 71,4 % realisieren gegenüber 61,4 % in den drei Metropolen gesamt. Der diesbezügliche Anteil mangelnder Wohnoptimierung ist in München entsprechend geringer (18,4 % vs. 27,2 %). Das gute Nachbarschaftsgefüge ihrer Wohngegend am Zweitwohnsitz wissen in München 31,3 % zu schätzen gegenüber 21,6 % gesamt (ohne Berlin). Den Wunsch nach einer funktionierenden Nachbarschaft sehen in München 18,8 % nicht erfüllt gegenüber 28,1 % in den Metropolen gesamt (ohne Berlin).

Werden die Wohnumfeldansprüche mit den ermittelten Wohntypen für den Zweitwohnsitz zusammen betrachtet (vgl. Kap. 6.6.4), ergibt sich eine hohe Übereinstimmung der Präferenzstrukturen:[131]

- Shuttles mit geringen Wohnungsansprüchen und einer sehr kleinen, einfachen Zweitwohnung (Wohntyp 2) weisen im Großen und Ganzen auch die geringsten Ansprüche an das Wohnumfeld auf. Die deutliche Mehrzahl – also überwiegend wöchentlich Pendelnde – legt keinen Wert auf die infrastrukturelle Ausstattung der Wohngegend am Zweitwohnsitz mit kulturellen, gastronomischen und weiteren Freizeitangeboten. Ein gutes Nachbarschaftsgefüge ist keinem/r Befragten sehr wichtig.
- Befragte mit den höchsten Wohnungsansprüchen und einer großen Zweitwohnung (Wohntyp 1) stellen ebenso hohe Ansprüche an das Wohnumfeld wie an die Wohnung, sowohl was die infrastrukturelle Ausstattung als auch die nicht-urbanen Eigenschaften der Wohngegend (grün, ruhig, gutes Nachbarschaftsgefüge) betrifft.
- Befragte mit hohen Ansprüchen an die Freizeit- und Nutzungsqualität und einer kleinen Zweitwohnung mit hohem Freizeitwert (Wohntyp 3) haben ebenfalls hohe Ansprüche an eine gute Versorgungsinfrastruktur und ein grünes, ruhiges Wohnumfeld. Die Nachbarschaft ist deutlich weniger wichtig.
- Für die Gruppe mit einer defizitären Wohnoptimierung am Zweitwohnsitz (Wohntyp 4) zeigt sich auch hier eine Diskrepanz zwischen den hohen Ansprüchen an das Wohnumfeld und den objektiven Eigenschaften der Wohngegend in Bezug auf die Merkmale: naturnah und ruhig.

Zusammenfassend haben die Siedlungsstruktur des Wohnorts außerhalb des Befragungsgebiets und der dortige Wohnstatus einen geringen Einfluss auf die Wertigkeit des Wohnumfelds am Zweithaushalt, zumal für die subjektive Wichtigkeit der Ausstattungsqualitäten der näheren Wohngegend am Hauptwohnsitz die Siedlungsstruktur und der Wohnstatus bestimmend sind. Geschlechtsspezifische Wohnwünsche konnten bezüglich des Grünanteils und des nachbarschaftlichen Gefüges festgestellt werden. Jedoch wohnen Frauen am Zweitwohnsitz nach eigener Einschätzung nicht häufiger als Männer in naturnahen Wohngebieten und in einem Wohnumfeld mit einem guten nachbarschaftlichen Miteinander. Inwiefern aus dieser defizitären Bedürfnisrealisierung für Frauen eine größe-

---

[131] Für eine clusteranalytische Wohntypisierung, die über die Wohnungseigenschaften und Wohnungsbedürfnisse hinaus Wohnumfeldansprüche berücksichtigt, ist die Stichprobengröße zu gering bzw. die Summe fehlender Werte zu hoch. Deshalb wird an dieser Stelle eine Kreuztabellierung vorgenommen. Die Anteile wichtiger Wohnumfeldmerkmale am Zweitwohnsitz ist nach den fünf ermittelten Wohntypen in der Anhang-Tab. 5 dargestellt.

re Unzufriedenheit mit der Wohnsituation am Zweithaushalt resultiert, gilt es weiter in Kapitel 6.6.6 zu untersuchen.

In den folgenden Kapiteln wird die Betrachtung des Wohnstandorts am Zweitwohnsitz weiter vertieft, indem zunächst die subjektive Wichtigkeit der Verkehrsanbindung der Wohngegend und dann die städtische Wohnlage in den Blick genommen werden.

6.6.5.2 Wichtigkeit der Verkehrsanbindung am beruflichen Zweitwohnsitz

Im Fokus dieses Kapitels stehen subjektive Wichtigkeiten der Anbindung der Wohngegend am beruflich genutzten Zweitwohnsitz an den Nah- und Fernverkehr. Ausgehend von der Annahme, dass Erreichbarkeiten für distanzintensive multilokale Lebensformen eine prominente Rolle spielen, wird untersucht, ob die Anbindung der Wohngegend an den Fernverkehr gegenüber Fernwandernden, die mit dem gesamten Haushalt in die Befragungsgebiete gezogen sind, für Shuttles am beruflich genutzten Zweitwohnsitz an Bedeutung gewinnt.

Die Bewertung der Wichtigkeit der Verkehrsanbindung der Wohngegend erfolgte anhand der Vergabe von Rängen, die in absteigender Reihenfolge für Nahverkehrsmittel (Bus/Stadtbahn) und den Fernverkehr – differenziert nach Hauptbahnhof, Autobahn und Flughafen – vergeben werden sollten. Bei gleichwertiger Bedeutung konnte derselbe Rang mehrmals zugeordnet werden. Für die Wertigkeit der Verkehrserreichbarkeit liegen somit intervallskalierte Daten vor. Es war davon auszugehen, dass aus der subjektiven Wichtigkeit der Anbindung der Wohngegend an den Fernverkehr indirekt auf die Verkehrsmittelwahl für das Pendeln zwischen den Wohnorten geschlossen werden kann. Das Erhebungsinstrument enthält deshalb nicht die direkte Frage nach dem benutzten Verkehrsmittel. Diese Abwägung war der Methodik geschuldet, den Fragebogen so kurz wie möglich zu halten.

Bestimmungsgrößen für die Wichtigkeit der Verkehrserreichbarkeiten am beruflich genutzten Zweitwohnsitz wurden mithilfe linearer Regressionen ermittelt, deren Ergebnisse in Tabelle 6.25 dargestellt sind. Um der Frage nachzugehen, ob für Shuttles am beruflich genutzten Zweitwohnsitz die Verkehrsanbindung der Wohngegend wichtiger ist als für Fernwandernde, wurde des Weiteren die Gruppenzugehörigkeit als Einflussfaktor auf die Wertigkeit der Verkehrserreichbarkeiten in den Metropolen getestet. Dazu wurden nur Shuttles mit einem beruflich genutzten Zweitwohnsitz in den Metropolen und erwerbstätige Fernwandernde ausgewählt. Die Ergebnisse des Gruppenvergleichs sind in Tabelle 6.26 abgebildet.

Tabelle 6.25: Bestimmungsgrößen der Wichtigkeit der Verkehrsanbindung am beruflichen Zweitwohnsitz*

	Bus/ Stadtbahn gesamt B	Hbf. gesamt B	Autobahn gesamt B	Flughafen Männer B
Geschlecht (Frauen)	-0,165 **	-0,230 ***	0,119 *	-
Haushaltsnettoeinkommen (stand.)	0,260 ***	0,155	-0,015	-0,143
Gemeindetyp Wohnort außerhalb d. Befragungsgebiets (Referenzkat.: Großstadt)				
Mittelstadt	0,230 ***	0,112	-0,036	-0,080
Kleinstadt/Landgemeinde	0,224 ***	0,159 **	-0,284 ***	-0,279 **
Entfernung Haupt- und Nebenwohnung (km)	0,017	0,183 **	0,162 **	-0,212 **
Fachhoch-/Hochschulabschluss (ja)	0,085	-0,003	0,032	-0,241 **
Wirschaftsbranche: IuK/IT	-	-	-	-0,196 **
Befragungsgebiet:				
München	-0,227 ***	-	-	-
Düsseldorf	-	-	-0,152 **	-0,304 ***
Anzahl Tage pro Woche am Arbeitsplatz	-	-	-	0,181 *
R Quadrat korr.	0,15	0,06	0,16	0,20
n	194	190	194	89

* Für die Wichtigkeit der Verkehrsanbindung sind Ränge von 1 (= am wichtigsten) bis 4 (= am wenigsten wichtig) vergeben worden. Positive Koeffizienten bedeuten deshalb eine geringere Wertigkeit.
Dargestellt sind standardisierte Beta-Koeffizienten; Kontrollvariablen: Alter (Jahre), Personen im Haushalt, städtische Wohnlage am Zweitwohnsitz (drei Kategorien), wöchentliches Pendeln. Signifikanzniveau: * = 10 %, ** = 5 %, *** = 1 %
Quelle: eigene Auswertung

Wie die Ergebnisse in Tabelle 6.25 zeigen, wird die subjektive Wichtigkeit der Fernverkehrsanbindung am beruflich genutzten Zweiwohnsitz sowohl von raumstrukturellen Faktoren als auch von individuellen Merkmalen der Pendler/innen bestimmt. Raumstrukturelle Einflussfaktoren werden anhand der Siedlungsstruktur des Wohnorts außerhalb der Metropolen und der Distanz zwischen den Wohnorten deutlich. Auf individueller Ebene werden Erreichbarkeitspräferenzen für den Fernverkehr durch das Geschlecht bestimmt. Dabei sind unter Shuttles unabhängig von siedlungsstrukturellen Rahmenbedingungen lebenszyklische und sozioökonomische Determinanten für die Wichtigkeit der Verkehrsanbindung der Wohngegend deutlich weniger bedeutsam als in der Vergleichsgruppe.[132]

---

[132] In der Vergleichsgruppe nimmt mit steigendem Pro-Kopf-Einkommen die Bedeutung der Nähe zu einem Hauptbahnhof und öffentlichen Nahverkehrsmitteln zugunsten der Anbindung an Fernver-

Tabelle 6.26: Einflussgrößen auf die Wertigkeit der Verkehrsanbindung der Wohngegend, Shuttles und erwerbstätige Fernwandernde*

	Bus/Stadtbahn		Hauptbahnhof		Autobahn	
	B	B	B	B	B	B
Geschlecht (Frauen)	-0,131 ***	-0,141 ***	-0,079 **	-0,077 **	0,091 **	0,097 ***
Alter (Jahre)	-0,049	-0,046	-0,142 ***	-0,122 ***	0,080 **	0,096 ***
Anzahl Personen im HH	0,053	0,091 **	0,245 ***	0,198 ***	-0,232 ***	-0,241 ***
Pro-Kopf-Einkommen (z)	0,241 ***	0,239 ***	0,221 ***	0,210 ***	-0,210 ***	-0,210 ***
Shuttle aus:						
Großstadt	-0,041	-	-0,137 ***	-	0,066	-
Mittel-/Kleinstadt/ Landgemeinde	-	0,130 ***	-	-0,062	-	-0,077 ***
n	834	888	791	840	812	863
F-Wert (df)	11,895(5)	17,201(5)	15,003(5)	10,423(5)	11,652(5)	14,146(5)

* Für die Wichtigkeit der Verkehrsanbindung sind Ränge von 1 (= am wichtigsten) bis 4 (= am wenigsten wichtig) vergeben worden. Negative Koeffizienten bedeuten deshalb eine höhere Wertigkeit. Nur Befragte mit einer Wohnung in den Metropolen; für Shuttles berufliche Zweitwohnung.
Dargestellt sind standardisierte Beta-Gewichte, Signifikanzniveau: ** = 5 %, *** = 1 %.
Quelle: eigene Auswertung

Ein Vergleich der Wertigkeiten der Verkehrsanbindung der Wohngegend von Shuttles und erwerbstätigen Fernwandernden zeigt (siehe Tab. 6.26), dass die Erreichbarkeit eines Fernverkehrsbahnhofs für Shuttles, die zwischen einer der Metropolen und einer weiteren Großstadt pendeln, gegenüber erwerbstätigen Fernwandernden von größerer Bedeutung ist. Shuttles aus kleineren Städten und Landgemeinden bevorzugen gegenüber der Vergleichsgruppe Wohngegenden mit einer guten Anbindung an Autobahnen. Aus dem ländlichen Raum kommend, rangiert die Erreichbarkeit eines Hauptbahnhofs auf der Wertigkeitsskala für beide Wohnorte deutlich hinter Fernverkehrsstraßen. Dementsprechend ist für Befragte aus Kleinstädten und Landgemeinden am Zweitwohnsitz eine gute Anbindung der Wohngegend an Autobahnen wichtiger und an einen Hauptbahnhof weniger wichtig als für großstädtische Pendler/innen (siehe Tab. 6.25).

---

kehrsstraßen und einen Flughafen ab ($p < 0{,}01$). Damit korrespondiert, dass die Anbindung der Wohngegend an öffentliche Nahverkehrsmittel für erwerbstätige Fernwandernde mit einem Fachhoch-/Hochschulabschluss weniger wichtig ($p < 0{,}01$) und stattdessen die Erreichbarkeit eines Flughafens tendenziell wichtiger ist als Fernwandernden mit einem geringeren Ausbildungsabschluss. Die Nähe des Wohnquartiers zu Fernverkehrsstraßen ist für Paarhaushalte, Haushalte mit Kind und für jüngere Personen signifikant wichtiger ($p < 0{,}01$), wohingegen die Anbindung der Wohngegend an Hauptbahnhof und Flughafen für ältere Personen eine größere Rolle spielt ($p = 0{,}05$).

Obschon im Erhebungsinstrument nicht direkt die Verkehrsmittelwahl für das Pendeln zwischen den Wohnorten erfasst wurde, lässt sich daraus vorsichtig ableiten, dass Shuttles aus Kleinstädten und Landgemeinden selten mit dem Zug und häufig mit dem Pkw pendeln. Diese Vermutung wird dadurch unterstrichen, dass für Männer aus einer Kleinstadt oder Landgemeinde das Vorhandensein eines Pkw-Stellplatzes in der unmittelbaren Wohnumgebung am Zweitwohnsitz wichtiger ist als für Shuttles aus Mittel- und Großstädten (siehe Kap. 6.6.3). Generell nimmt die Bedeutung der Erreichbarkeit von Autobahnen mit steigender Entfernung zwischen den Wohnorten ab (siehe Tab. 6.25). Das erklärt wiederum, warum Shuttles mit einem Zweitwohnsitz in Düsseldorf einen größeren Wert auf die Anbindung an Autobahnen legen, denn wie gezeigt werden konnte, pendelt ein bedeutender Anteil der Shuttles mit einem Wohnsitz in Düsseldorf über auffällig geringe räumliche Distanzen zwischen den Wohnorten (siehe Kap. 6.5.1).

Insgesamt vergibt nur ein Fünftel der Befragten für die Erreichbarkeit eines Flughafens am Zweitwohnsitz die beiden höchsten Ränge. Die Wertigkeit unterscheidet sich dabei unter Konstanthaltung sozialstruktureller Merkmale nicht von derjenigen erwerbstätiger Fernwandernder. Generell wird mit steigender Entfernung zwischen den Wohnorten die Erreichbarkeit eines Flughafens am Zweitwohnsitz wichtiger.[133] Die geringe Bedeutung der Anbindung an einen Flughafen erklärt sich deshalb auch aus der starken räumlichen Verflechtung des Pendelns in den drei Metropolen München, Stuttgart und Düsseldorf mit Wohnorten innerhalb desselben Bundeslandes oder in benachbarten Bundesländern.

Unter den Männern lässt sich für den beruflichen Zweitwohnsitz ein bestimmter Typ ausmachen, für den die Anbindung der Wohngegend an einen Flughafen sehr wichtig ist: Dieser Typ pendelt aus einer Kleinstadt oder Landgemeinde in die Metropolen und hier insbesondere nach Düsseldorf, ist Akademiker und häufig im Bereich Informations- und Kommunikationstechnologien tätig. In diesem Wirtschaftsbereich wird wegen Projektarbeit und Kundenbetreuung für den Arbeitsweg sicherlich häufig das Flugzeug benutzt. Deshalb sind die Effekte auf die subjektive Wichtigkeit der Verkehrsanbindung durch die Anzahl der Tage pro Woche am Arbeitsplatz – als ein Indikator für varimobile Arbeit[134] – kontrolliert worden. In Düsseldorf befindet sich der Flughafen in räumlicher Nähe zur Innenstadt und zu einem Cluster von Firmenansiedlungen im Nord-Westen der Stadt (Golzheim). Beide Standorte sind vom Flughafen aus sehr gut

---

[133] In Tab. 6.25 ist nur das Regressionsmodell für Männer abgebildet, da unter Berücksichtigung von weiblichen Shuttles kein gutes Modell (p = 0,05) berechnet werden konnte. Für alle Shuttles beträgt das standardisierte Beta-Gewicht für den Effekt der Distanz auf die Wertigkeit der Erreichbarkeit eines Flughafens am Zweitwohnsitz B = 0,161 (p = 0,05) bzw. F(df) = 4,322(1).

[134] Das heißt für Tätigkeiten mit wechselnden Arbeitsorten.

mit öffentlichen Nah- und Fernverkehrsmitteln und dem Pkw zu erreichen. Sicherlich wird diese innenstadtnahe und verkehrsgünstige Lage des Flughafens im Vergleich zu dem in München in Stadtrandlage und in Stuttgart im Umland gelegenen Flughafen einen Einfluss auf die Benutzung des Flugzeugs für den Pendelweg haben.

Shuttles, die auch am Hauptwohnsitz in einer Großstadt wohnen, ist die Erreichbarkeit von öffentlichen Nahverkehrsmitteln wichtiger als Shuttles aus kleineren Städten und ländlichen Gemeinden (siehe Tab. 6.25), deren Wohngegend am Hauptwohnsitz in der Regel nicht an den Öffentlichen Personennahverkehr (ÖPNV) angebunden ist und die auch im Vergleich zu erwerbstätigen Fernwandernden in den Metropolen einen geringeren Wert auf die Erreichbarkeit von Bussen und Stadtbahnen legen (siehe Tab. 6.26). Das könnte zum einen mit der Pkw-Verfügbarkeit am Zweitwohnsitz zusammenhängen. Zum anderen könnten Shuttles, die zwischen Großstädten pendeln, auf dem Hintergrund ihrer Alltagserfahrungen eine größere Affinität zum Öffentlichen Personenverkehr besitzen (siehe Holz-Rau/Scheiner 2005: 67). Das wäre zugleich eine Erklärung dafür, dass Großstadt-Shuttles für das Pendeln zwischen den Wohnorten überzufällig häufig Schnellzüge benutzen. Somit ließe sich der Einfluss der Siedlungsstruktur des Wohnorts außerhalb des Befragungsgebiets auf die Wertigkeit der Erreichbarkeit des Fernverkehrs am Zweitwohnsitz nicht nur als räumlich-infrastruktureller Verfügbarkeitszwang (*capability constraint*) interpretierten (u. a. raumstrukturell bedingte Zugangsmöglichkeit zu Schnellzügen),[135] sondern darin könnten sich auch subjektive Affinitäten zu bestimmten Verkehrsmitteln widerspiegeln. In den Verkehrswissenschaften wurde das Lebensstilkonzept in den vergangenen Jahren zunehmend aufgegriffen (Scheiner 2006, Beckmann et al. 2006). Nach Götz (2007) sind Mobilitätsstile im ländlichen Raum auch nicht nur wegen der spärlichen Alternativen der Verkehrsmittelwahl dominant auf den Pkw orientiert, sondern weil das Auto dort ganz wesentlich soziale Integration symbolisiert. Laut der Kontinuierlichen Erhebung zum Verkehrsverhalten (KONTIV) 2002 entfallen zudem auf Agglomerationen mit herausragenden Zentren wie München und Berlin die höchsten absoluten und prozentualen Anteile von Personen mit einem Mobilitätsstil, der sich durch eine nahezu tägliche Nutzung des ÖPNV auszeichnet (Bundesministerium für Verkehr, Bau- und Wohnungswesen 2004: 158-159).

---

[135] Zur Erklärung des Verkehrsverhaltens aus handlungstheoretischer Sicht unterscheidet Hägerstrand (1970) in seinem aktivitätsbasierten Modell der *time geography* drei Arten von exogenen Restriktionen (*constraints*), die die raum-zeitlichen Handlungsmöglichkeiten von Personen einschränken: *capability*, *coupling* und *authority constraints* (Verfügbarkeits-, Verknüpfungs- und Zugänglichkeitszwänge).

Die Bedeutung der Nahverkehrsanbindung sinkt am Zweitwohnsitz mit steigendem Haushaltsnettoeinkommen (siehe Tab. 6.25). Mobilitätsstudien und Großerhebungen wie die Pendlerstatistik des Mikrozensus und KONTIV haben immer wieder den Einfluss des Einkommens auf das Pendelverhalten aufgezeigt (Statistisches Bundesamt 2005a: 63-64, Bundesministerium für Verkehr, Bau- und Wohnungswesen 2004: 32-33). Insofern handelt es sich hier nicht um eine spezifische Eigenschaft des Mobilitätsverhaltens von Shuttles, was dadurch bestätigt wird, dass dieser Zusammenhang auch für die Vergleichsgruppe erwerbstätiger Fernwandernder kontrolliert um Effekte des Geschlechts, des Alters und der Haushaltsform zu beobachten ist (adjustiertes $p < 0,01$). Darüber hinaus legen Shuttles mit einem Zweitwohnsitz in München einen größeren Wert auf öffentliche Nahverkehrsmittel in der näheren Wohngegend (siehe Tab. 6.25). Dazu wird sicherlich beitragen, dass München über ein sehr gut ausgebautes Nahverkehrssystem verfügt.

Unabhängig von der Siedlungsstruktur des Wohnorts außerhalb des Befragungsgebiets sind weiblichen Shuttles an ihrem beruflich genutzten Zweitwohnsitz eine gute Nahverkehrsanbindung in der näheren Wohnumgebung sowie die Erreichbarkeit eines Fernbahnhofs wichtiger als Männern (siehe Tab. 6.25). Männliche Shuttles bevorzugen tendenziell eher als weibliche Shuttles Wohnstandorte mit einer guten Erreichbarkeit von Fernverkehrsstraßen, so dass sich in den Präferenzstrukturen von Shuttles bekannte geschlechtstypische Muster des Verkehrsverhaltens widerspiegeln (Flade/Limbourg 1999, Statistisches Bundesamt 2005a: 61-70, Kramer 2005: 127-132). Auch in dem Vergleichssample erwerbstätiger Fernwandernder haben Frauen eine stärkere Präferenz für Wohngegenden mit einer guten Anbindung an Bus und Stadtbahn als Männer, die wiederum einen größeren Wert auf die Nähe zu Fernverkehrsstraßen legen (adjustiertes $p = 0,05$). Geschlechterspezifische Unterschiede in Bezug auf die Wertigkeit der Anbindung der Wohngegend an einen Hauptbahnhof lassen sich hingegen im Vergleichssample nicht beobachten. Als wichtigste Fernverkehrsanbindung in der näheren Wohnumgebung nennen großstädtische Pendlerinnen für beide Wohnorte einen Hauptbahnhof. Vor dem Hintergrund des Befundes, dass Frauen häufiger zwischen einer der Metropolen und einer Großstadt pendeln, liegt deshalb die Vermutung nahe, dass weibliche Shuttles insgesamt betrachtet häufiger als männliche Shuttles mit Schnellzügen pendeln.

Erreichbarkeiten sind in diesem Kapitel mit dem Fokus auf Wertigkeiten der Anbindung der Wohngegend an den Nah- und Fernverkehr untersucht worden. Es ist weiterhin zu erwarten, dass die Erreichbarkeit der Arbeitsstätte für Wohnstandortentscheidungen von Shuttles gegenüber anderen Zugezogenen eine besondere Bedeutung erfährt. Diesem Aspekt von Erreichbarkeit wird im Folgenden im Zusammenhang mit der städtischen Wohnlage nachgegangen.

6.6.5.3 Städtische Wohnlage und Wohnstandortentscheidung am Zweitwohnsitz

Über welche städtischen Wohnlagen sich Shuttles an ihrem beruflich genutzten Zweitwohnsitz verteilen und welche Präferenzen für bestimmte Wohnlagen zu erkennen sind, ist Gegenstand dieses Kapitels. Die städtischen Wohnlagen werden für den Zweithaushalt in Tabelle 6.27 sowohl für alle Shuttles des Samples als auch für diejenigen, die in den Befragungsgebieten den beruflich genutzten Zweitwohnsitz haben, dargestellt. Zum Vergleich sind die Wohnlagen von erwerbstätigen Fernwandernden in den Metropolen insgesamt und in Einpersonenhaushalten abgebildet.

Tabelle 6.27: Wohnlage von Shuttles am beruflichen Zweitwohnsitz im Vergleich zu erwerbstätigen Fernwandernden

			Shuttles*			Vergleichsgruppe: erwerbstätige Fernwandernde	
	gesamt	Arbeitsort in Metropolen	Stuttgart	Düsseldorf	München	gesamt	1-P-HH
Innenstadt	43,7%	45,6%	37,0%	50,7%	46,3%	37,7%	47,6%
Innenstadtrand	36,9%	39,0%	39,1%	40,0%	35,2%	41,9%	37,9%
am Stadtrand	19,4%	15,4%	23,9%	9,3%	18,5%	20,4%	14,5%
n	222	182	46	75	54	835	317

* Stichprobenumfang für Berlin zu gering.
Chi Quadrat-Wert (df) Spalte 2 und 6 = 4,575(2), Spalte 3 und 4 = 5,259(2)
Quelle: eigene Auswertung

Die Verteilung der befragten Shuttles über die drei städtischen Wohnlagen zeigt, dass der größte Anteil am Zweitwohnsitz in der Innenstadt wohnt. Die Konzentration auf innerstädtische Wohnstandorte ist bei ihnen deutlicher ausgeprägt als in der Gesamtstichprobe, denn insgesamt wohnen von den befragten Zugezogenen 38 % in den Metropolen in innerstädtischen Wohnlagen (siehe Anhang-Tab. 1). Aus dem deskriptiven Vergleich mit den städtischen Wohnlagen von erwerbstätigen Fernwandernden wird allerdings deutlich, dass sich in den Metropolen die Wohnstandorte von Shuttles und Fernwandernden insgesamt betrachtet und darüber hinaus auch differenziert nach Befragungsgebieten nicht überzufällig unterscheiden. In den Metropolen verteilen sich Shuttles in etwa wie erwerbstätige Fernwandernde in Einpersonenhaushalten über die städtischen Wohnlagen und damit zugleich wie junge, überregional sehr mobile allein wohnende Zugezogene mit einem Fernumzug.[136] Signifikante Unterschiede in der räumlichen Verteilung der Zweitwohnungen lassen sich für Düsseldorf im Vergleich zu Stuttgart erkennen (siehe Tab. 6.27). In Düsseldorf wohnen Shuttles am häufigsten in der Innenstadt, wohingegen in Stuttgart fast jede/r Vierte am Stadtrand wohnt.

Gegenwärtig leben in Großstädten in den alten Bundesländern nur 15 % und in den neuen Bundesländern (ohne Berlin) 16 % der Bevölkerung in der Innenstadt. Der größte Anteil wohnt mit 54 % in den alten Bundesländern und mit 46 % in den neuen Bundesländern am Stadtrand (Sturm/Meyer 2008: 30). Dieser Vergleich mit der räumlichen Verteilung städtischer Bevölkerung insgesamt verdeutlicht, dass die befragten Shuttles und erwerbstätigen Fernwandernden weit häufiger als die restliche Stadtbevölkerung in innerstädtischen Wohnlagen und seltener in Stadtrandlagen wohnen. Gegenüber erwerbstätigen Fernwandernden zeichnen sich Shuttles allerdings nicht – wie angenommen – durch eine (noch) stärkere räumliche Orientierung auf innerstädtische Wohnlagen am beruflich genutzten Zweitwohnsitz aus.

Angesichts der vor allem in den süddeutschen Metropolen angespannten Situation auf den Wohnungsmärkten war zu vermuten, dass Shuttles in innerstädtischen Wohnlagen höhere Mietkosten aufbringen müssen. Es lässt sich unter Kontrolle der Wohnfläche auch ein Zusammenhang zwischen den Mietkosten und der städtischen Wohnlage erkennen, jedoch nicht dergestalt, dass in innerstädtischen Lagen höhere Wohnkosten anfallen als in zentrumsferneren Lagen. Stattdessen ist die Bruttowarmmiete pro qm am Zweitwohnsitz für Shuttles insgesamt und auch für diejenigen mit einer Zweitwohnung in den Metropolen in Lagen im Innenstadtrand signifikant geringer als in anderen städtischen Wohnlagen. Für eine weitere Analyse der Mietkosten nach städtischer Wohnlage und Befragungsgebiet sind die Fallzahlen zu gering, jedoch lässt sich diese Tendenz in den drei Befragungsgebieten München, Stuttgart und Düsseldorf erkennen.[137] Denkbar ist folglich, dass Shuttles am Zweitwohnsitz aufgrund geringerer Wohnkosten Wohnungen im Innenstadtrand nachfragen.

Welche Einflussgrößen auf eine innerstädtische Wohnlage von Shuttles am beruflich genutzten Zweitwohnsitz zu beobachten sind und welche Präferenzen für einen Wohnstandort in Innenstadtlage sprechen, wird in Tabelle 6.28 anhand

---

[136] Erwerbstätige Fernwandernde in Einpersonenhaushalten zeichnen sich unter Kontrolle des Geschlechts gegenüber Fernwandernden in Mehrpersonenhaushalten durch ein jüngeres Alter und eine höhere Anzahl überregionaler Umzüge in den vergangenen zehn Jahren aus.

[137] Berlin wird aufgrund zu geringer Fallzahlen nicht berücksichtigt. Der Haupteffekt der binär codierten städtischen Wohnlage „Innenstadtrand (ja/nein)" auf die Bruttowarmmiete pro qm beträgt unter Kontrolle des Befragungsgebiets (Düsseldorf, Stuttgart, München) und der Wohnfläche der Zweitwohnung (in qm) $F(df) = 6,637(1)$, $p = 0,05$. Der Interaktionseffekt zwischen der Wohnlage und den Befragungsgebieten ist nicht signifikant ($F(df) = 1,972(2)$).

eines Logit-Modells dargestellt, in dem die abhängige Variable den Wert eins annimmt, wenn die Zweitwohnung in der Innenstadt liegt und alle sonstigen Wohnlagen im Innenstadtrand und am Stadtrand gleich Null sind. Aufgrund geringer Fallgrößen können in der Wohnstandortanalyse nicht alle drei städtischen Wohnlagen separat untersucht werden.

Tabelle 6.28: Shuttles mit einer beruflichen Zweitwohnung in Innenstadtlage nach signifikanten Merkmalen

Modell 1	B		SE(B)	Exp(B)
Weg zur Arbeitsstätte (Referenzkat.: <= 10 min)				
> 10 min und <= 15 min	-0,570		0,554	0,566
> 15 min und <= 30 min	-1,275	**	0,537	0,279
> 30 min	-1,227	**	0,586	0,293
wechselnde Arbeitsstätte	0,587		0,721	1,799
Eigenschaften des Wohnumfelds				
Gastronomie (Referenzkat.: vorhanden und wichtig)[1]				
vorhanden und nicht wichtig	-1,324	***	0,513	0,266
nicht vorhanden und nicht wichtig	-2,662	***	0,746	0,070
Grün (Referenzkat.: vorhanden und wichtig)[2]				
nicht vorhanden und wichtig	1,473	***	0,460	4,364
Modell 2 (wie Modell 1 ohne Mietkosten)				
Wohneigentum	-1,714	**	0,842	0,180
Chi Quadrat-Wert (df): Modell 1 = 97,616 (23), Modell 2 = 97,468 (25)				
-2 Log-Likelihood: Modell 1 = 192,569, Modell 2 = 192,718				

N = 212; dargestellt sind logistische Regressionskoeffizienten.
Kontrollvariablen: Geschlecht, Alter (Jahre), Pro-Kopf-Einkommen, Miete bruttowarm in EUR/qm (Modell 1), Wohnfläche in qm (Modell 2).
Signifikanzniveau: ** = 5 %, *** = 1 %.
[1] Kategorie "nicht vorhanden und wichtig" wird wegen zu geringer Besetzung nicht ausgewiesen.
[2] Kategorien "vorhanden und nicht wichtig/nicht vorhanden und nicht wichtig" werden wegen zu geringer Besetzung nicht ausgewiesen.
Quelle: eigene Auswertung

Bekanntlich wird der Handlungsspielraum für Wohnstandortentscheidungen durch Zwangsfaktoren eingeschränkt. Genauer wird das Wohnstandortverhalten durch das Wohnungsmarktangebot (u. a. räumliche Verteilung der Wohnungsbestände) und auf der individuellen Ebene durch die Verfügbarkeit von finanziellen Ressourcen, aber auch durch nicht-monetäre Zwangsrestriktionen wie den Zugang zu Informationen über den Wohnungsmarkt bestimmt (Kreibich/Petri

1982). Um auf Präferenzen für eine städtische Wohnlage schließen zu können, wurde deshalb die räumliche Verteilung von Shuttles an ihrem Zweitwohnsitz nach den objektiven Wohnmerkmalen (vorhanden/nicht vorhanden) in Verknüpfung mit der subjektiven Wichtigkeit (wichtig/nicht wichtig) unter Kontrolle des Pro-Kopf-Einkommens, der Mietkosten und der Wohnfläche untersucht.

In dem Sample verteilen sich Shuttles an ihrem beruflich genutzten Zweitwohnsitz weder nach soziodemographischen noch nach sozioökonomischen Merkmalen auf unterschiedliche städtische Wohnlagen. Im Vergleich dazu sind in der Gesamtstichprobe der Zugezogenen ohne weitere Wohnung (siehe Kap. 5) – wie aus der bisherigen Literatur zu erwarten war – deutliche Zusammenhänge zwischen sozialstrukturellen Merkmalen und dem Wohnstandort in den Metropolen zu erkennen: Jüngere Personen, Einpersonenhaushalte und Auszubildende wohnen überwiegend in Innenstadtlagen, Zugezogene in einer Lebensgemeinschaft mit Kind wohnen am häufigsten am Stadtrand. Hoch qualifiziert Erwerbstätige sind weniger am Stadtrand zu finden. Mit zunehmender Zahl überregionaler Umzüge in den vergangenen zehn Jahren nimmt die Wahrscheinlichkeit einer innerstädtischen Wohnlage zu. Gegenüber Zugezogenen mit einem Nahumzug wohnen Fernwandernde häufiger in der Innenstadt. Unter den Zugezogenen (Fern- und Nahwandernde zusammen) wohnen Frauen weniger häufig am Stadtrand.[138]

Wie die Ergebnisse in Tabelle 6.28 zeigen, tendieren Männer und Frauen, die am Zweitwohnsitz im Wohneigentum leben, zu einer Wohnlage im Innenstadtrand oder am Stadtrand. Dieses räumliche Muster ist allerdings weit überwiegend auf Befragte mit Zweitwohnsitz in München zurückzuführen, wo der Anteil Shuttles im selbstgenutzten Wohneigentum signifikant über dem Anteil in den anderen Befragungsgebieten liegt (siehe Kap. 6.6.1).

Eine deutliche Präferenz für innerstädtische Wohnstandorte ist auf das Vorhandensein von gastronomischen Einrichtungen zurückzuführen. Dafür muss ein Teil der Männer und Frauen einen Mangel an Grünflächen in der Wohngegend in Kauf nehmen. Daneben gibt es eine Gruppe von Shuttles mit einer Zweitwohnung in Innenstadtlage, denen ein grünes Wohnumfeld am Zweitwohnsitz nicht wichtig ist und die im Wesentlichen die infrastrukturelle Ausstattung innerstädtischer Wohngebiete schätzen. Shuttles in Wohnlagen außerhalb der Innenstadt sind gastronomische Angebote in der näheren Wohngegend signifikant weniger wichtig als Befragten mit einer Zweitwohnung in der Innenstadt. Die Nähe zu Geschäften ist hingegen auch für Shuttles in anderen Wohnlagen wichtig, allerdings bevorzugen Männer und Frauen mit einer Zweitwohnung im Innenstadtrand oder am Stadtrand häufiger ein grünes Wohnumfeld. Für mehr als die Hälf-

---

[138] Merkmale der Zugezogenen ohne weitere Wohnung sind differenziert nach den drei städtischen Wohnlagen in den Metropolen in der Anhang-Tab. 6 abgebildet.

te der Befragten in Stadtrandlage ist ein grünes Wohnumfeld am Zweitwohnsitz sehr wichtig (58 %).

In ihrer Präferenz für Kultur- und Freizeitinfrastruktur zeichnen sich Shuttles in innerstädtischer Wohnlage nicht gegenüber Shuttles mit einer Zweitwohnung außerhalb der Innenstadt aus. Daraus lässt sich schließen, dass sich Kultur- und Freizeitangebote nicht vordergründig auf die Entscheidung für einen Wohnstandort in Innenstadtlage auswirken. Für drei Viertel der befragten Shuttles sowohl in Innenstadtlage als auch in der weiteren Innenstadt sind Kultur- und Freizeitangebote in der Wohngegend wichtig bis sehr wichtig. Im Gegensatz dazu ist der Hälfte der Befragten in Stadtrandlage diese infrastrukturelle Ausstattung der Wohngegend am Zweitwohnsitz nicht wichtig.

Für Shuttles mit einem Wohnstandort in der Innenstadt ist des Weiteren eine kurze Wegedauer von der Zweitwohnung zur Arbeitsstätte kennzeichnend (Tab. 6.28). Im Durchschnitt benötigen sie 17,2 Minuten für den Arbeitsweg im Vergleich zu 24,9 Minuten für Shuttles in Wohnlagen außerhalb der Innenstadt.[139] Wie die Vergleichsanalysen zeigen, haben Shuttles mit einer Wohnung in innerstädtischer Lage in den Metropolen eine signifikant kürzere Wegedauer zur Arbeit als Fernwandernde in Einpersonenhaushalten in zentralen Wohnlagen (Tab. 6.29). Shuttles mit einem Wohnstandort außerhalb der Innenstadt unterscheiden sich hingegen in der Dauer des Arbeitsweges nicht von allein wohnenden Fernwandernden in gleicher Wohnlage. Die städtische Wohnlage ist damit sogleich für Shuttles die zentrale erklärende Variable für den Arbeitsweg (Tab. 6.30).

Tabelle 6.29: Vergleich der Dauer des Arbeitsweges (min) von Shuttles und allein wohnenden Fernwandernden

	gesamt	städtische Wohnlage in Metropolen	
		Innenstadt	außerhalb der Innenstadt
	B	B	B
Geschlecht (Frauen)	0,038	-0,026	0,093
Alter (Jahre)	-0,014	-0,006	-0,029
Shuttle (ja)	-0,066	-0,176 **	0,023
n	446	207	238
F(df)	-	2,212(3)	-

Dargestellt sind standardisierte Beta-Gewichte.
Signifikanzniveau: **= 5 %
Quelle: eigene Auswertung

---

[139] Standardabweichung für die Wegedauer von Shuttles in Innenstadtlagen = 15,2; von Shuttles in Wohnlagen außerhalb der Innenstadt SD = 17,9.

Tabelle 6.30: Determinanten der Wegedauer zur Arbeit (min) von Shuttles

	B	SE(B)
Geschlecht (Frauen)	0,106	2,806
Alter (Jahre)	-0,053	0,144
Pro-Kopf-Einkommen (stand.)	-0,077	1,428
hoch qualifiziert erwerbstätig (ja)	0,035	3,054
Zweitwohnung in Innenstadt (ja)	-0,194 ***	2,701
n	190	
F(df)	2,212(5)	

Dargestellt sind standardisierte Beta-Gewichte.
Signifikanzniveau: ***= 1 %
Quelle: eigene Auswertung

Ein Vergleich mit den aktuellsten repräsentativen Daten zum Personenverkehr („Mobilität in Deutschland" 2002) verweist ebenfalls auf eine unterdurchschnittliche Wegedauer von Shuttles mit einer zentral gelegenen Zweitwohnung zur Arbeit. In Kernstädten der alten Bundesländer benötigen Frauen durchschnittlich 22,9 Minuten und Männer 25 Minuten für den Arbeitsweg. Für die neuen Bundesländer ist die mittlere Wegedauer für Frauen mit 27,5 Minuten und für Männer mit 28,5 Minuten noch etwas höher (BBR 2007a: 125-128). Daraus lässt sich schließen, dass innerstädtisches Wohnen für Shuttles aufgrund kurzer Wege zur Arbeit eine prominente Rolle spielt.

Wie alle Zugezogenen in der Gesamtstichprobe, zeigen Shuttles mit einer Wohnlage am Stadtrand eher eine Tendenz zu Wohnstandorten guter Pkw-Erreichbarkeit: Für Befragte mit einer Zweitwohnung in Stadtrandlage ist die Erreichbarkeit von Fernverkehrsstraßen besonders wichtig[140] und diejenigen, die über einen Pkw-Stellplatz bzw. eine Garage am Zweitwohnsitz verfügen und dieses Wohnmerkmal als wichtig erachten, wohnen eher am Stadtrand.[141] Weitere Zusammenhänge zwischen der städtischen Wohnlage und der Wertigkeit der Verkehrsanbindung lassen sich nicht erkennen, was unter anderem darauf zurückzuführen ist, dass für einige die Fernverkehrserreichbarkeit vom Arbeitsplatz mindestens genauso bedeutsam ist wie von der Wohnung. So werden sicherlich, wie im Telefonsample, viele am Montag direkt vom Hauptwohnsitz – ohne einen Umweg über die Zweitwohnung – zur Arbeit fahren und am Freitag umgekehrt Fernbahnhof, Flughafen oder Fernverkehrsstraßen direkt von der Arbeitsstätte erreichen (vgl. Abb. 6.7).

---

[140] Mittelwert der Wichtigkeit der Erreichbarkeit von Autobahnen für Shuttles mit Zweitwohnsitz in Stadtrandlage M = 1,71 gegenüber M = 2,21 für Shuttles gesamt (F(df) = 4,84(2), p < 0,01).

[141] Gut die Hälfte der Befragten in Stadtrandlage verfügt über eine Parkmöglichkeit in der Nähe der Zweitwohnung und schätzt dieses Wohnmerkmal (54,3 % bzw. n = 19). Das trifft insgesamt nur auf 30,6 % der befragten Shuttles zu. Im Signifikanztest zwischen der städtischen Wohnlage (drei Kategorien) und der Wohnoptimierung (4 Kategorien) beträgt $X^2 = 15,76(6)$, p = 0,05.

6.6.6 Wohnzufriedenheit am Zweitwohnsitz

Nachdem die Wohngegebenheiten und Wohnpräferenzen untersucht worden sind, soll nun danach gefragt werden, wie zufrieden Shuttles mit ihrer Wohnsituation am beruflich genutzten Zweitwohnsitz sind und mit welchen Aspekten des Wohnens Shuttles unzufrieden sind.

Zufriedenheit bzw. Unzufriedenheit ist nach Ipsen (1978: 46) das Resultat aus dem Vergleich von Erwartungen mit der (wahrgenommenen) Realität. In Bezug auf die reale Wohnsituation hat Kapitel 6.6.1 gezeigt, dass die Ausstattungsqualität und Größe der Wohnungen am beruflichen Zweitwohnsitz durchschnittlich geringer sind als am Hauptwohnsitz. Dabei weist die Wohnqualität vor allem bei denjenigen, die im Haupthaushalt im Wohneigentum und am Zweitwohnsitz zur Miete wohnen, deutliche Unterschiede an den beiden Wohnorten auf. Diesen objektiven Ausstattungsdifferenzen entsprechend geben 61 % der Befragten an (n = 127), dass ihre Wohnsituation am Zweitwohnsitz eher schlechter bis viel schlechter als am Hauptwohnsitz ist.

Zugleich sind aber auch, wie in den Kapiteln 6.6.3 und 6.6.5.1 gezeigt wurde, die Erwartungen an die Wohnung und an das Wohnumfeld am beruflich genutzten Zweitwohnsitz im Mittel geringer als am Hauptwohnsitz. Dabei differieren die Wohnansprüche an den beiden Wohnsitzen – im Querschnitt betrachtet – insbesondere bei Shuttles in einer Lebensgemeinschaft. Das erklärt auch, warum trotz der bei vielen Befragten zu beobachtenden geringeren Wohnqualität am Zweitwohnsitz insgesamt recht hohe Zufriedenheitswerte erreicht werden: Knapp drei von fünf Männern und Frauen sind mit ihrer Wohnsituation am Zweitwohnsitz ziemlich zufrieden. Mehr als jede/r Vierte ist sogar sehr zufrieden (28 % der Männer und 30 % der Frauen).[142] Männer und Frauen unterscheiden sich nicht in ihrer Wohnzufriedenheit, so dass sich die höheren Anteile unter den Frauen, die ihre Ansprüche an die Wohnung und das Wohnumfeld am beruflichen Zweitwohnsitz nicht realisiert sehen (vgl. Tab. 6.18 und Tab. 6.22), sich nicht direkt auf die Wohnzufriedenheit auswirken.

---

[142] Im Fragebogen lautete die Frage nach der Wohnzufriedenheit wie folgt: „Wie zufrieden sind Sie – alles in allem – mit Ihrer Wohnsituation am Nebenwohnort?" Als Antwortmöglichkeiten wurde vorgegeben: sehr zufrieden, ziemlich zufrieden, wenig zufrieden und nicht zufrieden. Zuvor wurde zunächst nach der Wohnungsausstattung und dann nach der Anbindung der Wohngegend an den Nah- und Fernverkehr und der Ausstattung des Wohnumfelds gefragt, so dass davon ausgegangen werden kann, dass sich die subjektive Bewertung der Wohnsituation auf die Wohnung, das Wohnumfeld und die Verkehrsanbindung der Wohngegend bezieht.

Werden die nach Wohnungsausstattung und Wohnungspräferenzen ermittelten Wohntypen betrachtet (siehe Kap. 6.6.4), ergibt sich für die Wohnzufriedenheit am Zweitwohnsitz folgendes Bild: [143]

- Der Anteil von Shuttles, die mit ihrer Zweitwohnung sehr zufrieden sind, ist in der Gruppe mit den höchsten Wohnungsansprüchen und einer großen, gut ausgestatteten Zweitwohnung (Wohntyp 1) erwartungsgemäß am größten (41 % bzw. n = 7).
- Wiederum sind Shuttles, die ihre Ansprüche an die Zweitwohnung nicht verwirklichen können (Wohntyp 4), häufiger als andere Wohntypen wenig zufrieden mit ihrer Wohnsituation am Zweitwohnsitz (26 % bzw. n = 13).
- Shuttles mit geringen Wohnungsansprüchen und einer sehr kleinen, einfachen Zweitwohnung (Wohntyp 2) sind im Gros ziemlich zufrieden mit ihrer Wohnsituation (77 % bzw. n = 17).
- Gut die Hälfte der Befragten mit hohen Wohnungsansprüchen an die Freizeit- und Nutzungsqualität und einer kleinen Zweitwohnung mit hohem Freizeitwert (Wohntyp 3) und der Befragten mit einer besser ausgestatteten Zweitwohnung als gewünscht (Wohntyp 5) äußert sich ziemlich zufrieden (n = 26 bzw. n = 11) mit der Wohnsituation am Zweitwohnsitz und ein Drittel ist sehr zufrieden (n = 15 bzw. n = 8).

Aufgrund der hohen Konzentration der Antworten auf die Kategorien „ziemlich zufrieden" und „sehr zufrieden" ist es methodologisch am sinnvollsten, weiter danach zu fragen, wer mit seiner Wohnsituation am Zweitwohnsitz sehr zufrieden ist. Wie in Tabelle 6.31 zu erkennen ist, sind männliche Shuttles eher sehr zufrieden mit ihrer Wohnsituation je größer ihre Zweitwohnung ist. Damit steht in Zusammenhang, dass wöchentliche Pendler zumeist ziemlich zufrieden und weniger häufig mit ihrer Wohnsituation am Zweitwohnsitz sehr zufrieden sind als Männer, die weniger häufig zum anderen Wohnort pendeln.[144] Entsprechend der im Vergleich zu anderen Wohnumfeldmerkmalen hohen subjektiven Wichtigkeit einer ruhigen Wohngegend (siehe Tab. 6.21) ist auch die Wahrscheinlichkeit für eine sehr hohe Wohnzufriedenheit unter Männern höher, wenn sie den Wohnwunsch nach einem ruhigen Wohnumfeld am Zweitwohnsitz realisieren können.

---

[143] Kreuztabellierung der fünf Wohntypen und der Wohnzufriedenheit am Zweitwohnsitz: X^2 (df) = 17,032(8), p = 0,05, Cramers V = 0,24.

[144] Von den wöchentlichen Pendlern sind 65,8 % bzw. n = 52 ziemlich zufrieden mit der Wohnsituation am Zweitwohnsitz und 20,3 % bzw. n = 16 sind sehr zufrieden. Männer, die nicht wöchentlich pendeln, sind zu annähernd gleichen Anteilen ziemlich zufrieden (42,6 %, n = 20) und sehr zufrieden (40,4 %, n = 19) am Zweitwohnsitz. Für den Test des Zusammenhangs der Wohnzufriedenheit (5 Kategorien) und des wöchentlichen Pendelns (ja/nein) beträgt $X^2 = 8,809(3)$, p = 0,05.

Tabelle 6.31: Shuttles mit einer sehr hohen Wohnzufriedenheit am beruflichen Zweitwohnsitz nach signifikanten Merkmalen

	Männer			Frauen		
	B	SE(B)	Exp(B)	B	SE(B)	Exp(B)
Wohnfläche am Zweitwohnsitz (qm)	0,044 ***	0,016	1,045	0,003	0,014	1,003
Zweitwohnung in Innenstadt (ja)	0,370	0,610	1,447	1,616 **	0,707	5,035
ruhige Wohngegend am Zweitwohnsitz wichtig + vorhanden (ja)	1,813 **	0,845	6,130	0,802	0,704	2,230
n	106			75		
Chi Quadrat-Wert (df)	39,380(12)			20,548(12)		
-2 Log-Likelihood	81,778			64,973		

Dargestellt sind logistische Regressionskoeffizienten; Kontrollvariablen: Alter (Jahre), Anzahl Personen im Haushalt, Haushaltsnettoeinkommen, Wohneigentum am Zweitwohnsitz/Hauptwohnsitz, Wohnfläche der Hauptwohnung, wöchentliches Pendeln, Dauer der multilokalen Lebensform (Jahre), hoch qualifiziert erwerbstätig (ja/nein).
Signifikanzniveau: ** = 5 %, *** = 1 %
Quelle: eigene Auswertung

Frauen sind eher sehr zufrieden mit ihrer Wohnsituation am beruflich genutzten Zweitwohnsitz, wenn sie dort in der Innenstadt wohnen. Befunde über die Wohnumfeldansprüche von Shuttles am Zweitwohnsitz lassen vermuten, dass mit dieser wohnlagebezogenen Wohnzufriedenheit in Zusammenhang steht, dass Frauen am Zweithaushalt auf gastronomische Angebote in der näheren Wohngegend einen besonderen Wert legen (vgl. Tab. 6.24) und diesem Anspruch in einer innerstädtischen Wohnlage am besten entsprochen werden kann (vgl. Tab. 6.28). Frauen mit einer Zweitwohnung in der Innenstadt legen außerdem kürzere Wege zur Arbeit zurück als Frauen, die außerhalb der Innenstadt wohnen (vgl. Tab. 6.28). In den Metropolen sind weiblichen Shuttles (genauso wie erwerbstätigen Fernwanderinnen) mit einer Wohnung in Innenstadtlage überdies ein grünes Wohnumfeld und ein gutes Nachbarschaftsgefüge weniger wichtig als zugezogenen Frauen in anderen Wohnlagen (siehe Tab. 6.24), was sich am beruflich genutzten Wohnsitz in den Metropolen auch auf höhere Zufriedenheitswerte auswirken dürfte.

Die Wohnfläche beeinflusst bei Frauen hingegen nicht – wie bei Männern – die Wohnzufriedenheit am Zweitwohnsitz. Darüber hinaus lässt sich weder bei Frauen noch bei Männern ein Einfluss der verkehrsbezogenen Wohnoptimierung auf die Wohnzufriedenheit am Zweitwohnsitz erkennen.

Wiederholt konnte in empirischen Untersuchungen gezeigt werden, dass Personen mit geringem Einkommen und schlechten Wohnungen mit ihrer Wohnsituation zufriedener sind als Personen mit höherem Einkommen und einer besseren Wohnung (Ipsen 1978). Eine solche sozialgruppenspezifische Prägung von Zufriedenheit (Steinführer 2004: 29) gemessen anhand des Pro-Kopf-Einkommens und der beruflichen Stellung ist weder bei Männern noch bei Frauen mit einer beruflich genutzten Zweitwohnung zu beobachten.

In empirischen Untersuchungen werden überdies in erstaunlicher Regelmäßigkeit hohe subjektive Zufriedenheitswerte mit der Wohnsituation ermittelt (Spellerberg 1997, Häußermann/Siebel 1996: 217-218, Ipsen 1978). Die hohe Wohnzufriedenheit von Shuttles am Zweitwohnsitz dürfte sich folglich auch darüber erklären, dass paradoxerweise generell im Bereich des Wohnens eine höhere Zufriedenheit als in anderen Lebensbereichen (Erwerbsarbeit, Einkommen, Freizeit, Familienleben) erzielt wird (Schneider/Spellerberg 1999: 165). Wird jedoch die Wohnzufriedenheit an beiden Wohnorten vergleichend untersucht, ergibt sich ein beachtlicher Anteil von 46 % (n = 96), der mit der Wohnsituation am Zweitwohnsitz weniger zufrieden ist als am Hauptwohnsitz. Davon ist die überwiegende Mehrzahl am Hauptwohnsitz sehr zufrieden und am Zweitwohnsitz „nur" ziemlich zufrieden. Es handelt sich hierbei in zwei von drei Fällen um wöchentliche Pendler/innen. Die meisten leben in der Hauptwohnung im selbstgenutzten Wohneigentum.

Im Kontrast dazu ist knapp ein Fünftel am Zweitwohnsitz zufriedener als am Hauptwohnort, was sich objektiv anhand der Größe der Zweitwohnung erklären lässt. Zum einen handelt es sich dabei um Shuttles, die nicht in einer festen Partnerschaft leben, den Haupthaushalt wegen emotionaler Verbundenheit aufrechterhalten und sich vermutlich mit dem Wohnsitz am Arbeitsort mehr verbunden fühlen als Shuttles, die wöchentlich an den Hauptwohnsitz fahren und dort den Mittelpunkt ihrer sozialen Beziehungen haben. Zum anderen sind darunter insbesondere bei den Männern auch Shuttles mit einem „besonderen Wohnarrangement", die zur Partnerin gezogen sind und die vormalige (große und gut ausgestattete) Wohnung am Arbeitsort beibehalten haben.

Ein weiteres Drittel gibt an, an beiden Wohnorten mit der Wohnsituation gleich zufrieden zu sein. Davon sind knapp zwei Drittel (n = 43) mit der Wohnsituation an beiden Wohnorten ziemlich zufrieden und gut ein Drittel (n = 23) jeweils sehr zufrieden. Die objektive Wohnsituation dieser Gruppe unterscheidet sich an beiden Wohnorten (Wohnstatus, Wohnfläche) im Mittel nicht von der erstgenannten Gruppe von Shuttles, die mit der Wohnsituation am Zweitwohnsitz weniger zufrieden sind als am Hauptwohnsitz. Für Shuttles, die an beiden Wohnorten sehr zufrieden sind, fällt eine längere Dauer der multilokalen Lebensform auf. Dass die Wohnzufriedenheit ohne Veränderung des Status quo mit der Wohndauer zunimmt, ist ein bekanntes Phänomen (Häußermann/Siebel 1996: 218), das mit der sozialpsychologischen Dissonanztheorie nach Festinger

(1957) damit erklärt wird, dass Menschen ihre individuellen Wohnbedürfnisse an die reale Wohnsituation anpassen. Im Laufe der Zeit werden Erwartungen verändert bzw. nach unten korrigiert, um kognitive Dissonanz zu vermeiden (Schneider/Spellerberg 1999: 165, Häußermann/Siebel 1996: 219). Nach dem verhaltenstheoretischen Erklärungsmodell von Wanderungsentscheidungen von Brown und Moore (1970: 3) kann auch die Senkung des Anspruchsniveaus („adjusting its needs") neben dem Umzug eine Möglichkeit sein, um auf Wohnunzufriedenheit bzw. Anpassungsdruck zu reagieren (siehe auch Kalter 1997: 45-47). Für die Gruppe von Shuttles, die mit der Wohnsituation an beiden Wohnorten sehr zufrieden sind, ließe sich daraus vermuten, dass im Laufe der multilokalen Lebensführung die Erwartungen an das Wohnen am Zweithaushalt den realen Bedingungen angepasst worden sind. Für diese Vermutung sprechen auch Ergebnisse von Van der Klis und Karsten (2005: 12), die in ihrer Untersuchung über die Bedeutung von „home" für Shuttles in einer Lebensgemeinschaft festhalten, dass die Zweitwohnung für einige Befragte anfangs keine persönliche Bedeutung besaß und dieser aber im Laufe der Zeit mehr Bedeutung beigemessen worden ist. Insgesamt betrachtet, lässt sich allerdings kein Zusammenhang zwischen der Wohndauer am Zweitwohnsitz oder der Dauer der multilokalen Lebensform mit der Wohnzufriedenheit am beruflich genutzten Zweitwohnsitz feststellen.

Da Shuttles und erwerbstätige Fernwandernde hinsichtlich der Optimierung ihrer Wohnungs- und Wohnumfeldansprüche in den Metropolen durchschnittlich keine Unterschiede aufweisen, war sogleich kein Zusammenhang zwischen der Wohnzufriedenheit und der mobilen Lebensform zu erwarten. In der Tat hat die multilokale Lebensform weder bei Frauen noch bei Männern einen Einfluss auf die Wohnzufriedenheit in den Metropolen.

Entsprach die Wohnung beim Zuzug in die Metropolen den Vorstellungen?
Die Frage nach der Realisierung der Wohnvorstellungen beim Zuzug in das Befragungsgebiet zielt erstens auf Probleme der Wohnungssuche über große räumliche Distanzen und zweitens auf spezifische Problemlagen der Wohnungssuche von Personen in einer multilokalen Haushaltsorganisation. Inwiefern Befragte unter Umständen nach dem Zuzug in das Befragungsgebiet ihre Wohnvorstellungen durch innerstädtische Umzüge verwirklichen konnten, wird mit dieser Fragestellung nicht abgedeckt und konnte angesichts der Restriktionen einer postalischen Befragung (nicht zu viele Fragen) nicht weiter verfolgt werden.

Bei gut der Hälfte entsprach die (damalige) Wohnung beim Zuzug an den Zweitwohnsitz in einem der Befragungsgebiete den (damaligen) Wohnvorstellungen (53 %, n = 95). Signifikante Unterschiede zur Vergleichsgruppe erwerbstätiger Fernwandernder bestehen diesbezüglich nicht.[145]

Tabelle 6.32: Wohnmerkmale, die nicht den Wohnvorstellungen entsprachen, Shuttles und erwerbstätige Fernwandernde*

	Shuttles			erwerbst. Fernwandernde
	gesamt	Männer	Frauen	in 1-P-HH
Wohnung zu klein (n)	48	31	17	71
von n "Wohnung entsprach nicht Vorstellungen"	57%	69%	44%	44%
von n Befragten in Metropolen gesamt	27%	28%	24%	22%
Wohnkosten zu hoch (n)	**58**	**32**	**26**	**81**
von n "Wohnung entsprach nicht Vorstellungen"	**69%**	**71%**	**67%**	**50%**
von n Befragten in Metropolen gesamt	**32%**	**29%**	**37%**	**26%**
schlechtere Beschaffenheit d. Wohnung/Gebäudes (n)	50	27	23	115
von n "Wohnung entsprach nicht Vorstellungen"	60%	60%	59%	71%
von n Befragten in Metropolen gesamt	28%	25%	32%	36%
nicht gewünschte Lage der Wohnung (n)	8	5	3	22
von n "Wohnung entsprach nicht Vorstellungen"	10%	11%	8%	14%
von n Befragten in Metropolen gesamt	4%	5%	4%	7%
nicht gewünschtes Wohnumfeld (n)	6	4	2	11
von n "Wohnung entsprach nicht Vorstellungen"	7%	9%	5%	7%
von n Befragten in Metropolen gesamt	3%	4%	3%	3%
Sonstiges, u. a. nicht möbliert (n)	16	5	11	22
von n "Wohnung entsprach nicht Vorstellungen"	19%	11%	28%	14%
von n Befragten in Metropolen gesamt	9%	5%	15%	7%
n Wohnung entsprach nicht Vorstellungen	84	45	39	161
n Befragte in Metropolen gesamt	180	109	71	316

* Mehrfachangaben; Angaben beziehen sich auf Zuzugswohnung im jeweiligen Befragungsgebiet. Nur Befragte mit beruflich genutzter Zweitwohnung in Metropolen.
<u>Schattiert</u>: Höherer Anteil unter Shuttles (gesamt) als in Vergleichsgruppe (p = 0,01), Kontrollvariablen: Alter (Jahre), Geschlecht, städtische Wohnlage (drei Kategorien), Pro-Kopf-Einkommen.
Quelle: eigene Auswertung

---

[145] Unter erwerbstätigen Fernwandernden insgesamt sind es genau 50 % bzw. n = 415 und bei Alleinwohnenden 49 % bzw. n = 155, deren Wohnung beim Zuzug in die Metropolen den (damaligen) Wohnvorstellungen entsprach.

Welche Wohnmerkmale beim Zuzug an den beruflich genutzten Zweitwohnsitz in den Metropolen nicht den Vorstellungen entsprachen, ist in Tabelle 6.32 abgebildet. Für eine bessere Vergleichbarkeit werden unter den erwerbstätigen Fernwandernden nur Personen in Einpersonenhaushalten herangezogen. Hierbei ist zu beachten, dass sich die Haushaltsangabe auf den Status quo und nicht auf den Zeitpunkt des Zuzugs in das jeweilige Befragungsgebiet bezieht. Dadurch könnten in den Vergleichsgruppenanalysen geringfügige Verzerrungen verursacht werden.

Da Shuttles im obersten Mietpreisniveau gegenüber erwerbstätigen Fernwandernden in Einpersonenhaushalten überrepräsentiert sind (siehe Tab. 6.16) überrascht es nicht, dass sie für die Zuzugswohnung am häufigsten – und zudem signifikant häufiger als die Vergleichsgruppe – zu hohe Wohnkosten anführen.

Daneben werden vor allem die Beschaffenheit der Wohnung und des Wohngebäudes sowie die Wohnungsgröße am beruflich genutzten Zweitwohnsitz in den Metropolen als unzureichend genannt. Dabei sind es unter den Frauen relativ häufiger die Ansprüche in Bezug auf die Beschaffenheit der Wohnung – wie die Ausstattungsqualität der Wohnung oder der bauliche Zustand des Wohngebäudes – die in der Zuzugswohnung nicht erfüllt werden können. Es sind sicherlich die höheren Ansprüche an die Freizeit- und Aufenthaltsqualität der Zweitwohnung (helle Räume, Balkon/Terrasse), die in der (ersten) Zweitwohnung am Arbeitsort nicht zufrieden stellend waren (oder immer noch sind). Erst dann wird die Wohnung als zu klein angesehen. Bei männlichen Shuttles ist es vergleichsweise häufiger eine zu kleine Wohnung, die nicht den damaligen Vorstellungen entsprach.

Dass die Wohnung größer als geplant war, trifft kaum auf Shuttles zu. In der Tendenz bemängeln allein wohnende Fernwandernde vergleichsweise häufiger die Ausstattung und den schlechten Zustand der Zuzugswohnung (Beschaffenheit der Wohnung/des Gebäudes), was sehr wahrscheinlich damit zu erklären ist, dass Shuttles im Mittel geringere Erwartungen an die Zweitwohnung haben.

Angesichts der durchschnittlich höheren Ansprüche von Shuttles an die Wohngegend als an die Ausstattung der Wohnung am Zweitwohnsitz werden Merkmale des Wohnumfelds sowie die Wohnlage auffallend wenig als unzureichend eingeschätzt. Das könnte möglicherweise damit in Zusammenhang stehen, dass sich die im Fragebogen vorgegebenen Antwortmöglichkeiten stärker auf die Qualität der Wohnung bezogen und hier die Bereitschaft zu eigenen Angaben unter der Kategorie „Sonstiges" gering war. Eine unzureichende Zentralität der Wohnung und eine schlechtere Anbindung an den ÖPNV als gewünscht, wurden allerdings explizit als Kriterien aufgeführt, aber nur von acht bzw. drei Befragten angegeben.

Außerdem war zu vermuten, dass spezifische Problemlagen der Wohnungssuche in einer multilokalen Haushaltssituation daraus resultieren, dass für die Zweitwohnung bestimmte Bedürfnisse an die Möblierung der Wohnung (z. B. Einbauküche, Waschmaschine) bestehen oder unter anderem zur Senkung der Wohnkosten eine geeignete Wohnung für eine Wohngemeinschaft gesucht wird. Aber nur für sieben Personen waren die Ansprüche an die Möblierung der Wohnung nicht ausreichend erfüllt und lediglich in vier Fällen war die Wohnung nicht, wie gewünscht, für eine WG geeignet.

Zusammenfassend sind es damit im Wesentlichen die zu hohen Wohnkosten, die schlechte Beschaffenheit der Wohnung/des Wohngebäudes und zu kleine Wohnungen, die als Schwierigkeiten bei der Wohnungssuche am Zweitwohnsitz in den Metropolen festzuhalten sind, wobei im Vergleich zu Fernwandernden nur die höheren Wohnkosten ein besonderes Problem für Shuttles darstellen.

6.6.7 Zwischenfazit

Die Ausstattungsmerkmale und Größe der beruflich genutzten Zweitwohnung werden in starkem Maße vom individuellen Pendelverhalten bestimmt. Durch die Zusammenhänge zwischen der Periodizität des Pendelns und soziodemographischen Merkmalen sind darüber auch unterschiedliche objektive Gegebenheiten der Wohnsituation von Frauen und Männern sowie von Alleinwohnenden und Shuttles in einer Lebensgemeinschaft für den Zweitwohnsitz relevant. Anhand der Wohntypisierung wird deutlich, dass die Wohnsituation und Wohnbedürfnisse von Shuttles in vielen Aspekten nicht dem in bisherigen Fallstudien dargestellten minimalistischen, anspruchslosen Wohnen am Zweitwohnsitz entsprechen. Ein Vergleich der Wohngegebenheiten und Wohnbedürfnisse am Haupt- und Zweitwohnsitz konnte zeigen, dass *Gegenweltler/innen* unter Shuttles genauso zu finden sind wie *double nesters* (Rolshoven 2007). Wohngegenwelten sind im Wesentlichen mit dem wöchentlichen Pendeln und einem unterschiedlichen Wohnstatus an den beiden Wohnorten verbunden. Die deutlichsten Differenzen des Wohnens zwischen dem Haupt- und Zweitwohnsitz ergeben sich deshalb für Männer in einer Lebensgemeinschaft mit Kind. Ähnliche objektive Wohnsituationen und Wohnbedürfnisse auf einem hohen Niveau für beide Wohnsitze sind vor allem für Shuttles mit einem „besonderen Wohnarrangement" zu beobachten (siehe Kap. 6.3.3).

Mit differierenden Wohngegebenheiten stehen unterschiedliche Bedürfnisstrukturen an den beiden Wohnsitzen in Zusammenhang. Das betrifft Shuttles in einer Lebensgemeinschaft, deren Wohnsituation an den beiden Wohnorten in unterschiedliche Haushaltskontexte eingebettet ist, mehr als Alleinwohnende, deren objektive Wohnungsausstattungen durchschnittlich weniger verschieden sind. Umso unterschiedlicher die Kontexte des Wohnens an den Wohnorten sind, je schwieriger wird auch ein direkter Vergleich der Wohnsituationen, wie bei einem 40-jährigen Befragten in einer Lebensgemeinschaft mit Kind deutlich wird, der die Frage nach dem Vergleich der Wohnsituationen mit dem Kommentar: „Nicht vergleichbar aufgrund unterschiedlicher Kriterien." [157], unbeantwortet ließ. Die Wohnansprüche am Zweitwohnsitz sind für viele Shuttles geringer als am Hauptwohnsitz, was sich in einem durchschnittlich deutlich geringeren Wohnflächenverbrauch pro Kopf am beruflich genutzten Zweitwohnsitz niederschlägt. Zum Teil gewinnen bestimmte Wohnmerkmale aber auch am Zweitwohnsitz an Bedeutung, wie unter anderem anhand der subjektiven Wichtigkeit von gastronomischen Angeboten in der näheren Wohnumgebung gezeigt werden konnte.

Der am häufigsten genannte Kritikpunkt für die Suche einer Zweitwohnung in den Metropolen sind zu hohe Wohnkosten, was sich objektiv dadurch erklären lässt, dass Shuttles häufiger als erwerbstätige Fernwandernde Mietpreise im obersten Mietpreissegment zahlen. Nichtsdestotrotz sind Shuttles mit ihrer Wohnsituation am beruflich genutzten Zweitwohnsitz verglichen mit anderen Zugezogenen ziemlich zufrieden.

Angesichts der hohen Bedeutung der Wohnkosten für die Wohnungssuche, die von jungen Pendler/innen genauso wie von älteren, besser verdienenden Shuttles als wesentliches Auswahlkriterium für die Zweitwohnung in den qualitativen Interviews angeführt werden, werden hoch qualitativ ausgestattete *Boardinghouses* mit Serviceangebot wohl eine geringe Bedeutung für die Wohnungsnachfrage am beruflichen Zweitwohnsitz haben. Die Vielfalt der multilokalen Lebensform erlaubt keine pauschale Ableitung, welche Wohnungen Shuttles an ihrem Zweitwohnsitz nachfragen. Auf Grundlage clusteranalytischer Bedürfnisanalysen lässt sich die Wohnungsnachfrage in drei Gruppen unterteilen:

- Vermutlich fragt der Großteil kleine Wohnungen mit ca. 40 qm Wohnfläche und einer hohen Freizeit- und Nutzungsqualität einschließlich Balkon/Terrasse, komfortablem Bad, separater Küche und ggf. einer Parkmöglichkeit in der direkten Wohnumgebung nach.
- Daneben gibt es eine Gruppe, denen eine sehr kleine Wohnung/Unterkunft von ungefähr 30 qm Wohnfläche ausreicht. Die Wohnung braucht bzw. sollte aus Kostengründen weder über ein komfortables Bad noch über einen Balkon verfügen.
- Im Kontrast dazu hat eine kleine Gruppe hohe Wohnansprüche am Zweitwohnsitz und fragt größere Miet- oder Eigentumswohnungen nach. Die Wohnung muss über ein hohes Niveau in Bezug auf die Aufenthaltsqualität (Balkon/Terrasse, helle Räume, Raum > 30 qm) und die Sanitärausstattung

(komfortables Bad, Gäste-WC) und möglichst über einen Pkw-Stellplatz in der Nähe der Wohnung verfügen. Aus der Wohnsituation am Hauptwohnsitz lassen sich kaum Rückschlüsse auf das Wohnen in der Zweitwohnung ziehen. Daraus wird deutlich, dass Wohnerfahrungen und Wohnbiographien für das Wohnen am Zweithaushalt nur wenig bedeutsam sind. Offensichtlich werden von vielen eher Abstriche in Bezug auf die Wohnung hingenommen als beim Wohnumfeld und der Wohnlage.

Es ist davon auszugehen, dass Shuttles häufiger als der repräsentative Querschnitt der Stadtbevölkerung am beruflich genutzten Wohnsitz in Innenstadtlagen wohnen, allerdings *nicht* häufiger als überregional zugewanderte Erwerbstätige ohne weitere Wohnung. Eine gute infrastrukturelle Ausstattung wird am beruflich genutzten Zweitwohnsitz überwiegend als wichtig erachtet, so dass davon auszugehen ist, dass die Mehrzahl am Zweitwohnsitz nicht reine Wohngebiete nachfragt. Daneben spielt aber auch ein ruhiges und naturnahes Wohnumfeld für einen bedeutenden Teil am Zweitwohnsitz eine wichtige Rolle. Stattdessen ist ein gutes nachbarschaftliches Gefüge – den Erwartungen entsprechend – eine deutlich nachrangige Wohnanforderung am Zweitwohnsitz. Die Befunde geben Anlass zu der Vermutung, dass ein außerhäuslicher Lebensstil am beruflich genutzten Wohnsitz von der Haushaltssituation abhängig ist und kaum auf Männer und Frauen in einer Lebensgemeinschaft mit Kind zutreffen dürfte.

Die Anbindung der Wohngegend am Zweitwohnsitz an Hochgeschwindigkeitsnetze gewinnt in einer multilokalen Haushaltsorganisation gegenüber anderen Zugezogenen – wie vermutet – an Bedeutung. Shuttles mit einem Wohnstandort in Innenstadtlage zeichnen sich durch ihre Infrastrukturorientierung und kurze Arbeitswege aus. Da aber weniger als die Hälfte am Zweitwohnsitz in der Innenstadt wohnt und sich Befragte mit einer Zweitwohnung im sonstigen inneren Bereich der Stadt und am Stadtrand in der Wegedauer und Wegelänge zur Arbeitsstätte nicht von Fernwandernden in Einpersonenhaushalten unterscheiden, lassen sich Shuttles insgesamt betrachtet nicht durch kürzere Arbeitswege charakterisieren.

6.7 Dauer und Bewertung der multilokalen Lebens- und Wohnsituation

Die Pendlerstatistik des Mikrozensus erlaubt zwar die Einschätzung, dass beruflich motivierte multilokale Haushaltsstrukturen quantitativ an Bedeutung gewonnen haben, aber Anhaltspunkte über die zeitliche Dauer dieser multilokalen Lebensform liegen nicht vor. Es pendeln immer mehr Personen aus beruflichen Gründen zwischen zwei Haushalten, aber für wie lange? Sind beruflich motivierte multilokale Haushaltsorganisationen nur auf einen kurzen Zeitraum als eine temporäre Alternative zwischen Sesshaftigkeit, täglicher Berufspendlermobilität und Wanderungsmobilität ausgerichtet? Oder wird ein multilokales Leben längerfristig praktiziert? Zur Beantwortung dieser Fragen wurden die aktuelle Dauer des Pendelns zwischen zwei Haushalten, die generelle Einschätzung über die zeitliche Perspektive eines multilokalen Lebens (dauerhaft vs. vorübergehend) sowie in retrospektiver Perspektive die damalige Vorstellung über die Dauer der multilokalen Haushaltsorganisation zu Beginn des Shuttelns erfasst. Mit der Dauer der multilokalen Lebensform steht die Frage nach der Bewertung der multilokalen Lebenssituation in Zusammenhang, der in diesem Kapitel konkret in Bezug auf einzelne Lebensbereiche nachgegangen wird.

Da für die Zufallsstichprobe nur Personen ausgewählt wurden, deren Zuzug in die Befragungsgebiete zum Zeitpunkt der Stichprobenziehung nicht länger als fünf Jahre zurücklag, ist für die Interpretation der Daten zu berücksichtigen, dass aus dem Sample keine allgemeinen Aussagen über die tatsächliche Dauer der multilokalen Lebensform abgeleitet werden können. Eine Analyse der Einflussfaktoren auf die Dauer des Shuttelns liefert jedoch wichtige Informationen darüber, wer eine höhere Neigung zu einer kurzen oder längeren Phase einer multilokalen Haushaltsorganisation hat.

6.7.1 Langfristige Lebensform oder temporäres Arrangement?

Die befragten Shuttles führen im Median ein multilokales Leben seit drei Jahren.[146] Jede/r Fünfte lebt weniger als ein Jahr in einem multilokalen Haushalt. Ein weiteres Viertel lebt mindestens fünf Jahre als Shuttle. Das Maximum liegt bei 16 Jahren – einem 51-jährigen männlichen Befragten.

Um zu ermitteln, ob eine multilokale Haushaltsorganisation eher als eine dauerhafte oder zeitlich begrenzte Lebensform eingeschätzt wird, wurde danach gefragt, ob das Leben an zwei Wohnsitzen: dauerhaft, langfristig (aber nicht dauerhaft) oder vorübergehend (für eine bestimmte Dauer) ist. Als weitere vierte Kategorie konnte „schwer zu sagen" angegeben werden. Im Ergebnis sehen nur wenige Befragte für sich das Shutteln zwischen zwei Wohnorten als eine dauerhafte Lebensform (n = 10 Männer und n = 4 Frauen). Für den größten Anteil von 48 % der Männer soll die Periode der Multilokalität langfristig aber nicht dauerhaft (n = 65) und für gut ein Drittel auf eine bestimmte Dauer begrenzt sein. Unter den Frauen ist der Anteil, für den das Shutteln nur ein vorübergehendes, auf eine bestimmte Zeit befristetes Arrangement ist, mit 45 % etwas (aber nicht

---

[146] N = 219, Standardabweichung = 3,17.

signifikant) höher (n = 40). Langfristig, aber nicht dauerhaft, können sich weitere 44 % der Frauen eine multilokale Haushaltsorganisation vorstellen. Lediglich dreizehn Männer und fünf Frauen können die zukünftige Dauer der Multilokalität nicht abschätzen („schwer zu sagen"), womit sich eine relativ präzise Vorstellung über die zeitliche Perspektive des Shuttelns ergibt, zumal auch nur von zwei Befragten fehlende Angaben vorliegen. Dass ein multilokales Leben eher ein Arrangement für eine bestimmte Dauer ist, verfestigt sich dadurch, dass mehr als jeder vierte Mann (n = 38) und mehr als jede dritte Frau (n = 31) die Aufgabe der Zweitwohnung in den kommenden zwei Jahren anvisiert.

Abbildung 6.8: Damalige Vorstellung über die Dauer der multilokalen Haushaltsorganisation nach Geschlecht

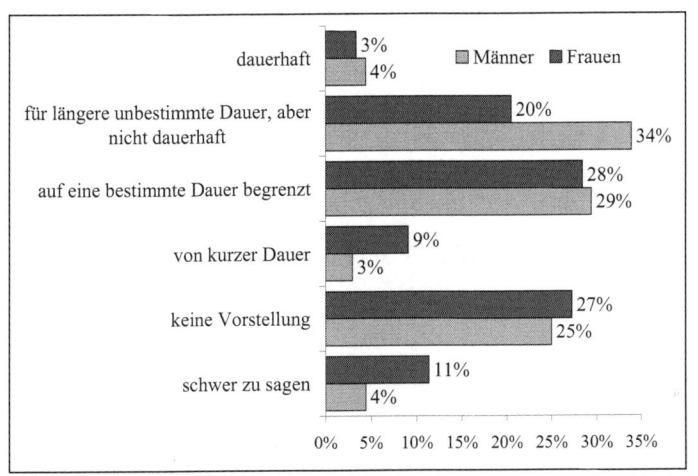

Kategorie	Männer	Frauen
dauerhaft	3%	4%
für längere unbestimmte Dauer, aber nicht dauerhaft	20%	34%
auf eine bestimmte Dauer begrenzt	28%	29%
von kurzer Dauer	9%	3%
keine Vorstellung	27%	25%
schwer zu sagen	11%	4%

N = 136 Männer und n = 88 Frauen; Geschlechtervergleich: $X^2 = 10,99(5)$, $p = 0,05$.
Quelle: eigene Darstellung

Während die Einschätzung von Männern und Frauen über die (zukünftige) zeitliche Perspektive des Shuttelns auch unter Kontrolle der bereits realisierten multilokalen Lebensphase nicht verschieden ist, differierten die Vorstellungen zu Beginn des Shuttelns nach dem Geschlecht, wie aus Abbildung 6.8 deutlich wird: Ein Drittel der Männer im Vergleich zu nur jeder fünften Frau plante bereits zu Beginn des Shuttelns eine längere multilokale Lebensphase für eine unbestimmte Dauer. Dauerhaft angelegt war das Shutteln so gut wie kaum. Zu Beginn des Shuttelns herrschte offensichtlich weniger Klarheit über die Dauer der Lebensform, denn ein Viertel der Befragten hatte überhaupt keine Vorstellungen, wie lange er/sie zukünftig multilokal leben wird. Für die meisten Männer, die aktuell ihre multilokale Lebensform als langfristig oder dauerhaft einschätzen, war diese langfristige Perspektive bereits zu Beginn des Pendelns gewiss (n = 45 bzw. 60 %). Hingegen hatten Frauen, die eine multilokale Haushaltsorganisation für sich prospektiv als eine langfristige bis dauerhafte Lebensform einschätzen, am Anfang häufig keine genauen Vorstellungen über den Zeithorizont des Shuttelns (n = 16 bzw. 37 %). Beruflich motivierte Multilokalität als geplante länger andauernde Lebensform trifft deshalb häufiger auf Männer als auf Frauen zu.[147]

Um zu analysieren, für wen das Shutteln prospektiv eine langfristige Lebensform oder ein temporäres Arrangement ist, werden aufgrund der Fallbesetzungen die Kategorien langfristig und dauerhaft zusammengefasst („langfristig/ dauerhaft"). Mittels binärer Logit-Modelle werden dann typische Merkmale von Befragten, die ihr multilokales Leben als „langfristig/dauerhaft" oder als „vorübergehend" betrachten jeweils im Vergleich zu allen anderen Shuttles getrennt nach dem Geschlecht ermittelt.

Wer damals zu Beginn des Shuttelns das multilokale Leben für eine längere Periode oder nur auf Zeit geplant hatte, wird ebenfalls mithilfe binärer Logit-Modelle untersucht. Dazu werden die Kategorien (siehe Abb. 6.8) „dauerhaft" und „für längere unbestimmte Dauer, aber nicht dauerhaft" zu einer Gruppe zusammengefasst („langfristig/dauerhaft"). Das Gleiche gilt für die Kategorien „auf eine bestimmte Dauer begrenzt" und „von kurzer Dauer" („zeitlich begrenzt/kurze Dauer"). Da sich zu Beginn des Shuttelns nur n = 21 Frauen auf ein langfristiges/dauerhaftes multilokales Leben eingerichtet hatten, können für diese Frauen keine spezifischen Merkmale unter Kontrolle wechselseitiger Effekte untersucht werden. Charakteristische Merkmalsausprägung von Frauen, für die das Shutteln von Anbeginn zeitlich begrenzt/von kurzer Dauer gewesen ist, werden (dank der Gruppengröße) mittels logistischer Regressionen im Vergleich zu allen anderen Frauen untersucht. Zur Analyse typischer Merkmale von Männern, für die anfangs das Shutteln dauerhaft/von längerer Dauer sein sollte und von Männern, deren multilokale Lebensführung für eine zeitlich begrenzte bzw. kurze Dauer angedacht war, werden beide Gruppen mittels binärer logistischer Regressionen miteinander verglichen.

---

[147] Geschlechtervergleich von Befragten, für die das Shutteln bereits zu Beginn langfristig/dauerhaft war und für die eine multilokale Haushaltsorganisation auch zukünftig eine länger andauernde/ dauerhafte Lebensform ist $X^2 = 8{,}127(1)$, $p < 0{,}01$.

Tabelle 6.33: Bewertung der Dauer der Lebensform und damalige Vorstellung über die zeitliche Perspektive nach Merkmalen von Shuttles

	zukünftige Dauer d. Lebensform[1]				damalige Vorstellung[2]			
	vorübergehend		langfristig/ dauerhaft		zeitlich begrenzt/ kurze Dauer		langfristig/ dauerhaft	
	Männer	Frauen	Männer	Frauen	Männer	Frauen	Männer	Frauen
Alter, Jahre (arithm. M)	34,5	33,2	40,8	35,6	35,4	33,3	42,7	34,4
Haushaltsform								
Lebensgemein. m. Kind	19%	13%	39%	12%	25%	12%	33%	10%
Lebensgemein. o. Kind	52%	43%	28%	44%	50%	48%	37%	62%
verheiratet	31%	33%	49%	30%	36%	39%	48%	33%
befrist. Arbeitsvertrag	29%	30%	9%	23%	25%	27%	10%	19%
Gemeindetyp[3]								
Großstadt	33%	59%	28%	40%	37%	63%	26%	35%
Mittelstadt	24%	8%	32%	29%	20%	6%	34%	20%
Kleinstadt/Landgem.	42%	33%	39%	31%	44%	31%	40%	45%
Wohneigentum (Hautwohnort)	48%	45%	65%	60%	45%	36%	67%	67%
realisierte Dauer d. Pendelns, in J. (arithm. M)	2,6	2,3	4,1	4,5				
Entfernung d. Wohnorte km (arithm. Mittel)					291	334	213	264
n	48	40	75	43	44	33	52	21

N schwankt geringfügig wegen fehlender Werte. <u>Hellgrau</u>: unterdurchschnittlich, <u>Dunkelgrau</u>: überdurchschnittlich, <u>umrahmt</u>: p = 0,05, <u>gestrichelt</u>: p = 0,1.
[1] Charakteristische Merkmale der Gruppen im Vergleich zu allen anderen Shuttles nach Geschlecht.
[2] Für Männer werden Merkmale der Gruppen "zeitlich begrenzt/kurze Dauer" und "langfristig/dauerhaft" vergleichend untersucht. Für Frauen werden Merkmale der Gruppe "zeitlich begrenzt/kurze Dauer" im Vergleich zu allen anderen Frauen untersucht.
[3] Angaben beziehen sich auf den Wohnort außerhalb der Metropolen.
Quelle: eigene Auswertung

In Tabelle 6.33 sind charakteristische Merkmale von Shuttles nach der zeitlichen Perspektive der Lebensform wiedergegeben. Die Ergebnisse zeigen deutlich, dass berufsbezogene Multilokalität von jüngeren Shuttles eher als ein kurzer Lebensabschnitt angesehen wird. Das Shutteln dient dem Berufseinstieg und der beruflichen Etablierung und ist bereits von Anbeginn ein zeitlich begrenztes Arrangement. Es sind dementsprechend auch die jüngeren Befragten bis unter 35 Jahre, die häufiger in naher Zukunft ihre Zweitwohnung aufgeben und das

Shutteln beenden möchten (siehe Abb. 6.9). Damit korrespondiert, dass vor allen Dingen Shuttles, die bis dato über eine kurze Dauer von maximal einem Jahr multilokal leben, eher die Zweitwohnung aufgeben möchten (p = 0,05).

Abbildung 6.9: Aufgabe der Zweitwohnung in naher Zukunft nach signifikanten Merkmalen von Shuttles, Anzahl der Fälle

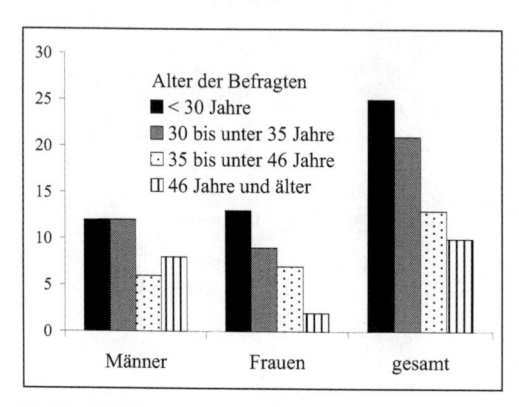

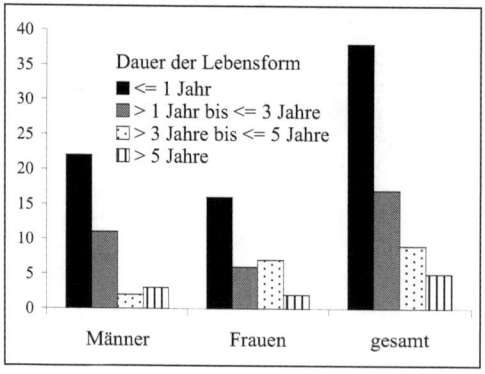

[Balkendiagramm: Alter der Befragten (< 30 Jahre, 30 bis unter 35 Jahre, 35 bis unter 46 Jahre, 46 Jahre und älter) für Männer, Frauen, gesamt]

[Balkendiagramm: Dauer der Lebensform (<= 1 Jahr, > 1 Jahr bis <= 3 Jahre, > 3 Jahre bis <= 5 Jahre, > 5 Jahre) für Männer, Frauen, gesamt]

N = 69; Split entlang der Quartile in vier Gruppen.
Quelle: eigene Darstellung

Die multilokale Haushaltsorganisation war bei Männern von Anfang an langfristig bis dauerhaft ausgerichtet, je älter sie waren (siehe Tab. 6.33). Gleichwohl leben die befragten männlichen Shuttles länger in einer multilokalen Haushaltsorganisation, wenn sie älter sind (siehe Tab. 6.34). Dementsprechend betrachten Männer das Shutteln in einer Lebensgemeinschaft ohne Kind eher als temporäres Arrangement (siehe Tab. 6.33), wohingegen Multilokalität mit einem Kind im Haushalt für Männer zu einer länger andauernden bis dauerhaften Lebensform wird. Dieser Befund spiegelt sich auch darin wider, dass die langfristigen Planer, deren multilokale Haushaltsorganisation seit Beginn des Shuttelns und auch weiterhin langfristig geplant ist, häufiger verheiratet sind und tendenziell eher mit Kindern im Haushalt zusammenleben.[148] Die Ortsbindung durch ältere (schulpflichtige) Kinder wirkt sich bei Männern damit nicht nur auf die Neigung zum Shutteln, sondern

---

[148] Deskriptiver Vergleich der Männer, die damals und aktuell immer noch das Shutteln für dauerhaft bis langfristig einschätzen gegenüber allen anderen männlichen Shuttles: für den Familienstand verheiratet $X^2 = 6,325(1)$, p = 0,05; für das Alter in vier Gruppen $X^2 = 13,434(3)$, p < 0,01 und Kinder im Haushalt $X^2 = 2,534(1)$, p = 0,11.

auch auf die Permanenz des Shuttelns aus. Für Frauen ist das Shutteln im Gegensatz zu Männern nicht nur in einer Lebensgemeinschaft mit Kind eine offensichtlich weniger praktikable Lebensform, für verheiratete Frauen sollte die multilokale Haushaltsorganisation zudem von Beginn an nur ein vorübergehendes Arrangement sein (siehe Tab. 6.33) und tatsächlich wohnen Frauen länger multilokal, wenn sie nicht verheiratet sind (siehe Tab. 6.34). Wenn das Shutteln als eine langfristige bis dauerhafte Lebensform angesehen wird, pendeln Frauen allerdings durchaus unabhängig vom Alter und von der Haushaltsform über eine überdurchschnittlich lange Periode (siehe Tab. 6.33). Dabei zeigt sich für die langfristigen Planerinnen (n = 14), deren Multilokalität anfangs und auch weiterhin langfristig sein soll, dass sie in einer Lebensgemeinschaft ohne Kind leben und fast ausschließlich hoch qualifiziert erwerbstätig sind.

Tabelle 6.34: Realisierte Pendeldauer von Shuttles (in Jahren) nach signifikanten Merkmalsausprägungen und Geschlecht*

	Männer		Frauen	
	B	SE(B)	B	SE(B)
Alter (Jahre)	0,302 ***	0,011	-0,019	0,016
Wohndauer im Haupthaushalt (in Jahren)	0,394 ***	0,008	-	
verheiratet (ja)	-		-0,261 **	0,331
Wohneigentum (Haupthaushalt)	-		0,243 *	0,249
n	125		84	
R Quadrat korr.	0,16		0,12	

* Wegen linkssteiler Verteilung der Pendeldauer (Jahre) wird X zu ln(X) transformiert.
Dargestellt sind standardisierte Beta-Gewichte, Kontrollvariablen: Haushaltsnettoeinkommen, Anzahl Personen im Haushalt, Entfernung der Wohnorte (km), Gemeindetyp Herkunftsort (Groß-, Mittel-, Kleinstadt/Landgemeinde).
Signifikanzniveau: * = 10 %, ** = 5 %, *** = 1 %
Quelle: eigene Auswertung

Männer mit einem befristeten Beschäftigungsverhältnis können sich das Shutteln nicht als eine langfristige oder dauerhafte Lebensform vorstellen (siehe Tab. 6.33). Die multilokale Haushaltsorganisation wurde seit Beginn als Wohnarrangement auf Zeit angesehen und wird sicherlich mit dem Auslaufen des Arbeitsvertrags beendet werden. Dieses Ergebnis war zu erwarten, allerdings überrascht zunächst, dass unter den befragten Frauen für befristete Arbeitsverträge weder ein Einfluss auf die Einschätzung der zukünftigen Dauer noch ein Einfluss auf die damalige Vorstellung über die Dauer der multilokalen Haushaltsorganisation festzustellen ist. Das erklärt sich damit, dass befristete Arbeitsverträge bei ihnen im Gegensatz zu männlichen Shuttles in hohem Maße lebenszyklisch bedingt sind. Genauer steht ein befristetes Beschäftigungsverhältnis bei weiblichen Shuttles im Zusammenhang mit einem jungen Alter und dem Alleinwohnen am Beginn der Berufslaufbahn (siehe Kap. 6.4.2), so dass die Befristung des Arbeitsvertrags unter Kontrolle des Alters und der Haushaltsform keinen zusätzlichen Effekt auf die Bewertung der Dauer der Lebensform ausübt.

Es war zu erwarten, dass sich der Wohnstatus auch auf die Permanenz der Multilokalität auswirkt und Befragte infolge der räumlichen Bindung durch Wohneigentum das Shutteln als langfristige bis dauerhafte Lebensform ansehen. Unter Kontrolle soziodemographischer Charakteristika sind zwar die Effekte nicht sehr stark, aber zumindest lässt sich die Tendenz erkennen, dass männliche Wohneigentümer das Shutteln eher als Mieter auf eine langfristige bis dauerhafte Periode ausrichten (siehe Tab. 6.33) und Wohneigentümerinnen über eine längere Dauer multilokal leben als Mieterinnen (siehe Tab. 6.34). Damit ist für Frauen zugleich ein Zusammenhang zwischen der Bewertung der Dauer des Shuttelns und der Siedlungsstruktur des Herkunftsorts verbunden. So ist für Frauen aus einer Mittelstadt, die am häufigsten im selbstgenutzten Wohneigentum leben, die multilokale Lebensform zumeist langfristig bis dauerhaft ausgerichtet (vgl. Tab. 6.33). Für Männer lassen sich siedlungsstrukturelle Differenzen in Bezug auf die Dauer der multilokalen Lebensform über die Wohndauer im Haupthaushalt erkennen: Bei einer überdurchschnittlich langen Wohndauer leben sie länger in einer multilokalen Haushaltsorganisation (siehe Tabelle 6.34), was häufiger auf Männer aus Mittel-/Kleinstädten oder Landgemeinden zutrifft.[149]

Es war zu vermuten, dass sich die räumliche Entfernung zwischen den Wohnorten ebenfalls darauf auswirkt, ob eine multilokale Haushaltsorganisation als eine langfristige Lebensform oder ein temporäres Arrangement eingeschätzt wird. Ein solcher Zusammenhang lässt sich allerdings nur hinsichtlich der damaligen Vorstellungen über die zeitliche Perspektive des Shuttelns für Männer aufzeigen (siehe Tab. 6.33). So haben Männer bei Entfernungen bis ungefähr 100 km (unteres Entfernungsquartil) überwiegend das Shutteln für eine länger andauernde Periode bis dauerhaft geplant, während sie bei größeren Entfernungen eher eine kürzere Dauer des multilokalen Wohnens vorgesehen hatten. Für die zukünftige zeitliche Perspektive der multilokalen Haushaltsorganisation lassen sich hingegen keine Einflüsse der Entfernung zwischen den Wohnorten ermitteln, so dass über lebenszyklische Einflüsse, Merkmale der Erwerbstätigkeit und siedlungsstrukturelle Bedingungen hinaus die Entfernung zwischen den Wohnorten keine vordergründige Rolle spielt.

---

[149] Der F-Wert für den Zusammenhang der Wohndauer im Haupthaushalt und der Siedlungsstruktur des Wohnorts außerhalb des Befragungsgebiets (Großstadt: ja/nein) beträgt für Männer 11,243(1), $p < 0,01$, korrigiertes R Quadrat = 0,072. Für Frauen ist der Zusammenhang nicht signifikant (F = 1,222(1)).

Aufgabe der Zweitwohnung: Gründe und Umzugsarrangement
Von den insgesamt n = 69 Befragten, die in naher Zukunft ihre Zweitwohnung aufgeben möchten, hat die große Mehrzahl bereits genaue Vorstellungen darüber, wie sie ihre multilokale Haushaltsorganisation beenden wird (n = 31 Männer und n = 27 Frauen). Unter den Männern wird im Großen und Ganzen die eine Hälfte die berufliche Zweitwohnung aufgeben und an den Hauptwohnort zurückkehren (n = 15). Zumeist haben diese Männer am Hauptwohnort eine neue Arbeitsstelle gefunden oder sie werden die Zweitwohnung aufgeben, wenn der befristete Arbeitsvertrag ausgelaufen bzw. die befristete Versetzung beendet ist. Die andere Hälfte wird die Hauptwohnung aufgeben und den Lebensmittelpunkt an den bisherigen Zweitwohnort verlegen (n = 14).

Die befragten Frauen werden am häufigsten die berufliche Zweitwohnung aufgeben und wieder an den Hauptwohnort ziehen (n = 12). Davon hat der größte Teil eine neue Arbeitsstelle am Hauptwohnort gefunden. Die anderen Frauen werden zu etwa gleichen Teilen an den bisherigen Zweitwohnort (n = 8) oder an einen ganz anderen Ort (n = 7) ziehen.

Für eine genauere Analyse des räumlichen Arrangements nach Geschlecht und Haushaltssituation sind die Fallzahlen zu gering. Die Häufigkeitsauszählungen deuten nicht auf ein eindeutiges geschlechtstypisches Migrationsverhalten hin: Von den Befragten in einer Lebensgemeinschaft wird sowohl von den Männern als auch von den Frauen ungefähr die eine Hälfte an den Hauptwohnort ziehen und die Zweitwohnung aufgeben. Die andere Hälfte wird die Hauptwohnung aufgeben und an den bisherigen Zweitwohnort ziehen. Im Falle eines Zuzugs an den Zweitwohnort wird in sieben von zehn Fällen bei den Männern die Partnerin und in drei von sieben Fällen bei den Frauen der Partner mit umziehen.

Von den Befragten, die eine berufliche Zweitwohnung aufgegeben haben (n = 107), ist gut die Hälfte wieder zurück an den Hauptwohnsitz gezogen (n = 51). Als wesentlichen Grund nennt die deutliche Mehrzahl unter den Männern das Auslaufen des befristeten Vertrags bzw. die Beendigung der befristeten Versetzung am Zweitwohnort (n = 19 von n = 24). Die Frauen nennen am häufigsten, dass sie am Hauptwohnort eine neue Arbeitsstelle gefunden haben (n = 11) und dann erst, dass die Beschäftigung am anderen Arbeitsort nur befristet war und deshalb beendet wurde (n = 9).

Fast jeder dritte Mann und jede vierte Frau hat den Haupthaushalt aufgegeben und ist an den damaligen Zweitwohnort gezogen (n = 18 Männer und n = 14 Frauen). Dafür waren berufliche Gründe ausschlaggebend. Das betrifft meistens die Fälle, die während der Probezeit eine Zweitwohnung eingerichtet hatten. Nach Ablauf der Probezeit sind die meisten mit dem gesamten Haushalt an den neuen Arbeitsort gezogen (n = 21). Aber auch die Trennung von der Partnerin/

dem Partner und andere partnerschaftliche oder familiäre Gründe spielten bei diesem Umzugsarrangement für einen Mann und vier Frauen die primäre Rolle. An einen ganz anderen Ort ist knapp jede/r Vierte gezogen. Berufliche Gründe hatten auch hier eine wesentliche Bedeutung. Auf Grundlage der Ergebnisse der vertiefenden qualitativen Erhebung ist zu vermuten, dass diese komplexe Umzugsmobilität auch durch befristete Beschäftigung ausgelöst wurde: das Auslaufen des befristeten Arbeitsvertrags an dem einen Arbeitsort und die Aufnahme einer neuen befristeten Beschäftigung in einem ganz anderen Ort. Für drei Männer und zwei Frauen waren partnerschaftliche oder familiäre Gründe das wichtigste Motiv für den Umzug an einen ganz anderen Ort.

Zusammenfassend wird aus den Angaben für die Aufgabe einer damaligen beruflichen Zweitwohnung und den Plänen für die Beendigung der gegenwärtigen multilokalen Haushaltsorganisation deutlich, dass die „Rückwanderung" an den Hauptwohnsitz von großer Bedeutung ist. Das spricht für die Bindung von Shuttles an ihren Hauptwohnort und die Einrichtung beruflich genutzter Zweitwohnungen als Übergangslösung. Gleichwohl übernimmt das Shutteln in einer bedeutenden Anzahl von Fällen eine „Vorbotenfunktion" für Migration (Kalter 1994, Hunt 2006).

6.7.2 Bewertung des multilokalen Lebens nach Lebensbereichen

Welche Auswirkungen hat das Shutteln auf die Lebensführung insgesamt und speziell auf einzelne Lebensbereiche? Welche Belastung wird von Shuttles primär erfahren? Sprechen auch andere als berufliche Vorteile für ein multilokales Leben? Was hat einen Einfluss darauf, auf welche Lebensbereiche sich eine multilokale Haushaltsorganisation besonders negativ oder positiv auswirkt? Dies sind die zentralen Fragen dieses Kapitels, anhand derer die Erkenntnisse über die zeitliche Perspektive und ferner über die Entstehungskontexte der multilokalen Lebensform des Shuttelns vertieft werden. Dazu sollten die Befragten zunächst die subjektiv empfundenen Auswirkungen des multilokalen Lebens insgesamt und bezüglich ausgewählter Lebensbereiche wie folgt bewerten: sehr positiv, eher positiv, eher negativ, sehr negativ, trifft nicht zu/weiß nicht. Anschließend wurde danach gefragt, in welchem Bereich die gravierendste Belastung und der größte Vorzug erlebt werden.

Methodische Vorbemerkungen
Die Antwortkategorien wurden entsprechend der Richtung und Stärke der Auswirkungen folgendermaßen kodiert: sehr negativ = -2, eher negativ = -1, trifft nicht zu/weiß nicht = 0, eher positiv = 1, sehr positiv = 2. Damit liegen intervallskalierte Daten vor.

Um Einflüsse auf eine multilokale Lebensführung untersuchen zu können, wurden aus der Itembatterie der insgesamt zehn ausgewählten Lebensbereiche (siehe Tab. 6.35) zwei Indizes berechnet: ein Negativ-Index, der die Anzahl negativer Bewertungen über die verschiedenen Lebensbereiche (ohne die Bewertung der multilokalen Haushaltsorganisation insgesamt) misst und ein Positiv-Index, der die Anzahl positiver Bewertungen addiert. In die Indizes gehen nur Angaben von Befragten ein, von denen über alle Lebensbereiche Bewertungen vorliegen (n = 202).[150] Für wen das Shutteln mit vielen positiven bzw. negativen Auswirkungen verbunden ist, wird dann anhand linearer Regressionsanalysen untersucht.

Darüber hinaus wurden mithilfe einer Hauptkomponentenanalyse die Bewertungen der verschiedenen Lebensbereiche in Faktoren zusammengefasst. Die Zahl der Faktoren wurde mit dem Kaiser-Kriterium bestimmt. Die Trennschärfe der Faktoren wurde durch eine Varimax-Rotation erhöht. Drei Faktoren können aus der rotierten Komponentenmatrix extrahiert werden:[151]

- Auf dem ersten Faktor laden die Bereiche „Hobbys", „soziale Kontakte/ Freunde" und „Alltag" hoch. Es handelt sich hierbei also um Aspekte des „Soziallebens".
- Ein zweiter Faktor fasst die Bereiche „Familie/Kinder/Familienplanung", „Partnerschaft" und „Wohnen/Wohnqualität" zusammen, womit die Intimsphäre und der Haushalt angesprochen sind. Diese Komponente wird als „Häuslicher Bereich" interpretiert.
- Ein dritter Faktor, auf dem die Bereiche „persönliches Einkommen", „finanzielle Ausgaben" und „berufliche Entwicklung/Karriere" hoch laden, fasst Auswirkungen auf das Berufsleben und ferner das verfügbare Einkommen zusammen und wird deshalb als „Karriere/Geld" bezeichnet.

Zusammen erklären die Faktoren 64 % der Gesamtvarianz aller Ausgangsvariablen. Die Faktorladungen des Bereichs „Gesundheit/Stress" sind keinem Faktor eindeutig zuzuordnen. Die Ladung ist zwar auf dem Faktor „Häuslicher Bereich" mit dem Wert 0,546 am höchsten, aber die Trennschärfe ist zum Faktor „Sozialleben" (0,447) nicht sehr gut. Gesundheitliche Auswirkungen werden deshalb

---
[150] Bei mindestens einer fehlenden Angabe in der Itembatterie erfolgt ein listenweiser Fallausschluss. Insgesamt werden 11 % der Fälle nicht in der Indexbildung berücksichtigt.
[151] Die rotierte Komponentenmatrix ist in der Anhang-Tab. 7 abgebildet.

mittels einer linearen Regression auf signifikante Bestimmungsgrößen gesondert untersucht.

Hypothesen und empirische Ergebnisse
Die Auswirkungen von Multilokalität auf einzelne Lebensbereiche dürfte, so die Annahme, je nach Haushaltsform und partnerschaftlicher Lebenssituation unterschiedlich bewertet werden. Für Personen in einer Lebensgemeinschaft dürften durch das Shutteln größere Belastungen auf der Ebene des Alltagslebens und der Partnerschaft hervorgerufen werden, wohingegen Multilokalität für Personen, die nicht in einer festen Partnerschaft leben, im Hinblick auf Freizeitaktivitäten und soziale Kontaktmöglichkeiten eher eine positive Erfahrung sein könnte. Tatsächlich hat die Haushaltsform (allein wohnend, in Lebensgemeinschaft mit und ohne Kind) nur unter Männern einen Einfluss auf die subjektive Bewertung nach einzelnen Lebensbereichen. In Tabelle 6.35 werden deshalb die Bewertungen für Männer detaillierter nach der Haushaltsform ausgewiesen. Zur besseren Veranschaulichung von Geschlechterunterschieden werden die Bewertungen von Frauen insgesamt und für Frauen in einer Lebensgemeinschaft ohne Kind abgebildet. Allein stehende Männer und Frauen bewerten die Auswirkungen des Shuttelns sehr ähnlich und werden deshalb in Tabelle 6.35 zusammen abgebildet. Worin die gravierendste Belastung und der größte Vorzug des Shuttelns bestehen, stellt Tabelle 6.36 nach Geschlecht und Haushaltsform sowie für Alleinstehende insgesamt dar.

Positive Auswirkungen und Vorzüge des Shuttelns liegen sehr eindeutig im beruflichen Bereich und konkreter in der beruflichen Entwicklung und den Karrieremöglichkeiten. Für Männer in einer Lebensgemeinschaft stellt sich die multilokale Haushaltsorganisation in beruflicher Hinsicht besonders positiv dar. Trotz der für sie überragenden beruflichen Vorzüge werden die Auswirkungen auf die Lebenssituation insgesamt gegenüber allein wohnenden Männern und Singles aber mehrheitlich negativ eingeschätzt.

Die große Mehrzahl der Männer in einer Lebensgemeinschaft ohne Kind kann in der multilokalen Haushaltsorganisation neben dem Berufsleben wenig Positives sehen. Für gut zwei Drittel sind die finanziellen Ausgaben in einer multilokalen Haushaltssituation zu hoch und die Auswirkungen auf Partnerschaft, Familie bzw. Familienplanung und Wohnqualität überwiegend negativ. Gegenüber anderen Männern fallen vor allen Dingen ihre stark negativen Bewertungen auf der Ebene des Soziallebens auf (Hobbys, Freizeit, Freunde, soziale Kontakte).[152] Die gravierendste Belastung wird von ihnen am häufigsten auf der

---

[152] Die Bewertung des Shuttelns im Bereich „Sozialleben" ist nach Merkmalen von Shuttles getrennt für Männer und Frauen in der Anhang-Tab. 8 dokumentiert.

Ebene der Partnerschaft erlebt, gefolgt von Belastungen im Hinblick auf die Familie bzw. Familienplanung und soziale Kontakte/Freunde (siehe Tab. 6.36).

Tabelle 6.35: Bewertung des Shuttelns für Lebensbereiche, nach Geschlecht und Haushaltsform und für Alleinstehende gesamt, in Prozent

	Männer				Frauen		Alleinstehende ges.
	ges.	Lebensgemeinschaft m. Kind	Lebensgemeinschaft o. Kind	allein wohnend	ges.	Lebensgemeinschaft o. Kind	
positiv (eher positiv/sehr positiv)							
berufliche Entwicklung/Karriere	81	**88**	85	70	75	82	63
persönliches Einkommen	73	**83**	67	73	59	65	65
negativ (eher negativ/sehr negativ)							
finanzielle Ausgaben	63	63	67	54	71	78	61
Wohnen/Wohnqualität	59	57	64	55	54	58	40
Partnerschaft	63	60	69	58	51	54	43
Familie/Kinder/Familienplanung	64	70	60	62	57	61	46
Alltag/Alltagsgestaltung	56	60	71	33	46	54	21
soziale Kontakte/Freunde	63	65	73	48	49	51	30
Hobbys	**54**	53	**72**	33	40	38	36
Gesundheit/Stress	56	48	64	54	63	59	46
insgesamt negativ (eher negativ + sehr negativ)	55	53	72	36	51	61	26
n	128	40	48	40	83	38	41

Signifikanztests: (a) Männer in einer Lebensgemeinschaft mit Kind (Spalte 2) vs. alle anderen Männer, (b) allein wohnende Männer (Spalte 4) vs. Männer in einer Lebensgemeinschaft (mit/ohne Kind), (c) Geschlechtervergleich Spalte 1 und 5 und (d) Spalte 3 und 6, (e) Alleinstehende (Spalte 7) vs. alle Befragten in einer festen Partnerschaft.
schattiert: unterdurchschnittlicher Anteil (p = 0,05),
fett umrahmt: überdurchschnittlicher Anteil (p = 0,05).
Quelle: eigene Auswertung

Im Vergleich dazu können Männer in einer Lebensgemeinschaft mit Kind der Multilokalität auch positive Aspekte in anderen Bereichen als dem Berufsleben abgewinnen. So beurteilt jeder Vierte (n = 11) die Auswirkungen auf die Gesundheit, die Partnerschaft und den Alltag positiv. Berufliche Vorzüge – sowohl was die berufliche Weiterentwicklung als auch das Einkommen anbelangt – werden von ihnen nochmals mehr gesehen als von Männern in einer Lebensgemeinschaft ohne Kind, für die häufiger die zusätzlichen Ausgaben durch die

Multilokalität sehr negativ sind.[153] In einem Haushalt mit Kind müssen die Karrierechancen und das Einkommen sicherlich auch entsprechend hoch sein, um sich für ein multilokales Leben zu entscheiden. Das Familienleben und die Kinder sind auch der Lebensbereich, in dem Männer in einem Familienhaushalt mit weitem Abstand die größte Belastung durch das Shutteln erfahren. Die Vereinbarkeit von Beruf und Privatleben wird dementsprechend auch von jedem Fünften als sehr problematisch und der Hälfte als gelegentlich schwierig angesehen.

Tabelle 6.36: Größter Vorzug und gravierendste Belastung des Shuttelns nach Geschlecht und Haushaltsform und für Alleinstehende gesamt, in Prozent

	ges.	**Männer** Lebensgemeinschaft o. Kind	Lebensgemeinschaft m. Kind	ges.	**Frauen** Lebensgemeinschaft (alle)	**Alleinstehende** ges.
größter Vorzug						
berufliche Entwicklung/Karriere	68	77	66	66	73	49
persönliches Einkommen	10	9	18	7	9	9
soziale Kontakte/Freunde	3	-	-	4	-	20
gravierendste Belastung						
Partnerschaft	21	27	8	22	27	9
Familie/Kinder/Familienplanung	26	23	53	14	16	3
finanzielle Ausgaben	15	14	13	22	16	31
Gesundheit/Stress	4	5	5	20	20	11
soziale Kontakte/Freunde	13	16	3	14	9	11
Hobbys	6	7	3	4	5	11
n	117	44	38	74	44	35

Geschlechtervergleich für gravierendste Belastung Spalte 1 und 4: X^2 (df) = 17,135(7), p = 0,05.
Quelle: eigene Auswertung

Bei genauerer Betrachtung sind es also Männer in einer Lebensgemeinschaft ohne Kind, die das Shutteln für sich am wenigsten positiv einschätzen.[154] In Anbetracht der zeitlichen Perspektive der multilokalen Haushaltsorganisation erstaunt diese Differenzierung in der subjektiven Bewertung der multilokalen Lebenssituation unter Männern in einer Lebensgemeinschaft nicht, denn schließ-

---

[153] Siehe Bewertung der multilokalen Haushaltsorganisation von Männern und Frauen im Bereich „Karriere/Geld" nach signifikanten Merkmalen in Anhang-Tab. 9.

[154] T-Test für die Bewertung der multilokalen Lebensform insgesamt (Selbsteinschätzung) unter Männern nach Lebensgemeinschaft ohne Kind (ja/nein): T = 2,682 (p < 0,01); n = 126.

lich sind es gerade Männer in einem Familienhaushalt, für die das Shutteln eine länger andauernde Lebensform ist, während Männer in einer Lebensgemeinschaft ohne Kind Multilokalität überwiegend als temporäres Arrangement betrachten (siehe Tab. 6.33).

Frauen in einer Lebensgemeinschaft ohne Kind sehen das multilokale Leben nicht so einseitig negativ wie Männer in gleicher Haushaltssituation. Deshalb unterscheiden sich Frauen in ihrer Bewertung der multilokalen Lebensführung nicht – wie Männer – danach, ob sie zusammen mit dem Partner oder allein wohnen. Signifikant verschieden ist nach dem Geschlecht zwar nur die Bewertung der Multilokalität in Bezug auf eigene Hobbys, die fast drei Viertel der Männer gegenüber zwei von fünf Frauen in einer Lebensgemeinschaft ohne Kind negativ beeinflusst sehen (siehe Tab. 6.35). Frauen in einer Lebensgemeinschaft ohne Kind nennen darüber hinaus auch auf der Ebene der Partnerschaft, des Alltagslebens und der sozialen Kontakte etwas häufiger als Männer in gleicher Haushaltssituation positive Aspekte. In der Summe schätzen deshalb Frauen in Lebensgemeinschaften ohne Kind die Auswirkungen der multilokalen Haushaltsorganisation in nicht so vielen Lebensbereichen negativ ein wie Männer.[155] Bunker et al. (1992) kommen in ihrer Untersuchung über *Commuting Dual-Career-Families* ebenfalls zu dem Ergebnis, dass Männer in einer multilokalen Haushaltssituation weniger zufrieden auf der Ebene der Partnerschaft sind als Frauen. Trotz der vergleichsweise geringeren negativen Auswirkungen, die Frauen in einer Lebensgemeinschaft für ihr Sozialleben sehen, wird die Vereinbarkeit von Beruf und Privatleben ähnlich wie von Männern in gleicher Haushaltssituation eingeschätzt: Für die Hälfte ist die Synchronisation der beiden Lebensbereiche gelegentlich problematisch.

Allein wohnenden Männern und Single-Frauen bietet ein multilokales Leben neben beruflichen Vorzügen auch mehrheitlich positive Erfahrungen auf der Ebene des Soziallebens (Alltagsgestaltung, Hobbys, soziale Kontakte und Freunde), was sie von Shuttles in anderen Haushaltsformen und partnerschaftlichen Lebenssituationen deutlich unterscheidet.[156] Die multilokale Haushaltsorganisation wirkt sich bei Alleinwohnenden nach eigener Einschätzung auf die individuelle Lebenssituation insgesamt überwiegend positiv aus, wobei Singles erwartungsgemäß am häufigsten eine positive Gesamtbilanz ziehen (siehe Tab. 6.35). Dementsprechend erfahren Alleinstehende gegenüber Shuttles in

---

[155] Das arithmetische Mittel des Negativ-Index beträgt für Frauen in einer Lebensgemeinschaft ohne Kind M = 4,89 vs. M = 5,76 für Männer (F-Test: p = 0,1).

[156] Unter Frauen hat das Leben als Single den stärksten positiven Effekt auf die Bewertung der multilokalen Lebenssituation im Bereich des Soziallebens. Bei Männern sind es Alleinwohnende, also Singles und LATs, die ihr Sozialleben in einer multilokalen Haushaltsorganisation deutlich positiver bewerten als Männer in einer Lebensgemeinschaft.

einer festen Partnerschaft (als LAT oder in Lebensgemeinschaft) durch die Multilokalität in der Summe weniger negative Auswirkungen und verbinden mit dem Shutteln tendenziell mehr positive Aspekte.[157] Häufiger als bei Befragten in einer festen Partnerschaft wirkt sich die multilokale Haushaltsorganisation bei Singles auch positiv auf die Wohnqualität aus und – wie erwartet – bietet einigen das multilokale Leben die größten Vorzüge auf der Ebene sozialer Kontakte und Freundschaften (und nicht im Berufsleben), was von keinem Mann und keiner Frau in einer Lebensgemeinschaft oder LAT-Partnerschaft so empfunden wird (siehe Tab. 6.36).

Gravierendste Belastung und Geschlechterunterschiede
Werden die Belastungsempfindungen der Befragten in Tab. 6.36 näher betrachtet, wird deutlich, dass gesundheitliche Belastungen häufiger von Frauen als von Männern als negativste Auswirkung einer multilokalen Haushaltsorganisation wahrgenommen werden. Gesundheitliche Belastungen durch das Shutteln sehen vor allem jüngere Frauen bis 30 Jahre, die – wie bereits gezeigt werden konnte – die multilokale Haushaltsorganisation in der nahen Zukunft auch eher als andere Frauen beenden wollen (siehe Abb. 6.9). Gesundheitliche Belastungen und Stress sind deshalb bei Frauen eng mit einer gewünschten Aufgabe der Zweitwohnung in naher Zukunft verbunden. Lange wöchentliche Arbeitszeiten tragen zusätzlich dazu bei, dass Frauen in einer multilokalen Haushaltsorganisation größere Belastungen für ihre Gesundheit erleben.[158]

Der insgesamt höhere Anteil unter Frauen, für den die finanziellen Ausgaben die größte Belastung des Shuttelns darstellen, ist auf Single-Frauen zurückzuführen. Die geringeren Erwerbsarbeitsverdienste von Frauen werden bei der Unterhaltung von zwei Haushalten also dann zum Problem (vgl. Tab. 6.1), wenn Frauen nicht in einer festen Partnerschaft leben. In einer Lebensgemeinschaft werden die durch die multilokale Lebensform verursachten zusätzlichen finanziellen Ausgaben von Frauen gegenüber Männern nicht als gravierender beurteilt.

Da männliche Shuttles häufiger als Frauen in einer Lebensgemeinschaft mit Kind leben (vgl. Tab. 6.1), sind sie es auch, für die die negativen Auswirkungen der multilokalen Lebenssituation im Bereich Familie/Familienplanung anteilsmäßig am schwerwiegendsten sind. In einer Lebensgemeinschaft ohne Kind sind

---

[157] Das arithmetische Mittel des Negativ-Index beträgt $M = 3,56$ für Singles vs. $M = 5,17$ für Shuttles in einer festen Partnerschaft (Brown-Forsythe Test: $p < 0,01$). Für den Positiv-Index beträgt der Mittelwert unter Singles $M = 4,14$ und unter Shuttles in einer festen Partnerschaft $M = 3,4$ (F-Test: $p = 0,1$).

[158] Siehe Bewertung der multilokalen Haushaltsorganisation im Bereich „Gesundheit/Stress" nach Merkmalen weiblicher Shuttles in Anhang-Tab. 10.

jedoch ebenfalls häufiger für Männer als für Frauen die Folgen der multilokalen Haushaltsorganisation im Bereich der Familienplanung am gravierendsten. Da für weibliche Shuttles die Umsetzung eines Kinderwunsches zumindest mit der Aufgabe der *aktiven* Pendelmobilität verbunden wäre, werden die befragten Shuttle-Frauen in einer Lebensgemeinschaft entweder (noch) keinen Kinderwunsch haben oder aber das Shutteln führt bei Frauen mit Kinderwunsch zu so hoher Unzufriedenheit, dass ein multilokales Leben spätestens dann nicht mehr in Frage kommt und beendet wird (und sie deshalb auch weniger in der Stichprobe vorkommen).

Weitere Einflussfaktoren auf negative und positive Auswirkungen des Shuttelns
Für Männer lässt sich des Weiteren festhalten, dass sie durch die multilokale Lebensweise tendenziell mehr negative Auswirkungen erfahren, wenn sie wöchentlich pendeln und je größer die Distanz zwischen den Wohnorten ist.[159] Gleichwohl reduziert sich die Anzahl positiv wahrgenommener Folgewirkungen der Lebensform durch das wöchentliche Pendeln signifikant.[160] Besonders negativ wirkt sich das wöchentliche Pendeln bei Männern auf das Sozialleben aus.[161] Damit hängt zusammen, dass allein stehende Männer gegenüber Männern in einer festen Partnerschaft erstens weniger häufig wöchentlich und über geringere Distanzen zwischen den Wohnorten pendeln (siehe Tab. 6.9 und Tab. 6.12) und sie zweitens weniger negative Aspekte in einer multilokalen Haushaltsorganisation wahrnehmen (siehe Tab. 6.35). Von Männern werden zudem weniger negative und mehr positive Auswirkungen des Shuttelns mit steigender Dauer der multilokalen Lebensform angeführt.[162] Das betrifft insbesondere den Häuslichen Bereich (Partnerschaft/Familie/Wohnen), der mit zunehmender Dauer des Pendelns positiver bewertet wird.[163]

Auch bei Frauen vermindert wöchentliches Pendeln über größere Distanzen – gemessen anhand des Positiv-Index – die Lebensqualität und erhöht tendenziell die Anzahl negativer Erfahrungen über die verschiedenen Lebensbereiche.[164] Zugleich wird das Shutteln von Frauen in der Summe positiver bewertet, je weniger oft sie in den vergangenen zehn Jahren überregional umgezogen sind und tendenziell je länger sie multilokal leben.[165] Über den Zusammenhang zwischen der gewünschten Aufgabe der Zweitwohnung und gesundheitlichen Belastungen

---

[159] Siehe Determinanten des Negativ-Index nach Geschlecht in Anhang-Tab. 11.
[160] Siehe Determinanten des Positiv-Index nach Geschlecht in Anhang-Tab. 12.
[161] Siehe Anhang-Tab. 8.
[162] Siehe Anhang-Tab. 11 und Anhang-Tab. 12.
[163] Die Bewertung der multilokalen Haushaltsorganisation im „Häuslichen Bereich" ist nach Merkmalen von Shuttles für Männer und Frauen der Anhang-Tab. 13 zu entnehmen.
[164] Siehe Anhang-Tab. 11 und Anhang-Tab. 12.
[165] Siehe Anhang-Tab. 12.

hinaus lässt sich für Frauen ein deutlicher Zusammenhang zwischen der Anzahl negativ wahrgenommener Auswirkungen der multilokalen Haushaltsorganisation und ihren Zukunftsplänen beobachten: Je negativer sie die multilokale Lebenssituation in der Summe der Lebensbereiche bewerten (Negativ-Index), um so eher möchten sie in naher Zukunft die Zweitwohnung aufgeben.[166] Für Männer lässt sich ein solcher Zusammenhang nicht feststellen.

Männer mit einem befristeten Arbeitsvertrag erfahren auf der Ebene „Karriere/Geld" äußerst positive Auswirkungen.[167] Sie werden sich durch das Shutteln Karrierechancen versprechen; das Einkommen ist sehr zufrieden stellend und mit dem verfügbaren Einkommen lässt es sich wahrscheinlich aufgrund der einfachen und billigen Zweitunterkunft gut leben (vgl. Kap. 6.6.4). Positive Effekte des Shuttelns auf den Bereich Karriere/Geld können unter Frauen tendenziell eher Berufsanfängerinnen verbuchen.[168] Bei einem Stellenwechsel werden von Frauen eher weniger positive Auswirkungen in diesem Lebensbereich registriert, da die finanziellen Ausgaben durch die multilokale Lebensführung zu hoch sind.[169] Sicherlich war die Versetzung häufig nicht freiwillig, wie z. B. bei einer 53-jährigen Befragten, die zur Beendigung des multilokalen Wohnarrangements der Familie mit ihrem Sohn aus einer Kleinstadt in Sachsen nach Stuttgart gezogen ist. Ihr Mann hatte zu dem damaligen Zeitpunkt noch in einer Stadt nahe des Bodensees über 100 km von Stuttgart entfernt gearbeitet, fand dann aber nach einem halben Jahr eine Arbeitsstelle in Stuttgart. Weitere zwei Jahre später wurde sie in die Berliner Dienststelle versetzt:

> „Da mein Mann seine Arbeit in Stuttgart hat und zurzeit unsere Bewerbungen (mein Mann in Berlin – ich in Stuttgart) ohne Erfolg bisher blieben, bleibt uns ja gar keine andere Möglichkeit, als die der Haupt- und Nebenwohnung und dem ständigen Pendeln...!" [69]

Frauen, die im Haupthaushalt im selbstgenutzten Wohneigentum leben, führen weniger negative Aspekte der multilokalen Lebensform auf als Mieterinnen,[170] was im Wesentlichen damit zusammenhängt, dass Frauen aus Mittelstädten, die am häufigsten im Haupthaushalt im Wohneigentum leben, weniger negative Erfahrungen mit dem multilokalen Leben vor allem im Häuslichen Bereich (Wohnqualität, Partnerschaft, Familie/Familienplanung) und im Hinblick auf die

---

[166] Siehe Anhang-Tab. 11.
[167] Siehe Anhang-Tab. 9.
[168] Siehe Anhang-Tab. 9.
[169] Von den sieben Frauen, die infolge eines Stellenwechsels eine beruflich genutzte Zweitwohnung eingerichtet haben, bewerten sechs die finanziellen Ausgaben als sehr negativ.
[170] Siehe Anhang-Tab. 11.

eigene Gesundheit verbinden.[171] Aus kleineren Städten/Landgemeinden kommend, überwiegen für Frauen negative Auswirkungen auf das Sozialleben, was insbesondere eigene Hobbys betrifft.[172] Warum eine multilokale Haushaltsorganisation Frauen aus Mittelstädten mehr Vorteile in diesen Lebensbereichen bietet und sie sich gegenüber anderen Frauen überdies eine multilokale Wohnsituation über eine längere zeitliche Periode vorstellen können (siehe Tab. 6.33), kann mit den vorliegenden Daten nicht weiter vertieft werden. Sozialstrukturell weisen diese Frauen keine besonderen Merkmale gegenüber anderen weiblichen Shuttles auf. Sie sind eine sehr heterogene Gruppe, in der alle Haushalts- und Lebensformen über alle Altersgruppen vertreten sind: Singles, LATs, Lebensgemeinschaft mit und ohne Kind. Vermutlich werden zum einen die siedlungsstrukturellen Rahmenbedingungen (u. a. Sömmerda in Thüringen, Neustadt an der Weinstraße in Rheinland-Pfalz, Eberswalde in Brandenburg) langfristig nur wenige berufliche Möglichkeiten bieten. Zum anderen wird die materielle und emotionale Bindung an den Wohnort durch selbstgenutztes Wohneigentum hoch sein.

6.7.3 Zwischenfazit

Beruflich motivierte multilokale Haushaltsstrukturen haben in der Spätmoderne zahlenmäßig an Bedeutung gewonnen, zu einer dauerhaften Lebensform hat sich das Shutteln allerdings unter den Bedingungen gesellschaftlicher Modernisierung und wirtschaftlicher Restrukturierung nicht entwickelt. Vielmehr dominieren im Hinblick auf die Permanenz der multilokalen Lebensform bekannte Erscheinungsformen der modernen Industriegesellschaft, denn als länger andauernde Lebensform wird das Shutteln in erster Linie von Familienvätern praktiziert und damit von denjenigen, die die moderne Erscheinungsform des Shuttelns prägten. Männer in einer Lebensgemeinschaft mit Kind haben wegen der Karriere und aus finanziellen Gründen eine berufliche Zweitwohnung eingerichtet und sich mit der multilokalen Lebenssituation über eine längere Periode mehr oder weniger gut arrangiert. Für sie ist die multilokale Haushaltsorganisation am ehesten von Beginn an langfristig angelegt und wird auch zukünftig von längerer Dauer sein. Für den Familienhaushalt wären die (materiellen und immateriellen) Migrationskosten vermutlich zu hoch, so dass in der Summe weniger negative Aspekte über die einzelnen Lebensbereiche gesehen werden als von Männern in einer Lebensgemeinschaft ohne Kind.

Unter den Frauen lässt sich nur eine kleine Gruppe erkennen, für die das Shutteln langfristig geplant und realisiert wird: Hoch qualifiziert erwerbstätige

---

[171] Siehe Anhang-Tab. 10 (Gesundheit) und Anhang-Tab. 13 (Häuslicher Bereich).
[172] Siehe Anhang-Tab. 8.

Frauen in einer Lebensgemeinschaft ohne Kind. Die Hälfte dieser Frauen ist über 38 Jahre alt und wird sich wohl mit der kinderlosen mobilen Lebensform arrangiert haben.

Shutteln als vorübergehendes Arrangement und kurzlebige Mobilitätsform wird von jüngeren Altersgruppen und von Männern und Frauen in einer (noch) kinderlosen Partnerschaft getragen. Das Shutteln dient dem Berufseinstieg und dem beruflichen Fortkommen am Anfang der Berufslaufbahn, wofür die Trennung vom Partner/der Partnerin (gezwungenermaßen) in Kauf genommen wird.

Mit dem multilokalen Leben verbinden Männer in einer Lebensgemeinschaft ohne Kind viele Nachteile auf der Ebene des Soziallebens, der Partnerschaft, der Familienplanung und der Wohnqualität. Frauen, die mit dem Partner zusammenleben, können sich mit ihrem Sozialleben – verteilt auf mehrere Orte – offensichtlich besser arrangieren, was insbesondere das Ausleben eigener Hobbys und Interessen anbelangt. Längerfristig angedacht ist die multilokale Haushaltsorganisation vor allen Dingen in einer Ehe allerdings nicht.

Durchaus positiv stellt sich die multilokale Lebenssituation für Singles insgesamt betrachtet und insbesondere gegenüber Shuttles in anderen Haushaltsformen und partnerschaftlichen Lebenssituationen im Hinblick auf das Sozialleben dar. Auffällig negativ werden allerdings vor allem von allein stehenden Frauen die finanziellen Ausgaben und damit das verfügbare Einkommen beurteilt. Diese Bewertung wird sehr wahrscheinlich gegen eine langfristige Perspektive der Lebensform sprechen.

Neben soziodemographischen Merkmalen wird die subjektive Bewertung der multilokalen Lebenssituation auch von der Dauer der Lebensform, der Periodizität des Pendelns und der Entfernung der Wohnorte beeinflusst. Mit zunehmender Dauer der multilokalen Haushaltsorganisation können Frauen und vor allen Dingen Männer dem Shutteln mehr positive Aspekte abgewinnen. Einerseits könnte daraus geschlossen werden, dass nur diejenigen, denen das Shutteln genügend positive Aspekte bietet, sich auch länger mit einer multilokalen Haushaltsorganisation arrangieren können. Andererseits könnte der Einfluss der Dauer der multilokalen Lebensform auf die Bewertung der Lebenssituation in Anlehnung an Erkenntnisse der Wohnforschung auch als ein Ausdruck einer „pragmatischen Lebensklugheit" interpretiert werden (Böltken/Schneider/Spellerberg 1999: 141). Es wird versucht, die Dissonanz zwischen der erwünschten (unilokalen) Lebenssituation und der konkreten multilokalen Haushaltssituation auf Dauer möglichst gering zu halten. In der Folge könnten positive Aspekte emotional stärker herausgestellt werden (mehr Freiheit, weniger Alltagsprobleme in der Partnerschaft).

In siedlungsstruktureller Hinsicht ist festzuhalten, dass Shutteln zwischen Großstädten eher eine vorübergehende, zeitlich begrenzte Mobilitätsform ist. So ist für Männer mit einem befristeten Arbeitsvertrag, die überwiegend aus Großstädten kommen, eine multilokale Haushaltsorganisation ganz klar ein temporäres Arrangement. Das befristete Beschäftigungsverhältnis bietet viele berufliche Vorzüge und sicherlich werden nach Auslaufen des Arbeitsvertrags auf dem lokalen großstädtischen Arbeitsmarkt Optionen bestehen, so dass fest mit einer Aufgabe der Zweitwohnung in den kommenden zwei Jahren gerechnet wird. Großstädtische Pendlerinnen bewerten ihre multilokale Lebenssituation weniger positiv als Frauen aus Mittelstädten und planen zudem weniger häufig eine längerfristige multilokale Lebensphase. Das liegt auch daran, dass Pendeln zwischen Großstädten bei Frauen vergleichsweise zu mehr Stress und gesundheitlichen Belastungen führt.

Je negativer Frauen die multilokale Lebenssituation bewerten, umso eher möchten sie das Shutteln beenden. Gesundheitliche Belastungen und Stress sind dabei eine gewichtige Einflussgröße. Das erklärt sicherlich zum Teil auch, wie zuvor bereits vermutet (siehe Kap. 6.5.4), warum Frauen unter Kontrolle wechselseitiger Effekte weniger häufig als Männer wöchentlich zwischen den Wohnorten pendeln und häufiger in einer Partnerschaft ein alternierendes Pendelarrangement praktizieren.

7 Leben und Wohnen in einer Fernbeziehung

In diesem Kapitel stehen Fernbeziehungen als eine weitere Form residentieller Multilokalität im Mittelpunkt. Zunächst wird eine Operationalisierung der multilokalen Lebensform für die vorliegende Untersuchung vorgenommen und auf die zahlenmäßige Bedeutung von Fernbeziehungen unter den befragten Zugezogenen eingegangen (Kapitel 7.1). Im Anschluss daran werden sozialstrukturelle Merkmale der multilokalen Lebensform dargestellt und die Entstehungsbedingungen von Fernbeziehungen näher durchleuchtet (Kapitel 7.2). Welche räumlichen Muster durch Fernbeziehungen entstehen und welche raum-zeitlichen Pendelarrangements von den Partnern praktiziert werden, ist Gegenstand des Kapitels 7.3. Die zeitliche Perspektive der multilokalen Lebensform, Vorstellungen über das zukünftige Wohnsitzarrangement der Partner und frühere Umzugsarrangements zur Beendigung einer multilokalen Lebenssituation in einer Fernbeziehung werden im darauf folgenden Kapitel 7.4 in den Blick genommen. Danach werden die Wohnsituation und Wohnwünsche von Befragten in einer Fernbeziehung im Vergleich zu Zugezogenen, die nicht in einer Fernbeziehung leben, untersucht (Kapitel 7.5). Wie bewerten Befragte ihr multilokales Leben in einer Paarbeziehung über große Distanzen? Welche Vorteile und welche Nachteile werden durch diese multilokale Lebens- und Wohnform wahrgenommen? Diese Fragen stehen im Fokus des Kapitels 7.6. Abschließend werden die empirischen Ergebnisse zusammenfassend diskutiert (Kapitel 7.7).

7.1 Operationalisierung von Fernbeziehungen und Stichprobengröße

In bisherigen Untersuchungen wurden Fernbeziehungen wie von Schneider, Limmer und Ruckdeschel (2002) sehr allgemein als Partnerschaften mit zwei getrennten Haushalten (ohne gemeinsamen Haushalt) definiert oder es wurde wie von Levin (2004) eine nicht weiter nachvollziehbare Abgrenzung von Fernbeziehungen und LAT-Partnerschaften über nahräumliche Distanzen vorgenommen. Für das zentrale Anliegen dieser Arbeit, großräumige Mobilität in ihren verschiedenen Facetten im Kontext des sozialen Wandels und flexibilisierter Bedingungen auf dem Arbeitsmarkt zu untersuchen, ist die räumliche Dimension von getrennt zusammenlebenden Paaren wesentlich und deshalb eine Unterscheidung von Paaren mit getrennten Haushalten über eine kleinräumige Entfernung und LATs in einer großräumigen Distanzbeziehung relevant.

Fernbeziehungen werden analog zur Operationalisierung von Fernwanderungen wie folgt definiert (vgl. Kap. 5.1 und Abb. 1.1):

- Die Befragten führen eine feste Partnerschaft. Die Angabe beruht auf der Selbsteinschätzung der Befragten. Auf eine Definition für eine feste Partnerschaft wurde verzichtet, da angesichts der Pluralisierung der Lebensformen und Lebensstile eine allseits akzeptierte Definition und Erhebungsmethode mittels standardisierter Indikatoren sicherlich nicht zu finden ist.[173]
- Das Paar hat keinen gemeinsamen Haushalt („getrennte Haushaltsführung").
- Die Haushalte der Partner befinden sich in verschiedenen Orten und
- die räumliche Distanz zwischen den Wohnorten beträgt mindestens 50 km.

Abweichend von diesem Operationalisierungsverfahren musste für Befragte mit einer Nebenwohnung, bei denen sich eine Wohnung in kleinräumiger Nähe der Wohnung des Partners/der Partnerin befindet (bis 50 km), fallspezifisch entschieden werden, welche Bedeutungen die beiden Wohnsitze für die Befragten haben bzw. ob die partnerschaftliche Beziehung über eine großräumige Distanz verortet ist oder ob das Paar eine kleinräumige LAT-Partnerschaft führt und ein Nebenwohnsitz mehr oder weniger regelmäßig z. B. aus Freizeit- und Erholungsgründen aufgesucht wird. Dazu mussten der Hauptgrund für die getrennte Haushaltsführung und für die Nebenwohnung, der Arbeitsort und das Zuzugsmotiv in das Befragungsgebiet betrachtet werden. Wenn Befragte eine beruflich genutzte Zweitwohnung haben, sich der Haupthaushalt in kleinräumiger Nähe der Wohnung des Partners/der Partnerin befindet und berufliche Gründe für die Fernbeziehung ausschlaggebend sind, wurde die getrennte Haushaltsführung des Paares als Fernbeziehung erfasst; auch wenn sich damit in Einzelfällen eine Wohnung der Befragten und die Wohnung des Partners/der Partnerin in derselben Stadt befinden (neun Fälle). Befragte in einer Fernbeziehung, die eine Nebenwohnung unterhalten, können damit zugleich Shuttles sein. Darauf wird weiter unten im Kapitel 7.2.4 näher eingegangen.

Die räumliche Entfernung zwischen den Wohnorten konnte über die Postleitzahlen mithilfe der BBSR-Entfernungsmatrix ermittelt werden (siehe Erläuterungen in Kap. 6.5.1). Für Fernbeziehungen zwischen Deutschland und einem Ort im Ausland wurden die Entfernungen mittels im Internet zugänglicher Rou-

---

[173] Häufig wird in Untersuchungen die Dauer der Partnerschaft als Indikator für eine feste Paarbeziehung herangezogen (vgl. Schneider 1996: 89, Schlemmer 1995: 368). Durch diese Methode wird zwar die Anfangsphase einer Paarbeziehung ausgeschlossen, die immer in getrennten Haushalten beginnt, aber zum einen werden dadurch sicherlich viele Paare ausgeschlossen, die ihre Beziehung bereits vor diesem willkürlich festgelegten Zeitpunkt als gefestigt ansehen. Zum anderen sind weitere subjektive Faktoren von Bedeutung, wie die Anmerkung eines Befragten bestätigt: „Als ich und meine Partnerin uns kennenlernten, lebten wir – natürlich – in getrennten Wohnungen. Für mich wurde die Partnerschaft erst dann zu einer festen, als wir zusammengezogen sind, d. h. nach 2 Jahren erst." [968]

tenplaner ermittelt.[174] Für Befragte, die in einer Fernbeziehung leben und eine Nebenwohnung unterhalten, wurde je nach Bedeutung der Wohnorte entweder der Hauptwohnort oder der Nebenwohnort für die Pendeldistanz zwischen den Wohnorten des Paares herangezogen.[175] Befragte ohne Angaben zum Wohnort des Partners/der Partnerin werden insgesamt als Zugezogene mit einer getrennten Haushaltsführung erfasst (n = 18), aber für den Gruppenvergleich von Befragten in einer Fernbeziehung und Befragten in einer kleinräumigen LAT-Partnerschaft werden sie aufgrund der nicht eindeutigen Zuordnung zu den Zielgruppen nicht berücksichtigt.

Tabelle 7.1: Living apart together und Fernbeziehungen in der Gesamtstichprobe

Befragte mit getrennten Haushalten ...	Männer	Frauen	gesamt
insgesamt (n)	157	192	349
in % von allen Befragten	16.0%	18.7%	17.4%
in % von allen Befragten in Partnerschaft	21.9%	25.1%	23.5%
in verschiedenen Orten (n)	92	121	213
in % von allen Befragten	9.4%	11.8%	10.6%
in % von allen Befragten in Partnerschaft	12.8%	15.8%	14.4%
in einer Fernbeziehung (n)	**76**	**97**	**173**
in % von allen Befragten	**7.7%**	**9.5%**	**8.6%**
in % von allen Befragten in Partnerschaft	**10.6%**	**12.5%**	**11.6%**
in einer LAT-Partnerschaft, aber keine Fernbeziehung (n)	75	83	158
in % von allen Befragten	7.6%	8.1%	7.9%
in % von allen Befragten in Partnerschaft	10.4%	11.0%	10.7%

N = 18 Befragte haben eine getrennte Haushaltsführung in verschiedenen Orten angegeben, aber keine Angaben zum Wohnort der Partnerin/des Partners gemacht, so dass eine Zuordnung zu "Fernbeziehung" vs. "LAT-Partnerschaft, aber keine Fernbeziehung" nicht möglich ist.
Quelle: eigene Auswertung

Die Anzahl und Anteile der Befragten mit einer getrennten Haushaltsführung sind für die Gesamtstichprobe insgesamt und typisiert nach der Lage und räumlichen Entfernung der Wohnorte der Partner in Tabelle 7.1 abgebildet. Gegenüber der Verbreitung von LATs in Deutschland, die anhand des ALLBUS 2006 im Kapitel 2.2 ermittelt wurde, ist der Anteil von LATs in der Stichprobe erwar-

---

[174] Dazu wurden drei Routenplaner herangezogen und anschließend das arithmetische Mittel aus den Entfernungsangaben (in km) berechnet; zum Teil wurden die Flugdistanzen (in km) über die Fluganbieter im Internet recherchiert.
[175] Wenn z. B. Befragte am Nebenwohnort arbeiten, wurde die Entfernung zwischen dem Nebenwohnort der Befragten und dem Wohnort des Partners/der Partnerin ermittelt.

tungsgemäß aufgrund der Stichprobenziehung höher, denn Einpersonenhaushalte konzentrieren sich in Großstädten und überregional mobile Personen sind im Vergleich zur Gesamtbevölkerung durchschnittlich jünger (vgl. Tab. 4.2). Dass jede/r sechste Zugezogene in einer LAT-Partnerschaft lebt, verweist auf die Bedeutung dieser partnerschaftlichen Lebensform in Großstädten. Im Vergleich zu den Ergebnissen von Schlemmer (1995) aus dem DJI-Familiensurvey fällt auf (siehe Kap. 3.2), dass von den LAT-Partnerschaften insgesamt die Partner mehrheitlich in verschiedenen Orten wohnen (und nicht in etwa zu gleichen Teilen in einer Stadt und in verschiedenen Orten leben). Darüber hinaus ist das zahlenmäßige Verhältnis von Befragten in einer Fernbeziehung und LATs mit getrennten Haushalten in kleinräumiger Entfernung annähernd gleich (und nicht der Anteil kleinräumiger LAT-Partnerschaften höher). Das liegt sicherlich daran, dass ausschließlich Personen mit einem übergemeindlichen Umzug befragt wurden. Von den Zugezogenen ohne einen weiteren Wohnsitz konnten erwartungsgemäß signifikant mehr Personen in einer Fernbeziehung unter Fernwandernden als unter Nahwandernden erreicht werden.

Absolut und prozentual wurde der größte Anteil der Befragten in einer Fernbeziehung in Stuttgart erreicht (n = 80 bzw. 46 % der Teilstichprobe für Fernbeziehungen). Das entspricht einem Anteil von 2,2 % an der bereinigten Bruttostichprobe des Befragungsgebiets (vgl. Tab. 4.1). In Düsseldorf liegt der Anteil nur geringfügig (2 %, n = 35) und in München und Berlin deutlich darunter (1,5 %, n = 26 bzw. 1,4 %, n = 32).

Plausible Angaben über eine frühere Fernbeziehung liegen von n = 316 Befragten vor.[176] Davon waren n = 39 Befragte zum Zeitpunkt der Befragung in Ausbildung. Unter den n = 277 Erwerbspersonen mit Angaben zu einer früheren Fernbeziehung sind Frauen überrepräsentiert (n = 175).[177] Weitere sozialstrukturelle Merkmale für den Zeitpunkt der damals bestehenden multilokalen Lebenssituation sind nicht bekannt. Die Befragten könnten sich also durchaus in der damaligen Fernbeziehung in Ausbildung befunden haben.

---

[176] N = 46 Befragte haben die Frage nicht beantwortet, ob sie schon einmal in den vergangenen zehn Jahren in einer festen Partnerschaft in getrennten Haushalten in verschiedenen Städten/Gemeinden gelebt haben. Weitere n = 69 Befragte haben diese Frage mit ja beantwortet, aber keine Angaben zu ihrer damaligen multilokalen Lebenssituation gemacht. In n = 42 Fällen handelt es sich um ein kleinräumiges multilokales Wohnarrangement (< 50 km). Wie in Kapitel 4.3 zur Datenedition bereits erläutert wurde, ist für n = 87 Befragte aus den Antworten nicht eindeutig zu erkennen, ob die Paarbeziehung damals eine getrennte oder doppelte Haushaltsführung gewesen ist. Diese Fälle werden für die Datenauswertung nicht berücksichtigt.

[177] Geschlechtervergleich: T-Wert = 4,539.

7.2 Entstehungszusammenhänge und Merkmale von Fernbeziehungen

7.2.1 Sozialstrukturmerkmale der Lebensform

Genau ein Fünftel der Befragten in einer Fernbeziehung befindet sich in einer Lebensphase vor dem Einstieg in das Erwerbssystem (n = 36): Sie sind im zweiten Lebensjahrzehnt, ledig, haben in der großen Mehrzahl eine Hoch-/Fachschulreife, studieren oder absolvieren eine Berufsausbildung und führen eine Fernbeziehung wegen ihrer Ausbildung/ ihres Studiums oder aus beruflichen Gründen des Partners/der Partnerin. Gut die Hälfte wohnt in den Metropolen in einer Wohngemeinschaft.

Alle anderen männlichen Befragten in einer Fernbeziehung, die sich nicht in Ausbildung befinden, sind erwerbstätig (79 %). Von den Frauen in einer Fernbeziehung sind 70 % erwerbstätig. Sieben Frauen sind arbeitslos. Eine Befragte ist Hausfrau und lebt wegen der Kinder in einer Fernbeziehung. Eine andere ist Erwerbsunfähigkeitsrentnerin und gibt partnerschaftliche Gründe für die Fernbeziehung an. In Anbetracht des Forschungsinteresses, mobile Lebensformen im Kontext des Erwerbslebens und flexibilisierter Bedingun-

Tabelle 7.2: Merkmale von Erwerbspersonen in einer Fernbeziehung nach Geschlecht

	Männer	Frauen
Alter (Jahre), arithm. Mittel / Median	**33,7 / 31,5**	31,2 / 29,0
(Standardabweichung)	**(7.50)**	(6.45)
Familienstand		
verheiratet	6.7%	6.7%
geschieden/getrennt lebend	10.0%	8.0%
ledig	83.3%	84.0%
Haushaltsform		
allein wohnend	**95.0%**	84.2%
allein erziehend	5.0%	**11.8%**
höchster Ausbildungsabschluss		
Lehre/gleichwertiger Abschluss	18.6%	17.1%
Fachschulabschluss/Meister/in	3.4%	6.6%
Fachhoch-/Hochschulabschluss	76.3%	75.0%
berufliche Stellung[1]		
gering qualifiziert	6.7%	4.4%
qualifiziert	16.7%	**39.7%**
hoch qualifiziert	**76.7%**	55.9%
Wohnstatus im Befragungsgebiet[2]		
Miete (Hauptmieter/in)	87.9%	90.3%
Wohneigentum	8.6%	4.2%
n	60	76

Schattiert: höherer Anteil (p = 0,05), Haushaltsform und berufliche Stellung unter Kontrolle des Alters. Wegen Rundungen/Weglassen gering besetzter Kategorien werden nicht immer 100 % erreicht.
[1] Operationalisierung siehe Fußnote 50, n = 60 Männer, n = 68 Frauen.
[2] n = 58 Männer, n = 72 Frauen
Quelle: eigene Auswertung

gen auf dem Arbeitsmarkt zu durchleuchten, werden im Folgenden nur Erwerbspersonen betrachtet (n = 136).

Sozialstrukturelle Merkmale von Erwerbspersonen in einer Fernbeziehung sind in Tabelle 7.2 dargestellt. Auch unter Nichtberücksichtigung von Auszubildenden sind Fernbeziehungen eine junge mobile Lebensform und das für Frauen noch mal mehr als für Männer (siehe auch Abb. 7.1): Die Hälfte der Frauen ist zwischen 1976 und 1980 geboren, nur ein Viertel ist 33 Jahre und älter. Männer in einer Fernbeziehung sind signifikant älter als die befragten Frauen, aber auch bei ihnen sind zwei Drittel zwischen 1971 und 1980 geboren und das obere Altersquartil liegt bei 37,5 Jahren. Nur eine geringe Anzahl der befragten Personen in einer Fernbeziehung ist vor 1966 geboren.

Abbildung 7.1: Erwerbspersonen in einer Fernbeziehung und andere LATs nach Geburtskohorten und Geschlecht

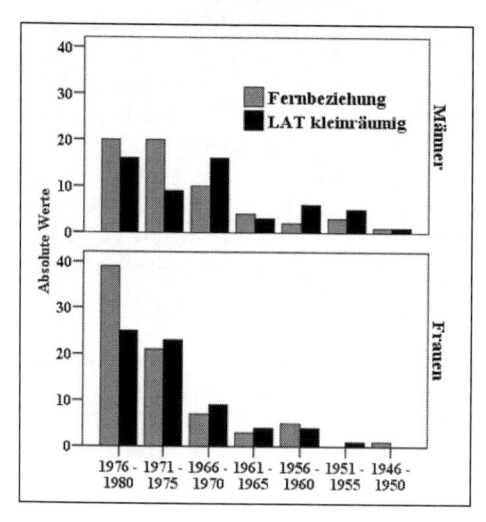

n = 258
Quelle: eigene Darstellung

Die weit überwiegende Mehrzahl ist ledig. Verheiratete leben kaum in einer Fernbeziehung. Damit bestätigt sich die aus der ALLBUS Datenauswertung abgeleitete These zum Familienstand von Fernbeziehungen (siehe Kap. 2.2). Kinder sind selten im Haushalt vorhanden, wobei Frauen noch eher als Männer allein erziehend sind. In den Befragungsgebieten wohnen Erwerbspersonen in einer Fernbeziehung fast ausschließlich zur Miete und kaum im Wohneigentum.

Drei Viertel der Männer und Frauen verfügen über einen Fachhoch-/Hochschulabschluss. Männer sind zu einem gleich hohen Anteil hoch qualifiziert erwerbstätig, während der Anteil hoch qualifizierter beruflicher Stellungen bei den Frauen signifikant darunter liegt und 40 % qualifizierte berufliche Tätigkeiten ausüben. Das Einkommen der Männer übersteigt das der Frauen deshalb deutlich: Während zwei Drittel der Männer über ein Haushaltsnettoeinkommen von mehr als 2000 EUR verfügen, stehen drei Viertel der Frauen weniger als 2000 EUR monatlich zur Verfügung.

Worin unterscheiden sich Erwerbspersonen in einer Fernbeziehung von anderen Zugezogenen? Da Befragte aller bisher klassifizierten Mobilitätsgruppen in einer Fernbeziehung leben: Fernwandernde und Nahwandernde ohne weiteren Wohnsitz, Shuttles und andere Nebenwohnsitzer/innen – erscheint ein Gruppenvergleich von Personen in einer Fernbeziehung mit allen anderen zugezogenen Erwerbspersonen inhaltlich sinnvoll. Methodisch ist ein solcher Vergleich unter Kontrolle wechselseitiger Effekte aufgrund der vergleichsweise kleinen Stichprobe für Befragte in einer Fernbeziehung und der damit extrem unterschiedlichen Gruppengrößen allerdings nicht umzusetzen. Gruppenspezifische Modelle können stattdessen für vergleichende Analysen von Befragten in einer Fernbeziehung und Befragten in einer kleinräumigen LAT-Partnerschaft (im Folgenden auch „andere LATs") berechnet werden, die ebenfalls von großem Forschungsinteresse sind, da diese beiden Erscheinungsformen des living apart together in bisherigen Untersuchungen nur unzureichend voneinander abgegrenzt wurden und Gemeinsamkeiten bzw. Unterschiede der beiden Lebensformen so gut wie unbekannt sind. Ansonsten werden interessierende Parameter als abhängige Variable in Regressionen untersucht (sofern bei kategorialen Variablen die Besetzung der Kategorien nicht zu unterschiedlich ist), in denen die Gruppenzugehörigkeit (Fernbeziehung vs. nicht Fernbeziehung) als intervenierende Variable aufgenommen wird. Zusammenhänge werden auch mittels partieller Korrelationen überprüft. Für diese Verfahren werden fragenspezifisch (1.) alle Erwerbspersonen/Erwerbstätige in der Gesamtstichprobe, (2.) Erwerbspersonen/Erwerbstätige in Einpersonenhaushalten oder (3.) Fernwandernde und Shuttles (zusammen) ausgewählt.

Die Analysen zeigen, dass sich unter allen zugezogenen Erwerbspersonen (ohne Auszubildende und Rentner/innen) Männer in einer Fernbeziehung durch ihre Kinderlosigkeit auszeichnen. Frauen in einer Fernbeziehung unterscheiden sich diesbezüglich nicht von weiblichen Erwerbspersonen in der Gesamtstichprobe, die nicht in einer LAT-Partnerschaft über große Distanzen leben.[178] Verheiratete leben generell unterdurchschnittlich häufig in getrennten Haushalten.[179] Wenn verheiratete Zugezogene mit dem Partner/der Partnerin getrennt zusammenleben, dann allerdings noch eher in einer Fernbeziehung (neun Fälle) aber so gut wie nicht über kleinräumige Entfernungen (zwei Fälle).

---

[178] In der Gesamtstichprobe aller zugezogenen Erwerbspersonen beträgt für Männer der partielle Korrelationskoeffizient (Kontrollvariable: Alter in Jahren) zwischen „Fernbeziehung" (ja/nein) und „Kind im Haushalt" (ja/nein) $r = 0{,}11$, $p < 0{,}01$; für Frauen ist $p = 0{,}17$.
[179] Für alle zugezogenen Erwerbspersonen ist der partielle Korrelationskoeffizient (Kontrollvariable: Alter in Jahren) zwischen dem Familienstand verheiratet (ja/nein) und einer Lebensgemeinschaft (ja/nein) $r = 0{,}59$, $p < 0{,}01$.

Vergleiche von Männern in einer Fernbeziehung mit Männern in einer kleinräumigen LAT-Partnerschaft zeigen (siehe Logit-Modelle in Anhang-Tab. 14), dass Männer in einer Fernbeziehung überdurchschnittlich häufig erwerbstätig sind, was auf einen höheren Anteil Arbeitsloser unter LAT-Männern in einer Paarbeziehung über geringe Distanzen zurückzuführen ist. Männer in einer Fernbeziehung haben zudem häufiger einen Fachhoch-/Hochschulabschluss und als Zuzugsmotiv in das jeweilige Befragungsgebiet spielte für sie der Berufseinstieg eine wichtigere Rolle. Immerhin trifft das auf mehr als jeden Dritten zu (n = 20). Sie sind deshalb in der Tendenz auch jünger als andere LAT-Männer, die vergleichsweise häufiger in den Geburtsjahrgängen 1966-1970 und 1956-1960 vertreten sind (siehe auch Abb. 7.1). Damit hängt zusammen, dass living apart together über eine kleinräumige Distanz nicht nur in einer vorfamilialen Phase dominant auftritt, sondern auch in einer nachehelichen Phase zu beobachten ist. Werden Auszubildende nicht berücksichtigt, ist von den Männern in einer kleinräumigen LAT-Partnerschaft gut jeder Vierte geschieden oder lebt in Trennung von der Ehefrau. Diese Beobachtung stimmt mit sekundäranalytischen Ergebnissen aus dem ALLBUS 2006 überein, wonach in mittleren Altersgruppen LATs häufig geschieden sind (siehe Kap. 2.2).

Fernbeziehungen sind für Frauen, verglichen mit anderen zugezogenen Frauen, eine Lebensform in einer jungen und räumlich sehr mobilen biographischen Phase. Living apart together ist für Frauen generell eine junge Lebensform, aber in einer Fernbeziehung sind die Geburtskohorten zwischen 1976 und 1980 tendenziell nochmals stärker überrepräsentiert als in anderen LAT-Partnerschaften, wie in Abbildung 7.1 zu erkennen ist. Unter allen befragten weiblichen Erwerbspersonen (ohne Auszubildende und Rentner/innen) heben sich Frauen in einer Fernbeziehung durch ihre hohe überregionale Mobilität – gemessen anhand der Anzahl überregionaler Umzüge in den vergangenen zehn Jahren – ab.[180] Im Median sind sie in diesem Zeitraum zweimal überregional gewandert, ein Viertel mindestens dreimal.[181] Das erklärt sich aus den Wirtschaftsbereichen, in denen Frauen in einer Fernbeziehung tätig sind: Sie sind signifikant häufiger als erwerbstätige zugezogene Frauen, die nicht in einer Fernbeziehung leben, in der Rechts-/Steuer-/Unternehmensberatung sowie in Forschung/Entwicklung/Wissenschaft (jeweils 12 % vs. 6 %, p = 0,05) und damit in Wirtschaftsbereichen tätig, in denen die befragten Zugezogenen überdurchschnittlich häufig in den vergangenen Jahren überregional gewandert sind. Zugleich sind sie weniger häufig im Bereich Handel/Gastgewerbe/Dienstleistungen beschäftigt (4 % vs. 16 %, p = 0,05), in dem die Befragten eine weit

---

[180] Kontrollvariablen: Alter (Jahre), Haushaltssituation (Partner, Kind im Haushalt), berufliche Stellung (gering, qualifiziert, hoch); p = 0,05.
[181] Standardabweichung = 1,96.

unterdurchschnittliche überregionale Mobilität aufweisen.[182] Der Zusammenhang zwischen einer hoch qualifizierten Erwerbstätigkeit und der Anzahl überregionaler Umzüge in den vergangenen zehn Jahren ist für Frauen in einer Fernbeziehung zudem stärker ausgeprägt als bei anderen zugezogenen erwerbstätigen Frauen.[183] Überregionale Wanderungen für hoch qualifizierte Tätigkeiten sind demnach bei Frauen auffällig häufig mit einer Fernbeziehung verbunden. Gegenüber erwerbstätigen Frauen, die nicht in einer Fernbeziehung leben, haben sie aufgrund ihrer häufigeren überregionalen Umzüge in der Vergangenheit auch vergleichsweise höhere Stellungen im Beruf.[184] Im Vergleich zu LAT-Frauen in einer getrennten Haushaltsführung über kleinräumige Distanzen sind sie darüber hinaus – wie Männer in einer Fernbeziehung – höher qualifiziert ausgebildet (siehe Anhang-Tab. 14).

Männer in einer Fernbeziehung sind gegenüber anderen zugezogenen Männern auffällig häufig im IuK/IT-Bereich beschäftigt (18 % vs. 10 %, p = 0,05). Im Gegensatz zu Frauen in einer Fernbeziehung sind ihre Beschäftigtenanteile in Forschung/Entwicklung/Wissenschaft und in der Rechts-/Steuer-/Unternehmensberatung nicht von anderen zugezogenen Männern verschieden, so dass sie deshalb auch nicht wegen ihrer Wanderungsbiographie in der Gesamtstichprobe ins Auge fallen. Trotzdem zeichnen sie sich gegenüber zugezogenen Männern, die nicht in einer Fernbeziehung leben, durch einen überdurchschnittlichen Anteil hoher beruflicher Stellungen aus (siehe Anhang-Tab. 16). Im Vergleich zu anderen erwerbstätigen LAT-Männern verfügen sie deshalb auch im Durchschnitt über ein höheres Haushaltsnettoeinkommen (siehe Anhang-Tab. 14).

Den Befunden über die berufliche Stellung von Personen in einer Fernbeziehung entsprechend, stimmen unter allen befragten Erwerbspersonen (ohne Auszubildende, Rentner/innen) der Aussage: „Aus beruflichen Gründen würde ich mit meiner Partnerin/meinem Partner getrennt ohne gemeinsamen Haushalt in verschiedenen Städten/Regionen leben.", ebenfalls in der Tendenz eher Hochqualifizierte als Geringqualifizierte zu (siehe Tab. 7.3). Auf weitere signifikante Einflussgrößen der Einstellung von Erwerbspersonen zu einer Fernbeziehung wird weiter unten im Zusammenhang mit der Bewertung des multilokalen Lebens eingegangen (Kap. 7.6).

---

[182] Die Mittelwerte der Anzahl überregionaler Umzüge in den vergangenen zehn Jahren sind nach Wirtschaftsbranchen für alle erwerbstätigen Befragten in der Anhang-Tab. 15 beigefügt.

[183] Der partielle Korrelationskoeffizient (Kontrollvariable: Alter in Jahren) zwischen einer hoch qualifizierten Beschäftigung (ja/nein) und der Anzahl überregionaler Umzüge in den vergangenen zehn Jahren beträgt für Frauen in einer Fernbeziehung r = 0,35 (p < 0,01); für Fernwanderinnen r = 0,18 (p < 0,01) und für weibliche Shuttles r = 0,27 (p < 0,01).

[184] Siehe Merkmale von Zugezogenen mit einer hohen beruflichen Stellung nach Geschlecht in der Anhang-Tab. 16.

Tabelle 7.3: Merkmale von Erwerbspersonen, die einer getrennten Haushaltsführung aus beruflichen Gründen zustimmen*

	B	SE(B)	Exp(B)	B	SE(B)	Exp(B)
Geschlecht (Frauen)	0.211 *	0.113	1.235	0.203 *	0.115	1.225
Anzahl Personen im Haushalt	-0.647 ***	0.069	0.524	-	-	-
gemeinsamer Haushalt mit Partner/in	-	-	-	-1.122 ***	0.118	0.326
Kind im Haushalt (Referenzkat.: kein Kind)						
jüngstes Kind < 6 J.	-	-	-	-1.054 ***	0.215	0.348
jüngstes Kind >= 6 J.	-	-	-	0.101	0.205	1.106
hoch qualifiziert erwerbstätig (ja)	0.208 *	0.115	1.231	0.221 *	0.117	1.247
n	1677			1676		
Chi Quadrat-Wert (df)	125.889			188.729		
-2 Log-Likelihood	1944.340			1880.764		

* Kategorien: stimme eher zu/stimme voll zu; alle befragten Erwerbspersonen ohne Auszubildende und Rentner/innen.
Dargestellt sind logistische Regressionskoeffizienten, Kontrollvariablen: Alter (Jahre), Anzahl überregionaler Umzüge in vergangenen 10 Jahren, Wohneigentum (Hauptwohnung)
Signifikanzniveau: * = 10 %, *** = 1 %
Quelle: eigene Auswertung

Daraus lässt sich zusammenfassend schlussfolgern, dass die hoch qualifizierte Erwerbstätigkeit – bei Frauen verbunden mit einer außergewöhnlich hohen überregionalen Mobilität – wichtige Bedingungen für ein Leben in einer Fernbeziehung sind. Im Folgenden wird diese Beobachtung weiter durch die Betrachtung der beruflichen Stellungen auf der Mesoebene der Partnerschaft und der Gründe für eine Fernbeziehung vertieft.

7.2.2 Fernbeziehungen und Erwerbstätigkeit beider Partner

Die Erwerbstätigkeit auf Partnerschaftsebene steht im Mittelpunkt dieses Kapitels. Dabei ist ein Vergleich der beruflichen Stellungen beider Partner und die Frage von besonderem Forschungsinteresse, welche Bedeutung Partnerschaften, in denen beide Partner hoch qualifiziert erwerbstätig sind (im Folgenden auch DCC-Partnerschaften), für die multilokale Lebensform der Fernbeziehung haben.

Leben und Wohnen in einer Fernbeziehung

Tabelle 7.4: Erwerbskonstellation in Fernbeziehungen im Vergleich zu anderen LATs, nur Erwerbspersonen

	Fernbeziehung		Vergleichsgruppe: andere LATs	
	Männer	Frauen	Männer	Frauen
Paar nach Erwerbstätigkeit				
nur Befragte/r erwerbstätig	20%	5%	29%	14%
nur Partner/in erwerbstätig	-	5%	11%	5%
beide erwerbstätig	80%	84%	57%	79%
beide nicht erwerbstätig	-	5%	4%	3%
n	60	74	56	65
Berufliche Stellung d. Partners / Partnerin				
gering qualifiziert	-	11%	11%	8%
qualifiziert	38%	26%	51%	42%
hoch qualifiziert	62%	64%	38%	50%
n	47	66	37	52
Berufliche Stellung d. Befragten im Vergleich zur Stellung d. Partners / Partnerin				
geringer	9%	26%	10%	18%
gleich	72%	57%	55%	55%
höher	19%	18%	36%	27%
n	47	62	31	49
Berufliche Stellung d. Partners / Partnerin, wenn Befragte/r hoch qualifiziert ist[1]				
gering qualifiziert	-	(9%)	(5%)	-
qualifiziert	(25%)	(15%)	(43%)	(36%)
hoch qualifiziert	(75%)	(77%)	(52%)	(64%)
n	36	34	21	25

[1] Kein multivariater Gruppenvergleich wegen zu geringer Fallzahlen; die prozentualen Anteile werden deshalb in Klammern gesetzt.
Gestrichelt: Geschlechtervergleich innerhalb der Gruppen unter Kontrolle des Alters, höherer Anteil, p = 0,05.
Hellgrau: Vergleich zwischen Gruppen nach Geschlecht unter Kontrolle des Alters, höherer Anteil, p = 0,1.
Fett umrahmt: Höherer Anteil gegenüber erwerbstätigen Fernwandernden und Shuttles (zusammen), die nicht in einer Fernbeziehung leben; Kontrollvariablen: Alter (Jahre), Alter des jüngsten Kindes im Haushalt (< 6 Jahre, >= 6 Jahre), p = 0,05.
Quelle: eigene Auswertung

In Tabelle 7.4 sind die Erwerbskonstellationen auf Ebene der Partnerschaft für Befragte in einer Fernbeziehung und im Vergleich dazu für LATs in einer Paarbeziehung über eine kleinräumige Distanz abgebildet. Außerdem werden in der Tabelle geschlechterspezifische Ausprägungen innerhalb der Gruppen sowie Unterschiede zwischen den Gruppen nach dem Geschlecht hervorgehoben. Shuttles und Fernwandernde wurden bereits nach der Erwerbskonstellation in Lebensgemeinschaften eingehender betrachtet (siehe Kap. 6.3.5). Zur weiteren Spezifizierung dieser Ergebnisse wird darüber hinaus untersucht, ob innerhalb dieser beiden Gruppen – Shuttles und Fernwandernde zusammen – Befragte in einer Fernbeziehungen besondere Ausprägungen in Bezug auf die Erwerbskonstellation der Partner aufweisen. Signifikante Unterschiede werden in Tabelle 7.4 markiert (siehe Umrahmung) und nicht im Einzelnen dokumentiert.

Die Beobachtung, dass Männer generell häufiger als Frauen in einer LAT-Partnerschaft leben, in der nur der Befragte erwerbstätig ist, hängt sehr wahrscheinlich mit dem typischen Altersunterschied in heterosexuellen Partnerschaften zusammen. Männer haben in der Regel jüngere Partnerinnen, bei Frauen ist es umgekehrt (Solga/Rusconi/Krüger 2005: 27). In den Fällen, in denen nur der Befragte erwerbstätig ist, sind die Partnerinnen nämlich fast ausschließlich noch in Ausbildung.

Die Erwerbskonstellation der Partner weist für Männer in einer Fernbeziehung besondere Merkmale auf. Sie leben sowohl im Vergleich zu anderen LAT-Männern als auch gegenüber Fernwanderern und männlichen Shuttles (zusammen), die nicht in einer Fernbeziehung leben, häufiger in einer Partnerschaft, in der beide Partner erwerbstätig sind. Die Partnerin ist in der Mehrzahl der Fälle und häufiger als bei Männern der genannten anderen Vergleichsgruppen hoch qualifiziert erwerbstätig. Daraus folgt, dass Männer in einer Fernbeziehung auch eher als andere zugezogene Männer in gleicher beruflicher Position wie die Partnerin tätig sind.

Frauen in einer Fernbeziehung haben gegenüber LAT-Frauen in einer kleinräumigen Distanzbeziehung häufiger einen hoch qualifiziert erwerbstätigen Partner. Bei Betrachtung aller Fernwanderinnen (ohne Auszubildende und Rentnerinnen) und Shuttle-Frauen (zusammen) zeigt sich jedoch kein signifikant höherer Anteil hoch qualifizierter Partner in einer Fernbeziehung.

Als Besonderheit von Fernbeziehungen ist festzuhalten, dass sich die Anteile der Befragten, deren Partner/in hoch qualifiziert erwerbstätig ist, nach dem Geschlecht nicht signifikant unterscheiden. Dahingegen haben unter allen befragten erwerbstätigen Fernwandernden und Shuttles, wie bereits gezeigt, Männer in einer Lebensgemeinschaft deutlich weniger häufig eine hoch qualifizierte Partnerin (vgl. Tab. 6.5).

Hoch qualifiziert Erwerbstätige in einer Fernbeziehung zeigen eine deutliche Tendenz, mit einer/einem ebenfalls hoch qualifiziert erwerbstätigen Partner/in liiert zu sein. Die Anteile derer, die als DCC-Paar leben, sind deshalb auffallend hoch, wobei besonders der hohe Anteil unter den Männern ins Auge fällt: So leben von den befragten Erwerbspersonen in einer Fernbeziehung 46 % der Männer gegenüber 35 % der Frauen in einer Fernbeziehung als DCC-Paar. Zur Erinnerung: Bei Shuttles und Fernwandernden in einer Lebensgemeinschaft sind die Anteile unter den Frauen höher (siehe Tab. 6.6). Das Gleiche zeigt sich für Erwerbspersonen in kleinräumigen LAT-Partnerschaften, in denen 24 % der Frauen und 20 % der Männer als DCC-Paar leben.

Ob durch eine Fernbeziehung die Wahrscheinlichkeit steigt, dass Fernwandernde oder Shuttles häufiger als DCC-Paar leben, wird in Tabelle 7.5 dargestellt. In den Logit-Modellen nimmt die abhängige Variable den Wert eins an, wenn die Befragten in einer DCC-Partnerschaft leben und ist gleich Null, wenn nicht beide Partner hoch qualifiziert erwerbstätig sind. Es wurden nur Shuttles und Fernwandernde (ohne Auszubildende, Rentner/innen) in einer Partnerschaft in die Analyse einbezogen.

Tabelle 7.5: Merkmale von Männern und Frauen in einer DCC-Partnerschaft, Fernwandernde und Shuttles*

	Männer		Männer		Frauen		Frauen	
	B	Exp(B)	B	Exp(B)	B	Exp(B)	B	Exp(B)
in Lebensgemeinsch.	-0,490 *	0,612	-		0,196	1,216	-	
Fernbeziehung (ja)	-		1,455 ***	4,287	-		-0,038	0,963
jüngstes Kind < 6 J.	-0,546 *	0,579	-0,446	0,640	0,194	1,214	0,196	1,216
jüngstes Kind >= 6 J.	-0,409	0,665	-0,457	0,633	-0,327	0,721	-0,327	0,721
überreg. Umzüge, Anzahl vergang. 10 J.	0,096	1,101	0,088	1,092	0,290 ***	1,336	0,299 ***	1,348
n	446		444		415		409	
Chi Quadrat-Wert (df)	12,967(5)		27,954(5)		28,519(5)		23,426(5)	
-2 Log-Likelihood	502,419		486,200		507,297		504,748	
Trefferqote	74%		75%		69%		67%	

* Fernwandernde ohne Auszubildende und Rentner/innen.
Dargestellt sind logistische Regressionskoeffizienten.
Signifikanzniveau: * = 10 %, *** 1 %
Quelle: eigene Auswertung

Anhand der Logit-Modelle wird deutlich, dass zunächst für Männer tendenziell die Wahrscheinlichkeit sinkt, in einer Partnerschaft zu leben, in der beide Partner hoch qualifiziert erwerbstätig sind, wenn sie mit der Partnerin in einer Lebensgemeinschaft leben. Das erklärt, warum die beruflichen Stellungen der Partner in LAT-Partnerschaften keine signifikanten Geschlechterunterschiede aufweisen, wie sie hingegen für Shuttles und Fernwandernde in einer Lebensgemeinschaft kennzeichnend sind (vgl. Tab. 6.5 und Tab. 7.4). Einen noch stärkeren Effekt auf die Wahrscheinlichkeit, dass Fernwandernde und Shuttles (zusammen) als DCC-Paar leben, übt bei Männern eine Fernbeziehung aus. In dem konditionalen Logit-Modell in Tabelle 7.5 ist die Wahrscheinlichkeit, dass Fernwandernde und männliche Shuttles als hoch qualifiziert erwerbstätiges Paar leben, für eine Fernbeziehung mehr als viermal so hoch wie für Männer, die nicht in einer Fernbeziehung leben. Unter Fernwanderinnen und weiblichen Shuttles erhöht sich durch eine Fernbeziehung nicht die Wahrscheinlichkeit, dass sie mit dem Partner als DCC-Paar leben. Bei ihnen ist es die Anzahl überregionaler Umzüge in den vergangenen zehn Jahren, die die Wahrscheinlichkeit einer DCC-Partnerschaft signifikant erhöht. Möglicherweise sind sie zur Synchronisation zweier hoch qualifizierter Erwerbstätigkeiten häufiger überregional gewandert. Dieser These wird weiter unten im Kapitel 7.4 nachgegangen, in dem frühere und zukünftig geplante Umzugsarrangements zur Beendigung einer multilokalen Lebenssituation in einer Fernbeziehung betrachtet werden.

Zusammenfassend ist festzuhalten, dass Befragte in einer Fernbeziehung in der Mehrzahl eine/n hoch qualifiziert erwerbstätige/n Partner/in haben. Im Vergleich zu anderen Zugezogenen erweist sich die hoch qualifizierte Erwerbstätigkeit beider Partner als ein Spezifikum der befragten Männer in einer Fernbeziehung.

7.2.3 Hauptmotivation für eine Fernbeziehung und Entstehungskontexte

Die bemerkenswert hohen Anteile von DCC-Partnerschaften unter den befragten Männern in einer Fernbeziehung lassen vermuten, dass die Berufstätigkeit der Partnerin für das getrennte Zusammenleben über eine großräumige Distanz eine prominente Rolle spielt. In der Tat sind Fernbeziehungen von Erwerbspersonen sowohl bei Männern als auch bei Frauen stark beruflich determiniert. In Abbildung 7.2 ist der Hauptgrund für ein living apart together in einer Fernbeziehung nach dem Geschlecht dargestellt. Es wurde nur nach dem Hauptgrund gefragt, was für einige Befragte so nicht beantwortet werden konnte. Mehrfachnennungen sind deshalb übernommen worden:

> „Bei zwei einigermaßen gleichgewichtigen Berufstätigkeiten beider Partner müssen Sie eigentlich zwei Kreuze machen!" Mann, 38 Jahre [687]

> „Wir sind beide berufstätig und zwar in verschiedenen Städten. Ich glaube sogar, dass das der häufigste Grund für eine Fernbeziehung ist." Frau, 31 Jahre [1541]

Die Antwortmöglichkeiten waren teilstandardisiert. Insgesamt wurden elf Items vorgegeben, mit denen sowohl eigene Gründe als auch Motive des Partners/der Partnerin abgedeckt worden sind. Die Befragten hatten zusätzlich die Möglichkeit, eine andere Hauptmotivation unter der Kategorie „anderer Grund" zu notieren. Eine Konzentration der Antworten aufgrund einer zu geringen Anzahl vorgegebener Antwortmöglichkeiten ist daher unwahrscheinlich.

Am häufigsten werden eigene berufliche Gründe für die Fernbeziehung angeführt, gefolgt von beruflichen Gründen der Partnerin/des Partners. Partnerschaftliche Gründe wie die Unabhängigkeit vom Partner/von der Partnerin und die Bewahrung der eigenen selbstbestimmten Lebensweise spielen für Fernbeziehungen eine deutlich untergeordnete Rolle.[185] Das trifft insbesondere auf die befragten Männer zu. Für sie spielen zusammengenommen andere als berufliche Gründe der beiden Partner eine verschwindend geringe Rolle. Lediglich Frauen geben in einem nennenswerten Umfang als Hauptgrund für das getrennte Zusammenleben über große Distanzen weitere eigene oder private/familiäre Gründe des Partners an, z. B. die eigenen Kinder oder Eltern, die Verbundenheit des Partners mit seinem Wohnort.

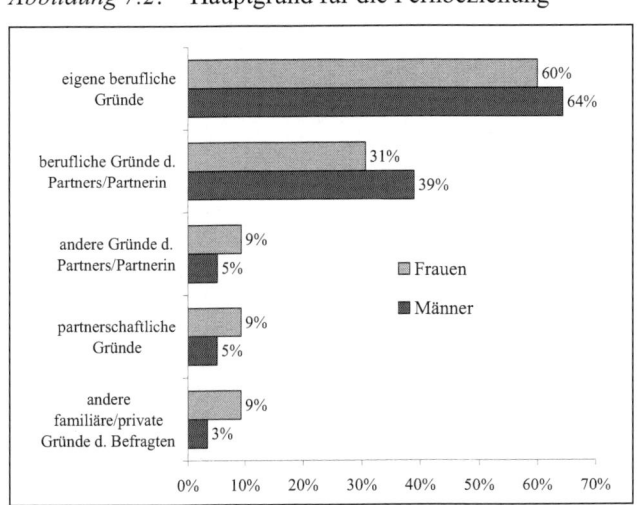

Abbildung 7.2: Hauptgrund für die Fernbeziehung

Grund	Frauen	Männer
eigene berufliche Gründe	60%	64%
berufliche Gründe d. Partners/Partnerin	31%	39%
andere Gründe d. Partners/Partnerin	9%	5%
partnerschaftliche Gründe	9%	5%
andere familiäre/private Gründe d. Befragten	9%	3%

N = 59 Männer und n = 75 Frauen; Mehrfachangaben.
Quelle: eigene Darstellung

Der Hauptgrund für die Fernbeziehung wurde auch für eine frühere Fernbeziehung erhoben. Die Ergebnisse bestätigen die persönlichen Motivlagen von Befragten für die gegenwärtige Fernbeziehung: Für Männer und Frauen, die zum Zeitpunkt der Befragung nicht in Ausbildung waren (n = 277), dominierten damals sehr deutlich eigene berufliche Gründe (62 % Männer und 49 % Frauen)

---

[185] Nennungen unter den Befragten: „Selbständigkeit" [72], „Weil wir noch nicht zusammen ziehen wollen vor der Ehe." [394].

und dann berufliche Gründe des Partners/der Partnerin (27 % Männer und 35 % Frauen). Andere Motive wie partnerschaftliche Gründe oder die soziale Verbundenheit mit dem Wohnort spielten eine extrem nachrangige Rolle.

Im Vergleich dazu werden von den Befragten, die gegenwärtig mit dem Partner/der Partnerin getrennte Haushalte in verschiedenen Orten über eine kleinräumige Distanz unterhalten (n = 22 Befragte), als Hauptmotiv für das living apart together in erster Linie partnerschaftliche Gründe und dann private Motive, wie die eigenen Kinder und die sozialen Kontakte des Partners/der Partnerin, angeführt.[186]

Eigene berufliche Gründe für eine Fernbeziehung wurden in der Itembatterie nicht weiter differenziert. Es zeigt sich allerdings, dass bei Frauen in einer Fernbeziehung gegenüber zugezogenen Frauen, die nicht in einer Fernbeziehung leben, befristete Beschäftigungsverhältnisse überrepräsentiert sind.[187] Immerhin hat fast jede dritte Frau, die eine Fernbeziehung mit dem Partner führt, einen befristeten Arbeitsvertrag (n = 21). Der Anteil liegt insgesamt unter den Frauen in der Gesamtstichprobe bei 19,5 % (siehe Anhang-Tab. 1). Wie bei weiblichen Shuttles sind befristete Beschäftigungsverhältnisse bei Frauen in einer Fernbeziehung eng mit einer hoch qualifizierten Erwerbstätigkeit verbunden (n = 18). Sie arbeiten – wie befristet beschäftigte Shuttle-Frauen – häufig im Bereich Forschung/Entwicklung/Wissenschaft (sieben Frauen). Somit liegt die Vermutung nahe, dass bei einem befristeten und damit unsicheren Beschäftigungsverhältnis das Zusammenziehen zeitlich „nach hinten verschoben" wird, weil unter diesen Arbeitsbedingungen eine Arbeitsplatzsuche des Partners am Wohn- und Arbeitsort der Partnerin in langfristiger Perspektive weniger sinnvoll ist.

Entstehungskontexte von Fernbeziehungen
Die persönlichen Motivlagen leiten über zu der Frage nach dem Entstehungskontext von Fernbeziehungen: Haben die Partner vor ihrer Fernbeziehung zusammen gewohnt oder leben sie schon immer in getrennten Haushalten? Damit steht die Frage in Zusammenhang, unter welchen Bedingungen sich zusammenlebende Paare bei großräumigen Mobilitätsanforderungen (mindestens) eines Partners für eine getrennte Haushaltsführung statt für eine multilokale Haushaltsorganisation mit einem gemeinsamen Haushalt entscheiden.

Wie in Abbildung 7.3 zu sehen ist, lebt der größte Anteil der befragten Erwerbspersonen in einer Fernbeziehung schon immer mit dem Partner/der Partne-

---

[186] Nur Befragte, die mit dem Partner/der Partnerin in getrennten Haushalten in verschiedenen Orten wohnen, wurden zu ihrer getrennten Haushaltsführung befragt, so dass keine Aussagen darüber gemacht werden können, warum die Zugezogenen allgemein in einer kleinräumigen LAT-Partnerschaft leben.

[187] Kontrollvariable: Alter der Befragten, p = 0,05.

rin in getrennten Haushalten in verschiedenen Orten. In der großen Mehrzahl sind bei diesen Befragten beide Partner erwerbstätig. Es überwiegen eigene berufliche Gründe und dann berufliche Gründe des Partners/der Partnerin für die Fernbeziehung. Bei einer geringen Anzahl ist die Partnerin/der Partner noch in Ausbildung (sechs Fälle). Sicherlich werden sich in den meisten Fällen die Partner kennengelernt haben, als bereits eigenständige Haushalte in verschiedenen Orten bestanden. Des Weiteren lassen sich Befragte, die andere als berufliche Gründe für die Fernbeziehung angeben, vor allem diesem Entstehungskontext von Fernbeziehungen zuordnen, wie vier Frauen, die maximal ein Jahr in einer festen Partnerschaft leben und für die partnerschaftliche Gründe – sicherlich auch wegen der relativ kurzen Dauer der Paarbeziehung – für das living apart together ausschlaggebend sind. Bei weiteren vier Frauen möchte der Partner wegen seiner Kinder oder anderer sozialer Kontakte eine Fernbeziehung führen. Darüber hinaus lässt sich feststellen, dass Befragte, die geschieden sind oder in Trennung vom Ehepartner/von der Ehepartnerin leben, mit der neuen Partnerin/dem neuen Partner zumeist schon immer in verschiedenen Orten wohnen.

Ein weiteres Drittel der Befragten hat zuvor mit dem Partner/der Partnerin in einem Ort gelebt, aber nicht zusammengewohnt. Inwiefern die Partner bereits damals eine Partnerschaft führten, kann daraus nicht eindeutig abgeleitet werden. Die Hälfte dieser Befragten, die fast alle berufliche Gründe für die Fernbeziehung nennen, ist für den Berufseinstieg in das jeweilige Befragungsgebiet gezogen (n = 20). Sie sind deshalb mit einem Medianalter von 29 Jahren[188] signifikant jünger als andere Befragte in einer Fernbeziehung und fast ausschließlich ledig. Sehr wahrscheinlich werden sich darunter

Abbildung 7.3: Entstehungskontext der Fernbeziehung nach Geschlecht

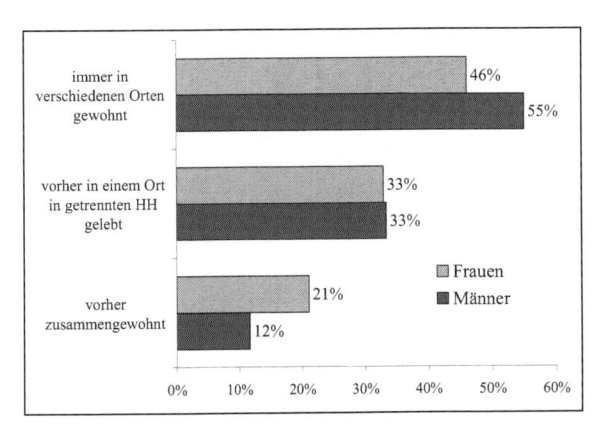

	Frauen	Männer
immer in verschiedenen Orten gewohnt	46%	55%
vorher in einem Ort in getrennten HH gelebt	33%	33%
vorher zusammengewohnt	21%	12%

n = 60 Männer und n = 76 Frauen
Quelle: eigene Darstellung

---

[188] Standardabweichung = 5,13.

häufig Befragte befinden, die während des Studiums/der Berufsausbildung als Paar in getrennten Haushalten gelebt haben und bei denen der Einstieg eines Partners oder beider Partner ins Berufsleben zu einer Fernbeziehung geführt hat. Es wurde zwar nicht die Wohnbiographie der Partner/innen erfasst, aber da bei der Mehrzahl der Partner/die Partnerin nicht mehr im Herkunftsort des/der Befragten wohnt, wird wohl häufig auch der Partner/die Partnerin an einen anderen Wohnort gezogen sein (n = 31). Bei den restlichen Befragten, die mit dem/der Partner/in in einem Ort gelebt hatten, hängt die Fernbeziehung mit einem Arbeitsplatzwechsel (n = 14) oder mit einer neuen Arbeitsstelle nach einer Phase der Arbeitslosigkeit zusammen (zwei Fälle).

Der geringste Anteil der Befragten hat vor der Fernbeziehung mit dem Partner/der Partnerin zusammengewohnt. Diese Befragten sind mit einem Medianalter von 31 Jahren älter als andere Befragte in einer Fernbeziehung.[189] Trotz ihres im Durchschnitt jüngeren Alters haben Frauen tendenziell häufiger als Männer zuvor mit dem Partner in einem Haushalt zusammengewohnt.[190] Von ihnen sind die meisten aus persönlichen oder familiären Gründen (darunter sicherlich auch wegen des Zusammenziehens mit dem Partner) oder bereits wegen der Ausbildung/des Studiums in das Befragungsgebiet gezogen und der Partner ist mittlerweile an einen anderen Ort gezogen. Die Fernbeziehung entstand deshalb bei ihnen überwiegend nicht aufgrund der eigenen räumlichen Mobilität, sondern weil sie in erster Linie aus eigenen beruflichen Gründen, aber auch wegen der Eltern/anderer Verwandter, der Kinder oder aus partnerschaftlichen Gründen auf einen (weiteren) Fernumzug zusammen mit dem Partner verzichtet haben. Weitere fünf Frauen sind aufgrund eigener beruflicher Gründe – vor allem wegen des Berufseinstiegs – in das Befragungsgebiet gezogen. Demgegenüber sind die befragten Männer in einer Fernbeziehung, die vorher mit der Partnerin zusammengewohnt haben, zuletzt vor allen Dingen aus eigenen beruflichen Motiven gewandert. Die meisten von ihnen leben als DCC-Paar und sie führen eine Fernbeziehung, weil die Partnerin aus beruflichen Gründen nicht mit an den Wohnort des Befragten ziehen wollte bzw. konnte.

Für Befragte, die zuvor mit dem Partner/der Partnerin zusammengewohnt haben und bei denen eigene berufliche Gründe Auslöser für den Zuzug in das Befragungsgebiet waren, ist auffällig, dass nur in zwei Fällen der Partner/die Partnerin noch im Herkunftsort der/des Befragten lebt. In den anderen Fällen lebt auch der Partner/die Partnerin mittlerweile an einem anderen Ort. Damit liegt die Vermutung nahe, dass von diesen Paaren aufgrund der räumlichen Mobilität *beider* Partner eine getrennte Haushaltsführung der Beibehaltung eines gemeinsamen Wohnsitzes vorgezogen wurde. Diese Konstellation ist bereits einleitend

---

[189] Standardabweichung = 7,78.
[190] Kontrollvariablen: Alter (Jahre), Vorhandensein von Kindern im Haushalt; p = 0,1.

anhand eines Fallbeispiels erläutert worden (siehe Paar 1 in Kap. 1.1). Darüber hinaus wohnt in immerhin neun Fällen der Partner/die Partnerin im Ausland, was sicherlich auch einen Einfluss darauf hatte, dass sich die Paare für eine getrennte Haushaltsführung entschieden haben.

Die Mehrzahl der verheirateten Befragten in einer Fernbeziehung hat zuvor mit dem Ehepartner/der Ehepartnerin in einem Haushalt zusammengelebt. Vier Verheiratete haben noch nie mit dem Ehepartner/der Ehepartnerin zusammengewohnt, darunter ein Mann und eine Frau, die schon immer als Paar in verschiedenen Städten wohnen. In diesen beiden Fällen sind es wahrscheinlich berufliche Gründe beider Partner, die eine gemeinsame Haushaltsführung noch nicht ermöglicht haben: In einem Fall handelt es sich um ein DCC-Paar. Die 36-jährige Befragte ist im Bereich IuK/IT tätig und aufgrund eines Wechsels des Arbeitgebers aus der Schweiz nach München gezogen. Der Ehepartner ist Angestellter mit umfassenden Führungsaufgaben und wohnt in Mannheim [1187]. Im anderen Fall wird die hoch qualifizierte Tätigkeit des Befragten in der öffentlichen Verwaltung in Stuttgart und die Selbständigkeit der Ehepartnerin in Augsburg der räumlichen Flexibilität der Partner Grenzen setzen [1742].

Ganz gleich, ob die Befragten schon immer in verschiedenen Orten leben oder zuvor in einem Ort oder in einem gemeinsamen Haushalt gewohnt haben, „hat sich die Fernbeziehung so ergeben". Lediglich fünf Männer und zwei Frauen geben an, sich bewusst für eine Paarbeziehung auf Distanz entschieden zu haben; darunter sind keine Befragten, die zuvor mit dem Partner/der Partnerin in einem Haushalt zusammengelebt haben. Das spricht dafür, dass bei Paaren, die vor der Fernbeziehung einen gemeinsamen Haushalt unterhielten, eher kein Abwägungsprozess zwischen einer getrennten Haushaltsführung und einem berufsbezogenen Zweitwohnsitz mit Beibehaltung des gemeinsamen Wohnsitzes stattgefunden hat.

7.2.4 Ein Sonderfall: Multimobilität und Hypermobile

In der eingangs erläuterten Operationalisierung (siehe Kap. 7.1) wurde bereits darauf verwiesen, dass unter Personen in einer Fernbeziehung eine nicht zu vernachlässigende Anzahl von Befragten in einer multimobilen Lebensform zu finden ist, die zugleich in einer Fernbeziehung und in einer multilokalen Haushaltsorganisation leben (n = 68). Davon befindet sich bei einigen Befragten ein Haushalt in kleinräumiger Nähe der Wohnung des Partners/der Partnerin. Bei anderen ist der Wohnsitz des Partners/der Partnerin sowohl vom Haupthaushalt als auch vom Zweithaushalt mindestens 50 km entfernt, so dass zwischen allen Wohnorten große Distanzen liegen und sich diese Gruppe von Befragten folglich durch eine außergewöhnliche komplexe mobile Lebensweise auszeichnet (n = 40). Insgesamt trifft eine großräumige multimobile Lebensform zwar nur auf 2 % aller befragten Zugezogenen zu, aber im Kontext des sozialen Wandels und der Diskussion über die zunehmende Komplexität von Mobilitätsentscheidungen von Haushalten erscheint diese Mobilitätsform als besonders interessant. Nachfolgend soll deshalb ein näherer Blick darauf geworfen werden, wer in solch einer komplexen mobilen Lebensform über große Distanzen lebt und inwiefern berufliche Mobilitätsanforderungen zu großräumiger Multimobilität führen. Multimobile mit einem großräumigen Wohnarrangement lassen sich in drei Gruppen unterschieden:

In einer ersten Gruppe tritt großräumige Multimobilität in der Ausbildung auf (n = 15 Befragte). Ein Wohnsitz befindet sich zumeist bei den Eltern und der Partner/die Partnerin ist in einem anderen Ort erwerbstätig. In einer geringen Zahl der Fälle sind beide Partner in Ausbildung.

Daneben ist Multimobilität eine Lebensform von jungen Erwerbstätigen. Davon geht bei einer zweiten Gruppe die komplexe Lebensform allerdings nicht primär auf berufliche Gründe zurück (n = 14 Befragte). Die Nebenwohnung wird zumeist wegen emotionaler Verbundenheit (Eltern, Freunde) aufrechterhalten. Die Mehrzahl wird bei den Eltern einen Nebenwohnsitz angemeldet haben. Die meisten wohnen mit dem Partner/der Partnerin schon immer in verschiedenen Orten und führen eine Fernbeziehung aus beruflichen Umständen (eigenen und/oder des Partners/der Partnerin). Da die Nebenwohnung nicht beruflich genutzt wird, werden sich die Befragten in ihrer alltäglichen Lebensweise und Alltagsmobilität nicht wesentlich von anderen Erwerbstätigen in einer Fernbeziehung unterscheiden.

Viel interessanter ist eine dritte Gruppe, die eine Fernbeziehung führt und eine beruflich genutzte Zweitwohnung unterhält (n = 11 Befragte). Diese Befragten werden im Folgenden als *Hypermobile* bezeichnet.[191] Wenngleich beruflich bedingte Hypermobilität im Sample auf eine verschwindend geringe Anzahl von acht Frauen und drei Männern zutrifft und darüber hinausgehend die Bedeutung dieser komplexen Mobilitätsform in der Bundesrepublik lediglich ein Randphänomen darstellen wird, ermöglicht eine nähere Betrachtung von Hypermobilen interessante Einblicke in individuelles Migrationsverhalten und Rahmenbedingungen beruflich bedingter räumlicher Mobilität.

Hypermobilität ist eine multilokale Lebensform von Akademiker/innen und hoch qualifiziert Erwerbstätigen. Der Berufseinstieg spielte für den Zuzug in das jeweilige Befragungsgebiet eine große Rolle (n = 7). Alle Hypermobilen sind

---

[191] Bonß, Kesselring und Weiß (2004) verwenden den Begriff „Hypermobile" in ihrer Typologie von Mobilität in der Moderne für Personen, die sich durch eine hohe räumliche Mobilität und soziale Beweglichkeit auszeichnen.

ledig und zwischen 25 und 35 Jahre alt. Im Wesentlichen hängt die Komplexität der Lebensform mit einem befristeten Arbeitsvertrag zusammen, weshalb sieben Frauen und ein Mann einen Zweithaushalt eingerichtet haben. Damit korrespondiert bei einigen Frauen eine Beschäftigung im Bereich Forschung/Entwicklung/Wissenschaft (n = 3). Die Mehrzahl der Frauen lebt mit dem Partner als DCC-Paar (n = 6).

Wie gestaltet sich die Lebens- und Mobilitätspraxis von Hypermobilen? Als ein „Leben im Zwischenzustand", das „schwer definierbar" ist und sich kaum „kategorisieren" lässt, wird die multilokale Lebenssituation von einer Befragten empfunden:

> Die 30-Jährige ist von Berlin nach Düsseldorf an ihren jetzigen Hauptwohnsitz gezogen. Ihren Zweitwohnsitz hat sie in Amsterdam. Dort arbeitet sie seit einem halben Jahr; der Vertrag läuft für weitere sechs Monate. Der Partner arbeitet in London. Eine Fernbeziehung führt das Paar seit drei Jahren, zuvor haben sie ein Jahr zusammengewohnt. Beide pendeln abwechselnd; sie fährt alle zwei Wochen nach London. Im Laufe des kommenden Jahres ist das Zusammenziehen fest geplant. Konkrete Umzugspläne gibt es zwar noch nicht, aber es ist angedacht, dass sie entweder zu ihm nach London zieht oder beide in Amsterdam zusammenziehen. [661]

Bei einer anderen Befragten ist aufgrund ihrer hohen beruflichen Flexibilität ein Fernbeziehungs-Arrangement mit dem Partner scheinbar "immer mal wieder" eine Option, um Beruf und Partnerschaft zu koordinieren:

> Vor sechs Monaten ist die 29-jährige Musikerin von Dresden nach München gezogen. Ihre Anstellung in München ist befristet für eine Dauer von insgesamt sieben Monate. Die Dresdener Wohnung hat sie als Nebenwohnung angemeldet. Dort wird sie vermutlich bei den Eltern wohnen. Dieser Wohnsitz scheint für sie wegen ihrer befristeten Beschäftigungsverhältnisse ein wichtiger räumlicher Anker und Fixpunkt zu sein, den sie nicht aufgeben möchte. Ihr Beruf verlangt neben einer hohen räumlichen, auch eine hohe zeitliche Flexibilität: Sie arbeitet in der Regel sechs Tage die Woche und probt zusätzlich viel zu Hause. Ihr Partner wohnt in Mailand und arbeitet häufig an verschiedenen Orten. Beide wechseln sich mit dem Pendeln ab. Sie fährt ungefähr alle zwei Wochen nach Mailand und bleibt dort „so lange wie es sich ergibt". In ihrer dreijährigen Paarbeziehung mussten sie bereits mehr als einmal eine Fernbeziehung führen. Ein Jahr hatten sie in München zusammengelebt, zuvor sind sie bereits zwischen Italien und München gependelt. Im Laufe der kommenden zwei Jahre möchte sie zu ihrem Partner nach Mailand ziehen und dort auch arbeiten, aber konkrete Arbeits- und Umzugspläne hat sie noch nicht. [530]

In einem weiteren Fall bilden vielfältige Mobilitätserfahrungen (berufliche und räumliche Mobilität) sicherlich die Basis dafür, ein hypermobiles Leben zu bewerkstelligen:

Wegen eines Wechsels des Arbeitgebers ist der 33-Jährige vor vier Jahren von Thüringen nach Berlin gezogen. In Berlin hat er sich dann selbständig gemacht. An die Stadt fühlt er sich sehr gebunden, dort möchte er nicht wegziehen und würde für ein interessantes Arbeitsangebot grundsätzlich eine multilokale Haushaltsorganisation oder eine Fernbeziehung vorziehen. In der Tat hat er seit zehn Monaten aus beruflichen Gründen eine Nebenwohnung in Nordrhein-Westfalen. Der Arbeitseinsatz ist befristet, deshalb wird er dort für eine möblierte Wohnung einen befristeten Mietvertrag abgeschlossen haben. Als er bereits zwischen Berlin und Nordrhein-Westfalen gependelt ist, hat er seine Partnerin kennengelernt, die in Leipzig studiert. Beide wechseln sich mit dem Pendeln ab. Er fährt alle zwei Wochen zu ihr nach Leipzig. Sie verbringt das darauf folgende Wochenende bei ihm in Berlin, wo er in einer Wohngemeinschaft mit zwei weiteren Personen lebt. Wie sich die Beziehung zukünftig weiter entwickeln wird, weiß er noch nicht. [1265]

Die Fallbeispiele verdeutlichen, dass großräumige Hypermobilität mit einer hohen beruflichen Mobilität und raum-zeitlichen Flexibilität einhergeht. Anlehnend an die Diskussion von Bonß, Kesselring und Weiß (2004: 261) über Mobilität in der Ersten und Zweiten Moderne, die in der „Verknüpfung und Parallelisierung" von räumlicher und sozialer Mobilität typische Merkmale der Ersten Moderne und keinen „Strukturbruch" des Mobilitätsverhaltens sehen (ebd.: 263), beruht der „pionierhafte" Charakter der Hypermobilen, die gleichzeitig in einer Fernbeziehung leben und eine beruflich genutzte Zweitwohnung unterhalten, auf ihrem Umgang mit flexibilisierten Arbeitsbedingungen (befristete Arbeitsverträge, Kettenverträge, Selbständigkeit). Anhand der beschriebenen Mobilitätspraktiken wird eine Fähigkeit zu räumlicher Mobilität offenbar, die in der soziologischen Mobilitätsforschung als Motilität bezeichnet wird:

„Motility can be defined as the capacity of a person to be mobile, or more precisely, as the *way in which an individual appropriates what is possible in the domain of mobility and puts this potential to use for his or her activities* [Herv. im Original]." (Kaufmann 2002: 37)

Durch beruflich bedingte Hypermobilität gewinnt zudem das in der Literatur häufig verwandte Bild des spätmodernen Jet-set an Konturen (vgl. Löfgren 1995).

7.3 Räumliche Muster und Pendelarrangements

Welche räumlichen Muster durch Fernbeziehungen entstehen, wie weit die Wohnorte der Partner entfernt sind und wie die Befragten das Pendeln zwischen den Wohnungen zeitlich arrangieren, das sind die zentralen Fragen, die in diesem Kapitel beantwortet werden.

Tabelle 7.6: Wohnorte der Partner/innen nach siedlungsstrukturellen Merkmalen, prozentuale Anteile

	in Dtl.	gesamt
siedlungsstruktureller Regionstyp		
Agglomerationsraum	62.7%	51.9%
verstädterter Raum	31.8%	25.9%
ländlicher Raum	5.5%	4.4%
im Ausland	-	17.8%
Gemeindegrößen nach Bevölkerungszahl		
Großstadt (> 100.000 EW)	64.5%	67.0%
Mittelstadt (> 20.000 - 100.000 EW)	20.0%	18.0%
Kleinstadt/Landgemeinde (< 20.000 EW)	15.5%	15.0%

n = 135
Quelle: eigene Auswertung

Die Wohnorte der Befragten befinden sich mit wenigen Ausnahmen in den ausgewählten Metropolen mit über 500.000 Einwohnern. Sechs Befragte wohnten zum Zeitpunkt der Befragung nicht mehr in dem ausgewählten Befragungsgebiet. Alle sind in eine andere Großstadt mit mehr als 100.000 Einwohnern gezogen. Die Wohnorte der Partner/innen sind nach siedlungsstrukturellen Merkmalen in Tabelle 7.6 abgebildet. Daraus wird ersichtlich, dass Fernbeziehungen in starkem Maße auf Agglomerationen und genauer auf Großstädte konzentriert sind. Mehr als jede/r dritte Partner/in wohnt auch in einer Kernstadt mit über 500.000 Einwohnern. Partner/innen, die im Ausland wohnen, leben dort gleichfalls in der großen Mehrzahl in einer Großstadt. Wohnen die Partner/innen im verstädterten Raum (innerhalb Deutschlands), leben sie dort zum großen Teil in der Kernstadt.

Welche Entfernungen Erwerbspersonen in einer Fernbeziehung zwischen den Wohnorten zurücklegen, ist in Abbildung 7.4 anhand von Boxplots dargestellt. Damit die Verteilung und Lagemaße nicht verzerrt werden, wurden Extremwerte ausgeschlossen (elf Fälle). Es handelt sich hierbei um Fernbeziehungen, in denen der Partner/die Partnerin im Ausland wohnt. In einer so genannten Auslands-Fernbeziehung leben insgesamt elf Männer und 14 Frauen, davon befindet sich in sechs Fällen der Wohnort des Partners/der Partnerin außerhalb Europas. Auslands-Fernbeziehungen, die keine Extremwerte erreichen (zur Definition von Extremwerten siehe Fußnote 85), werden in den Distanzanalysen berücksichtigt.[192]

Abbildung 7.4: Räumliche Distanzen der Fernbeziehungen (in km)*

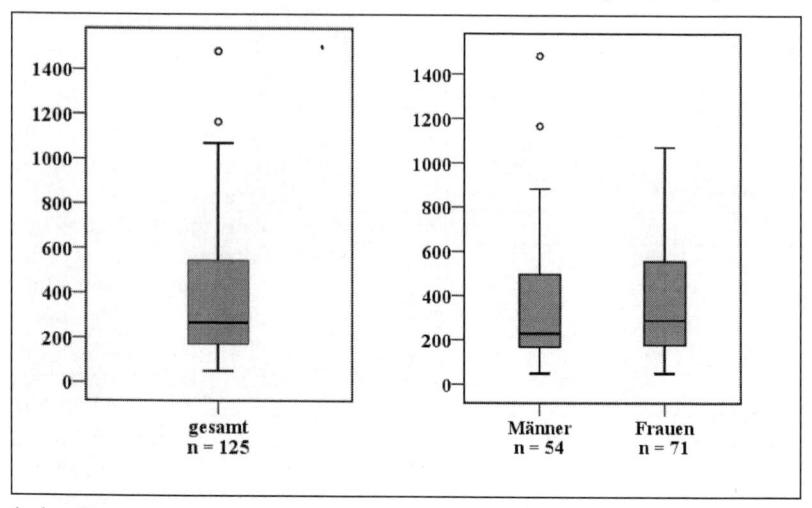

[Boxplot: gesamt n = 125 | Männer n = 54 | Frauen n = 71]

* ohne Extremwerte
Quelle: eigene Darstellung

Die Medianentfernung zwischen den Wohnorten der Partner beträgt ohne extreme Distanzen 266 km,[193] was ungefähr der räumlichen Entfernung von München und Würzburg entspricht. Im Vergleich zu den Distanzen, die Shuttles zwischen ihren Wohnsitzen zurücklegen (218 km), ist die Medianentfernung wegen der Auslands-Fernbeziehungen größer und zudem pendeln allein stehende Shuttles über auffällig geringe Distanzen (siehe Tab. 6.9). Beruflich bedingte multilokale Haushaltsorganisationen mit einem Haushalt in Deutschland und einem anderen im Ausland sind in der Stichprobe vergleichsweise wenig vertreten.[194] Hingegen

---

[192] Zum Beispiel: Berlin – Wien, Stuttgart – Bern, Düsseldorf – Prag, Düsseldorf – Rom, Berlin – Bordeaux, München – Brüssel.
[193] Standardabweichung = 241,2.
[194] Im Gegensatz dazu weisen Van der Klis und Karsten (2005: 4) in ihrer Untersuchung von *commuting partnerships* in den Niederlanden darauf hin, dass ein bedeutender Anteil von Shuttles in den Niederlanden in benachbarten Ländern einen beruflichen Zweitwohnsitz hat (v. a. Großbritannien, Belgien, Deutschland). Eine Erklärung dafür könnte die im Vergleich zu Deutschland intensivere und länger andauernde Internationalisierung der niederländischen Gesellschaft sein, die vermutlich häufiger zu internationalen Bewerbungsstrategien führt.

führt auch bei früheren Fernbeziehungen eine bedeutende Anzahl der Wohnortarrangements über Landesgrenzen hinweg.[195]

Werden nur die Entfernungen für Erwerbspersonen in einer gegenwärtigen Fernbeziehung innerhalb Deutschlands betrachtet, sinkt die Medianentfernung auf 224 km und weicht also nicht mehr von der räumlichen Distanz ab, die Shuttles zwischen den Haushalten im Median pendeln. Jedoch streuen in Fernbeziehungen die Distanzen zwischen den Wohnungen der Partner stärker zugunsten großräumiger Entfernungen. Während ein Viertel der befragten Shuttles 375 km und mehr zwischen den Haushalten pendelt (vgl. Kap. 6.5.1),[196] legt ein Viertel der Erwerbspersonen in einer Fernbeziehung ohne Berücksichtigung von Auslandspartnerschaften mindestens 443 km zwischen den Wohnsitzen zurück (oberes Quartil). Werden auch Auslands-Fernbeziehungen ohne Extremdistanzen hinzugenommen, sind die Wohnorte der Partner bei einem Viertel sogar mehr als 547 km voneinander entfernt und damit mindestens so weit wie die Großstädte: Berlin und Düsseldorf oder München und Köln.[197]

Diese Tendenz zu größeren Distanzen in einer Fernbeziehung im Vergleich zum Shutteln wird durch frühere Fernbeziehungen unterstrichen, die nochmals größere Entfernungen zwischen den Wohnorten der Partner zutage bringen: Ohne die Berücksichtigung von Auslands-Fernbeziehungen wohnten die Befragten im Median über eine Entfernung von 280 km vom Partner/von der Partnerin entfernt.[198]

Für gegenwärtige Fernbeziehungen ist die Medianentfernung unter Frauen etwas – aber nicht signifikant – größer als unter Männern (289 km vs. 230 km). Bei genauerer Betrachtung fällt auf, dass Frauen mit einem befristeten Beschäftigungsverhältnis signifikant größere Distanzen zwischen den Wohnorten zurücklegen.[199] Wie bereits gezeigt werden konnte, sind Frauen mit einem befristeten Arbeitsvertrag fast ausschließlich in hohen beruflichen Positionen tätig (vgl. Kap. 7.2.3). Davon abgesehen, dass sich Paarkonstellationen selbstverständlich nur in sehr eingeschränktem Maße mittels statistischer Methoden „erklären"

---

[195] Das betrifft von den ausgewerteten damaligen Fernbeziehungen insgesamt n = 42 Fälle bzw. 15 %.

[196] Angabe unter Ausschluss eines Extremwerts.

[197] Dementsprechend größer ist bei Befragten in einer Fernbeziehung die Spannweite der Distanzen zwischen den Wohnorten: 1431 km gegenüber 929 km bei Shuttles. Das 95 %-Konfidenzintervall des Mittelwertes liegt in der Teilstichprobe für Personen in einer Fernbeziehung zwischen 262 km bis 333 km und in der Teilstichprobe für Shuttles deutlich darunter: 234 km - 285 km. Alle Angaben ohne Extremwerte.

[198] Standardabweichung = 184,04; n = 232.

[199] Kontrollvariablen: Alter (Jahre), Kind im Haushalt, hoch qualifiziert erwerbstätiges Paar (ja/nein), Entstehungskontext der Fernbeziehung (vorher mit Partner zusammengewohnt/noch nicht zusammengewohnt), Haushaltsnettoeinkommen, Teilzeitbeschäftigung, tatsächliche durchschnittliche Wochenarbeitszeit; p = 0,05.

lassen, können zur weiteren Kontextualisierung dieser Beobachtung einige Zusammenhänge festgehalten werden:
- Die Partner sind ebenfalls hoch qualifiziert erwerbstätig. Sie leben deshalb gegenüber Frauen in einer Fernbeziehung ohne einen befristeten Arbeitsvertrag überdurchschnittlich häufig als DCC-Paar (57 % vs. 26 %).
- Die Partner leben häufig im Ausland. So haben zehn von 14 Frauen in einer Auslands-Fernbeziehung einen befristeten Arbeitsvertrag. Davon haben fünf Frauen zuvor mit dem Partner zusammengewohnt und drei Frauen haben mit dem Partner in einer Stadt in getrennten Haushalten gelebt. Da alle Frauen innerhalb Deutschlands in das jeweilige Befragungsgebiet gezogen sind, wird sehr wahrscheinlich in den meisten Fällen der Partner zum Arbeiten von Deutschland ins Ausland gegangen sein.

Das Zusammenspiel von entstandardisierten Arbeitsbedingungen (befristete Beschäftigung), globalisierter Erwerbsarbeit und einer hoch qualifizierten Beschäftigung beider Partner bedingen bei Frauen folglich großräumige Wohnortarrangements. Die meisten Frauen mit einem befristeten Arbeitsvertrag würden gerne mit dem Partner in naher Zukunft zusammenziehen. Wahrscheinlich werden sie versuchen, nach Auslaufen des befristeten Arbeitsvertrags eine Veränderung des Wohnortarrangements zu realisieren.

Partnerschaftliches Pendelarrangement und Periodizitätsverhalten
Die meisten Befragten pendeln mit dem Partner/der Partnerin im Wechsel (n = 103). Das betrifft acht von zehn Frauen und drei Viertel der Männer. Bei fast jedem fünften Mann pendelt die Partnerin in der Regel nicht, so dass nur der Befragte an den Wohnort der Partnerin fährt (n = 11). Dieses partnerschaftliche Pendelarrangement trifft auf weibliche Befragte weniger zu, eher pendelt bei ihnen nur der Partner (11 % bzw. n = 8). Bei zwölf Befragten pendelt nur der/die Partner/in. Lebt der Partner/die Partnerin im Ausland, was in den meisten Fällen sehr große Distanzen zwischen den Wohnorten mit sich bringt, wird fast ausschließlich im Wechsel gependelt.

Da sich in der großen Mehrzahl die Partner mit dem Pendeln abwechseln, fährt nur gut jeder dritte Mann und jede vierte Frau im wöchentlichen Rhythmus zum Partner/zur Partnerin (siehe Abb. 7.5). Am häufigsten pendeln die Befragten alle zwei Wochen. Die Periodizität des Pendelns wird von der Entfernung der Wohnorte bestimmt, wie in Tabelle 7.7 zu erkennen ist, in der signifikante Einflussgrößen auf das Periodizitätsverhalten abgebildet sind. Je weiter entfernt die Wohnorte sind, umso seltener fahren die Befragten zum Partner/zur Partnerin.[200]

---

[200] Ohne Extremwerte beträgt die durchschnittliche Entfernung für wöchentlich Pendelnde 212 km (SD = 150,7) und für Befragte, die nicht im wöchentlichen Turnus pendeln, 422 km (SD = 275,8).

Leben und Wohnen in einer Fernbeziehung 237

Lebt der Partner/die Partnerin im Ausland, pendeln die Befragten meistens nur einmal im Monat und weniger.

Abbildung 7.5: Periodizität des Pendelns in einer Fernbeziehung nach partnerschaftlichem Pendelarrangement, Anzahl der Fälle

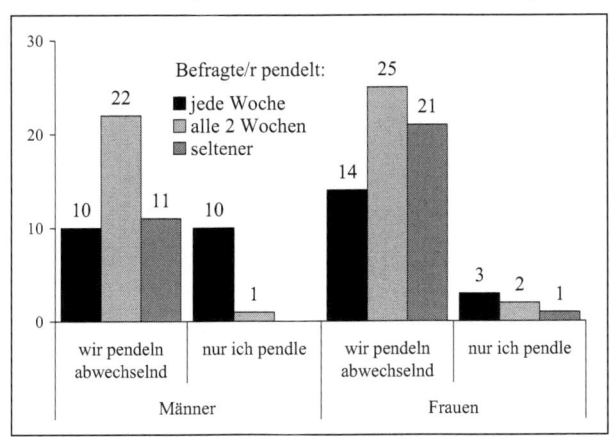

```
Befragte/r pendelt:
■ jede Woche
▨ alle 2 Wochen
▨ seltener

Männer:
  wir pendeln abwechselnd: 10, 22, 11
  nur ich pendle: 10, -, 1
Frauen:
  wir pendeln abwechselnd: 14, 25, 21
  nur ich pendle: 3, 2, 1
```

N = 54 Männer und n = 66 Frauen; zwölf Befragte pendeln nicht.
Quelle: eigene Darstellung

Das Geschlecht hat unter Kontrolle wechselseitiger Effekte keinen eigenständigen Einfluss auf die Periodizität des Pendelns. Dass Frauen etwas häufiger als Männer angeben, seltener als alle zwei Wochen zum Partner zu pendeln (siehe Abb. 7.5), erklärt sich unter anderem über das Pro-Kopf-Einkommen (vgl. Tab. 7.7). Das Pendeln ist damit zugleich eine Frage des Geldes: Mit sinkendem Pro-Kopf-Einkommen steigt die Wahrscheinlichkeit, dass die Befragten – und damit vor allem Frauen – seltener als alle zwei Wochen zum Partner/zur Partnerin fahren.

Meistens fahren die Befragten Freitagabend zum Partner/zur Partnerin und kehren sonntags an ihren Wohnsitz zurück (siehe Abb. 7.6). Im Vergleich zu Shuttles ist der Anteil Befragter, die Freitagabend und montags pendeln, damit deutlich geringer (vgl. Abb. 6.7). In einer Fernbeziehung wird stattdessen häufiger im Wechsel mit dem Partner/der Partner im Zwei-Wochen-Rhythmus am Wochenende gependelt. Davon ausgehend, dass bei alternierenden Pendelarrangements auch der Partner/die Partnerin am häufigsten – wie die Befragten selbst – Freitagabend und Sonntag pendeln, konzentriert sich die Pendelmobilität von Fernbeziehungen damit stark auf den Beginn und das Ende des Wochenendes.

Anders als bei Shuttles sind keine geschlechtsspezifischen Pendelmuster zu beobachten.

Tabelle 7.7: Determinanten der Periodizität des Pendelns von Befragten in einer Fernbeziehung

Referenzkategorie: alle 2 Wochen		B	SE(B)	Exp(B)
jede Woche	Geschlecht (Frauen)	-0,074	0,570	0,929
	Alter (Jahre)	0,111 **	0,052	1,117
	Entfernung d. Wohnorte (km)	-0,005 ***	0,002	0,995
	Pro-Kopf-Einkommen (stand.)	-0,073	0,292	0,929
	vorher m. Partner/in zusammengewohnt (ja)	-2,327 *	1,283	0,098
weniger als alle 2 Wo.	Geschlecht (Frauen)	0,743	0,668	2,102
	Alter (Jahre)	-0,016	0,056	0,984
	Entfernung d. Wohnorte (km)	0,004 ***	0,001	1,004
	Pro-Kopf-Einkommen (stand.)	-0,832 **	0,353	0,435
	vorher m. Partner/in zusammengewohnt (ja)	-1,453	0,892	0,234
n		117		
Chi Quadrat-Wert (df)		98,058(6)		
-2 Log-Likelihood		155		
Mc Fadden R Quadrat		0,385		

Dargestellt sind logistische Regressionskoeffizienten; Kontrollvariable: abwechselndes Pendeln mit Partner/in (ja/nein).
Signifikanzniveau: * = 10 %, ** = 5 %, *** = 1 %
Lesebeispiel: Wöchentliche Pendler/innen (erster Block in Zeile) legen geringere Entfernungen zwischen den Wohnorten zurück (Variable in Zeile) als Personen, die alle zwei Wochen pendeln (Referenzkategorie in Spalte).
Quelle: eigene Auswertung

Mit dem zeitlichen Pendelmuster korrespondiert, dass Befragte in einer Fernbeziehung – trotz ihrer überdurchschnittlich hohen Qualifizierung – keine größere Selbstbestimmung über ihre tägliche Arbeitszeit haben. Unter Männern ist der Anteil, der in größerem Umfang seine tägliche Arbeitszeit eigenverantwortlich steuern kann, sogar etwas (aber nicht signifikant) geringer ist als bei zugezogenen Männern, die nicht in einer Fernbeziehung leben (45 % vs. 54 %). Sind normalarbeitszeitähnliche Arbeitszeiten bei den befragten Zugezogenen insgesamt eher selten (6 % der zugezogenen Männer insgesamt), sind Männer in einer Fernbeziehung von entstandardisierten Arbeitszeiten nochmals mehr betroffen: Nur auf einen Befragten treffen die gewählten Kriterien einer Normalarbeitszeit zu (abhängige Vollzeitbeschäftigung, tatsächliche Wochenarbeitszeit < 43 Stunden, max. zwei Überstunden). Bei Frauen in einer Fernbeziehung ist ein erhöhter

Leben und Wohnen in einer Fernbeziehung 239

Anteil mit einer rein betrieblich bestimmten Variation der Arbeitszeit auffällig (38 % gegenüber 25 % bei zugezogenen Frauen, die nicht in einer Fernbeziehung leben).

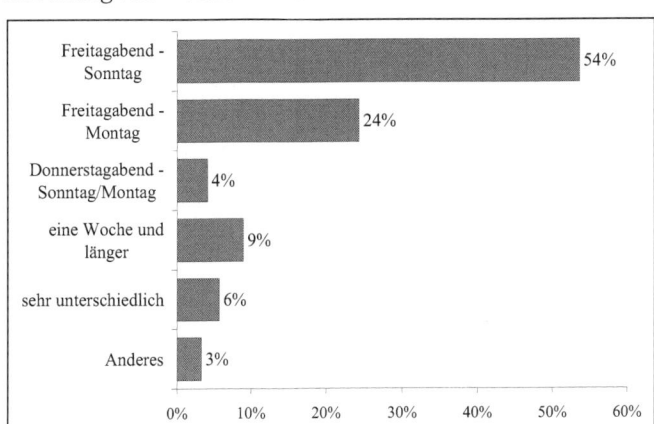

Abbildung 7.6: Aufenthaltsdauer am Wohnort des Partners/der Partnerin

Aufenthaltsdauer	Anteil
Freitagabend - Sonntag	54%
Freitagabend - Montag	24%
Donnerstagabend - Sonntag/Montag	4%
eine Woche und länger	9%
sehr unterschiedlich	6%
Anderes	3%

N = 123; n = 12 Befragte pendeln nicht zum Partner/zur Partnerin.
Quelle: eigene Darstellung

Befragte, die in Teilzeit beschäftigt sind, verbleiben aufgrund einer kürzeren Arbeitswoche vergleichsweise länger beim Partner/bei der Partnerin. Sie kehren häufig erst am Montag an ihren Wohnsitz zurück (n = 8 bzw. 47 %). Dieses Pendelmuster wird auch von Befragten praktiziert, deren Partner/in nicht pendelt und die ausschließlich selbst zwischen den Wohnungen pendeln (n = 7 bzw. 41 %). Davon sind die meisten weniger als fünf Tage im Betrieb anwesend und können wahrscheinlich angesichts der raum-zeitlichen Flexibilität eher das Pendeln bewerkstelligen als der Partner/die Partnerin. Lebt der Partner/die Partnerin im Ausland, fahren die Befragten aufgrund der häufig großen räumlichen Entfernungen für eine längere Zeit zum Partner/zur Partnerin und verbleiben dort mindestens eine Woche (n = 9 bzw. 39 %). Darüber hinaus hat die Entfernung zwischen den Wohnorten keinen direkten Einfluss auf die Aufenthaltsdauer beim Partner/bei der Partnerin.

Des Weiteren fällt auf, dass Befragte, die zuvor mit dem Partner/der Partnerin in einem Haushalt zusammengewohnt haben, am häufigsten im Zwei-Wochen-Rhythmus am Freitagabend und Sonntag pendeln (n = 13 bzw. 65 %). Wöchentliches Pendeln trifft auf sie so gut wie nicht zu, worin sie sich tendenziell von Männern und Frauen, die noch nicht mit dem Partner/der Partnerin zusammengewohnt haben, unterscheiden (siehe Tab. 7.7).[201] Wie bereits gezeigt werden konnte, sind auffällig häufig beide Partner an einen anderen Wohnort gezogen und der/die Partner/in lebt jetzt zum Teil im Ausland (siehe Kap. 7.2.3). Die Entscheidung für eine getrennte Haushaltsführung (und gegen die Beibehaltung eines gemeinsamen Wohnsitzes) wird deshalb unter anderem davon beeinflusst worden sein, dass wöchentliches Pendeln zum vormals gemeinsamen Wohnsitz nicht möglich gewesen ist oder durch den Umzug beider Partner an verschiedene Orte ein gemeinsamer Wohnsitz am Herkunftsort nicht mehr aufrecht erhalten werden konnte und daher die Entscheidung getroffen wurde, abwechselnd zwischen den neu gegründeten Haushalten zu pendeln (vgl. Paar 1 in Kap. 1.1).

7.4 Zeitliche Perspektive der Lebensform und Umzugsarrangements

7.4.1 Dauer der Fernbeziehung

Das getrennte Zusammenleben über große Distanzen ist eher von kurzer Dauer. Wie aus dem Boxplot in Abbildung 7.7 zu erkennen ist, lebt die Hälfte der befragten Männer zum Befragungszeitpunkt maximal 1,5 Jahre und die Hälfte der Frauen maximal ein Jahr in einer Fernbeziehung. Damit bestätigt sich die relativ kurze Dauer des living apart together aus den Studien von Villeneuve-Gokalp (1997) und Asendorpf (2008) auch für Befragte in einer Fernbeziehung. Ein Viertel lebt vier Jahre und länger als LAT über eine großräumige Distanz. Das Maximum liegt bei elf Jahren – einem 38-jährigen Befragten und einer 31-jährigen Befragten. Wie für die Dauer einer beruflichen multilokalen Haushaltsorganisation bereits angemerkt wurde (siehe Kap. 6.7), gilt auch für Fernbeziehungen, dass – abgesehen von der geringen Stichprobengröße – aufgrund der Stichprobenziehung aus den Angaben keine allgemeinen Schlussfolge-

Abbildung 7.7: Dauer der Fernbeziehung (Jahre) nach Geschlecht

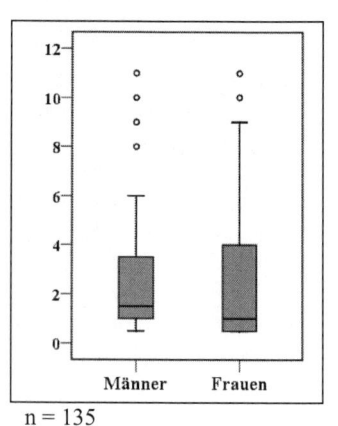

n = 135
Quelle: eigene Darstellung

---

[201] Im deskriptiven Signifikanztest zwischen dem Entstehungskontext der Partnerschaft (vorher zusammengewohnt: ja/nein) und der Pendelperiodizität (in drei Kategorien wie in Tab. 7.7) beträgt $X^2 = 8{,}69(2)$, $p = 0{,}01$ und Cramers $V = 0{,}27$; n = 123.

rungen über die genaue Dauer von Fernbeziehungsepisoden gezogen werden können. Es können jedoch Erkenntnisse über Einflussgrößen der Dauer der Lebensform gewonnen werden.

Zwischen dem Entstehungskontext und der Dauer der Fernbeziehung können Zusammenhänge festgehalten werden, die in den Boxplots in Abbildung 7.8 und anhand der Ergebnisse linearer Regressionen in Tabelle 7.8 deutlich werden. Männer leben tendenziell länger in einer Fernbeziehung, wenn sie zuvor mit der Partnerin in einem Ort (aber nicht in einem gemeinsamen Haushalt) gewohnt haben. Das ist ein Hinweis darauf, dass ein Teil vermutlich bereits vor der Fernbeziehung als LAT gelebt hat, die Beziehung insofern gefestigter bzw. eine getrennte Haushaltsführung vertrauter ist als bei Befragten, die schon immer mit der Partnerin in verschiedenen Orten leben und die sich nach einem Jahr noch eher in der Phase der Beziehungsklärung befinden dürften.

Abbildung 7.8: Dauer der Fernbeziehung (Jahre) nach Entstehungskontext

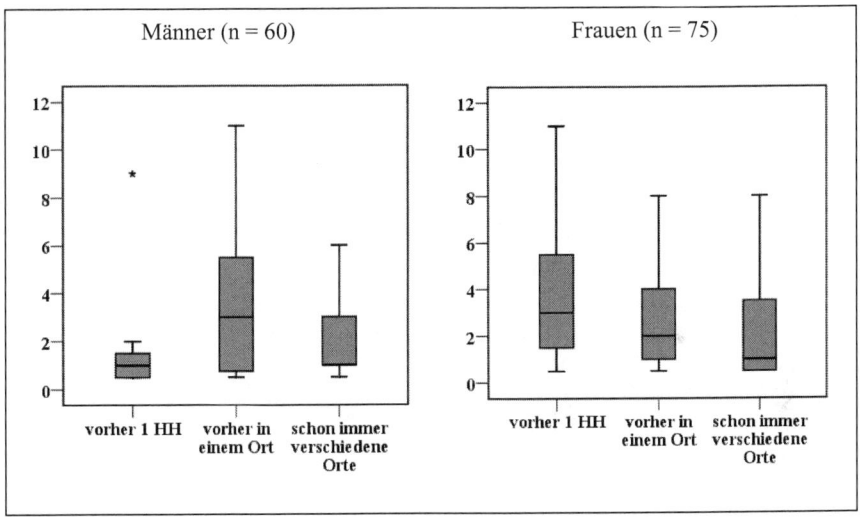

Quelle: eigene Darstellung

Frauen leben länger in einer Fernbeziehung, wenn sie zuvor mit dem Partner in einem Haushalt zusammengewohnt haben und je älter sie sind (siehe Tab. 7.8). Wie in Abbildung 7.8 zu erkennen ist, beträgt die Mediandauer der Fernbeziehungsepisode für Frauen, die mit dem Partner schon einmal zusammengewohnt haben, drei Jahre.[202]

Die Hälfte der Befragten, die schon immer mit dem Partner/der Partnerin in verschiedenen Orten wohnen, lebt nicht länger als ein Jahr in einer Fernbeziehung, bei den Frauen sogar ein Viertel weniger als ein Jahr (siehe Abb. 7.8).

Tabelle 7.8: Einflussgrößen auf die Dauer der Fernbeziehung (Jahre)*

	Männer B	Männer B	Frauen B
Alter (Jahre)	.	0,110	0,245 **
Entfernung der Wohnorte der Partner (km)	-0,282 **	-0,299 **	-0,062
Entstehungskontext d. Partnerschaft			
vorher in einem HH zusammengewohnt (ja)	-	-	0,200 *
vorher in einem Ort in getrennten HH gewohnt (ja)	0,191 *	0,168	-
Partner/in hoch qualifiziert erwerbstätig (ja)	0,409 ***	-	-
beide hoch qualifiziert erwerbstätig (ja)	-	0,411 ***	-0,061
n	59	59	74
R Quadrat korr.	0,24	0,25	0,10

*Wegen linkssteiler Verteilung der Dauer der Fernbeziehung (Jahre) wird X zu ln(X) transformiert.
Dargestellt sind standardisierte Beta-Gewichte; Kontrollvariable: Anzahl überregionaler Umzüge in vergangenen 10 Jahren. Signifikanzniveau: * = 10 %, ** = 5 %, *** = 1 %
Quelle: eigene Auswertung

Unabhängig von dem Entstehungskontext der Partnerschaft ist die Dauer der Fernbeziehung bei den befragten Männern am stärksten davon abhängig, wie anhand der standardisierten Regressionskoeffizienten in Tabelle 7.8 zu erkennen ist, ob der Befragte eine hoch qualifiziert erwerbstätige Partnerin hat oder beide Partner hoch qualifiziert erwerbstätig sind.[203] Männer in einer DCC-Partnerschaft leben im Median drei Jahre in einer Fernbeziehung im Vergleich zu einer Mediandauer von nur einem Jahr für Männer, die nicht in einer Fernbeziehung leben, in der beide Partner hoch qualifiziert erwerbstätig sind.[204] Für Frauen ist ein Zusammenhang zwischen der beruflichen Stellung der Partner und der Dauer der Fernbeziehung nicht zu erkennen.

Darüber hinaus zeigt sich für Männer ein Zusammenhang zwischen der Dauer der Fernbeziehung und der Entfernung der Wohnorte der Partner (siehe

---

[202] Standardabweichung = 3,51.
[203] Nur die hoch qualifizierte Erwerbstätigkeit des Befragten allein – ohne Berücksichtigung der beruflichen Stellung der Partnerin – hat keinen Einfluss auf die Dauer der Fernbeziehung.
[204] Standardabweichung für Männer in einer DCC-Partnerschaft = 2,96 und für Männer in einer Fernbeziehung, in der nicht beide Partner hoch qualifiziert erwerbstätig sind, SD = 1,63.

Tab. 7.8): Die Fernbeziehungsepisode ist umso kürzer, je größer die räumliche Distanz zur Partnerin ist. Wie im nachfolgenden Kapitel 7.4.2 gezeigt wird, besteht jedoch kein Zusammenhang zwischen der Entfernung der Wohnorte und dem Wunsch, in naher Zukunft mit der Partnerin zusammenzuziehen. Deshalb lässt sich der Zusammenhang zwischen der Dauer der multilokalen Lebensform und der räumlichen Entfernung eher als ein Indiz dafür heranziehen, dass große Entfernungen – und eine damit verbundene geringe Periodizität des Pendelns (siehe Tab. 7.7) – eher zu einer Trennung der Partner führt.

Als ein dauerhaftes Arrangement werden Fernbeziehungen so gut wie überhaupt nicht bewertet. Lediglich zwei Männer, die mit der Partnerin schon immer in verschiedenen Orten wohnen, sowie eine Frau, die mit dem Partner zusammengewohnt hatte, betrachten ihre Fernbeziehung als eine dauerhafte Lebensform. Für die Mehrzahl der befragten Erwerbspersonen ist das Leben in einer Fernbeziehung eine temporäre Lebensform: So geben 64 % der Frauen und 57 % der Männer an, dass das großräumige Arrangement der Wohnungen auf eine bestimmte, vorübergehende Dauer begrenzt sein soll. Gut ein Drittel kann sich eine langfristige Perspektive für die Fernbeziehung vorstellen, die Lebensform soll aber nicht dauerhaft sein.

Der aufgedeckte Zusammenhang zwischen der Dauer der Fernbeziehung und dem Entstehungskontext der Partnerschaft spiegelt sich für Frauen auch in der Bewertung der zukünftigen Dauer der Lebensform wider: Sie betrachten ihre Fernbeziehung am ehesten in der Zukunft als langfristig bis dauerhaft, wenn sie zuvor mit dem Partner zusammengewohnt haben (n = 8). Mehr als zwei Drittel der Frauen, die noch nie mit dem Partner zusammengelebt haben, können sich eine Distanzbeziehung nur für eine temporäre Dauer vorstellen.

Es ist die Tendenz zu beobachten, dass Befragte in einer DCC-Partnerschaft – unabhängig vom Entstehungskontext – zu Beginn der Fernbeziehung eher als Befragte, die nicht als hoch qualifiziert erwerbstätiges Paar leben, die multilokale Lebensform als langfristig bis dauerhaft eingeschätzt haben. Wahrscheinlich drückt sich darin ein Lebenspragmatismus aus, dass bei zwei hoch qualifizierten Erwerbstätigkeiten eine getrennte Haushaltsführung auf längere Sicht akzeptiert werden muss.

Werden auch Erwerbspersonen betrachtet, die in den vergangenen zehn Jahren eine Fernbeziehungssituation beendet haben (n = 277), verfestigt sich das Bild von Fernbeziehungen als temporäres Arrangement und biographisches Ereignis in einer bestimmten Lebensphase. Nur zwei Frauen mit Angaben zu einer früheren Fernbeziehung leben gegenwärtig wieder in einer Fernbeziehung. Für die überwältigende Mehrheit von 81 % ist eine Fernbeziehung ein temporäres Arrangement und nur weitere 12 % können sich eine Fernbeziehung als eine länger andauernde, aber nicht dauerhafte Lebensform vorstellen. Mehr als die

Hälfte würde aus beruflichen Gründen auch nicht (mehr) mit dem Partner/der Partnerin in getrennten Haushalten leben wollen (n = 159). Das Votum gegen eine multilokale Paarbeziehung mit getrennter Haushaltsführung über große Distanzen fällt also nochmals klarer aus als bei Befragten, die gegenwärtig in einer Fernbeziehung leben.

7.4.2 Wer zieht zu wem?

Dass Fernbeziehungen eher eine mobile Lebensform auf Zeit sind, zeigt sich über die Einschätzungen zur zeitlichen Perspektive der Lebensform hinaus auch daran, dass genau die Hälfte der Befragten plant, in den kommenden ein bis zwei Jahren mit dem Partner/der Partnerin zusammenzuziehen. Jeder dritte Mann und jede vierte Frau ist sich über das zukünftige Wohnortarrangement noch nicht sicher und jede/r Vierte plant definitiv nicht, mit dem Partner/der Partnerin in naher Zukunft zusammenzuziehen. Fünf Befragte möchten in derselben Stadt, aber weiterhin in getrennten Haushalten mit dem Partner/der Partnerin leben. Sie hatten alle bereits zuvor mit demselben Partner/derselben Partnerin in getrennten Haushalten in einer Stadt gelebt. Eine Paarbeziehung in getrennten Haushalten lässt sich in diesen Fällen anscheinend besser über eine kleinräumige als über eine großräumige Distanz verwirklichen.

Wer plant, mit dem Partner/der Partnerin in den kommenden zwei Jahren zusammenzuziehen? So gut wie jeder Mann, der zuvor mit der Partnerin zusammengewohnt hat, plant das erneute Zusammenziehen. Von den Männern, die entweder mit der

Abbildung 7.9: Pläne für das Zusammenziehen nach Geschlecht und DCC-Partnerschaft, Anzahl der Fälle

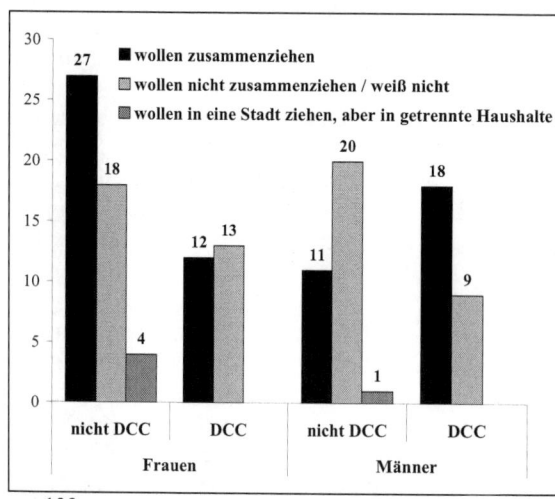

n = 133
Quelle: eigene Darstellung

Partnerin in einem Ort in getrennten Haushalt gelebt haben oder schon immer in verschiedenen Orten wohnen, möchten Zwei von Fünf zukünftig mit der Partnerin zusammenleben und jeder Vierte bzw. Dritte ist sich noch nicht sicher, wie das Paar in naher Zukunft leben wird. Entscheidend für die zukünftige Planung ist aber nicht der Entstehungskontext der Fernbeziehung, sondern ob der Befragte in einer Partnerschaft lebt, in der beide Partner hoch qualifiziert erwerbstätig sind. In Abbildung 7.9 ist zu erkennen, dass vor allem Männer in einer DCC-Partnerschaft für die kommenden zwei Jahre planen, mit der Partnerin zusammenzuziehen. Dieser Zusammenhang erweist sich unter Kontrolle wechselseitiger Einflüsse als sehr stabil.[205]

Im Vergleich dazu sind es bei den befragten Frauen eher (aber nicht signifikant häufiger) diejenigen, die nicht in einer DCC-Partnerschaft leben, die mit dem Partner in naher Zukunft zusammenziehen möchten. Immerhin hat mehr als jede dritte hoch qualifiziert Erwerbstätige, deren Partner ebenfalls hoch qualifiziert erwerbstätig ist, nicht die Absicht, in den kommenden zwei Jahren mit dem Partner zusammenzuziehen. Von den Frauen, die zuvor mit dem Partner zusammengelebt haben, gibt genau die Hälfte an, Pläne für das erneute Zusammenwohnen zu haben. Ein weiteres Drittel dieser Frauen ist sich über die zukünftige Planung der Haus-

Abbildung 7.10: Geplantes Umzugsarrangement nach Geschlecht, Anzahl der Fälle

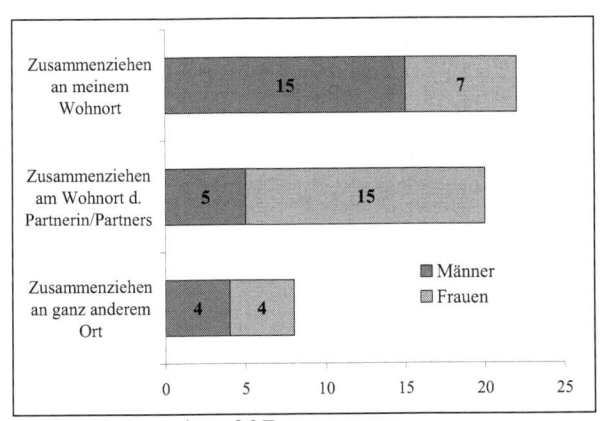

n = 24 Männer und n = 26 Frauen
Exakter Test nach Fisher: p < 0,05, Cramers V = 0,396
Quelle: eigene Darstellung

---

[205] Die berufliche Stellung des Befragten allein hat keinen signifikanten Einfluss. Die hohe berufliche Stellung der Partnerin wirkt sich in der Tendenz positiv auf das geplante Zusammenziehen aus (p = 0,1). Kontrollvariablen: Alter (Jahre), Kind im Haushalt, Entfernung der Wohnorte (km), Entstehungskontext der Fernbeziehung (vorher zusammengewohnt: ja/nein), Anzahl überregionaler Umzüge in den vergangenen zehn Jahren, befristeter Arbeitsvertrag, Dauer der Fernbeziehung (Jahre), Wohnsitz des Befragten/der Partnerin in einer Großstadt (ja/nein).

haltssituation nicht sicher. Anteilsmäßig am häufigsten möchten Frauen, die mit dem Partner schon immer in verschiedenen Orten leben, in naher Zukunft zusammenziehen (n = 19).

Konkrete Vorstellungen darüber, wie das Paar die multilokale Wohnsituation beenden wird und wo die Partner zusammenleben werden, haben vier von fünf Männern, darunter fast alle Männer, die in einer Partnerschaft leben, in der beide Partner hoch qualifiziert erwerbstätig sind. Wieder anders die Situation bei den Frauen: Zwei Drittel und nur die Hälfte der DCC-Frauen, die in den kommenden zwei Jahren mit dem Partner zusammenziehen möchten, haben genaue Vorstellungen über das Umzugsarrangement.

Aufschluss über den geschlechtsspezifischen Zusammenhang zwischen den Plänen für ein Zusammenziehen und einer DCC-Partnerschaft gibt das geplante Umzugsarrangement der Befragten. Die Stichprobengröße ist zwar mit n = 50 Befragten mit konkreten Vorstellungen über die Beendigung der multilokalen Lebensform zu gering, um wechselseitige Effekte kontrollieren zu können, aber die deskriptiven Ergebnisse sind sehr eindeutig, wie Abbildung 7.10 zeigt. In den Umzugsplänen zur Beendigung der Fernbeziehung spiegeln sich traditionelle Muster geschlechtsspezifischer Migrationsrollen wider (vgl. Kap. 3.1): In der großen Mehrzahl ziehen die Frauen zum Partner.

Abbildung 7.11: Beendigung einer früheren Fernbeziehung

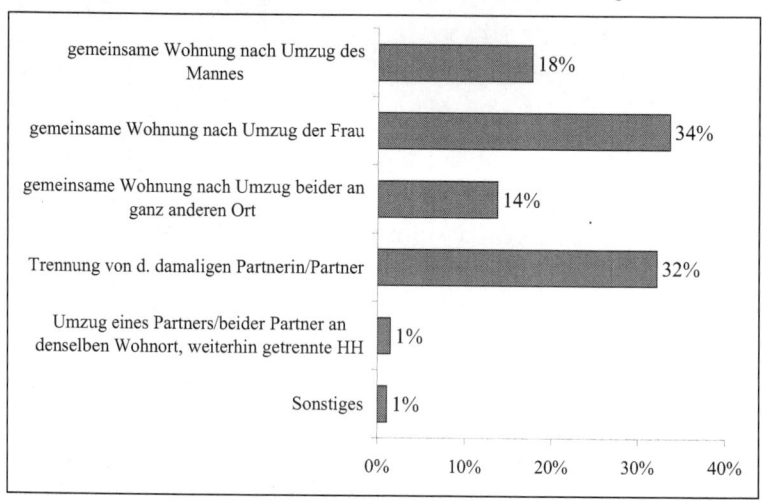

gemeinsame Wohnung nach Umzug des Mannes	18%
gemeinsame Wohnung nach Umzug der Frau	34%
gemeinsame Wohnung nach Umzug beider an ganz anderen Ort	14%
Trennung von d. damaligen Partnerin/Partner	32%
Umzug eines Partners/beider Partner an denselben Wohnort, weiterhin getrennte HH	1%
Sonstiges	1%

n = 276
Quelle: eigene Darstellung

Das gleiche Muster zeigt sich auch für frühere, nicht mehr bestehende Fernbeziehungen. Wie in Abbildung 7.11 zu sehen ist, wurden frühere multilokale Lebens- und Wohnsituationen in einer Fernbeziehung am häufigsten dadurch beendet, dass die Frau zum Partner gezogen ist. Am zweithäufigsten hat sich das Paar getrennt.[206]

Das häufigste Umzugsarrangement: Die Frauen werden zum Partner ziehen
Von den Befragten in einer gegenwärtigen Fernbeziehung mit konkreten Vorstellungen über das Umzugsarrangement der Partner planen fast alle hoch qualifiziert erwerbstätigen Frauen einen Zuzug zum Partner (zehn von zwölf). Für Frauen in einer DCC-Partnerschaft ist das Bild sogar noch einheitlicher: Diese Frauen beabsichtigen alle zum Partner zu ziehen (sechs Frauen). Die zuziehenden Partnerinnen der befragten Männer sind auch in der großen Mehrzahl hoch qualifiziert erwerbstätig (zehn von 15 Frauen). Davon wohnen nur drei Partnerinnen in einer Kernstadt in einem Agglomerationsraum, vier kommen aus dem verstädterten oder ländlichen Raum und drei Partnerinnen werden aus dem Ausland zuziehen.

Die befragten hoch qualifiziert erwerbstätigen Frauen, die zum Partner ziehen wollen, beabsichtigen alle, am neuen Wohnort zu arbeiten. Über die zukünftige Erwerbssituation besteht aber noch große Unsicherheit: Keine der Frauen gibt an, am neuen Wohnort bereits eine Arbeitsstelle gefunden zu haben. Fünf Frauen sind noch auf der Suche nach einer Arbeitsstelle. Von der anderen Hälfte fehlen Angaben zur zukünftigen Erwerbstätigkeit, was sich wohl dergestalt interpretieren lässt, dass sie noch keine konkreten Pläne für einen Arbeitsplatzwechsel haben. In fast allen Fällen wohnen die Partner auch in Großstädten oder zumindest in einer kleineren Stadt/Gemeinde innerhalb eines Agglomerationsraums und damit in einer Region mit einer großen Arbeitsplatzdichte. In Fällen, in denen die Frauen z. B. im Gesundheits- und Sozialwesen oder im Bereich Werbung/Grafik/Design tätig sind und der Partner in Hannover bzw. Frankfurt am Main wohnt, werden sich sicherlich kurz- oder mittelfristig der hohen Qualifizierung entsprechende berufliche Möglichkeiten bieten.

Ähnlich stellen sich die Vorstellungen über die berufliche Situation bei den nicht hoch qualifiziert erwerbstätigen Frauen dar, die zum Partner ziehen wollen (fünf Frauen): Alle Frauen beabsichtigen auch nach dem Umzug erwerbstätig zu bleiben. Auf diese Pläne wird sich positiv auswirken, dass die Partner ausschließlich in Agglomerationsräumen wohnen. Allerdings hat nur eine Befragte bereits Gewissheit über ihre zukünftige Erwerbstätigkeit: Sie arbeitet im Bereich Verkehr- und Nachrichtenübermittlung und wird innerhalb des Betriebs von

---

[206] Deskriptiver Signifikanztest (exakter Test nach Fisher) für Beendigung der früheren Fernbeziehung (sechs Kategorien) nach Geschlecht: p = 0,01, Cramers V = 0,23.

Berlin an den Wohnort des Partners in München versetzt. Bei zwei Frauen fehlen auch hier Angaben über genaue Pläne des Arbeitsstellenwechsels.

Der Mann wird umziehen
Die Frauen, zu denen der Partner ziehen wird, sind ausschließlich in qualifizierten beruflichen Stellungen tätig. Die zuziehenden Partner sind fast alle hoch qualifiziert erwerbstätig. Aufgrund der geringeren beruflichen Qualifizierung und Spezialisierung der Frauen wäre bei ihnen eher zu vermuten gewesen, dass sie zum Partner ziehen. Die Hälfte von ihnen ist allerdings Beamtin im öffentlichen Dienst, so dass sie nur wenige Möglichkeiten für einen Stellenwechsel haben werden. Weiterhin wird ebenfalls eine Rolle spielen, dass die Frauen selbst in Großstädten und Arbeitsplatzzentren wohnen und die Partner fast ausschließlich aus kleineren Städten und ländlichen Gemeinden zuziehen. Darunter ist ein Partner aus einer Kleinstadt in Brandenburg, der als Selbständiger tätig ist und dem die Art der Selbständigkeit vermutlich eher eine räumliche Veränderung in der Hauptstadt ermöglicht als andersherum. Den anderen Partnern, darunter ein Angestellter mit umfassenden Führungsaufgaben aus Finnland, bietet sicherlich der Arbeitsmarkt am Wohnort der Partnerin: Düsseldorf bzw. Stuttgart – berufliche (Aufstiegs-)Möglichkeiten.

Die befragten Männer, die zu ihrer Partnerin ziehen (fünf Männer), sind alle hoch qualifiziert erwerbstätig. Ihre zukünftige Erwerbssituation am neuen Wohnort hat sich gegenüber den befragten Frauen, die zum Partner ziehen möchten, stärker konkretisiert: Zwei Befragte werden ihre Arbeitsstelle behalten und pendeln, was in einem Fall einen zukünftigen Arbeitsweg von gut 100 km bedeutet. Ein Befragter wird innerhalb des Betriebs von Stuttgart nach bzw. in die Nähe von Braunschweig versetzt.

Beide Partner werden an einen anderen Ort umziehen
In einigen Fällen zieht nicht nur ein Partner zum anderen, sondern beide Partner ziehen an einen ganz anderen Ort, was für die Komplexität des *co-location* Problems von Paaren spricht. Die vier befragten Männer, die ein solches Wohnortarrangement planen, leben ausschließlich in einer DCC-Partnerschaft. Keine der Partnerin wohnt in einer Großstadt mit über 500.000 Einwohnern und wahrscheinlich konnten die Paare am jeweils anderen Wohnort des Partners keine adäquate Arbeitsstelle finden, so dass beide an einen dritten Ort „ausweichen" müssen. In einem Fall wird der Befragte seine Arbeitsstelle in Düsseldorf nach dem Umzug beibehalten; die Partnerin, die in einer Mittelstadt in Hessen wohnt, wird wahrscheinlich in einer anderen Großstadt in der Region Rhein-Ruhr eine Arbeitsstelle gefunden haben.

Gründe der vier befragten Frauen für das Zusammenziehen mit dem Partner an einem ganz anderen Ort sind sicherlich ebenfalls mit raumstrukturellen Bedingungen verbunden, denn die Partner wohnen im verstädterten Raum und in keinem Fall in einer Großstadt und damit in keinem großen Arbeitsplatzzentrum. Außerdem spielt wahrscheinlich die Beschäftigung (mindestens) eines Partners als Beamtin/Beamter im öffentlichen Dienst eine Rolle (zwei Frauen), die ein räumlich komplexeres Umzugsarrangement eher notwendig machen könnte.

Realisierte Umzugsarrangements und Erwerbstätigkeit
Die Komplexität des Wohnort- und Arbeitsortarrangements von Paaren wird nochmals deutlicher, wenn die Umzüge zur Beendigung einer früheren multilokalen Wohnsituation in einer Fernbeziehung betrachtet werden. Die räumlichen Muster der damaligen Umzüge der Befragten werden in Verbindung mit ihrem Arbeitsort nach dem Umzug zum Partner/zur Partnerin oder an einen ganz anderen Ort in Abbildung 7.12 modelliert.[207]

Von den Befragten, die damals umgezogen sind, um mit dem Partner/der Partnerin zusammenzuziehen (oder in wenigen Fällen um zusammen in einer Stadt in getrennten Haushalten zu wohnen), waren n = 20 zum Zeitpunkt des Umzugs nicht erwerbstätig. Diese Befragten, die damals vermutlich meistens in Ausbildung waren, werden in dem Modell nicht berücksichtigt. Es handelt sich nicht in allen Fällen um den gegenwärtigen Partner/die gegenwärtige Partnerin der Befragten, da einige Paare sich mittlerweile getrennt haben. Sozialstrukturelle Merkmale des Partners/der Partnerin können deshalb für die Auswertung nicht herangezogen werden.

Die meisten Befragten, die zur Beendigung der multilokalen Lebensführung selbst umgezogen sind, haben direkt am neuen Wohnort eine Arbeitstelle gefunden bzw. eine innerbetriebliche Versetzung arrangieren können. Daneben wird durch die Umzugsmobilität tägliches Pendeln zur Arbeit ausgelöst. Meistens sind dabei beide Partner an einen dritten Ort gezogen, die Befragten haben die Arbeitsstelle am vorherigen Wohnort beibehalten und sind dorthin „zurückgependelt". In anderen Fällen wurde eine Arbeitsstelle außerhalb des neuen Wohnorts gefunden. Eine Befragte konnte durch das Zusammenziehen mit dem Partner an ihrem Arbeitsort aber auch die tägliche Berufspendlermobilität beenden.

---

[207] Die Zahlenangaben sind nach Umzugsarrangement, Ort des Arbeitsplatzes nach dem Umzug und Geschlecht in der Anhang-Tab. 17 abgebildet.

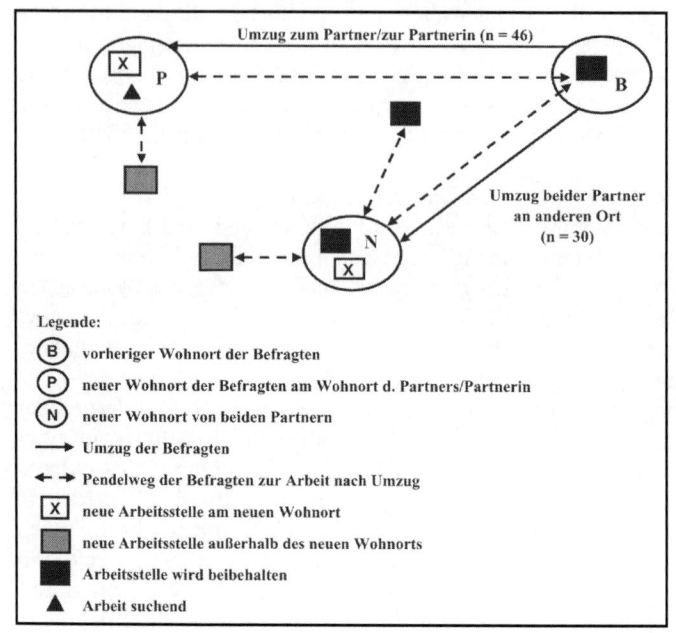

Abbildung 7.12: Umzugs- und Arbeitsortarrangement zur Beendigung einer früheren Fernbeziehung

Legende:
- Ⓑ vorheriger Wohnort der Befragten
- Ⓟ neuer Wohnort der Befragten am Wohnort d. Partners/Partnerin
- Ⓝ neuer Wohnort von beiden Partnern
- → Umzug der Befragten
- ←→ Pendelweg der Befragten zur Arbeit nach Umzug
- ☒ neue Arbeitsstelle am neuen Wohnort
- ▪ (grau) neue Arbeitsstelle außerhalb des neuen Wohnorts
- ▪ (schwarz) Arbeitsstelle wird beibehalten
- ▲ Arbeit suchend

Quelle: eigene Darstellung

Eine Akademikerin hat nach ihrem Zuzug zum Partner noch keine adäquate Arbeitsstelle gefunden und ist weiterhin Arbeit suchend. Für die anderen Befragten und insbesondere für Frauen stellt sich in diesem Zusammenhang die weiterführende Frage, ob durch den Umzug berufliche Unterbrechungen hingenommen wurden oder eine nicht adäquate Arbeitsstelle akzeptiert werden musste. Mit den vorliegenden Daten kann diese Frage zwar nicht beantwortet werden, aber die Diskrepanz zwischen dem Ausbildungsabschluss und der beruflichen Stellung unter den Frauen kann als ein Indiz für nachteilige berufliche Kompromisslösungen herangezogen werden: Mehr als ein Viertel der Frauen, die zur Beendigung der damaligen multilokalen Wohnsituation selbst umgezogen sind, hat eine Fachhoch-/Hochschulausbildung und ist in einer qualifizierten Stellung tätig (n = 13 bzw. 28 %). Eine Unterqualifizierung ist unter den Männern lediglich in zwei Fällen zu beobachten.[208] Überwiegend wurde für das Zusammenziehen der Arbeitgeber gewechselt. Innerbetriebliche Versetzungen sind eher selten (n = 7). In einer geringen Anzahl von Fällen (n = 4) haben sich Befragte am neuen Wohnort selbständig gemacht oder ihre selbständige/freiberufliche Tätigkeit fortgeführt. Eine Befragte hatte in der Kündigung der damaligen Arbeitsstelle und der Aufnahme einer selbständigen Tätigkeit als Unternehmensberaterin am Wohnort des Ehemannes die einzige Möglichkeit gesehen, um endlich wieder zusammenzuwohnen. [499]

Aus der Deskription geplanter und realisierter Umzüge zur Beendigung der multilokalen Wohnsituation können zusammenfassend Thesen über das partnerschaftliche Wohn- und Arbeitsortarrangement festgehalten werden. Diese bieten Erklärungsansätze dafür, warum ausgerechnet für Männer in einer DCC-Partnerschaft, bei denen aufgrund der hoch qualifizierten Erwerbstätigkeit beider Partner die größten Hemmnisse für eine unilokale partnerschaftliche Lebensform zu vermuten sind, die Wahrscheinlichkeit am größten ist, dass sie mit der Partnerin in naher Zukunft zusammenziehen werden und warum gerade hoch qualifiziert erwerbstätige Frauen planen, zum Partner zu ziehen:

Costa und Kahn (2000) konnten für die USA, Jauhiaininen (2005) für Finnland sowie Green (1995) und Snaith (1990) für Großbritannien zeigen, dass sich hoch qualifiziert ausgebildete Paare in Agglomerationsräumen und Großstädten konzentrieren. Fielding und Halford (1993) haben überdies für England und Wales raumstrukturelle Einflüsse auf die geschlechtsspezifische Verknüpfung von räumlicher und beruflicher Mobilität aufgedeckt, wobei sich die Region *South East* als ein „important locus for women's upward mobility" (ebd.: 1439) erwies. Dieser Befund stimmt überein mit Ergebnissen von Green (1995), die zeigen konnte, dass sich Dual Career Couples in Großbritannien vor allem in dieser Region Englands konzentrieren. In Anlehnung an diese Erkenntnisse geben die vorliegenden Ergebnisse Anlass zur Vermutung, dass zwischen dem zukünftigen Umzugsarrangement der Paare und der Raumstruktur ein Zusammenhang besteht und die Partner eher dort zusammenziehen, wo die Arbeitsplatzdichte hoch und die beruflichen Möglichkeiten beider Partner am größten sind.

---

[208] Für zugezogene Frauen ist in der Gesamtstichprobe generell der Anteil der Unterqualifizierung hoch. Von den befragten erwerbstätigen Akademiker/innen ist jede dritte Frau im Vergleich zu einem von acht Männern nicht in einer hoch qualifizierten Stellung tätig (siehe Anhang-Tab. 1). Die Zuordnung der beruflichen Stellung beruht auf der Selbsteinschätzung der Befragten. Möglicherweise haben mehr Frauen als Männer, die eine hoch qualifizierte berufliche Stellung innehaben, diese geringer eingestuft. So hatten sich im Pretest, in dem die beruflichen Stellungen noch nicht in dem Umfang erklärt wurden wie im versandten Fragebogen, Frauen, die als wissenschaftliche Angestellte beschäftigt waren, zum Teil als qualifizierte Angestellte eingestuft.

Daneben spielen auch Eigenschaften der Berufstätigkeiten der Partner eine Rolle, die überregionale Mobilität eher ermöglichen oder erschweren:

„Bei länderübergreifenden Versetzungswünschen bei Landesbeamten wird ein Tauschpartner benötigt. Dadurch wird die Mobilität erheblich eingeschränkt bzw. gehemmt." Anmerkung einer 32-jährigen Befragten in einer Fernbeziehung, beide Partner sind Beamte im gehobenen Dienst. [591]

Die Verhinderung weiblicher Karrieren wird in der Literatur häufig damit erklärt, dass aus dem typischerweise höheren Alter des männlichen Partners ein Karrierevorsprung resultiert, durch den die führende Karriere des Mannes in der Partnerschaft bestimmt wird (Becker/Moen 1999, Pixley/Moen 2003, Deitch/ Sanderson 1987, Solga/Rusconi/Krüger 2005). Es ist denkbar, dass sich durch den Karrierevorsprung des männlichen Partners, der sich in einem höheren Einkommen widerspiegelt, ein Zuzug des Mannes zur Partnerin häufig nicht „rechnet", wie auch Silberstein (1992: 64-65) in ihrer Befragung von verheirateten Doppelkarrierepaaren konstatiert. Interessanterweise sind es in der Gesamtstichprobe auch Männer in einer Lebensgemeinschaft, in der beide Partner hoch qualifiziert erwerbstätig sind, die einem Fernumzug aus beruflichen Gründen signifikant häufiger voll zustimmen als Männer, die nicht in einem DCC-Haushalt leben. Im Gegensatz dazu lässt sich auch hier unter Frauen kein Zusammenhang zwischen der Erwerbskonstellation der Partner und der Einstellung zu einem Fernumzug erkennen.[209] Anhand des Alters und des Einkommens beider Partner ließe sich die Karrierekonstellation auf Paarebene weiter konkretisieren und im Zusammenhang mit der Wohnstandortwahl der Paare untersuchen.

7.5 Wohnen in einer Fernbeziehung

Wie Personen in einer Fernbeziehung wohnen, ob durch die multilokale Lebensform besondere Wohnmerkmale und Wohnbedürfnisse hervorgebracht werden und sich dadurch die Wohnsituation von Befragten in einer Fernbeziehung von anderen Zugezogenen unterscheidet, ist Gegenstand dieses Kapitels. Die Auswertungen beziehen sich nur auf die Wohnung der Befragten.[210]

---

[209] Kontrollvariablen: Alter (Jahre), Anzahl Personen im Haushalt, Anzahl überregionaler Umzüge in vergangenen zehn Jahren, im Wohneigentum im Haupthaushalt, für Männer adjustiertes p = 0,05.
[210] Daten über die Wohnsituation der Partner/innen liegen nicht vor. Um die Wohnsituation von Befragten in einer Fernbeziehung mit Zugezogenen vergleichen zu können, die nicht in einer Fernbeziehung leben, werden nur Angaben für einen Wohnsitz in den Befragungsgebieten ausgewertet. Befragte, die nicht mehr im angeschriebenen Befragungsgebiet wohnen und deren Anga-

Es wird erwartet, dass durch das Leben in getrennten Haushalten in großräumiger Entfernung spezifische Anforderungen an die Wohnung und die nähere Wohnumgebung hervorgerufen werden. Die Ansprüche an die Ausstattungsmerkmale und Größe der Wohnung dürften von dem Pendelarrangement der Partner abhängen, wobei ein alternierendes Pendelarrangement einen größeren Wohnflächenverbrauch vermuten lässt. Angesichts der kontinuierlichen großräumigen Pendelmobilität dürften Befragte in einer Fernbeziehung – wie Shuttles am beruflich genutzten Zweitwohnsitz – stärkere Präferenzen für Wohnstandorte mit einer guten Erreichbarkeit des Fernverkehrs haben als Zugezogene, die nicht in einer Fernbeziehung leben.

Zunächst werden Eigenschaften der Wohnung und Wohnungspräferenzen in den Blick genommen, dann werden die Wertigkeiten der Verkehrsanbindung der Wohngegend, die städtische Wohnlage und Wohnumfeldpräferenzen untersucht.

7.5.1 Eigenschaften der Wohnung und Wohnungspräferenzen

Die Lebensform der Fernbeziehung ist ein Wohnen zur Miete (vgl. Tab. 7.2). Die Hälfte der Befragten in einer Fernbeziehung, die zur Miete wohnen, plant auch in der Zukunft keinen Erwerb von Wohneigentum oder ist noch unentschlossen. Der herausragende Grund gegen den Kauf von Wohneigentum ist die räumliche Flexibilität. So stimmt die Hälfte, die später kein Wohneigentum kaufen will oder sich noch nicht darüber im Klaren ist, der Aussage: „Ich möchte mobil bleiben.", voll und ganz zu.

Obwohl gerade bei jüngeren Zugezogenen in Mieterhaushalten eine gewisse Bedeutung des Wohnens in Wohngemeinschaften zu erwarten war, wohnen Erwerbspersonen in einer Fernbeziehung nur selten in einer WG (n = 12 bzw. 9 %). Das Gleiche gilt für LATs, die mit dem Partner/der Partnerin in getrennten Haushalten in kleinräumiger Entfernung wohnen. Zugezogene Erwerbspersonen in Einpersonenhaushalten, die nicht in einer LAT-Partnerschaft leben, wohnen in den Metropolen tendenziell häufiger in einer WG (17 %).[211] Möglicherweise ist diese Wohnform für Erwerbspersonen in einer Partnerschaft mit getrennten Haushalten wegen der zumeist abwechselnden Aufenthalte in den Wohnungen der Partner weniger praktikabel.

---

ben zur Wohnsituation sich nicht auf das jeweilige Befragungsgebiet beziehen, werden nicht berücksichtigt (n = 6).

[211] Chi Quadrat-Unabhängigkeitstest für „getrennte Haushaltsführung" (ja/nein) und „Wohngemeinschaft" (ja/nein) unter Erwerbspersonen in Einpersonenhaushalten: $X^2(df) = 2,79(1)$, p = 0,1.

Die Medianwohnfläche pro Kopf beträgt in einer Fernbeziehung für Männer 54 qm und für Frauen 44,5 qm (siehe Tab. 7.9).[212] Die geringere Pro-Kopf-Wohnfläche von Frauen im Vergleich zu Männern ist auf ihr geringeres Haushaltsnettoeinkommen, ihr unterdurchschnittliches Alter und darauf zurückzuführen, dass sie häufiger mit einem Kind im Haushalt leben.[213] Im Vergleich zur Pro-Kopf-Wohnfläche mobiler Mieterhaushalte in Deutschland, die 2005 für Einpersonenhaushalte im Median 54 qm betrug (BBR 2007b: 173), haben allein wohnende Frauen in einer Fernbeziehung mit im Median 48,5 qm einen leicht unterdurchschnittlichen Wohnflächenverbrauch.[214] Gegenüber zugezogenen Frauen in Einpersonenhaushalten, die nicht in einer Fernbeziehung leben, unterscheidet sich ihre Pro-Kopf-Wohnfläche allerdings nicht signifikant. Das Gleiche gilt für Männer in einer Fernbeziehung; sie haben jedoch angesichts ihres jungen Alters einen vergleichsweise größeren Wohnflächenverbrauch als zugezogene allein wohnende Männer, die nicht in einer Fernbeziehung leben.[215]

Tabelle 7.9: Pro-Kopf-Wohnfläche in einer Fernbeziehung nach Geschlecht und Pendelarrangement

Pendelarrangement	Männer				Frauen			
	Mittelwert	Median	SD	n	Mittelwert	Median	SD	n
wir pendeln abwechselnd	56,3	58	23,5	38	43,9	44	18,3	58
ich pendle z. Partner/Partnerin	32,7	39	19,7	11	42,8	50	17,5	6
mein/e Partner/in pendelt zu mir	51,8	58	14,7	4	38,1	35	19,7	6
gesamt	51,1	54	23,9	53	43,3	44,5	18,2	70

Männer: Eta = 0,4; Eta-Quadrat = 0,16

Quelle: eigene Auswertung

Wie erwartetet, sind zumindest für Männer Einflüsse des Pendelarrangements auf den Wohnflächenverbrauch zu erkennen: Wie in Tabelle 7.9 zu sehen ist, haben Männer in einer Fernbeziehung eine geringere Pro-Kopf-Wohnfläche, wenn ausschließlich sie in der Partnerschaft pendeln und das Paar also nicht in

---

[212] Das 95 %-Konfidenzintervall des Mittelwertes liegt bei Männern zwischen 44,5 qm - 57,3 qm und bei Frauen zwischen 39,7 qm - 48,3 qm.
[213] Der Effekt des Geschlechts auf den Wohnflächenverbrauch (p = 0,1) ist in linearen Regressionen nach dem Einfügen der Variablen: Alter (Jahre) (p = 0,05), Kind im Haushalt (p = 0,01), Pro-Kopf-Einkommen (p = 0,01) – nicht mehr signifikant; n = 123.
[214] Standardabweichung = 17,36; n = 64.
[215] Es besteht keine signifikante Korrelation zwischen der multilokalen Lebensform und der Pro-Kopf-Wohnfläche unter den befragten zugezogenen Erwerbspersonen. Unter Kontrolle des Alters (p = 0,01) ist der Effekt der Fernbeziehung bei Männern auf dem 10 % Niveau signifikant.

der Wohnung des Befragten zeitweilig zusammenwohnt. Wenn auch die Partnerin pendelt und regelmäßig für eine bestimmte Dauer in der Wohnung des Befragten wohnt, ist die Pro-Kopf-Wohnfläche signifikant größer. Unterschiede in der Wohnzufriedenheit sind nach dem Pendelverhalten nicht zu erkennen. Da Männer, die allein in der Partnerschaft pendeln, fast ausschließlich wöchentlich zur Partnerin fahren (siehe Abb. 7.5), werden sie wahrscheinlich aufgrund ihrer geringen Anwesenheit in der eigenen Wohnung mit einer kleineren Wohnfläche zufrieden sein. Für einen Gruppenvergleich mit LATs in einer kleinräumigen Distanzbeziehung sind die Fallgrößen zu gering, aber es zeichnet sich ab, dass sie auch im Vergleich zu anderen LAT-Männern in kleineren Wohnungen leben.[216]

Bei den Frauen gibt es möglicherweise deshalb keinen Zusammenhang zwischen der Wohnfläche und dem Pendelarrangement, weil sie weniger finanzielle Möglichkeiten als Männer haben, ihre Wohnbedürfnisse zu realisieren. Dafür spricht, dass Frauen häufiger als Männer ihren Wunsch nach einem weiteren Raum zur Nutzung als Arbeitszimmer nicht verwirklichen können (32 % vs. 20 %). Das Gleiche gilt für ein komfortables Bad, das sich 41 % der Frauen gegenüber 26 % der Männer wünschen.[217]

Nichtsdestotrotz sind 42 % der Frauen in den Metropolen sehr zufrieden mit ihrer Wohnsituation (n = 32). Das trifft auf 35 % der Männer in einer Fernbeziehung zu (n = 21). Nicht zufrieden mit seiner/ihrer Wohnsituation ist in den Metropolen kaum eine Frau und kaum ein Mann (7 % bzw. n = 10). Unterschiede in der Wohnzufriedenheit lassen sich weder zu zugezogenen Erwerbspersonen in Einpersonenhaushalten, die nicht in einer Fernbeziehung leben, noch zu LATs in einer Paarbeziehung über kleinräumige Entfernungen beobachten.

Durch das großräumige multilokale Wohnarrangement war zu vermuten, dass ein großer Raum > 30 qm und/oder ein weiterer Raum (Arbeitszimmer, Gästezimmer) von vielen Befragten in einer Fernbeziehung als besonders wichtig eingeschätzt werden und dass sich in Bezug auf diese Ausstattungsmerkmale auch in der objektiven Wohnsituation Auffälligkeiten gegenüber Zugezogenen zeigen, die nicht in einer Fernbeziehung leben. Generell lässt sich festhalten, dass mit zunehmender Dauer der Fernbeziehung für Frauen ein weiterer Raum

---

[216] Von den Erwerbspersonen in einer LAT-Partnerschaft über kleinräumige Entfernungen haben Männer in den Metropolen eine Medianwohnfläche pro Kopf von 52 qm (SD = 27,3); für Frauen beträgt der Median 45 qm (SD = 19,8). Die geringere Wohnfläche der Frauen ist – wie bei Fernbeziehungen – auf ihr geringeres Pro-Kopf-Einkommen und darauf zurückzuführen, dass sie häufiger als LAT-Männer mit Kindern im Haushalt zusammenleben.

[217] Geschlechtervergleich: Arbeitszimmer $X^2 = 7,56(3)$, p = 0,1; komfortables Bad $X^2 = 8,72(3)$, p = 0,05.

zur Nutzung als Arbeitszimmer wichtiger wird.[218] Aber weder für Frauen noch für Männer zeigen sich in den Metropolen im Vergleich zu anderen LATs und allgemeiner zu zugezogenen Erwerbspersonen in Einpersonenhaushalten, die nicht in einer Fernbeziehung leben, signifikante Unterschiede in der subjektiven Wichtigkeit eines großen Raums und eines zusätzlichen Zimmers.[219]

Stattdessen erlangt eine separate Küche eine besondere Bedeutung für das multilokale Wohnen in einer Fernbeziehung. Fünf von sechs Befragten verfügen über eine separate Küche und bewerten dieses Ausstattungsmerkmal ihrer Wohnung als wichtig bis sehr wichtig. Im Vergleich zu anderen LATs ist unter Kontrolle des Alters, des Pro-Kopf-Einkommens und der Wohnungsgröße die Wahrscheinlichkeit mehr als doppelt so hoch, dass Befragte in einer Fernbeziehung eine separate Küche haben und für wichtig erachten ($p = 0{,}05$).[220] Dabei ist für Männer in einer Fernbeziehung die Wertigkeit einer separaten Küche von dem Aufenthalt der Partnerin abhängig: Wenn sich das Paar mit dem Pendeln abwechselt und auch die Partnerin zeitweilig in der Wohnung des Befragten wohnt, wird eine separate Küche für wichtiger erachtet als wenn ausschließlich der Befragte zur Partnerin pendelt.[221]

Unter den Frauen in einer Fernbeziehung ist unabhängig davon, wie die Partner das Pendeln arrangieren, für zwei Drittel eine separate Küche sehr wichtig. Des Weiteren ist für ihre multilokale Wohnsituation ein Balkon/eine Terrasse kennzeichnend. Drei Viertel verfügen über einen Balkon/eine Terrasse und bewerten dieses Ausstattungsmerkmal der Wohnung als wichtig bis sehr wichtig. Gegenüber anderen LAT-Frauen in den Metropolen ist das unter Kontrolle des Alters und des Pro-Kopf-Einkommens ein überdurchschnittlich hoher Anteil ($p = 0{,}05$).

Weitere signifikante Unterschiede in der Bedürfnisrealisierung von Wohnungsmerkmalen sind gegenüber Erwerbspersonen in Einpersonenhaushalten, die nicht in einer Fernbeziehung leben, und speziell gegenüber LATs in einer

---

[218] Kontrollvariablen: Alter (Jahre), Haushaltsnettoeinkommen, Partner pendeln abwechselnd (ja/nein); adjustiertes $p < 0{,}01$.

[219] In den Metropolen bewerten 58 % der Männer und 55 % der Frauen in einer Fernbeziehung einen Raum > 30 qm auf einer 4er-Skala für wichtig bis sehr wichtig (zur Messung der Wichtigkeit siehe Kap. 6.6.3). Zum Vergleich ist der Anteil bei anderen LATs für Männer gleich hoch und beträgt für LAT-Frauen in einer kleinräumigen Distanzbeziehung 61 %. Für 43 % der Männer und die Hälfte der Frauen in einer Fernbeziehung ist ein Arbeitszimmer wichtig bis sehr wichtig. Die Anteile betragen unter den anderen LATs für Männer 56 % und für Frauen 44 %.

[220] Von den LATs mit einer getrennten Haushaltsführung über kleinräumige Entfernungen haben zwei Drittel der Frauen und drei Viertel der Männer eine separate Küche und befinden diese für wichtig bis sehr wichtig.

[221] Wenn die Partnerin auch zu den befragten Männern pendelt, ist für 60 % (n = 25) eine separate Küche sehr wichtig. Pendelt nur der Befragte zur Partnerin, bewerten lediglich Zwei von Acht eine separate Küche für sehr wichtig.

kleinräumigen Distanzbeziehung nicht festzustellen. Aufgrund der Daten lässt sich zwar nicht spezifizieren, inwiefern das multilokale Arrangement bei der Wohnungssuche eine Rolle gespielt hat und ob die Befragten aufgrund ihrer multilokalen Lebensführung die Ausstattung der Wohnung mit einer separaten Küche und einem Balkon/einer Terrasse gezielt nachgefragt haben. Die Ergebnisse sprechen allerdings dafür, dass in einer Fernbeziehung die Aufenthalts- und Freizeitqualität der Wohnung eine besondere Bedeutung erfährt (separate Küche, Balkon/Terrasse, helle Räume), wenn dort auch die Partnerin/der Partner zeitweilig mit lebt.[222]

7.5.2 Wertigkeit der Verkehrsanbindung der Wohngegend

Ausgehend von der These, dass multilokales Wohnen aufgrund der kontinuierlichen großräumigen Pendelmobilität und des hohen Koordinationsaufwands für das Pendeln eine starke Präferenz für die Anbindung der Wohngegend an den Fernverkehr hervorbringt, wurde erwartet, dass sich erstens die raum-zeitliche Konstellation der Fernbeziehung (Entfernung der Wohnorte, Pendelarrangement, Dauer der Fernbeziehung) auf die subjektive Wichtigkeit der Verkehrsanbindung der Wohngegend auswirkt und dass zweitens gegenüber Zugezogenen, die nicht in einer Fernbeziehung leben, die Fernverkehrsanbindung der Wohngegend wichtiger ist. Bei den befragten Shuttles konnte bereits für den beruflich genutzten Zweitwohnsitz eine deutliche Präferenz für Wohnstandorte mit einer guten Erreichbarkeit von Hochgeschwindigkeitsnetzen (Fernbahn, Autobahn) aufgezeigt werden (vgl. Kap. 6.6.5.2). Ein Rückschluss von der Wertigkeit der Fernverkehrsanbindung auf die Verkehrsmittelwahl für das Pendeln zwischen den Wohnorten scheint außerdem für Shuttles plausibel zu sein. Viel weniger eindeutig sind hingegen die Ergebnisse für die multilokale Lebensform der Fernbeziehung (zur Messung der subjektiven Wichtigkeit der Verkehrsanbindung der Wohngegend siehe Kap. 6.6.5.2).

Veränderte Präferenzstrukturen in Bezug auf die Verkehrsanbindung der Wohngegend sind nur in Ansätzen für Frauen erkennbar. In Tabelle 7.10 werden signifikante Einflussgrößen auf die Wertigkeit der Fernverkehrsanbindung in den Metropolen dargestellt. Wie anhand der kumulativen linearen Regressionsanalysen zu erkennen ist, präferieren Frauen in einer Fernbeziehung tendenziell eher als LAT-Frauen in einer kleinräumigen Distanzbeziehung Wohngegenden, die gut an einen Hauptbahnhof angebunden sind. Generell lassen sich gegenüber

---

[222] Für zwei Drittel der Männer und Frauen, zu denen auch der Partner/die Partnerin pendelt, sind helle Räume sehr wichtig und für ein weiteres Drittel wichtig. Pendelt nur der/die Befragte, werden helle Räume in weniger als der Hälfte der Fälle als sehr wichtig bewertet (47 % bzw. n = 8).

zugezogenen Frauen, die nicht in einer Fernbeziehung leben, allerdings keine stärkeren Präferenzen für Wohngegenden mit einer guten Anbindung an den Fernverkehr erkennen, sondern stattdessen ist unter Erwerbspersonen Frauen in einer Fernbeziehung die Anbindung der näheren Wohngegend an Autobahnen weniger wichtig als Frauen, die nicht in einer Fernbeziehung leben.

Tabelle 7.10: Wertigkeit der Fernverkehrsanbindung der Wohngegend nach Geschlecht, kumulative lineare Regressionen*

	Hauptbahnhof[1]		Autobahn[2]		Flughafen[2]		Flughafen[3]	
	Männer B	Frauen B	Männer B	Frauen B	Männer B	Frauen B	Männer B	Frauen B
Modell I								
Fernbeziehung (ja)	-0,046	-0,158	-0,018	0,137	-0,070	0,048	-0,061	0,054
Modell II								
Fernbeziehung (ja)	-0,100	-0,168	0,005	0,138	-0,026	0,044	-0,023	0,046
Alter (Jahre)	-0,018	-0,095	0,013	0,093	-0,085	-0,053	-0,083	-0,034
Kind im Haushalt (ja)	0,027	0,329	-0,107	-0,172	-0,048	-0,015	-0,048	-0,074
Pro-Kopf-Einkommen (z)	0,235	0,207	-0,146	-0,187	-0,242	-0,152	-0,213	-0,142
Anzahl Tage am Arbeitsplatz (Woche)	-	-	-	-	-	-	0,084	0,022
n Modell II	94	122	736	723	708	698	666	621
R Quadrat korr.	0,01	0,08	0,03	0,06	0,07	0,02	0,06	0,02

* Nur Befragte mit einer Wohnung in den Metropolen. Für die Wichtigkeit der Verkehrsanbindung sind Ränge von 1 (= am wichtigsten) bis 4 (= am wenigsten wichtig) vergeben worden. Negative Koeffizienten bedeuten deshalb eine höhere Wertigkeit. Dargestellt sind standardisierte Beta-Gewichte; schattiert: p = 0,05, gestrichelt: p = 0,1.
[1] Befragte in getrennten Haushalten (Fernbeziehung und andere LATs)
[2] alle zugezogenen Erwerbspersonen (ohne Auszubildende, Rentner/innen)
[3] alle Erwerbstätige
Quelle: eigene Auswertung

Für Männer in einer Fernbeziehung werden keine Unterschiede in der Wertigkeit der Verkehrsanbindung der Wohngegend zu anderen Zugezogenen sichtbar. Sie präferieren zwar eher Wohnstandorte mit einer guten Erreichbarkeit eines Flughafens, aber diese Präferenz ist auf ihr überdurchschnittliches Pro-Kopf-Einkommen zurückzuführen; darüber hinaus hat die multilokale Lebensform keinen unabhängigen Einfluss auf die Wertigkeit.[223] Allerdings bleibt hier zu

---
[223] Zum Schätzen der Einflussgrößen der Wertigkeit der Anbindung der Wohngegend an einen Flughafen wurde für Erwerbstätige in den Metropolen die Anzahl der Tage pro Woche am Ar-

fragen, inwiefern finanzielle Ressourcen überhaupt eine Bedingung für ein Leben in einer Fernbeziehung sind und ob bei einem geringeren Einkommen und eingeschränkten finanziellen Möglichkeiten zum kostenintensiven Fliegen nicht andere räumliche Arrangements der Partner eher in Erwägung gezogen werden (müssen).

Einflüsse der raum-zeitlichen Konstellation des multilokalen Wohnarrangements auf Erreichbarkeitspräferenzen am Wohnstandort lassen sich ebenfalls nur für Frauen erkennen, wie die Ergebnisse linearer Regressionsanalysen in Tabelle 7.11 zeigen. Wenn Frauen wöchentlich zum Partner pendeln, ist ihnen die Anbindung der Wohngegend an Autobahnen wichtiger als Frauen, die weniger häufig (und damit über größere Distanzen) zum Partner pendeln (siehe Tab. 7.7). Unter Berücksichtigung geringer Fallgrößen spricht das dafür, dass wöchentliche Pendlerinnen eher mit dem Pkw zwischen den Wohnorten pendeln.

Tabelle 7.11: Einflussgrößen auf die Wertigkeit der Anbindung der Wohngegend an den Nah- und Fernverkehr von Befragten in einer Fernbeziehung*

	Bus/ Stadtbahn	Hauptbahnhof	Autobahn		Flughafen
	gesamt B	gesamt B	gesamt B	Frauen B	gesamt B
Geschlecht (Frauen)	-0,330 ***	-0,027	0,285 ***	-	0,202 **
Alter (Jahre)	-0,167 *	0,048	0,008	-0,014	0,194 *
Kind im Haushalt (ja)	0,099	0,126	-0,233 **	-0,171	-
Pro-Kopf-Einkommen (stand.)	0,385 ***	0,211 **	0,113	0,016	-0,339 ***
nur Befragte/r pendelt (ja)	-	0,111	-0,122	-	-
Befragte/r pendelt wöchentlich (ja)	0,071	-	-	-0,345 ***	0,044
Dauer der Fernbeziehung (Jahre)	0,126	-0,040	0,059	-0,015	0,014
Entfernung d. Wohnorte (in km)	0,067	0,050	-0,007	-0,016	-0,061
n	123	118	120	66	119
R Quadrat korr.	0,23	0,02	0,12	0,07	0,10

* Für die Wichtigkeit der Verkehrsanbindung sind Ränge von 1 (= am wichtigsten) bis 4 (= am wenigsten wichtig) vergeben worden. Negative Koeffizienten bedeuten deshalb eine höhere Wertigkeit. Dargestellt sind standardisierte Beta-Gewichte.
Signifikanzniveau: * = 10 %, ** = 5 %, *** = 1 %
Quelle: eigene Auswertung

---

beitsplatz als Kontrollvariable für varimobile Arbeit aufgenommen. Der Effekt ist bei Männern wie erwartet: Je weniger Tage Männer vor Ort im Betrieb anwesend sind und je mehr sie vermutlich in verschiedenen Orten bei Kunden und Mandanten arbeiten, umso wichtiger wird die gute Erreichbarkeit eines Flughafens.

Für Männer in einer Fernbeziehung lässt sich kein Zusammenhang zwischen dem Pendelarrangement und der Präferenz für Wohnstandorte mit einer guten Pkw-Anbindung feststellen. Sie legen unabhängig von der Periodizität des Pendelns gegenüber Frauen einen größeren Wert auf die Anbindung der Wohngegend an Autobahnen. Darüber hinaus haben weder für Frauen noch für Männer die räumliche Entfernung der Wohnorte und die Dauer der multilokalen Lebensführung einen Einfluss auf die Wertigkeit der Verkehrsanbindung. Vielmehr sind – wie bei Zugezogenen, die nicht multilokal leben – sozialstrukturelle Merkmale entscheidend für die Wichtigkeit der Anbindung der Wohngegend an den Nah- und Fernverkehr: Mit einem Kind ist die Erreichbarkeit von Fernverkehrsstraßen wichtiger als in einem Haushalt ohne Kind. Frauen und Personen mit geringem Einkommen präferieren Wohnstandorte mit einer guten Nahverkehrsanbindung. Männer in einer Fernbeziehung bevorzugen eher als Frauen Wohngegenden, die gut an einen Flughafen angebunden sind. Mit steigendem Einkommen wird die Erreichbarkeit eines Flughafens wichtiger (vgl. Tab. 7.10 und Fußnote 132).

7.5.3 Städtische Wohnlage und Wohnumfeld

Da Befragte in einer Fernbeziehung in der großen Mehrzahl allein wohnen und unter den befragten Zugezogenen ein unterdurchschnittliches Alter aufweisen (siehe Kap. 7.2.1), war zu erwarten, dass sich die Wohnungen in den Metropolen auf innerstädtische Lagen konzentrieren (vgl. Sturm/Meyer 2008). Diese Vermutung bestätigt sich, wie in Abbildung 7.13 zu sehen ist. Die Orientierung auf innerstädtische und innenstadtnahe Wohnstandorte ist unter Befragten in einer Fernbeziehung nochmals stärker ausgeprägt als in der Gesamtstichprobe. Sie wohnen anteilig am häufigsten in der Innenstadt und verteilen sich in den Metropolen über die verschiedenen städtischen Wohnlagen wie zugezogene Erwerbspersonen in Einpersonenhaushalten, die nicht in einer Fernbeziehung leben, und wie LATs mit einer getrennten Haushaltsführung über kleinräumige Distanzen.

Aufgrund der auf die Innenstadt und die weitere innere Stadt orientierten Wohnstandorte wohnen die meisten Befragten in einer Fernbeziehung in Wohngebieten mit einer guten infrastrukturellen Ausstattung, die von den Befragten geschätzt wird. Genauer wird eine wohnungsnahe Versorgungsinfrastruktur durchschnittlich am wichtigsten bewertet.[224] Für die Mehrzahl der Frauen und mehr als jeden dritten Mann ist zugleich ein naturnahes Wohnumfeld sehr wichtig. Mit Blick auf die Wohnstandortmuster besteht bezüglich dieser Wohnum-

---

[224] Für zwei Drittel der Frauen und die Hälfte der Männer ist die Nähe zu Geschäften sehr wichtig.

feldansprüche auch die größte Diskrepanz zwischen Wohnwunsch und Wirklichkeit.[225]

Von den ausgewählten Wohnumfeldmerkmalen (vgl. Tab. 6.21) legen Männer und Frauen in einer Fernbeziehung im Durchschnitt auf ein gutes nachbarschaftliches Gefüge den geringsten Wert. Dieser geringen Wertigkeit entsprechend, geben unter allen allein wohnenden Befragten in den Metropolen LATs in einer Fernbeziehung zum einen signifikant weniger häufig an, dass sie das im Wohngebiet vorhandene gute Nachbarschaftsgefüge schätzen (vorhanden + wichtig). Zum anderen nennen sie häufiger, dass sie in einem Wohngebiet mit einem guten Nachbarschaftsgefüge wohnen, was ihnen aber nicht wichtig ist (vorhanden + nicht wichtig).[226] Ansonsten sind keine signifikanten Unterschiede in der Wohnumfeldoptimierung gegenüber anderen Zugezogenen in Einpersonenhaushalten und LATs mit getrennten Haushalten über kleinräumige Entfernungen zu erkennen. Gleichfalls haben Männer und Frauen in einer Fernbeziehung unter Kontrolle sozialstruktureller Merkmale keine spezifischen Wohnumfeldpräferenzen, die sie von zugezogenen Erwerbspersonen in Einpersonenhaushalten, die nicht in einer Fernbeziehung leben, und spezieller von anderen LATs unterscheiden.

Abbildung 7.13: Städtische Wohnlage von Befragten in einer Fernbeziehung im Vergleich zur Gesamtstichprobe

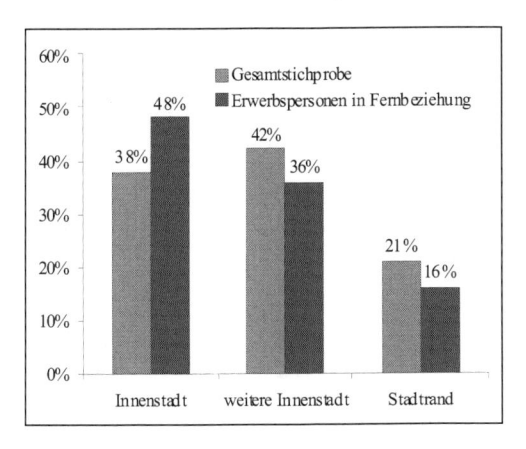

Gesamtstichprobe: Innenstadt 38%, weitere Innenstadt 42%, Stadtrand 21%
Erwerbspersonen in Fernbeziehung: Innenstadt 48%, weitere Innenstadt 36%, Stadtrand 16%

N = 1981 Personen in Gesamtstichprobe und n = 130 Erwerbspersonen in Fernbeziehung.
Quelle: eigene Darstellung

---

[225] Mehr als jede/r Dritte präferiert ein grünes Wohnumfeld, wohnt aber nach eigener Einschätzung nicht in einem solchen Wohngebiet. Gut die Hälfte sieht in den Metropolen den eigenen Wohnwunsch nach einem grünen Wohnumfeld verwirklicht.
[226] Zuzüglich der Kategorien „nicht vorhanden + wichtig" und „nicht vorhanden + nicht wichtig" ergibt sich für den Gruppenvergleich im Chi Quadrat-Unabhängigkeitstest $X^2(df) = 8,648(3)$, $p = 0,05$.

Tabelle 7.12: Männer und Frauen in einer Fernbeziehung mit einer innerstädtischen Wohnung nach signifikanten Merkmalen

	Männer			Frauen		
	B	SE(B)	Exp(B)	B	SE(B)	Exp(B)
Alter (Jahre)	0,040	0,048	1,041	0,080	0,055	1,083
Anzahl überreg. Umzüge (vergang. 10 J., stand.)	0,214	0,192	1,239	0,880 **	0,366	2,411
Gastronomie sehr wichtig (ja)	2,247 ***	0,824	9,455	-0,809	0,748	0,445
Wertigkeit d. Anbindung an Autobahnen[1]	0,785 **	0,389	2,092	0,917 **	0,390	2,501
Entstehungskontext der Fernbeziehung vorher m. Partner/in zusammengewohnt (ja)	0,388	1,008	1,399	1,658 *	0,899	5,249
n	55			69		
Chi Quadrat-Wert (df)	14,406(5)			23,379(5)		
-2 Log-Likelihood	61,385			70,830		
Trefferquote	69%			74%		

Dargestellt sind logistische Regressionskoeffizienten.
Signifikanzniveau: * = 10 %, ** = 5 %, *** = 1 %
[1] Positive Koeffizienten bedeuten eine geringere Wertigkeit gegenüber der Vergleichsgruppe (Rang 1 = am wichtigsten, Rang 4 = am wenigsten wichtig).
Quelle: eigene Auswertung

Wer wohnt in der Innenstadt und welche Präferenzen für innerstädtische Wohnlagen sind unter Befragten in einer Fernbeziehung zu erkennen? Diesen Fragen wurde anhand von binären Logit-Modellen nachgegangen, deren Ergebnisse in Tabelle 7.12 abgebildet sind.[227] Daraus wird deutlich, dass in der Innenstadt Männer wohnen, die eine Wohngegend mit einer guten gastronomischen Infrastruktur präferieren und Frauen, die in den vergangenen zehn Jahren häufig überregional umgezogen sind. Werden Wohngegenden mit einer guten Anbindung an Fernverkehrsstraßen bevorzugt, wohnen Frauen und Männer in einer Fernbeziehung eher außerhalb der Innenstadt und damit in Wohnlagen mit einer besseren Pkw-Erreichbarkeit. Erreichbarkeitspräferenzen für andere Fernverkehrsmittel bilden sich räumlich nicht über die städtische Wohnlage ab. Hinsichtlich dieser genannten Einflussfaktoren auf die Wohnlage unterscheiden sich Befragte in einer Fernbeziehung nicht von zugezogenen Erwerbspersonen, die nicht in einer Fernbeziehung leben (vgl. Anhang-Tab. 6 und Kap. 6.6.5.3). Auch in ihrem Distanzverhalten zur Arbeit weisen Befragte in einer Fernbeziehung unter Kontrolle sozialstruktureller Merkmale keine Besonderheiten auf. Im Mittel benötigen sie 22,8 Minuten für den Arbeitsweg. Ein Zusammenhang zwischen der

---

[227] Eine weitere Spezifizierung der drei städtischen Wohnlagen erlauben die geringen Fallbesetzungen nicht.

städtischen Wohnlage und der Wegedauer/-länge von der Wohnung zur Arbeit ist – im Gegensatz zu Shuttles – nicht zu beobachten (vgl. Kap. 6.6.5.3).[228]

Auswirkungen der multilokalen Lebensführung auf die städtische Wohnlage in den Metropolen (und damit vermutlich auf Wohnstandortentscheidungen) sind jedoch für Frauen zu erkennen (siehe Tab. 7.12): Sie wohnen, wenn sie schon einmal mit dem Partner in einem Haushalt zusammengewohnt haben, fast ausschließlich in der Innenstadt (elf von n = 14 Frauen). Trotz der geringen Fallzahlen lassen sich einige Auffälligkeiten für diese Frauen festhalten:

Sie präferieren innerstädtische Wohnlagen wegen einer kleinen Wohnung und der guten infrastrukturellen Ausstattung der Wohngegend. Ihre mittlere Pro-Kopf-Wohnfläche beträgt 40 qm gegenüber 45 qm für die restlichen Frauen in einer Fernbeziehung.[229] Über einen großen Raum verfügen sie deshalb tendenziell auch weniger häufig als Frauen, die noch nicht mit dem Partner zusammengewohnt haben.[230] Für die meisten von ihnen ist dieses Ausstattungsmerkmal der Wohnung auch nicht wichtig, genauso wie ein Gästezimmer, ein komfortables Bad oder eine Garage. Stattdessen schätzt jede die Versorgungsinfrastruktur in der Wohngegend. Diese Bedürfnisstrukturen sprechen dafür, dass die Frauen in der multilokalen Lebens- und Wohnsituation ihre Ansprüche an die Wohnfläche, den Zuschnitt und die Ausstattungsqualität der Wohnung zugunsten der infrastrukturellen Ausstattung der Wohngegend mit Geschäften zurückgeschraubt haben.

Zusammenfassend weisen die objektive Wohnungssituation und die subjektiven Wohnbedürfnisse von Personen in einer Fernbeziehung weniger Unterschiede gegenüber zugezogenen Erwerbspersonen, die nicht in einer Fernbeziehung leben, und gegenüber LATs in einer getrennten Haushaltsführung über kleinräumige Distanzen auf, als erwartet. In Bezug auf die Wohnsituation und Wohnpräferenzen sind sie in vielen Aspekten mit „normalen" unilokal wohnenden Zugezogenen in Einpersonenhaushalten vergleichbar. Besonderheiten der Wohnsituation in einer Fernbeziehung lassen sich eher anhand der Wohnungsausstattung (separate Küche, Balkon/Terrasse) als anhand von Wohnumfeldansprüchen und distanzbezogenen Aspekten der Wohnlage festmachen. Einflüsse der multilokalen Lebenssituation auf die Wohnbedingungen und Wohnbedürfnisse konnten anhand der Präferenzen von wöchentlichen Pendlerinnen für Wohngegenden mit einer guten Anbindung an Autobahnen, der Bedeutung einer

---

[228] Das 95 %-Konfidenzintervall des Mittelwerts liegt bei Männern zwischen 17,6 - 24,4 Minuten (SD = 12,3) und bei Frauen zwischen 20,6 - 27,9 Minuten (SD = 14,8).

[229] Standardabweichung für Frauen, die zuvor mit dem Partner in einem Haushalt zusammengewohnt haben, SD = 22,1 und für Frauen, die noch nie mit dem Partner zusammengewohnt haben, SD = 17,6.

[230] Nur eine Frau verfügt über einen Raum > 30 qm gegenüber 31 % der Frauen (n = 18), die noch nicht mit dem Partner zusammengewohnt haben.

innerstädtischen Wohnlage für Frauen, die vorher bereits mit dem Partner zusammengewohnt haben, und der kleinen Pro-Kopf-Wohnfläche wöchentlicher Pendler aufgezeigt werden.

7.6 Bewertung des multilokalen Lebens in einer Fernbeziehung

Der hohe Anteil Befragter, die in naher Zukunft die multilokale Lebensführung beenden und mit dem Partner/der Partnerin zusammenziehen möchten (siehe Kap. 7.4.2), ließ bei vielen Befragten eine eher negative subjektive Bewertung der multilokalen Lebenssituation erwarten. Trotzdem erstaunt – nicht zuletzt aufgrund der in der Literatur lange vorherrschenden Betrachtung des living apart together als eine selbst gewählte individualisierte Lebensform – die Eindeutigkeit negativer Einschätzungen des multilokalen Lebens in einer Fernbeziehung, die aus Tabelle 7.13 hervorgeht, in der die subjektive Bewertung der multilokalen Lebensführung nach einzelnen Lebensbereichen dargestellt ist.

Tabelle 7.13: Bewertung des multilokalen Lebens in einer Fernbeziehung nach verschiedenen Lebensbereichen, in Prozent

	Männer	Frauen	gesamt
positiv (eher positiv + sehr positiv)			
berufliche Entwicklung / Karriere	66	62	64
persönliches Einkommen	41	39	40
negativ (eher negativ + sehr negativ)			
finanzielle Ausgaben	83	74	78
Wohnen / Wohnqualität	69	61	65
Partnerschaft	63	61	62
Familie / Kinder / Familienplanung	67	71	69
Alltag / Alltagsgestaltung	63	57	60
soziale Kontakte / Freunde	73	50	61
Hobbys	46	35	40
Gesundheit / Stress	76	65	70
insgesamt negativ (eher negativ + sehr negativ)	73	59	65
n	59	69	128

Schattiert: Signifikanter Geschlechterunterschied (p = 0,05); Kontrollvariablen: Alter (Jahre), Kind im Haushalt, hohe berufliche Stellung.
Quelle: eigene Auswertung

Das Negativ-Bild wird nochmals dadurch verstärkt, dass zwölf Befragte zwar die für sie gravierendste Belastung der Lebensform benennen konnten, aber nicht den wichtigsten Vorzug. Das erweckt sehr stark den Anschein, dass sie keinen Vorzug in der partnerschaftlichen Lebensform einer Fernbeziehung sehen. In welchem Lebensbereich die negativen Auswirkungen der Lebensform am gravierendsten sind und worin der wichtigste Vorzug in einer Fernbeziehung gesehen wird, ist in Tabelle 7.14 dargestellt.

Tabelle 7.14: Größter Vorzug und gravierendste Belastung einer Fernbeziehung, in Prozent

	Männer	Frauen	gesamt
größter Vorzug			
berufliche Entwicklung / Karriere	59	48	53
Hobbys	18	11	14
Alltag / Alltagsgestaltung	4	13	9
soziale Kontakte / Freunde	6	11	9
Partnerschaft	6	5	5
persönliches Einkommen	8	2	4
Sonstiges	-	10	5
n	51	62	113
gravierendste Belastung			
Partnerschaft	23	32	28
Familie / Kinder / Familienplanung	27	17	22
Gesundheit / Stress	11	15	13
soziale Kontakte / Freunde	16	10	13
finanzielle Ausgaben	13	10	11
Alltag / Alltagsgestaltung	5	10	8
Sonstiges	5	6	6
n	56	69	125

Geschlechterunterschiede sind nicht signifikant.
Quelle: eigene Auswertung

Um Determinanten der subjektiv empfundenen Auswirkungen des living apart together in einer Fernbeziehung zu bestimmen, werden die Bewertungen in Bezug auf einzelne Lebensbereiche analog zur Analyse der multilokalen Lebensform des Shuttelns mittels einer Hauptkomponentenanalyse mit Varimax-Rotation zu drei Faktoren zusammengefasst (zur Methode siehe Kap. 6.7.2):[231]

- Auf einem Faktor laden die Bereiche „Partnerschaft", „Familie/Kinder/ Familienplanung", „Wohnen/Wohnqualität" und „Gesundheit/Stress" hoch

---

[231] Die Faktorladungen sind in der Anhang-Tab. 18 abgebildet.

(Faktor 1). Die gesundheitlichen Belastungen in einer Fernbeziehung sind demnach stärker als bei Shuttles mit der Bewertung der multilokalen Lebensführung auf den beiden Ebenen Partnerschaft und Wohnqualität korreliert.

- Wiederum wie bei Shuttles korrelieren die Lebensbereiche „berufliche Entwicklung/Karriere", „persönliches Einkommen" und „finanzielle Ausgaben" stark miteinander und können zu einem Faktor zusammengefasst werden (Faktor 2).
- Auf einem dritten Faktor laden die Bereiche des weiteren Soziallebens sehr hoch: Hobbys, soziale Kontakte/Freunde (Faktor 3).

Die Variable „Alltag/Alltagsgestaltung" lädt auf dem Faktor 1 und Faktor 3 annähernd gleich hoch, so dass eine inhaltliche Zuordnung zu den extrahierten Faktoren nicht sinnvoll ist. Die Auswirkungen der multilokalen Lebensform auf das Alltagsleben hängen folglich mittelmäßig stark mit den Bereichen: soziale Kontakte/Freunde, Partnerschaft und Wohnen – zusammen. In linearen Regressionen wurden Einflussgrößen auf die Bewertung der multilokalen Lebensweise in diesem Bereich gesondert untersucht. Es konnten keine signifikanten Einflussgrößen ermittelt werden.

Für eine Fernbeziehung sprechen in erster Linie die eigenen beruflichen Entwicklungs- und Karrieremöglichkeiten. Als wichtigster Vorzug der multilokalen Lebensführung werden andere Lebensbereiche als der Beruf/die Karriere vergleichsweise wenig genannt (siehe Tab. 7.14). Die finanziellen Ausgaben werden mit größerem Abstand am stärksten negativ bewertet (siehe Tab. 7.13). Ebenfalls deutlich negativ werden die gesundheitlichen Belastungen und Stressfaktoren einer multilokalen Lebensführung bewertet. Es sind aber die Auswirkungen auf die Partnerschaft und die zukünftige Familienplanung, die am häufigsten als gravierendste Belastung empfunden werden.

Für einen Großteil der Befragten sind Familie und Kinder nur schwer mit einer Fernbeziehung vereinbar. Dementsprechend lehnen unter allen befragten zugezogenen Erwerbspersonen auch diejenigen in einer Lebensgemeinschaft mit Kleinkindern unter sechs Jahren eine Fernbeziehung aus beruflichen Gründen überzufällig häufig ab (siehe Tab. 7.3). Auf der anderen Seite arrangieren sich die wenigen Frauen und Männer mit einem Kind im Haushalt recht gut mit einer Fernbeziehung. Alleinerziehende bewerten die multilokale Lebensführung insgesamt (nach Selbsteinschätzung) deutlich positiver als Befragte ohne Kind.[232] Die Kinder sind bei den Frauen überwiegend und bei den Männern ausschließlich über 12 Jahre alt und folglich weniger betreuungsbedürftig als Kleinkinder. Bei

---

[232] Kontrollvariablen: Geschlecht, Alter (Jahre), Pro-Kopf-Einkommen, Dauer der Fernbeziehung (Jahre), $p = 0{,}05$; $n = 120$.

den allein erziehenden Frauen mit Kleinkindern pendelt nur der Partner, so dass die Befragte keinen zusätzlichen Stress durch das Pendeln erlebt. Auch die befragten allein erziehenden Männer praktizieren kein alternierendes Pendelarrangement, allerdings sind sie es, die immer zur Partnerin pendeln. Allein erziehende Männer bewerten die Auswirkungen der Fernbeziehung auf ihr Alltagsleben ausschließlich positiv im Vergleich zu nur jedem fünften Mann ohne Kind. Die Fernbeziehung bzw. das Pendeln zur Partnerin werden also als eine Abwechslung zum Alltag und damit insgesamt als eine positive Erfahrung erlebt. Hierbei ist zu berücksichtigen, dass in der Stichprobe die Anzahl allein erziehender Männer, die in einer Fernbeziehung leben, mit drei Fällen marginal ist. Insofern können die Ergebnisse nur Anhaltspunkte bieten.

Wird die Anzahl der positiven Bewertungen über die einzelnen Lebensbereiche addiert (Positiv-Index) und dann auf Einflussfaktoren untersucht (vgl. Kap. 6.7.2), erweist sich für Frauen die Dauer der Fernbeziehung als stärkster positiver Einflussfaktor auf die Bewertung der multilokalen Lebenssituation insgesamt.[233] Konkret sehen sie mit der Zeit eher positive Auswirkungen in Bezug auf ihre berufliche Entwicklung/Karriere und auch für die Partnerschaft.[234] Damit korrespondiert, dass Frauen die Auswirkungen der Multilokalität auf die Partnerschaft eher positiv bewerten, je älter sie sind.[235] Männer bewerten stattdessen tendenziell eher weniger Lebensbereiche positiv, je länger sie mit der Partnerin in einer Fernbeziehung leben.[236] Das betrifft in erster Linie die zukünftige Familienplanung und nachgeordnet das Ausleben eigener Hobbys.[237] Positiv auf den Bereich „Partnerschaft, Familie, Wohnen und Gesundheit" (Faktor 1) wirkt sich bei ihnen das wöchentliche Pendeln aus (siehe Anhang-Tab. 19), womit geringere Pendeldistanzen in Zusammenhang stehen (siehe Tab. 7.7).

Die Selbsteinschätzung der Auswirkungen des living apart together auf die Lebenssituation insgesamt fällt von Männern und Frauen nicht signifikant verschieden aus (siehe Tab. 7.13). Anhand der Anzahl negativer Bewertungen über die einzelnen Lebensbereiche, die mithilfe eines Negativ-Index untersucht wur-

---

[233] Kontrollvariablen: Alter (Jahre), Kind im Haushalt, $p < 0,01$; $n = 60$.

[234] Pearson Korrelationskoeffizient zwischen der Dauer der Fernbeziehung (Jahre) und der Bewertung der multilokalen Lebenssituation im Bereich „Karriere/Beruf" bzw. „Partnerschaft" jeweils $r = 0,21$ ($p = 0,1$).

[235] In der partiellen Korrelation (Kontrollvariable: Dauer der Fernbeziehung) zwischen dem Alter (Jahre) und der Bewertung der multilokalen Lebensform auf der Ebene „Partnerschaft" ist für Frauen $r = 0,30$ ($p = 0,05$). Für Männer besteht kein signifikanter Zusammenhang. Siehe hierzu auch Einflussgrößen auf die Bewertung des multilokalen Lebens in einer Fernbeziehung im Bereich „Partnerschaft, Familie, Wohnen und Gesundheit" (Faktor 1) in der Anhang-Tab. 19.

[236] Kontrollvariable: Alter (Jahre), $p = 0,1$; $n = 53$.

[237] Pearson Korrelationskoeffizient zwischen dem Positiv-Index und der Bewertung der multilokalen Lebenssituation im Bereich „Familie/Kinder/Familieplanung" $r = 0,32$ ($p = 0,05$) und im Bereich „Hobbys" $r = 0,24$ ($p = 0,1$).

den (vgl. Kap. 6.7.2), wird allerdings deutlich, dass Frauen in der Summe tendenziell weniger negative Auswirkungen nennen als Männer.[238] Das betrifft insbesondere die Erfahrungen im Bereich der weiteren sozialen Kontakte und Freundschaften (siehe Tab. 7.13). Diese unterschiedliche Wahrnehmung könnte eine Erklärung dafür sein, dass unter den zugezogenen Erwerbspersonen Frauen tendenziell häufiger als Männer einer getrennten Haushaltsführung in verschiedenen Orten aus beruflichen Gründen zustimmen (siehe Tab. 7.3).[239]

Negative Folgen durch die Fernbeziehung im Bereich des Soziallebens (Faktor 3) sind tendenziell geringer, wenn die Befragten einen Großteil der Zeit an ihrem Wohnort verbringen und weniger häufig zwischen den Wohnorten pendeln.[240] Das betrifft insbesondere Befragte in einer Auslands-Fernbeziehung, die weniger häufig als alle zwei Wochen zum Partner/zur Partnerin fahren. Durch den Pendelrhythmus können vor allem eigene Interessen und Hobbys verfolgt werden. Das Sozialleben wird bei diesen Befragten sehr stark am eigenen Wohnort lokalisiert sein; dementsprechend gering wird vermutlich die soziale Einbettung am Wohnort des Partners/der Partnerin sein.

Je unproblematischer die Vereinbarung von Privat- und Berufsleben von Männern in einer Fernbeziehung eingeschätzt wird, desto weniger negativ werden die Auswirkungen auf die Lebensbereiche „Partnerschaft, Familie, Wohnen und Gesundheit" (Faktor 1) bewertet (siehe Anhang-Tab. 19). Gegenüber allen zugezogenen Erwerbstätigen, die nicht in einer Fernbeziehung leben, gestaltet sich die Vereinbarung von Beruf und Privatleben für sie besonders schwierig.[241] Das hängt sicherlich mit ihren entstandardisierten Arbeitszeiten und ihrer geringen Selbstbestimmung über die tägliche Arbeitszeit zusammen (siehe Kap. 7.3). Frauen in einer Fernbeziehung beurteilen im Vergleich dazu die Vereinbarung von Beruf und Privatleben nicht mehr oder minder problematisch als zugezogene Frauen, die nicht in einer Fernbeziehung leben.

Zwischen der Bewertung des multilokalen Lebens in einer Fernbeziehung und den zukünftigen Plänen für das Zusammenziehen mit dem Partner/der Partnerin lassen sich für die befragten Männer einige Zusammenhänge beobachten: Werden die Folgewirkungen im Bereich „Karriere und Geld" (Faktor 2) negativ

---

[238] Kontrollvariablen: Alter (Jahre), Kind im Haushalt, hoch qualifiziert erwerbstätiges Paar (ja/nein), $p = 0{,}1$; n = 121.

[239] Von den zugezogenen Erwerbspersonen können sich 33 % der Frauen und 28 % der Männer eine getrennte Haushaltsführung aus beruflichen Gründen vorstellen (n = 845 Männer, n = 832 Frauen).

[240] Kontrollvariablen: Geschlecht, Alter (Jahre), Kind im Haushalt, $p = 0{,}1$; n = 120.

[241] Der Effekt der multilokalen Lebensform auf die Bewertung der Vereinbarung von Berufs- und Privatleben (dummy-codiert: problematisch/nicht problematisch) ist unter Kontrolle des Alters der Befragten, eines Kindes im Haushalt (ja/nein), einer Teilzeitbeschäftigung (ja/nein) und einer hohen Stellung im Beruf (ja/nein) für Männer auf dem 5 % Niveau signifikant; n = 660.

bewertet, tendieren sie eher zu einer Veränderung der partnerschaftlichen Lebenssituation in der nahen Zukunft.[242] Das Gleiche gilt für den Bereich „Partnerschaft, Familie, Wohnen und Gesundheit" (siehe Anhang-Tab. 19). Ergo wollen Männer in der Tendenz seltener mit der Partnerin zusammenwohnen oder in eine Stadt ziehen, je positiver sie die Fernbeziehung in den einzelnen Lebensbereichen insgesamt bewerten (Positiv-Index).[243] Für Frauen sind die Zusammenhänge zwischen den Bewertungen der multilokalen Lebensweise in einzelnen Lebensbereichen und der Absicht, zukünftig mit dem Partner zusammenzuziehen, weniger stark ausgeprägt, aber immerhin lässt sich auch bei ihnen feststellen, dass sie das living apart together eher beenden und mit dem Partner zusammenziehen möchten, je gravierender sie die Folgen für ihre Gesundheit beurteilen.[244]

Das Leben als DCC-Paar, in dem beide Partner hoch qualifiziert erwerbstätig sind, hat keinen direkten Einfluss auf die subjektive Wahrnehmung der multilokalen Lebenssituation. Die Beobachtung, dass DCC-Männer häufiger in naher Zukunft mit der Partnerin zusammenziehen möchten (siehe Kap. 7.4.2), lässt sich also nicht über die subjektive Bewertung der multilokalen Lebenssituation erklären. Auch das Pro-Kopf-Einkommen hat keinen Einfluss darauf, wie die Befragten ihre Lebenssituation in einer Fernbeziehung bewerten. Es konnte allerdings mehrfach darauf verwiesen werden, dass die Einkommenssituation der Befragten die multilokalen Lebensbedingungen beeinflusst, wie anhand der Präferenz für die Anbindung der Wohngegend an einen Flughafen (und damit wahrscheinlich auch der Nutzung eines Flugzeugs zum Pendeln) oder des Wohnflächenverbrauchs gezeigt werden konnte.

Aus den subjektiven Bewertungen der multilokalen Lebenssituation in Verbindung mit dem häufig geäußerten Wunsch, die multilokale Lebenssituation in naher Zukunft zu beenden, lässt sich zusammenfassend schließen, dass eine Fernbeziehung bei einem Großteil der Befragten nicht die bevorzugte Lebensform sondern vielmehr eine Übergangslösung infolge situativer Umstände und Strukturzwänge ist.

---

[242] Kontrollvariablen: Alter (Jahre), Pro-Kopf-Einkommen, $p = 0{,}05$; $n = 51$.
[243] Kontrollvariablen: Alter (Jahre), Dauer der Fernbeziehung (Jahre), $p = 0{,}1$; $n = 53$.
[244] Pearson Korrelationskoeffizient zwischen „Zusammenziehen geplant" (ja/nein) und Bewertung der multilokalen Lebenssituation im Bereich „Gesundheit/Stress" (fünf Kategorien) $r = 0{,}27$ ($p = 0{,}05$).

7.7 Zwischenfazit: Berufliche Umstände führen zum Zwischenzustand

Partnerschaften mit getrennten Haushalten über großräumige Distanzen sind im Kontext beruflich bedingter räumlicher Mobilität untersucht worden, weshalb der Fokus der Untersuchung auf Erwerbspersonen gelegt wurde. Die hohe Bedeutung von beruflichen Umständen und strukturellen Zwängen, die dem unilokalen Zusammenwohnen von Paaren entgegenstehen, ist beeindruckend und zeigt sehr deutlich, dass Partnerschaftsideale für Fernbeziehungen nachrangig sind. Persönliche Motive wie die Bewahrung von Freiräumen und einer selbstbestimmten Lebensführung dürften für ein getrenntes Zusammenleben über kleinräumige Entfernungen vordergründig sein. Für das living apart together über große Distanzen spielen makrostrukturelle Rahmenbedingungen (Arbeitsmarkt, Siedlungsstruktur, Unternehmenspolitik) und die hoch qualifizierte Erwerbstätigkeit beider Partner eine prominente Rolle.

Die hoch qualifizierte Erwerbstätigkeit geht bei männlichen Befragten einher mit einem überdurchschnittlich hohen Einkommen. Die Beobachtung, dass Paare mit getrennten Haushalten im Allgemeinen keine einkommensstarke Gruppe sind (Schneider/Limmer/Ruckdeschel 2002: 136, Schneider/Rosenkranz/ Limmer 1998: 57, Schlemmer 1995: 375-378), trifft demnach eher auf LATs mit getrennten Haushalten in kleinräumiger Entfernung zu. Die Vergleiche von Befragten in einer Fernbeziehung mit anderen LATs haben darüber hinaus weitere Differenzen in der Sozialstruktur (Alter, berufliche Qualifikation) und Unterschiede im Wohnbereich (u. a. Ansprüche an die Wohnungsausstattung) zutage gebracht, die die Relevanz der Unterscheidung des living apart together nach der raum-zeitlichen Konstellationen der Wohnorte der Partner in der zukünftigen Forschung unterstreichen (vgl. Anhang-Tab. 14).

Fernbeziehungen sind eher keine Lebensform, für die sich die Partner in einem Aushandlungs- und Abwägungsprozess bewusst entscheiden. Die meisten wohnen schon immer in verschiedenen Orten und hatten beim Kennenlernen bereits zwei Wohnungen über eine große Distanz. Bei anderen spielt die beruflich bedingte räumliche Mobilität *beider* Partner eine Rolle, weshalb eine bewusste Entscheidung zwischen dem Shutteln (gemeinsamer Haushalt plus Nebenwohnung) und einer getrennten Haushaltsführung wohl weniger relevant ist.

Jung, ledig, überregional mobil für den Berufseinstieg: Fernbeziehungen sind in der großen Mehrzahl eine lebenszyklusabhängige Lebensform, die biographisch am Beginn der Berufslaufbahn platziert ist (vgl. Schneider 1996: 96). Verheiratete leben auch in der Spätmoderne nur selten als getrennt zusammenlebendes Paar. Fernbeziehungen sind aber keine rein vorfamiliale Lebensform (vgl. Schneider/Limmer/Ruckdeschel 2002: 115). Allein erziehende Erwerbspersonen in einer Fernbeziehung sind zwar in der Stichprobe insbesondere unter den

Männern deutlich in der Minderzahl, aber sie arrangieren sich besser mit der multilokalen Lebenssituation als Befragte ohne Kind. Das ist damit zu erklären, dass die Kinder entweder älter und weniger betreuungsbedürftig sind oder der Partner das Pendeln zwischen den Wohnorten übernimmt, wenn Kleinkinder im Haushalt versorgt werden.

Beruflich motivierte räumliche Mobilität und Fernbeziehungen stehen in Zusammenhang mit entstandardisierten und globalisierten Arbeitsbedingungen: Normalarbeitszeit ist passé, die betrieblich eingeforderte Flexibilität der täglichen Arbeitszeiten ist hoch, befristete Beschäftigungsverhältnisse sind ein Kennzeichen der Erwerbsarbeit von Frauen in einer Fernbeziehung, die Partner/innen sind zu einem bedeutenden Anteil im globalen Arbeitsmarkt verankert (u. a. Auslandsentsendungen). Zum einen sind „entgrenzte" Arbeitsbedingungen (Gottschall/Voß 2003)[245] vor allem in Wissenschaft und Forschung, im Kredit- und Versicherungsgewerbe, in der Unternehmensberatung und der IuK/IT-Branche ein Auslöser für getrennte Haushaltsführungen in großer Distanz. Zum anderen ist entgrenzte Erwerbsarbeit ein Hemmnis für die Suche eines gemeinsamen Wohn- und Arbeitsorts.

Während die Bedingungen für Fernbeziehungen in starkem Maße postmodern geprägt sind (Lebensführung, Erwerbsarbeit) entsprechen die Lösungsstrategien für das Zusammenziehen eher modernen Migrationsmustern und traditionellen Geschlechterrollen: Häufiger sind es die Frauen, die in einer früheren Fernbeziehung zum Partner gezogen sind oder die in der Zukunft einen Zuzug zum Partner planen. Dementsprechend sind Frauen, die in einer Partnerschaft leben, in der beide Partner hoch qualifiziert erwerbstätig sind, überdurchschnittlich oft in der Vergangenheit überregional gewandert (siehe Tab. 7.5).

Mit Fernbeziehungen sind bei einigen Befragten sozialräumlich komplexe multimobile Lebensformen (Fernbeziehung und Nebenwohnsitz) verbunden, die bei einem Teil durch das beruflich motivierte Pendeln zwischen drei großräumig entfernten Wohnungen: dem Hauptwohnsitz, der beruflich genutzten Zweitwohnung und der Wohnung des Partners/der Partnerin – in einer hypermobilen und „entankerten" Lebensführung gipfeln (Werlen 1997). Diese hypermobilen Lebensformen zeugen von einem großen Mobilitätsvermögen (Motilität). Die Migrationsbiographie und die raum-zeitliche Konstellation der Wohnorte der Paare verweisen zudem darauf, dass Fernbeziehungen häufig „globalisierte Lebensformen" sind (ebd.), wie sich am Beispiel eines 33-jährigen Unternehmens-

---

[245] Gottschall und Voß (2003: 18) fassen unter dem Begriff der „Entgrenzung" von Arbeit im übergreifenden Sinne die derzeitigen Veränderungen der Arbeitsverhältnisse auf allen sozialen Ebenen der Verfassung von Erwerbsarbeit. Das schließt strukturelle Veränderungen wie die Internationalisierung von Arbeit, Veränderungen der Betriebsorganisation und der Arbeitszeitstrukturen genauso ein wie die Subjektivierung der Arbeit (u. a. selbst organisierte Arbeit, Teleheimarbeit).

beraters zeigen lässt, der aus Houston (Texas, USA) nach München gezogen ist und dessen Partnerin, mit der er zusammengewohnt hatte, nun in Cambridge (England) lebt [1270]. Oder wie anhand der Lebenssituation eines 32-jährigen Medienfachmanns aus Berlin deutlich wird, der zuvor in London lebte und dessen Partnerin, mit der er einen gemeinsamen Haushalt hatte, jetzt in Xiamen (China) arbeitet [2004].

Die objektive Wohnsituation, die subjektiven Wohnbedürfnisse und die Realisierung der Wohnansprüche von Befragten in einer Fernbeziehung weisen gegenüber anderen Zugezogenen insgesamt nur wenige Auffälligkeiten auf. Die Wohnungsnachfrage von Personen in einer Fernbeziehung entspricht damit in vielen Aspekten der Nachfrage von (unilokal lebenden) Alleinwohnenden. Entgegen den Erwartungen ist es nicht die größere Wohnfläche, die als Besonderheit einer multilokalen Wohnsituation in einer Fernbeziehung festzuhalten bleibt, sondern es sind spezifische Ausstattungsmerkmale die eine besondere Bedeutung erlangen: eine separate Küche und für Frauen zusätzlich ein Balkon/eine Terrasse. Ansonsten werden die Unterschiede zu anderen Zugezogenen sehr stark von den subjektiven Merkmalen der Befragten und der spezifischen partnerschaftlichen Lebenssituation bestimmt und zeigen sich daher eher im Detail anhand der Betrachtung kleiner Gruppen. Angesichts der relativ kleinen Stichprobe können deshalb zum Teil nur Tendenzen aufgezeigt werden, die allerdings interessante Einblicke in spezifische Wohnsituationen und Lebenspraktiken in einer Fernbeziehung offenbaren:

- Die städtische Wohnlage und die auf das Wohnumfeld gerichteten Wohnbedürfnisse von Befragten in einer Fernbeziehung unterscheiden sich nicht von LATs in einer kleinräumigen Distanzbeziehung und von anderen zugezogenen Erwerbspersonen in Einpersonenhaushalten, aber bei genauerer Betrachtung fällt auf, dass Frauen, die mit ihrem Partner in einem Haushalt zusammengewohnt hatten, sehr wohl wegen der guten Versorgungsinfrastruktur eine außerordentliche Präferenz für innerstädtische Wohnstandorte aufweisen. Sehr wahrscheinlich gewinnt die Ausstattung des Wohnumfelds gegenüber den Ausstattungsmerkmalen der Wohnung bei diesen Frauen durch die multilokale Lebensführung an Bedeutung.
- Der Wohnflächenverbrauch weist in einer Fernbeziehung zwar keine Besonderheiten auf, aber wird das Pendelarrangement betrachtet, scheinen Männer, die immer zu ihrer Partnerin pendeln und nur in der Wohnung der Partnerin zeitweilig zusammenleben, deutlich kleinere Wohnungen zu bewohnen. Wahrscheinlich haben sie durch die multilokale Lebensführung keine größeren Wohnflächenansprüche.

Die Erreichbarkeitspräferenzen für den Fernverkehr weisen gegenüber anderen Zugezogenen kaum Unterschiede auf, was sicherlich auf die Dominanz abwechselnder Pendelarrangements und zweiwöchiger Pendelrhythmen zwischen den Wohnorten zurückzuführen ist.

Ein Leben in einer Fernbeziehung können sich die wenigsten als eine dauerhafte Lebensform vorstellen. Ein Großteil der Befragten, die in einer Fernbeziehung leben, möchte in naher Zukunft mit dem Partner/der Partnerin zusammenziehen. Über den genauen Zeitpunkt werden wohl in den meisten Fällen die beruflichen Möglichkeiten beider Partner entscheiden, denn fast alle befragten Umzugswilligen möchten auch nach dem Ortswechsel erwerbstätig sein und suchen noch am Wohnort des Partners/der Partnerin eine (adäquate) Arbeitsstelle. In einigen Fällen verlangt die räumliche Lösung des Konflikts der Unilokalität durch den Umzug *beider* Partner an einen ganz anderen Ort eine hohe räumliche Flexibilität der Paare. Bei einem solchen dritten Ort handelt es sich häufig um einen gemeinsamen Kompromiss-Wohnstandort, von dem aus die Befragten zur Arbeitsstelle „zurückpendeln" und dafür zum Teil große tägliche Pendeldistanzen in Kauf nehmen. Für die Kombination von Wohnstandort und Arbeitsplatz beider Partner werden die gleichen Entscheidungszwänge wirksam, die Hägerstrand (1970) zur Erklärung raum-zeitlichen Handelns mit Verknüpfungszwängen (*coupling constraints*) und Zugänglichkeitszwängen (*authority constraints*) bezeichnet hat. Verknüpfungszwänge ergeben sich aus der Verflechtung der Interessen beider Partner und Zugänglichkeitszwänge resultieren aus der räumlichen Verteilung von Arbeitsplätzen (vgl. Kreibich 1979: 193-207). Dem Wunsch nach dem Zusammenwohnen wird also zum Teil ein hohes Maß an raumbezogener Kreativität und Bereitschaft zu räumlicher Veränderung abverlangt.

8 Fazit und Ausblick

Ausgehend von der Annahme, dass durch flexibilisierte Arbeitsbedingungen und die fortschreitende gesellschaftliche Modernisierung – die in westlichen Industrieländern zu einem Anstieg der Doppelerwerbstätigkeit in Paar- und Familienhaushalten führt – Migrationsentscheidungen von Haushalten komplexer geworden sind und deshalb multilokale Lebensformen als alternative Wohnarrangements gesellschaftlich an Bedeutung gewinnen, wurden in dieser Arbeit die raum-zeitlichen Muster und Bedingungen der Geographien von Personen mit einem beruflich genutzten Zweitwohnsitz und von Personen in einer Fernbeziehung untersucht. Der Fokus lag auf individuellen Lebens- und Wohnsituationen im Kontext beruflicher Mobilitätsanforderungen und deshalb auf der Analyse beruflich motivierter multilokaler Lebens- und Wohnformen. In diesem abschließenden Kapitel werden die wesentlichen Erkenntnisse der untersuchten multilokalen Lebensformen zusammengefasst, die untersuchungsleitenden Arbeitshypothesen aus Kapitel 3.3 überprüft und weiterführende Fragen für zukünftige Forschung formuliert.

Entstehungszusammenhänge und Kontextbedingungen multilokaler
Lebensformen
Für die Einrichtung einer beruflich genutzten Zweitwohnung spielen partnerschaftliche Lebensformen und die soziale Bindung durch die Partnerschaft eine wesentliche Rolle. Gleichwohl sind berufliche Umstände und strukturelle Gegebenheiten auf dem Arbeitsmarkt das herausragende Motiv für getrennte Haushaltsführungen über große Distanzen. Damit bestätigt sich zusammenfassend, dass im Spannungsfeld von steigenden raum-zeitlichen Mobilitätsanforderungen im Beruf und der Erwerbstätigkeit von Paaren gezwungenermaßen – und weniger aufgrund einer gewünschten selbstbestimmten Lebensführung oder wegen individualisierter Beziehungsideale – multilokale Wohn- und Lebensformen in der Spätmoderne von Bedeutung sind (These 1).

Es handelt sich allerdings bei beruflich motivierten multilokalen Haushalten nicht nur um Frauen und Männer, die mit dem Partner/der Partnerin in einem Haushalt zusammenleben, wie die bisherige Forschung über Multilokalität vermuten ließ. Des Weiteren ist auch das berufsbezogene Pendeln zwischen zwei Haushalten von Alleinstehenden keine zu vernachlässigende Erscheinungsform residentieller Multilokalität.

Die Vielfalt mobiler Lebens- und Wohnformen in der Gesamtstichprobe wird modellhaft in Abbildung 8.1. veranschaulicht. In einer Gesamtsicht stellt sich beruflich bedingte Multilokalität als ein komplexeres Phänomen dar, als aus bisherigen Studien zu erwarten war. In Paar- und Familienhaushalten gestalten sich die raum-zeitlichen Strukturen nicht nur nach der anfangs antizipierten Praxis, dass ein Partner zwischen einem berufsbezogenen Nebenwohnsitz und dem gemeinsamen Hauptwohnsitz pendelt. Gleiches gilt für Personen in einer Fernbeziehung, die nicht nur in einer Partnerschaft mit zwei getrennten Haushalten in verschiedenen Wohnorten leben, sondern multiple Verortungen des Wohnens und Arbeitens aufweisen.

Abbildung 8.1: Mobile Lebens- und Wohnformen in der Gesamtstichprobe

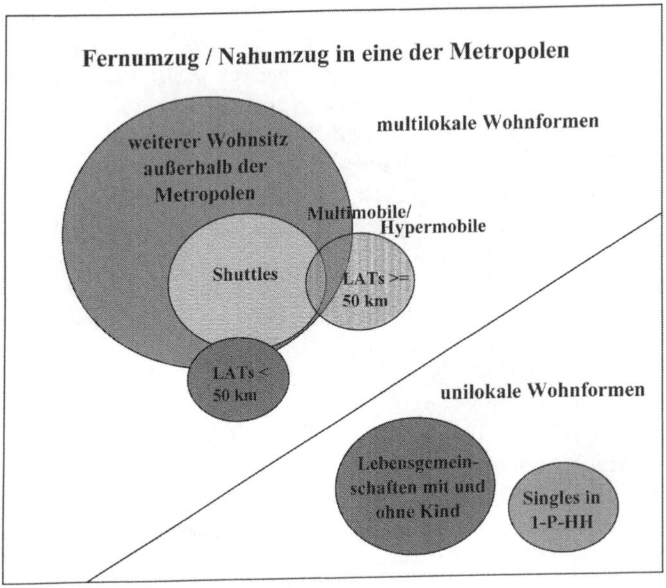

Fernumzug / Nahumzug in eine der Metropolen

multilokale Wohnformen

weiterer Wohnsitz außerhalb der Metropolen

Multimobile/ Hypermobile

Shuttles

LATs >= 50 km

LATs < 50 km

unilokale Wohnformen

Lebensgemeinschaften mit und ohne Kind

Singles in 1-P-HH

Quelle: eigene Darstellung

Daraus ergeben sich zum einen multipolare raum-zeitliche Wohnarrangements, in denen aus primär beruflichen Gründen ein hypermobiles multilokales Leben zwischen zwei (eigenen) Haushalten und dem Wohnsitz des Partners/der Partnerin in großer Distanz geführt wird. In Einzelfällen sind Shuttle-Paare zu beobachten, in denen die Paare einen gemeinsamen Wohnsitz plus beide Partner eine beruflich genutzte Zweitwohnung unterhalten. Zum anderen führen nicht nur direkte berufliche Umstände dazu, dass Erwerbstätige in einem Paarhaushalt eine multilokale Haushaltsorganisation führen, sondern zu einem nicht zu vernachlässigenden Anteil ziehen Erwerbstätige zum Partner/zur Partnerin und behalten ihre angestammte Wohnung in der Nähe des Arbeitsplatzes außerhalb der täglichen Pendeldistanz zum neuen Wohnort bei. Zukünftige Forschung über berufsbezogene Multilokalität sollte deshalb vielfältige Entstehungskontexte beruflich bedingter residentieller Multilokalität berücksichtigen und sich überdies nicht nur auf zusammenlebende Paare in multilokalen Haushalten konzentrieren, sondern komplexere multilokale Lebensformen in den Blick nehmen.

Die Bedeutung familiärer Bindungen für Mobilitätsentscheidungen konnte deutlich herausgearbeitet werden: Fernbeziehungen mit getrennten eigenständigen Haushalten über große Distanzen werden von den meisten Befragten nicht als alternative Mobilitätsform in einer Familie und insbesondere mit Kleinkindern unter sechs Jahren bewertet. Diese Lebens- und Wohnform wird deshalb mehrheitlich in einer frühen biographischen Phase praktiziert, um den Spagat zwischen partnerschaftlichem Zusammenleben und der eigenen beruflichen Entwicklung zu bewerkstelligen. Familiäre Bindungen wirken sich bei Frauen auch extrem negativ auf die Neigung zum berufsbezogenen Pendeln zwischen zwei Wohnsitzen aus. Für Frauen in einem Familienhaushalt ist multilokales Wohnen demnach eher keine optionale mobile Lebensform neben dem *staying put* und einem Umzug. Mit Kleinkindern im Haushalt würden sie daher bei eigenen beruflichen Mobilitätsanforderungen eher zu Fernumzügen mit dem gesamten Haushalt tendieren. De facto lassen sich für zugezogene Erwerbstätige mit Kleinkindern im Haushalt unter Männern und Frauen häufiger Fernumzüge als multilokale Wohnarrangements beobachten. Die Wahrscheinlichkeit für überregionale Wanderungen mit dem gesamten Haushalt sinkt, wenn ältere (und vermutlich schulpflichtige) Kinder im Haushalt leben. Dann wird von Männern häufig das Shutteln als eine Alternative zum Fernumzug gewählt. Durch die Betrachtung der räumlichen Mobilitätsformen im Kontext der Haushaltssituation erklärt sich, warum Männer häufiger eine berufliche Zweitwohnung unterhalten (These 4).

Weitere Belege für geschlechtsspezifische Unterschiede des Migrationsverhaltens zeigen sich darin, dass Männer gegenüber Frauen häufiger aus beruflichen Gründen in die Befragungsgebiete gezogen sind und für Frauen wiederum familiäre und persönliche Zuzugsgründe bedeutsamer sind. Die Analysen realisierter und geplanter Umzugsarrangements zur Beendigung einer multilokalen Lebenssituation in einer Fernbeziehung haben darüber hinaus deutlich gemacht, dass eine multilokale Lebensführung in einer getrennten Haushaltsführung über große Distanzen meistens durch den Umzug der Frau beendet wird.

Daraus ergibt sich ein ambivalentes Bild der Mobilitätsentscheidungen von Haushalten in der Spätmoderne: Einerseits steigt durch die Doppelerwerbstätigkeit in Paar- und Familienhaushalten die gesellschaftliche Bedeutung multilokaler Haushalte, womit eine Modernisierung der tied-partner Rollen nach Mincers

Modell der Familienmigration verbunden ist (Mincer 1978). Andererseits zeichnen sich im Kontext partnerschaftlicher und familiärer Bindungen tradierte Mobilitätsentscheidungen von Haushalten ab. Die Tatsache, dass für die Einstellung von Männern zu einem beruflichen Fernumzug die Haushaltssituation keine und für Frauen hingegen eine entscheidende Rolle spielt, spricht für konflikthafte Mobilitätsentscheidungen in Paar- und Familienhaushalten.

Diese Ambivalenz räumlicher Mobilität lässt sich weiter verfolgen: Anhand der hoch qualifizierten Erwerbstätigkeit und der Erwerbskonstellation von Paaren konnten wesentliche Bedingungen für multilokale Lebensformen aufgedeckt und das „Neuartige" multilokaler Haushalte aufgezeigt werden (These 2). Aber hinter der für männliche Shuttles charakteristischen Doppelerwerbstätigkeit in Lebensgemeinschaften stehen nicht – wie erwartet – hoch qualifizierte, sondern mehrheitlich geringer qualifizierte Lebenspartnerinnen. Die These, dass multilokale Wohn- und Lebensformen von Paaren entscheidend durch die hoch qualifizierte Erwerbstätigkeit beider Partner bestimmt werden, bestätigt sich unter Shuttles nur für Frauen (These 3).

Die spätmoderne Erscheinungsform des Shuttelns entspricht des Weiteren nicht dem – der Auflösungsargumentation der Individualisierungstheorie entsprechenden – Bild vom flexiblen ortlosen Menschen (Beck 1986, Sennett 2000, Baumann 1997, 2000). Wohneigentum ist auch weiterhin ein wichtiger ortsbindender Einflussfaktor, der zum Shutteln führt (These 15). Wie die Bedeutung der sozialen Bindung durch Partnerschaft, Eltern und Freundschaften zeigen, ist das Wohnen in multilokalen Haushalten in der Spätmoderne weder Ortlosigkeit noch Entwurzelung (Rolshoven 2007, Löfgren 1995). Unter den Bedingungen fortschreitender Modernisierung und arbeitsmarktbezogener Flexibilisierung entsteht in vielen multilokalen Haushalten vielmehr eine neuartige Verflechtung aus Ortsgebundenheit und räumlicher Mobilität, die sich in das *new mobilities paradigm* von Sheller und Urry (2006) einordnen lässt: „There is no linear increase in fluidity without extensive systems of immobility" (ebd.: 210).

Entankerte und globale Lebensformen als Kennzeichen einer spätmodernen Gesellschaft (Werlen 1997) spiegeln sich weniger im berufsbezogenen Pendeln zwischen einem Haupt- und Zweitwohnsitz und vielmehr in der multilokalen Lebensform der Fernbeziehung wider. Damit verbinden sich für Fernbeziehungen auf Großstädte orientierte Verflechtungsmuster (These 7) und das Wohnen zur Miete (These 15). Im Vergleich dazu stehen mit dem unerwartet hohen Anteil von Shuttles, die im Haupthaushalt im Wohneigentum leben, insbesondere für Männer auch in der Spätmoderne bedeutende Pendelmuster zwischen Kleinstädten bzw. Landgemeinden und den ausgewählten Metropolen im Zusammenhang. Insgesamt betrachtet ergibt sich für die Berufspendlermobilität multilokaler Haushalte ein ausdifferenziertes räumliches Muster von Land-Stadt, Stadt-

Stadt und Suburbia-Kernstadt Verflechtungen. In diesem Kontext haben Frauen die multilokale Lebensform in zweierlei Hinsicht modernisiert: Zum einen angesichts der Tatsache, dass unter den Bedingungen fortschreitender Modernisierung Frauen überhaupt eine berufsbezogene Zweitwohnung einrichten und zum anderen, dass durch weibliche Shuttles großstädtische Pendelmuster an Bedeutung gewinnen (These 7). Aus den siedlungsstrukturellen Mustern multilokaler Lebensformen ergeben sich damit für die Lebensstil- und Mobilitätsforschung vertiefende Fragestellungen nach der Alltagspraxis und Alltagsmobilität von komplementären Land-Stadt und multipolar-urbanen Lebensstilen.

Mit der Konzentration von Fernbeziehungen auf Großstädte steht in Zusammenhang, dass Hochqualifizierte überdurchschnittlich häufig in einer LAT-Partnerschaft über große Distanzen leben (These 2). Für Männer in einer Fernbeziehung sind überdies Partnerschaften, in denen beide Partner hoch qualifiziert erwerbstätig sind, ein charakteristisches Merkmal (These 3). Gleichwohl tendieren Hochqualifizierte eher zu einer Fernbeziehung als geringer Qualifizierte. Die Globalisierung der (großstädtischen) Arbeitsmärkte und die dadurch hervorgerufene Transnationalisierung von Berufskarrieren (Kreutzer/Roth 2006, Harris/Brewster/Erten 2005) ist eine Erklärung für die große Relevanz hoch qualifizierter Erwerbstätigkeit für Fernbeziehungen. Verwiebe und Müller (2006) verweisen darauf, dass sich in Europa neben der „klassischen" Elite- und Unterschichtsmobilität der Typus einer europäischen Mittelschichtsbiographie mit mittleren bis hohen Qualifikationen und oft befristeten Anstellungen herausgebildet hat, für den Fernbeziehungen eine gewisse Bedeutung spielen dürften. Eine Verknüpfung der raumbezogenen Forschung über Transnationalität und residentieller Multilokalität in Partnerschaften mit getrennten Haushalten ist noch in den Anfängen begriffen (Hardill 2004) und sollte in zukünftigen Studien weiter verfolgt werden.

Auf makrostruktureller Ebene konnten erwartungsgemäß Einflüsse einer entstandardisierten und deregulierten Berufswelt auf die Entstehungsbedingungen und raum-zeitlichen Strukturen multilokaler Lebensführungen herausgearbeitet werden. Durch unsichere Beschäftigung (befristete Beschäftigungsverhältnisse, Kettenverträge, Teilzeitbeschäftigung) werden die Hemmnisse für einen Umzug an den Arbeitsort mit dem gesamten Haushalt oder für einen Zuzug des Partners/der Partnerin zu groß sein. Mit den Entstandardisierungstrends der Erwerbsarbeit stehen überdies bestimmte Wirtschaftsbereiche im Zusammenhang, in denen Multilokalität eine signifikante Erscheinungsform ist. Es handelt sich dabei, wie die bisherige Literatur erwarten ließ, um Tätigkeiten in den Bereichen Forschung und Wissenschaft, Kredit-/Versicherungsgewerbe, Unternehmensberatung und Informations- und Kommunikationstechnologie. Lediglich für kreative Berufe im Bereich Medien/Grafik/Design zeigen sich keine signifikanten Häufigkeiten (These 5).

Mobilitätsverhalten
Anhand der raum-zeitlichen Analyse des Pendelverhaltens konnte die eingangs begründete Skepsis gegenüber dem Begriff des „Wochenendpendelns" untermauert werden, denn in der Stichprobe pendeln Shuttles am häufigsten am Freitag und Montag zwischen den Wohnorten. Von diesen Pendelmustern unterscheidet sich die Pendelmobilität in einer Fernbeziehung im Wesentlich dadurch, dass LATs mehrheitlich im Zwei-Wochen-Rhythmus und eher freitags zum Beginn und sonntags am Ende des Wochenendes pendeln. Ein signifikanter Anteil des Pendelns fällt damit zusammengenommen auf Werktage und verstärkt die negativen Folgen des (motorisierten) Berufsverkehrs. Im Vergleich zur bundesweiten Anzahl übergemeindlicher täglicher Berufspendler/innen ist die Anzahl von Shuttles und Personen in einer Fernbeziehung zahlenmäßig zwar gering, aber bezogen auf die gesamte Verkehrsleistung im Berufsverkehr dürfte die Bedeutung des beruflich induzierten zirkulären Verkehrs zwischen mehreren Wohnorten wegen der großen Pendeldistanzen – wie Manz und Wittowsky (2007: 400) für das Verkehrsaufkommen des täglichen Fernpendelns aufzeigen – deutlich höher einzuschätzen sein. Das berufsbezogene Pendeln zwischen zwei Wohnsitzen sollte daher in der Raumplanung und den Verkehrswissenschaften als eine spezifische Form der Berufspendlermobilität stärker berücksichtigt werden.

Weitere Unterschiede im Pendelverhalten beider multilokaler Lebensformen werden anhand der Pendeldistanzen und der Einflussfaktoren auf das Pendelverhalten sichtbar: Erstens sind die räumlichen Verflechtungen des Shuttelns in den drei westdeutschen Metropolen stark innerhalb des jeweiligen Bundeslands – und damit gegenüber Fernbeziehungen auf durchschnittlich kürzere Distanzen – gerichtet. Zweitens können für Shuttles – aber nicht für Befragte in einer Fernbeziehung – Einflüsse der Arbeitszeiten auf das Distanzverhalten beobachtet werden. Aus dem Pendelverhalten von Shuttles lässt sich daraus insgesamt schlussfolgern, dass die Einrichtung einer beruflich genutzten Zweitwohnung oft davon abhängt, ob die Möglichkeit zum wöchentlichen Pendeln und zu längeren Aufenthalten im Haupthaushalt – das heißt über den Sonntagabend hinaus – besteht.

Die geringe Wertigkeit für die Anbindung der Wohngegend an einen Flughafen, die für das Shutteln (mit Vorsicht) auf eine geringe Nutzung des Flugzeugs für das Pendeln zwischen den Wohnsitzen schließen lässt, steht der in der Mobilitäts- und Verkehrsforschung diskutierten These von der Präferenz spätmoderner Lebensformen für das Flugzeug als Hochgeschwindigkeitsverkehrsmittel entgegen (Kesselring 2007, Cresswell 2006, Sheller/Urry 2006). Aller-

Fazit und Ausblick 281

dings ist in der Stichprobe die Pendelmobilität von Shuttles stark innerhalb der großen Flächenländer und auf benachbarte Bundesländer konzentriert. Im Gegensatz dazu ist der Flugverkehr für transnationales zirkuläres Pendeln von größerer Bedeutung (Frändberg/Vilhelmson 2003, Lassen 2006) und daher sehr wahrscheinlich auch für Fernbeziehungen.

Tägliches Fernpendeln über große raum-zeitliche Entfernungen von mehr als 120 Minuten für den einfachen Weg zur Arbeit stößt unter den Befragten insgesamt auf starke Ablehnung. Fernpendeln statt Migration? (Kalter 1994) – diese Frage stellt sich für die befragten Zugezogenen eindeutig nur über eine tägliche Pendeldistanz von weniger als zwei Stunden pro Arbeitsweg. Die Toleranzschwelle, ab der die Einrichtung einer beruflich genutzten Zweitwohnung dem täglichen Fernpendeln vorgezogen wird, ist zum Teil deutlich geringer als erwartet. Hinweise auf raumstrukturelle Einflüsse konnten im Sample aufgezeigt werden (Raumdurchlässigkeit in polyzentrischen vs. monozentrischen Agglomerationen). Weitere Forschung, die das berufsbezogene Pendeln zwischen zwei Wohnsitzen stärker im Zusammenhang mit der täglichen Berufspendlermobilität untersucht und die Übergänge der beiden zirkulären Mobilitätsformen in den Blick nimmt, könnte weitere Einblicke in strukturelle und individuelle Einflussfaktoren des Shuttelns ermöglichen und Antworten auf die Frage geben: Shutteln statt Fernpendeln?

Die Analyse des Pendelverhaltens von Shuttles nach dem Geschlecht hat nicht das erwartete geschlechtstypische Pendelmuster hervorgebracht (These 8). Vielmehr ist deutlich geworden, dass im Hinblick auf eine theoretische Weiterentwicklung der Mobilitätsforschung die Dimensionen Zeit und Geschlecht neu in den Blick rücken müssen.

Bewertung und Dauer einer multilokalen Lebensführung
Beruflich bedingte Multilokalität ist in der Spätmoderne eher keine dauerhafte Erscheinungsform und wird überwiegend als Übergangslösung praktiziert. Eine multilokale Haushaltsorganisation kommt mehrheitlich wegen der beruflichen Etablierung am Anfang der Berufslaufbahn oder wegen eines beruflichen Aufstiegs in einer späteren Berufsphase in Betracht. Daneben hat ein Teil der Befragten mit dem Shutteln begonnen, weil sich – wie bei einem ungewollten Stellenwechsel – keine anderen beruflichen Möglichkeiten boten oder um überhaupt nach Arbeitslosigkeit wieder in Arbeit zu kommen. Die multilokale Lebensführung ist deshalb häufig (gezwungenermaßen) auf längere Sicht für eine unbestimmte Dauer angelegt. Fernbeziehungen werden nur selten bewusst als eine räumliche Strategie von Paaren zur Synchronisation zweier beruflicher Laufbahnen geplant. Die Überbrückungsfunktion des Shuttelns dauert deshalb im Durchschnitt länger an als die erwartungsgemäß relativ kurzen Fernbeziehungsepiso-

den (These 6). Blicken wir zurück auf die einleitende Problemstrukturierung und das Paar 1, das sich für eine Fernbeziehung entschieden hatte: Nach gut einem Jahr haben beide mittlerweile eine neue Arbeitsstelle in derselben Großstadt gefunden und wohnen wieder in einem Haushalt zusammen. Dafür sind beide erneut überregional gewandert.

Die wesentlichen Anreize und Vorteile eines multilokalen Lebens werden im Beruf gesehen. Positive Auswirkungen werden in diesem Bereich stärker von Shuttles als von Befragten in einer Fernbeziehung wahrgenommen. Wohnen an mehreren Orten gestaltet sich am positivsten für Alleinstehende in einer multilokalen Haushaltsorganisation. In einer festen Partnerschaft – ganz gleich ob als Shuttle oder in einer Fernbeziehung – wird die multilokale Lebens- und Wohnsituation in der großen Mehrzahl negativ bewertet und häufiger als ein „Zwischenzustand" oder eine „Ausnahmesituation" empfunden, in der unilokales Wohnen zum „Luxus" wird:

> „Die Studie finde ich sehr interessant, weil für mich selbst eine insgesamt 5-jährige Ausnahmesituation mit doppelter Haushaltsführung viele Lebensumstände entscheidend geprägt und verändert hat. Ich empfinde es heute als „Luxus" nur einen Hauptwohnsitz haben zu dürfen!" Anmerkung einer 42-jährigen Befragten in einer ehelichen Lebensgemeinschaft ohne Kind. [1476]

Am stärksten negativ wirkt sich eine multilokale Lebens- und Wohnform nach Einschätzung von Befragten in einer Fernbeziehung und von Frauen mit einer beruflich genutzten Zweitwohnung auf die finanziellen Ausgaben aus. Für männliche Shuttles fällt diese Bewertung – insbesondere wenn sie in einer Lebensgemeinschaft leben – vermutlich deshalb weniger negativ aus, weil sie sich häufiger nicht mehr am Anfang ihrer Berufslaufbahn befinden (also ein höheres Einkommen erzielen) und weil sie zum Teil durch einfache Wohnbedingungen am Zweitwohnsitz die finanziellen Ausgaben (gewollt) gering halten. Für die Entscheidung pro oder contra eine multilokale Haushaltsorganisation dürfte die Frage der Entlohnung eine zentrale Rolle spielen. Da die Erhebung des Einkommens bekanntlich eine „heikle" Frage ist, wurde im Hinblick auf die Rücklaufquote statt des Bruttoarbeitsverdiensts die weniger kritische Frage nach dem Haushaltsnettoeinkommen gestellt. In Paarhaushalten und insbesondere wenn Kinder im Haushalt leben, ist das daraus ermittelte ungewichtete Pro-Kopf-Einkommen wenig geeignet, um insbesondere für Frauen Aussagen über den Erwerbsarbeitsverdienst abzuleiten. Ab welcher Bruttoentlohnung eine multilokale Haushaltsorganisation „lukrativ" ist, ob Frauen möglicherweise auch aufgrund des *gender pay gaps* weniger häufig als Männer eine berufsbezogene Zweitwohnung unterhalten oder welchen Einfluss das Geldbudget auf Fernbeziehungen hat, sind wichtige gesellschaftspolitische Fragen für zukünftige Forschung über residentielle Multilokalität.

Wohnsituation und Wohnbedürfnisse
Ausgehend von der grundlegenden Annahme, dass residentielle Multilokalität besondere Wohnbedingungen und spezifische Wohnansprüche hervorbringt, wurden die objektive Wohnsituation und die Wohnbedürfnisse von Shuttles am beruflich genutzten Zweitwohnsitz sowie von LATs in einer Fernbeziehung gegenüber anderen Zugezogenen untersucht. Zusammenfassend weist eine multilokale Wohnsituation am beruflich genutzten Zweitwohnsitz deutlichere Besonderheiten auf als für das Wohnen in einer Fernbeziehung beobachtet werden können.

Merkmale beruflich genutzter Zweitwohnungen und Unterschiede in den Wohngegebenheiten und Wohnbedürfnissen zwischen den beiden Wohnsitzen hängen im Wesentlichen vom Pendelverhalten ab. Kleine, einfach ausgestattete Wohnungen und geringe Wohnansprüche sind deshalb für eine Gruppe von Shuttles kennzeichnend, die wöchentlich zum Haupthaushalt pendeln und in Partnerschaft kein alternierendes Pendelarrangement praktizieren. „Minimalistisches" Wohnen am Zweitwohnsitz (Axtner/Birmann/Wiegner 2006) ist deshalb häufiger (aber nicht nur) unter Männern in einer Lebensgemeinschaft mit Kind anzutreffen. Wohngegenwelten von multilokalen Haushalten entstehen zumeist durch die Komplementarität von Mietwohnung (Zweithaushalt) und selbstgenutztem Wohneigentum (Haupthaushalt). Die objektiven Wohngegebenheiten und die Wohnansprüche sind im Querschnitt am Hauptwohnsitz deutlich höher als am beruflich genutzten Zweitwohnsitz. Aber die Wohnsituation von Shuttles nur an dieser Biopolarität festzumachen, greift zu kurz. Anhand der vorgenommenen Wohntypisierung und der Wohnzufriedenheit wird deutlich, dass die Wohnsituation und Wohnbedürfnisse von Shuttles in vielen Aspekten nicht dem in bisherigen Studien dargestellten minimalistischen, anspruchslosen Wohnen am Zweitwohnsitz entsprechen:

- Erstens gibt es – wie erwartet – *double nesters* mit großen, gut ausgestatteten Zweitwohnungen und hohen Wohnansprüchen an beiden Wohnorten (These 13).
- Zweitens ist für das Wohnen am beruflich genutzten Zweitwohnsitz eine weitere Gruppe relevant, deren Wohnbedingungen durch eine kleine Zweitwohnung mit einer hohen Freizeit- und Nutzungsqualität keineswegs minimalistisch sind. Diesem Wohntyp, der eine kleine, gut ausgestattete Ein- bis Zwei-Zimmer-Wohnung mit komfortablem Bad, Balkon/Terrasse, separater Küche, guter Belichtung und zum Teil mit einer Parkmöglichkeit in der direkten Wohnumgebung nachfragt, kommt aus wohnungswirtschaft-

licher Sicht für das Wohnen am beruflich genutzten Zweitwohnsitz vermutlich die größte Bedeutung zu.
- Drittens ist eine kleine Gruppe am beruflichen Zweitwohnsitz mit der Wohnsituation sogar zufriedener als am Hauptwohnsitz.

Auswirkungen einer multilokalen Lebensführung auf das Wohnen fallen für Befragte in einer Fernbeziehung weniger ins Auge als für Shuttles. Insgesamt betrachtet, unterscheiden sich Alleinwohnende in einer Fernbeziehung in den Metropolen in vielen Aspekten (Wohnungsgröße, städtische Wohnlage, Ansprüche an Wohnungszuschnitt und Wohnumfeld) nicht von anderen Zugezogenen in Einpersonenhaushalten (These 14). Aber auch hier wurden Einflüsse einer multilokalen Lebensführung auf das Wohnen sichtbar, die sich in einer Fernbeziehung vor allem in einer hohen Bedeutung der Aufenthaltsqualität der Wohnung widerspiegeln (separate Küche, Balkon/Terrasse). Für weitere Erkenntnisse über das Wohnen in einer Fernbeziehung stellen sich in Anlehnung an die differenzierte Wohnanalyse für Shuttles Fragen nach einem Vergleich der Wohnsituation und Wohnansprüche an den beiden Wohnsitzen der Partner.

In den Metropolen befinden sich über die betrachteten drei städtischen Wohnlagen die Zweitwohnungen von Shuttles und die Wohnungen der Befragten in einer Fernbeziehung am häufigsten in der Innenstadt. Allerdings werden nicht – wie erwartet –überwiegend innerstädtische Wohnlagen nachgefragt (These 9). Günstigere Mieten werden häufig für innenstadtnahe Wohnlagen sprechen. Mit steigender Bedeutung von Fernbeziehungen und beruflich motivierten multilokalen Haushalten ist folglich damit zu rechnen, dass die zukünftige Wohnungsnachfrage in Großstädten stärker auf kleine, gut ausgestattete Wohnungen in der Innenstadt und in innenstadtnahen Lagen gerichtet ist.

Hinweise darauf, dass wohnlagebezogene Wohnmerkmale in einer multilokalen Wohnsituation gegenüber anderen Eigenschaften des Wohnumfelds und der Ausstattung der Wohnung an Bedeutung gewinnen, sind in der Stichprobe für Fernbeziehungen wenig zu finden. Sie wohnen im Durchschnitt nicht näher am Arbeitsplatz als Zugezogene in Einpersonenhaushalten, die nicht in einer Fernbeziehung leben, und Hinweise auf eine größere Nachfrage von Wohngegenden mit einer guten Anbindung an den Fernverkehr lassen sich nicht eindeutig finden (These 10). Viel eher lassen sich für das Wohnen am beruflich genutzten Zweitwohnsitz stärkere Erreichbarkeitspräferenzen empirisch belegen. Zum einen gewinnt die Anbindung der näheren Wohngegend an den Fernverkehr gegenüber Fernwandernden erwartungsgemäß an Bedeutung (These 10). Zum anderen sind kurze Arbeitswege für einen Teil der befragten Shuttles – aber nicht wie erwartet für die Mehrzahl – kennzeichnend für das Wohnen am Arbeitsort (These 11). Die Unterschiede in den Erreichbarkeitspräferenzen der beiden multilokalen Lebensformen erklären sich sehr wahrscheinlich mit den unterschiedli-

Fazit und Ausblick

chen raum-zeitlichen Pendelmustern, die für Fernbeziehungen weniger raumwirksam sind als für das berufsbezogene Pendeln zwischen einem Haupt- und Zweitwohnsitz. Die unterschiedliche Bedeutung kurzer Arbeitswege lässt sogleich auf Unterschiede in der Alltagsmobilität von Shuttles am beruflichen Zweitwohnsitz und Personen in einer Fernbeziehung schließen, die im Rahmen dieser Arbeit nicht näher untersucht werden konnte und weiterer empirischer Forschung bedarf. Für Shuttles resultiert aus den Erreichbarkeitspräferenzen allerdings nicht, dass ein naturnahes Wohnumfeld an Bedeutung verliert. Ein grünes Wohnumfeld ist für die meisten auch am beruflich genutzten Zweitwohnsitz wichtig, stattdessen verlieren – wie erwartet – die nachbarschaftlichen Beziehungen in der näheren Wohngegend für das Wohnen am Zweitwohnsitz an Bedeutung (These 12).

Lebensformspezifische Einflüsse auf die Realisierungschancen von Wohnbedürfnissen in den Metropolen sind zwar nicht zu beobachten, aber es gibt Hinweise darauf, dass Shuttles am beruflichen Zweitwohnsitz in den Metropolen eher als Fernwandernde, die mit dem gesamten Haushalt in die Befragungsgebiete gezogen sind, auf Wohnungen im oberen Mietpreissegment zurückgreifen müssen. An mehreren Stellen haben sich weitere Forschungsfragen nach den Wechselbeziehungen von zirkulärer Pendelmobilität und residentieller Umzugsmobilität und der Anpassung von (veränderten) Wohnpräferenzen in einer multilokalen Wohnweise ergeben.

Reflektion des Untersuchungsansatzes
Mit der Stichprobenziehung über das Melderegister wurden Personen erreicht, die in den Befragungsgebieten einen Wohnsitz angemeldet haben. Kritisch anzumerken ist, dass erstens Personen, die ohne einen angemeldeten Nebenwohnsitz in diesen Städten arbeiten, in der Stichprobe möglicherweise unterrepräsentiert sind. Darunter fallen – obwohl auch diese Wohnsitze meldepflichtig sind – vermutlich Hochschulabsolvent/innen, die für die kurze Dauer eines postgraduellen Praktikums oder einer Traineestelle provisorisch bei Freunden wohnen, genauso wie Hochqualifizierte in Wirtschaftsberatungsunternehmen, die für ein zeitlich befristetes Projekt am Unternehmenssitz des Mandanten für einige Wochen bis Monate im Hotel übernachten oder Arbeiter auf Großbaustellen, die temporär in Sammelunterkünften wohnen.

Zweitens sind Shuttles mit einem beruflichen Zweitwohnsitz im Ausland, die sich nur unregelmäßig in der Hauptwohnung aufhalten – wie der Shuttle im Paar 2 des einleitenden Fallbeispiels in Kapitel 1.1 – schwerer am Hauptwohnsitz erreichbar. Möglicherweise sind sie deshalb in der Stichprobe wenig vertreten.

Drittens ist in der Stichprobenziehung das Umland der ausgewählten Städte nicht berücksichtigt worden. Angesichts fortgeschrittener Suburbanisierungsprozesse und eines angespannten Wohnungsmarkts in München und Stuttgart könnten Shuttles insbesondere in diesen Stadtregionen direkt oder auf dem „Umweg" über die Kernstadt das Umland als Wohnstandort für eine berufsbezogene Zweitwohnung wählen. Weiterführende Forschung über Wohnstandortentscheidungen und die Wohnungssuche am beruflichen Zweitwohnsitz sollte daher auf Stadtregionen ausgeweitet werden.

Methodisch-analytisch hat die Arbeit versucht, in der Datenauswertung neben signifikanten Kenngrößen kleine Gruppenbildungen, für die keine multivariaten Analysemethoden angewendet werden können, und sogar Einzelfälle nicht aus dem Blick zu verlieren. Dadurch konnten multilokale Wohnsituationen und Lebensführungen aufgedeckt werden, die für gelebte residentielle Multilokalität in Deutschland sicherlich nur Randphänomene darstellen (z. B. Paare mit zwei beruflichen Zweitwohnungen), die jedoch interessante Einblicke in spezifische Problemlagen und Mobilitätspraktiken ermöglichen. Dieses Verfahren ist gleichwohl auf die Tatsache zurückzuführen, dass die Stichprobengrößen für Shuttles und insbesondere für Personen in einer Fernbeziehung relativ klein sind und die vorliegende Arbeit deshalb in einigen Aspekten nur Anhaltspunkte liefern kann, die weiterer empirischer Forschung bedürfen.

Der für die Mobilitätsform des Shuttelns angewendete Methodenmix mit Paneldesign, in dem erst nach Abschluss der statistischen Analysen mittels bewusstem Auswahlverfahren Befragte aus dem postalischen Sample für qualitative Interviews ausgewählt wurden, ist in der empirischen Sozialforschung ungewöhnlich, als – wenn überhaupt Methodenkombinationen zum Einsatz kommen – quantitativen Untersuchungen in der Regel qualitative Interviews zur Hypothesengenerierung vorgeschaltet werden (Pfaffenbach 2002: 199). Dieses „umgekehrte" Vorgehen erwies sich als außerordentlich fruchtbar, um die aus den quantitativen Analysen generierten Typenbildungen und Thesen zu überprüfen, nach Erklärungen für statistische Zusammenhänge zu forschen und zu weiteren Erkenntnissen zu gelangen.

Durch die vollständige digitale Erfassung der in den zurückgesandten Fragebögen ergänzten Kommentare zu einzelnen Fragen und persönlichen Anmerkungen zur Untersuchung, zu denen die Befragten explizit ermuntert wurden, konnten auch für LATs in einer Fernbeziehung aufschlussreiche qualitative Informationen erfasst und in der vorliegenden Arbeit an einigen Stellen eingebracht werden. Diese Vorgehensweise ist arbeits- und zeitaufwendig, aber ein sinnvoller Ansatz zur Kombination einer quantitativen Methode mit qualitativen Elementen, die das Spektrum der Forschungserkenntnisse wesentlich erweitert.

Fazit und Ausblick

Ausblick

Es ist davon auszugehen, dass aufgrund des sozialen Wandels und von Restrukturierungsprozessen am Arbeitsmarkt multilokale Haushaltsorganisationen und Fernbeziehungen weiter an Bedeutung gewinnen. Angesichts der *co-location* Probleme von (jungen) Paaren ist damit zu rechnen, dass zukünftig die Konzentration von Paaren (doppelerwerbstätige Haushalte einschließlich DCCs) in Großstädten bzw. großen Arbeitsmarktzentren zunimmt. Bei der Suche des optimalen Wohnstandorts von Paaren dürften zum einen polyzentrische Regionen an Bedeutung gewinnen, da sie eher als monozentrische Regionen einen Zugang zu verschiedenen Arbeitsmärkten mit einem differenzierten Arbeitsmarktangebot und daher Möglichkeiten für einen *residential compromise* bieten (Kloosterman/Musterd 2001: 625-626, Champion 2001: 673). Das sind in Deutschland vor allem die Regionen Rhein-Ruhr (Köln – Düsseldorf – Ruhrgebiet) und Frankfurt am Main. Zum anderen werden angesichts der (horizontalen) Geschlechtersegregation im Arbeitsmarkt, die sich räumlich in regional unterschiedlichen Möglichkeitsräumen für Frauen ausdrückt, solche großstädtischen Arbeitsmärkte als Wohnstandorte für Paare eher relevant sein, die – wie Fielding und Halford (1993) für die Region South East in England zeigen konnten – über einen hohen Anteil an Arbeitsplätzen im Dienstleistungsbereich verfügen und somit beiden Geschlechtern Arbeitsmarktschancen offerieren. Das spricht ebenfalls für die Agglomerationen Frankfurt am Main und Köln/Düsseldorf mit ihrem hohen Besatz unternehmensorientierter Dienstleistungen und z. B. gegen die Metropolregion Stuttgart als monozentrischem Agglomerationsraum mit einem hohen Anteil Industriebeschäftigung (siehe BBR 2005: 48-49).

Mit der Entwicklung einer „Mobilitätsgesellschaft" (Rosenbaum 2007) wird gleichwohl ein „Leben in und mit der Bewegung [...] weitaus alltäglicher sein und weniger als Normabweichung begriffen werden" (Kesselring 2007: 831). Räumliche Mobilität eröffnet einerseits auf der individuellen Ebene berufliche Chancen und vielseitige Erfahrungen. Obschon raum-zeitliche Flexibilität in verschiedenen Wirtschaftsbereichen und beruflichen Positionen erwartet wird, wird andererseits die Bewältigung vor allem der sozialen Kosten räumlicher Mobilität in der unternehmerischen Praxis häufig als Privatangelegenheit der Arbeitnehmer/innen betrachtet, die berufstätige Frauen und Männer (irgendwie) bewerkstelligen müssen (Green/Canny 2003, Meuser 2004, Hendershott 1995). Die quantitative Zunahme beruflich motivierter multilokaler Lebens- und Wohnformen bedeutet, dass die Vereinbarung von Beruf, räumlicher Mobilität, Partnerschaft und Familie kein Problem einzelner betroffener Personen und Paare mehr ist. Während in der Vergangenheit in hoch qualifizierten Berufen die Folgen räumlicher Mobilität auf individueller Ebene gelöst werden mussten, da diese keine gesellschaftliche Relevanz erzielten, werden im postfordistischen

Regime kollektive Lösungen für ein räumliches Vereinbarkeitsmanagements erforderlich.

Für Unternehmen und den öffentlichen Sektor bieten sich erstens *co-placement* Strategien an, die für Deutschland seit einigen Jahren in den Betriebs- und Sozialwissenschaften (allerdings nur) für Hochqualifizierte diskutiert und in Form von Dual Career Servicecentern bereits an einigen Universitäten umgesetzt werden (Schulte 2002, 2005, Ostermann 2002, Domsch/Krüger-Basener 1999, Domsch/Ladwig 1997). Durch die Einrichtung von Telearbeitsplätzen lassen sich zweitens die Anwesenheiten am Arbeitsplatz reduzieren und somit insbesondere für Familien und Paare flexiblere raum-zeitliche Möglichkeitsräume schaffen (Jäckel/Rövekamp 2001, Hardill/Green 2003, Hardill/Green/Dudleston 1997, Felstead et al. 2001). In öffentlichen Institutionen könnte drittens ein länder- und behördenübergreifender Stellenpool räumliche Mobilität und partnerschaftliche *co-location* Strategien erleichtern. Viertens ist damit auf gesellschaftspolitischer Ebene eine Politik angesprochen, die durch die Förderung von Kinderbetreuungseinrichtungen und raum-zeitlich flexiblen Arbeitsbedingungen wie Teleworking endlich (wieder) die Grundlage dafür schafft, Beruf mit Familie und Kindern in Einklang zu bringen. Dadurch ließen sich dann auch räumliche Mobilitätsanforderungen in Partnerschaften und Familien besser managen, die nicht zulasten der beruflichen Entwicklung von Frauen „gelöst" werden.

Grundlage für diese Politik sind amtliche Statistiken und Großerhebungen, die dem sozialen Wandel gerecht werden und die die Mobilitätspraktiken von Erwerbstätigen besser abbilden als vorhandene Datensätze. Das heißt konkret:

Erstens muss neben dem Pendelweg zwischen Wohnung und Arbeit auch das Vorhandensein einer Zweitwohnung erhoben werden, um das berufsbezogene Pendeln zwischen einem Haupt- und Zweitwohnsitz als eine Komponente der Berufspendlermobilität (neben dem täglichen Nah- und Fernpendeln) zu erfassen und um daraus den Umfang des zirkulären Berufspendelns ermitteln und dessen räumliche Auswirkungen und Konsequenzen auf der Haushalts- und Individualebene einschätzen zu können.

Zweitens ist es notwendig, nicht nur das Beziehungsgefüge innerhalb eines Haushalts, sondern auch die partnerschaftliche Lebenssituation von Personen über den Haushalt hinaus zu erfassen. Dazu ist die Frage nach einer Paarbeziehung in getrennten Haushalten – unabhängig vom Familienstand – erforderlich. Über die Wohnortangabe der Partner – in anonymisierter Form über räumliche und/oder zeitliche Entfernungsangaben – ließen sich Fernbeziehungen erfassen und Aussagen über die Verbreitung und gesellschaftlichen Konsequenzen dieser multilokalen Lebensform ableiten.

Literatur

Achatz, J. (2005): Geschlechtersegregation im Arbeitsmarkt. In: Abraham, M.; Hinz, T. (Hrsg.): Arbeitsmarktsoziologie. Probleme, Theorien, empirische Befunde. Wiesbaden, S. 263-301.

Albers, I. (1997): Einwohnermelderegister-Stichproben in der Praxis. Ein Erfahrungsbericht. In: Gabler, S. (Hrsg.): Stichproben in der Umfragepraxis. Opladen, S. 117-126.

Albrecht, S. (2005): Arbeitsmärkte in großstädtischen Agglomerationen. Auswirkungen der Deregulierung und Flexibilisierung am Beispiel der Regionen Stuttgart und Lyon. — Wirtschaftsgeographie Bd. 29. Münster.

Albrecht, S. (2006): Flexibilisierung der Arbeit. In: Institut für Länderkunde (Hrsg.): Nationalatlas Bundesrepublik Deutschland. Band 7: Arbeit und Lebensstandard. Heidelberg, Berlin, S. 50-53.

Allison, P. D. (2002): Missing Data. — Sage University Papers Series on Quantitative Applications in the Social Sciences, series no. 07-136. Thousand Oaks, CA: Sage.

Allmendinger, J.; Hinz, T. (1997): Mobilität im Lebensverlauf: Deutschland, Großbritannien und Schweden im Vergleich. In: Hradil, S.; Immerfall, S. (Hrsg.): Die westeuropäischen Gesellschaften im Vergleich. Opladen, S. 247-285.

Anderson, E. A.; Spruill, J. W. (1993): The Dual-Career Commuter Family: A Lifestyle on the Move. *Marriage & Family Review*, 19 (1/2), S. 131-147.

Asendorpf, J. B. (2008): Living apart together: Eine eigenständige Lebensform? — SOEP papers on Multidisciplinary Panel Data Research 78. Berlin.

Axtner, M.; Birmann, A.; Wiegner, A. (2006): Mobil leben – Professoren als Wochenendpendler. In: Institut für Länderkunde (Hrsg.): Nationalatlas Bundesrepublik Deutschland. Band 12: Leben in Deutschland. Heidelberg, Berlin, S. 76-77.

Bacher, J. (1996): Clusteranalyse. Anwendungsorientierte Einführung. 2. Aufl., München, Wien.

Backhaus, K.; Erichson, B.; Plinke, W.; Weiber, R. (2006): Multivariate Analysemethoden. Eine anwendungsorientierte Einführung. 11. Aufl., Berlin, Heidelberg.

Bähr, J. (1997): Bevölkerungsgeographie: Verteilung und Dynamik der Bevölkerung in globaler, nationaler und regionaler Sicht. 3. aktualisierte und überarb. Aufl., Stuttgart.

Bailey, A. J. (1993): Migration history, migration behaviour and selectivity. *The Annals of Regional Science*, 27 (4), S. 315-326.

Bailey, A. J.; Blake, M. K.; Cooke, T. J. (2004): Migration, care, and the linked lives of dual-earner households. *Environment and Planning A*, 36 (9), S. 1617-1632.

Battu, H.; Seaman, P. T.; Sloane, P. J. (2000): The Impact of Regional Migration on the Earnings, Employment and Overeducation of Married Women in the UK. In: Gustafsson, S. S.; Meulders, D. E. (Hrsg.): Gender and the Labour Market. Econometric Evidence of Obstacles to Achieving Gender Equality. Hampshire, New York, S. 111-132.

Baumann, Z. (1997): Flaneure, Spieler und Touristen. Essays zu postmodernen Lebensformen. Hamburg.

Baumann, Z. (2000): Liquid Modernity. Cambridge.
Beck, U. (1986): Risikogesellschaft. Auf dem Weg in eine andere Moderne. Frankfurt am Main.
Beck, U. (1990): Freiheit oder Liebe. Vom Ohne-, Mit- und Gegeneinander der Geschlechter innerhalb und außerhalb der Familie. In: Beck, U.; Beck-Gernsheim, E.: Das ganz normale Chaos der Liebe. Frankfurt am Main, S. 20-64.
Beck, U. (1999): Schöne neue Arbeitswelt. Vision: Weltbürgergesellschaft. 2. Aufl., Frankfurt am Main, New York.
Beck, U.; Beck-Gernsheim, E. (1990): Das ganz normale Chaos der Liebe. Frankfurt am Main.
Beck, U.; Beck-Gernsheim, E. (1994a): Individualisierung in modernen Gesellschaften – Perspektiven und Kontroversen einer subjektorientierten Soziologie. In: Beck, U.; Beck-Gernsheim, E. (Hrsg.): Riskante Freiheiten. Individualisierung in modernen Gesellschaften. Frankfurt am Main, S. 10-39.
Beck, U.; Beck-Gernsheim, E. (1994b) (Hrsg.): Riskante Freiheiten. Individualisierung in modernen Gesellschaften. Frankfurt am Main.
Becker, P. E.; Moen, P. (1999): Scaling Back: Dual-Earner Couples' Work-Family Strategies. *Journal of Marriage and the Family*, 61 (4), S. 995-1007.
Becker, R. (2008): Lebens- und Wohnformen: Dynamische Entwicklung mit Auswirkungen auf das Geschlechterverhältnis. In: Becker, R., Kortendiek, B. (Hrsg.): Handbuch Frauen- und Geschlechterforschung. Theorie, Methoden, Empirie. — Geschlecht und Gesellschaft Bd. 35. 2. Aufl., Wiesbaden, S. 453-462.
Beckmann, K. J.; Hesse, M.; Holz-Rau, C.; Hunecke, M. (2006) (Hrsg.): StadtLeben – Wohnen, Mobilität und Lebensstil. Neue Perspektiven für Raum- und Verkehrsentwicklung. Wiesbaden.
Behnen, T.; Ott, E. (2006): Arbeitskräftemobilität – Fernpendler und ihre Lebenssituation. Leibnitz-Institut für Landeskunde (Hrsg.): Nationalatlas Bundesrepublik Deutschland. Band 7: Arbeit und Lebensstandard. Heidelberg, Berlin, S. 56-59.
Behnke, C.; Meuser, M. (2005): Vereinbarkeitsmanagement. Zuständigkeiten und Karrierechancen bei Doppelkarrierepaaren. In: Solga, H.; Wimbauer, C. (Hrsg.): „Wenn zwei das Gleiche tun..."- Ideal und Realität sozialer (Un-)Gleichheit in Dual Career Couples. Opladen, S. 123-139.
Behring, K. (1988): Miethöhe: Bonus für Sesshaftigkeit – Eine Berechnung der Mietpreisbestandteile für freifinanzierte Mietwohnungen. *ifo-schnelldienst* Heft 11, S. 7-13.
Behring, K.; Helbrecht, I. (2002): Wohneigentum in Europa. Ursachen und Rahmenbedingungen unterschiedlicher Wohneigentümerquoten in Europa. Hrsg. v. Wüstenrot Stiftung. Ludwigsburg.
Berger, A. (2003): Liebe aus dem Koffer. Lust und Frust in der Wochenendbeziehung. Stuttgart.
Bertaux-Wiame, I. (2006): Conjugalité et mobilité professionnelle: le dilemme de l'égalité. In: Bertaux-Wiame, I.; Tripier, P. (Hrsg.): Les intermittents du foyer. Couples et mobilité professionnelle. — Cahiers du Genre 41. Paris, S.49-73.

Bertaux-Wiame, I.; Tripier, P. (2006): Les intermittents du foyer ou les arrangements entre membres des couples qui travaillent loin l'un de l'autre. In: Bertaux-Wiame, I.; Tripier, P. (Hrsg.): Les intermittents du foyer. Couples et mobilité professionnelle. — Cahiers du Genre 41. Paris, S. 11-22.
Bielby, W. T.; Bielby, D. D. (1992): Gender-Role Beliefs and Reluctance to Relocate for a Better Job. *American Journal of Sociology*, 97 (5), S. 1241-1267.
Blossfeld, H.-P.; Drobnič, S. (2001): Theoretical Perspectives on Couples' Careers. In: Blossfeld, H.-P.; Drobnič, S. (Hrsg.): Careers of Couples in Contemporary Societies. From Male Breadwinner to Dual Earner Families. New York, S. 16-50.
Blumen, O. (1994): Gender Differences in the Journey to Work. *Urban Geography*, 15 (3), S. 223-245.
Blumenauer, J. (2001): Sesshaftigkeit als Eigenschaft? Über die Gründe für die Immobilität der Deutschen. In: Schader Stiftung (Hrsg.): Wohnwandel: Szenarien, Prognosen, Optionen zur Zukunft des Wohnens. Darmstadt, S. 287-293.
Bogai, D.; Seibert, H.; Wiethölter, D. (2006): Pendlerbericht Berlin-Brandenburg 2005. Weiter zunehmende Mobilität als Strategie gegen Erwerbslosigkeit. — IAB regional Nr. 1. Nürnberg.
Böltken, F.; Schneider, N.; Spellerberg, A. (1999): Wohnen - Wunsch und Wirklichkeit. Subjektive Prioritäten und subjektive Defizite als Beitrag zur Wohnungsmarktbeobachtung. *Informationen zur Raumentwicklung*, Heft 2, S. 141-156.
Bonnet, E.; Collet, B.; Maurines, B. (2006): Carrière familiale et mobilité géographique professionnelle. In: Bertaux-Wiame, I.; Tripier, P. (Hrsg.): Les intermittents du foyer. Couples et mobilité professionnelle — Cahiers du Genre 41. Paris, S. 75-97.
Bonney, N.; Love, J. (1991): Gender and migration: geographical mobility and the wife's sacrifice. *Sociological Review*, 39 (2), S. 335-348.
Bonß, W.; Kesselring, S. (1999): Mobilität und Moderne. Zur gesellschaftstheoretischen Verortung des Mobilitätsbegriffs. In: Tully, C. J. (Hrsg.): Erziehung zur Mobilität. Jugendliche in der automobilen Gesellschaft. Frankfurt am Main, New York, S. 39-66.
Bonß, W.; Kesselring, S.; Weiß, A. (2004): „Society on the move" Mobilitätspioniere in der Zweiten Moderne. In: Beck, U.; Lau, C. (Hrsg.): Entgrenzung und Entscheidung: Was ist neu an der Theorie reflexiver Modernisierung? Frankfurt am Main, S. 258-280.
Bortz, J. (1993): Statistik für Sozialwissenschaftler. 4 Aufl., Berlin, Heidelberg, New York.
Bortz, J.; Döring, N. (2002): Forschungsmethoden und Evaluationen für Human- und Sozialwissenschaftler. 3. überarbeitete Aufl., Berlin, Heidelberg, New York.
Boyle, P.; Cooke, T. J.; Halfacree, K.; Smith, D. (1999): Gender Inequality in Employment Status following Family Migration in GB and the US: The Effect of Relative Occupational Status. *International Journal of Sociology and Social Policy*, 19 (9/10/11), S. 109-126.
Boyle, P.; Cooke, T. J.; Halfacree, K.; Smith, D. (2001): A Cross-National Comparison of the Impact of Family Migration on Women's Employment Status. *Demography*, 38 (2), S. 201-213.

Breyer, F. (1970): Die Wochenendpendler des Bayerischen und Östlichen Oberpfälzer Waldes. — WGI-Berichte zur Regionalforschung Heft 4. München.

Brixy, U.; Christensen, B. (2002): Wie viel würden Arbeitslose für einen Arbeitsplatz in Kauf nehmen? — IAB Kurzbericht Nr. 25. Nürnberg.

Brown, L. A.; Moore, E. G. (1970): The Intra-Urban Migration Process: A Perspective. *Geografiska Annaler*, 52B (1), S. 1-13.

Bruegel, I. (1996): The trailing wife: A declining breed? Careers, geographical mobility and household conflict in Britain 1970-89. In: Crompton, R.; Gallie, D.; Purcell, K. (Hrsg.): Changing Forms of Employment. Organisation, skills and gender. London, New York, S. 235-258.

Buch, T. (2006): Regionale Mobilität auf dem deutschen Arbeitsmarkt. Eine theoretische und empirische Analyse regionaler Mismatcharbeitslosigkeit in Zeiten der Hartz-Reformen. Hamburg.

Buch, T.; Niebuhr, A.; Schmidt, T. D.; Stuwe, M. (2008): Grenzpendeln in der deutsch-dänischen Grenzregion. Entwicklung und Struktur 1998-2005. — IAB regional Nr. 4. Nürnberg.

Büchel, F. (1998): Arbeits-Pendler zwischen West- und Ostdeutschland – Personen-, Haushalts- und Arbeitsplatzstrukturen. In: Institut für Regionalentwicklung und Strukturplanung (IRS) (Hrsg.): Migration in Stadtregionen der neuen Bundesländer. Erkner, S. 31-48.

Büchel, F. (2000): Tied Movers, Tied Stayers: The Higher Risk of Overeducation among Married Women in West Germany. In: Gustafsson, S. S.; Meulders, D. E. (Hrsg.): Gender and the Labour Market. Econometric Evidence of Obstacles to Achieving Gender Equality. London, S. 133-146.

Büchel, F.; Frick, J. R.; Witte, J. C. (2002): Regionale und berufliche Mobilität von Hochqualifizierten – Ein Vergleich Deutschland – USA. In: Bellmann, L.; Velling, J. (Hrsg.): Arbeitsmärkte für Hochqualifizierte. — Beiträge zur Arbeits- und Berufsforschung Bd. 256. Nürnberg, S. 207-243.

Büning, H.; Trenkler, G. (1994): Nichtparametrische statistische Methoden. 2. Aufl., Berlin, New York.

Bundesamt für Bauwesen und Raumordnung (BBR) (Hrsg.) (2001): Hemmnisse der Wohneigentumsbildung — Forschungen Heft 106. Bonn.

Bundesamt für Bauwesen und Raumordnung (BBR) (Hrsg.) (2004): Wohnungsmärkte in Deutschland — Berichte Bd. 18. Bonn.

Bundesamt für Bauwesen und Raumordnung (BBR) (Hrsg.) (2005): Raumordnungsbericht 2005 — Berichte Bd. 21. Bonn.

Bundesamt für Bauwesen und Raumordnung (BBR) (Hrsg.) (2006): LebensRäume. — Berichte Bd. 24. Bonn.

Bundesamt für Bauwesen und Raumordnung (BBR) (Hrsg.) (2007a): Frauen-Männer-Räume. — Berichte Bd. 26. Bonn.

Bundesamt für Bauwesen und Raumordnung (BBR) (Hrsg.) (2007b): Wohnungs- und Immobilienmärkte in Deutschland. — Berichte Bd. 27. Bonn.

Bundesministerium für Arbeit und Soziales; Beskaeftigesesministeriet (Hrsg.) (2006): Abschlussbericht Dänisch-Deutsche Arbeitsgruppe zur Förderung der grenzüberschreitenden Mobilität. Berlin, Kopenhagen.

Bundesministerium für Verkehr, Bau- und Wohnungswesen (2004): Mobilität in Deutschland 2002 – Ergebnisbericht. Bearbeitet vom Deutschen Institut für Wirtschaftsforschung (DIW). Berlin. (www.kontiv2002.de)

Bundesverfassungsgericht (BVerfG) (2003): Zur Begrenzung des Abzugs der Aufwendungen für doppelte Haushaltsführung. Pressemitteilung Nr. 30/2003 vom 07. April 2003. Karlsruhe. (http://www.bverfg.de/pressemitteilungen/bvg30-03.html)

Bunker, B. B.; Zubek, J. M.; Vanderslice, V. J.; Rice R. W. (1992): Quality of Life in Dual-Career Families: Commuting Versus Single-Residence Couples. *Journal of Marriage and the Familiy*, 54 (2), S. 399-407.

Burkart, G.; Kohli, M. (1992): Liebe, Ehe, Elternschaft. Die Zukunft der Familie. — Familienwelten Bd. 1. München, Zürich.

Cadin, L.; Bender, A.-F.; De Saint-Giniez, V. (1999): Les carrières «nomades», facteur d'innovation. *Revue francaise de gestion*, Heft 126, S. 58-67.

Canzler, W.; Kaufmann, V.; Kesselring, S. (2008) (Hrsg.): Tracing Mobilities. Towards a Cosmopolitan Perspective. Aldershot, Burlington.

Caradec, V. (1996): Les Formes de la vie conjugale des „jeunes" couple „âgés". *Population*, 51 (4), S. 897-926.

Castells, M. (1996): The Rise of the Network Society. — The Information Age: Economy, Society and Culture 1. Massachusetts, Oxford.

Champion, T. (2001): A Changing Demographic Regime and Evolving Polycentric Urban Regions: Consequences for the Size, Composition and Distribution of City Population. *Urban Studies*, 38 (4), S. 657-677.

Charrier, G.; Déroff, M. (2006): La décohabitation partielle: un moyen de renégocier la relation conjugale ? In: Bertaux-Wiame, I.; Tripier, P. (Hrsg.): Les intermittents du foyer. Couples et mobilité professionnelle — Cahiers du Genre 41. Paris, S. 99-115.

Clark, W. A. V. (1982): Recent Research on Migration and Mobility: A Review and Interpretation. *Progress in Planning*, 18 (1), S. 1-56.

Clark, W. A. V.; Withers, S. D. (2002): Disentangling the interaction of migration, mobility, and labor-force participation. *Environment and Planning A*, 34 (5), S. 923-945.

Cohen, J.; Cohen, P.; West, S. G.; Aiken, L. S. (2003): Applied multiple regression/correlation analysis for the behavioral sciences. 3. Aufl., New Jersey.

Cooke, T. J. (2001): 'Trailing wife' or 'trailing mother'? The effect of parental status on the relationship between family migration and the labor-market participation of married women. *Environment and Planning A*, 33 (3), S. 419-430.

Cooke, T. J.; Bailey, A. J. (1996): Family Migration and the Employment of Married Women and Men. *Economic Geography*, 72 (1), S. 38-48.

Costa, D. L.; Kahn, M. E. (2000): Power Couples: Changes in the Locational Choice of the College Educated. 1940-1990. *The Quarterly Journal of Economics*, 115 (4), S. 1287-1315.

Cresswell, T. (2006): On the Move. Mobility in the modern Western World. London, New York.

DaVanzo, J. (1976): Why Families Move: A Model Of The Geographic Mobility Of Married Couples. Santa Monica.

DaVanzo, J. (1981): Repeat Migration, Information Costs, and Location-Specific Capital. *Population and Environment*, 4 (1), S. 45-73.

De Jong Gierveld, J. (2004): Remarriage, Unmarried Cohabitation, Living Apart Together: Partner Relationships Following Bereavement or Divorce. *Journal of Marriage and Family*, 66 (1), S. 236-243.
Deitch, C. H.; Sanderson, S. W. (1987): Geographic Constraints on Married Women's Careers. *Work and Occupations*, 14 (4), S. 616-634.
Dewilde, C. (2008): Divorce and the Housing Movements of Owner-Occupiers: A European Comparison. *Housing Studies*, 23 (6), S. 809-832.
Dieckmann, A. (2002): Empirische Sozialforschung. Grundlagen, Methoden, Anwendungen. 2. Aufl., Reinbek bei Hamburg.
Dienel, C.; Gerloff, A.; Lesske, L. (2004): Zukunftschancen junger Frauen in Sachsen-Anhalt. Wie kann durch Umsteuerung von Fördermitteln das Querschnittsziel Chancengleichheit besser verwirklicht werden? Abschlussbericht. Magdeburg.
Dillmann, D. A. (1978): Mail and Telephone Surveys. The Total Design Method. New York u. a.
Domsch, M.; Krüger-Basener, M. (1999): Personalplanung und -entwicklung für Dual Career Couples (DCCs). In: Von Rosenstiel, L.; Regner, E.; Domsch M. (Hrsg.): Führung von Mitarbeitern. Handbuch für erfolgreiches Personalmanagement. Stuttgart, S. 547-558.
Domsch, M.; Ladwig, A. (1997): Dual Career Couples (DCC'S). Einsichten und Aussichten für Karrierepaare und Unternehmen. *Report Psychologie*, 22 (4), S. 310-315.
Droßard, R. (2008): Verdienstabstand zwischen Frauen und Männern. — *STATmagazin* vom 26. August 2008. Wiesbaden.
Eckey, H.-F.; Kosfeld, R.; Türck, M. (2007): Pendelbereitschaft von Arbeitnehmern in Deutschland. *Raumordnung und Raumforschung*, 65 (1), S. 5-14.
Eeckhoff, J. (1995): Der Einfluss der Wohnungspolitik auf Mobilität und Flächennutzung. *Der Langfristige Kredit*, Heft 15, S. 494-498.
Empirica (2009): Vermögensbildung in Deutschland. Teil 3: Zweitwohnungen. Im Auftrag der Bundesgeschäftsstelle der Bausparkassen. Berlin
Englisch, G. (2001): Jobnomaden. Wie wir arbeiten, leben und lieben werden. Frankfurt am Main, New York.
Fahrmeir, L.; Künstler, R.; Pigeot, I.; Tutz, G. (2004): Statistik. Der Weg zur Datenanalyse. 5. Aufl., Berlin, Heidelberg, New York.
Falk, S. (2005): Geschlechtsspezifische Ungleichheit im Erwerbsverlauf. Analysen für den deutschen Arbeitsmarkt. Wiesbaden.
Farris, A. (1978): Commuting. In: Rapoport, R.; Rapoport, R. N.; Bumstead, J. M. (Hrsg.): Working couples. London, S. 100-107.
Fassmann, H.; Meusburger, P. (1997): Arbeitsmarktgeographie. Erwerbstätigkeit und Arbeitslosigkeit im räumlichen Kontext. Stuttgart.
Feijten, P. (2005): Union Dissolution, Unemployment and Moving Out of Homeownership. *European Sociological Review*, 21 (1), S. 59-71.
Feijten, P.; Mulder, C. H. (2010): Gender, divorce and housing – a life course perspective. In: Reuschke, D. (Hrsg.): Wohnen und Gender. Theoretische, politische, soziale und räumliche Aspekte. Wiesbaden, S. 175-193.
Feijten, P.; Van Ham, M. (2007): Residential mobility and migration of the divorced and separated. *Demographic Research*, 17 (Article 21), S. 623-654.

Felstead, A.; Jewson, N.; Phizacklea, A.; Walters, S. (2001): Working at Home: Statistical Evidence for Seven Key Hypotheses. *Work, Employment & Society*, 15 (2), S. 215-231.

Festinger, L. (1957): A theory of cognitive dissonance. Stanford, CA.

Fielding, A.; Halford, S. (1993): Geographies of opportunity: a regional analysis of gender-specific social and spatial mobilities in England and Wales, 1971-81. *Environment and Planning A*, 25 (10), S. 1421-1440.

Flade, A. (2007): Die sozialen Kosten des Verkehrs. In: Schöller, O.; Canzler, W.; Knie, A. (Hrsg.): Handbuch Verkehrspolitik. Wiesbaden, S. 490-509.

Flade, A.; Limbourg, M. (1999) (Hrsg.): Frauen und Männer in der mobilen Gesellschaft. Opladen.

Frändberg, L.; Vilhelmson, B. (2003): Personal mobility: a corporeal dimension of transnationalisation. The case of long-distance travel from Sweden. *Environment and Planning A*, 35 (10), S. 1751-1768.

Franz, P. (1984): Soziologie der räumlichen Mobilität: Eine Einführung. — Campus Studien Bd. 556. Frankfurt am Main, New York.

Friedrichs, J. (1998): Die Individualisierungs-These. Eine Explikation im Rahmen der Rational-Choice-Theorie. In: Friedrichs, J. (Hrsg.): Die Individualisierungs-These. Opladen, S. 33-47.

Fromhold-Eisebith, M.; Schrattenecker, W. (2006): Qualifikationsstruktur der Beschäftigten im Wandel. In: Institut für Länderkunde (Hrsg.): Nationalatlas Bundesrepublik Deutschland. Band 7: Arbeit und Lebensstandard. Heidelberg, Berlin, S. 38-39.

Fuchs, J.; Walwei, U.; Weber, B. (2005): Die „Stille Reserve" gehört ins Bild vom Arbeitsmarkt. — IAB-Kurzbericht Nr. 21. Nürnberg.

Gans, P.; Kemper, F.-J. (2003): Ost-West-Wanderungen in Deutschland – Verlust von Humankapital für die neuen Länder? *Geographische Rundschau*, 55 (6), S. 16-18.

Gerstel, N.; Gross, H. E. (1984): Commuter Marriage. A Study of Work and Family. New York, London.

Giesecke, J. (2006): Arbeitsmarktflexibilisierung und Soziale Ungleichheit. Sozioökonomische Konsequenzen befristeter Beschäftigungsverhältnisse in Deutschland und Großbritannien. — Forschung Gesellschaft. Wiesbaden.

Giesecke, J.; Groß, M. (2006): Befristete Beschäftigung. *WSI-Mitteilungen*, 56 (5), S. 247-254.

Glorius, B. (2007): Transnationale Perspektiven. Eine Studie zur Migration zwischen Polen und Deutschland. Bielefeld.

Glorius, S. (2006): Gelobtes Land im Norden. Neue Chancen für Arbeitslose in Schleswig-Holstein: Viele suchen ihr Glück als Gastarbeiter in Dänemark. *Die Zeit*, Nr. 41, S. 15.

Gottschall, K.; Voß, G. G. (2003): Entgrenzung von Arbeit und Leben. Zur Einleitung. In: Gottschall, K.; Voß, G. G. (Hrsg.): Entgrenzung von Arbeit und Leben. Zum Wandel der Beziehung von Erwerbstätigkeit und Privatsphäre im Alltag. – Arbeit und Leben im Umbruch. — Schriftenreihe zur subjektorientierten Soziologie der Arbeit und der Arbeitsgesellschaft Bd. 5. München, Mering, S. 11-33.

Götz, K. (2007): Mobilitätsstile. In: Schöller, O.; Canzler, W.; Knie, A. (Hrsg.): Handbuch Verkehrspolitik. Wiesbaden, S. 759-784.

Gräbe, S.; Ott, E. (2003): „... man muss alles doppelt haben". Wochenpendler mit Zweithaushalt am Arbeitsort. — Soziologie: Forschung und Wissenschaft Bd. 6. Münster.
Granato, N.; Haas, A.; Hamann, S.; Niebuhr, A. (2009): Arbeitskräftemobilität in Deutschland – Qualifikationsspezifische Befunde regionaler Wanderungs- und Pendlerströme. *Raumforschung und Raumordnung*, Heft 1, S. 21-33.
Green, A. E. (1995): The Geography of Dual Career Households: A Research Agenda and Selected Evidence from Secondary Data Sources for Britain. *International Journal of Population Geography*, 1 (1), S. 29-50.
Green, A. E. (1997): A Question of Compromises? Case Study Evidence on the Location and Mobility Strategies of Dual Career Households. *Regional Studies*, 31 (7), S. 641-657.
Green, A. E.; Canny, A. (2003): Geographical mobility. Family impacts. Warwick.
Green, A. E.; Hogarth, T., Shackleton, R. E. (1999a): Long distance living. Dual location households. Bristol.
Green, A. E.; Hogarth, T., Shackleton, R. E. (1999b): Longer Distance Commuting as a Substitute for Migration in Britain: A Review of Trends, Issues and Implications. *International Journal of Population Geography*, 5 (1), S. 49-67.
Gross, H. E. (1980): Dual-Career Couples Who Live Apart: Two Types. *Journal of Marriage and the Family*, 42 (3), S. 567-576.
Groß, H.; Seifert, H.; Sieglen, G. (2007): Formen und Ausmaß verstärkter Arbeitszeitflexibilisierung. *WSI-Mitteilungen*, 57 (4), S. 202-208.
Grühn, D.; Hecht, H. (2007): Generation Praktikum? Prekäre Beschäftigungsformen von Hochschulabsolventinnen und –absolventen. Hrgs. v. DGB-Bundesvorstand Bereich Jugend. Berlin.
Guldner, G. (2003): Long Distance Relationships – The Complete Guide. Proven strategies for building and maintaining a successful relationship when you have to be apart. Corona, CA.
Haas, A.; Hamann, S. (2008): Pendeln – ein zunehmender Trend, vor allem bei Hochqualifizierten. — IAB-Kurzbericht Nr. 6. Bonn.
Hackl, M. (1992): Pendler – Räumliche Bindung und der Zwang zur Mobilität. Die Trennung von Wohnort und Arbeitsort am Beispiel von Wochenendpendlern im Bayerischen Wald. Erlangen, Nürnberg.
Hägerstrand, T. (1970): What About People in Regional Science? *Papers in Regional Science*, 24 (1), S. 7-24.
Hannam, K.; Sheller, M.; Urry, J. (2006): Editorial: Mobilities, Immobilities and Moorings. *Mobilities*, 1 (1), S. 1-22.
Hanson, S.; Pratt, G. (1995): Gender, Work and Space. London, New York.
Hardill, I. (2002): Gender, Migration and the Dual Career Household. London, New York.
Hardill, I. (2004): Transnational Living and Moving Experiences: Intensified Mobility and Dual-Career Households. *Population, Space and Place*, 10 (5), S. 375-389.
Hardill, I.; Dudleston, A. C.; Green, A. E. ; Owen, D. W. (1999): Decision Making in Dual-Career Households. In: McKie, L; Bowlby, S.; Gregory, S. (Hrsg.): Gender Power and the Household. London, New York, S. 192-206.

Hardill, I.; Green, A. (2003): Remote working – altering the spatial contours of work and home in the new economy. *New Technology, Work and Employment*, 18 (3), S. 212-222.

Hardill, I.; Green, A. E.; Dudleston, A. C. (1997): The 'blurring of boundaries' between 'work' and 'home': perspectives from case studies in the East Midlands. *Area*, 29 (4), S. 335-343.

Hardill, I.; MacDonald, S. (1998): Choosing to Relocate: An Examination of the Impact of Expatriate Work on Dual-Career Households. *Women's Studies International Forum*, 21 (1), S. 21-29.

Harris, H.; Brewster, C.; Erten, C. (2005): Auslandseinsatz, aber wie? Klassisch oder alternative Formen: neueste empirische Erkenntnisse aus Europa und den USA. In: Stahl, G.; Mayrhofe, W.; Kühlmann, T. M. (Hrsg.): Internationales Personalmanagement. Neue Aufgaben, neue Lösungen. München, Mering, S. 271-291.

Harvey, D. (1989). The Condition of Postmodernity. Oxford.

Haskey, J. (2005): Living arrangements in contemporary Britain: Having a partner who usually lives elsewhere and Living Apart Together (LAT). *Population Trends* 122, S. 35-45.

Häußermann, H.; Siebel, W. (1996): Soziologie des Wohnens. Eine Einführung in Wandel und Ausdifferenzierung des Wohnens. Weinheim, München.

Hendershott, A. B. (1995): Moving for Work. The Sociology of Relocation in the 1990s. Lanham, New York, London.

Herrmann, C. (2005): Selbstorganisierte Entgrenzung der Arbeitszeit? Flexible Arbeitszeiten und neue Formen der Arbeitsorganisation. In: Seifert, H. (Hrsg.): Flexible Zeiten in der Arbeitswelt. Frankfurt am Main, S. 216-244.

Hielscher, V. (2000): Entgrenzung von Arbeit und Leben? Die Flexibilisierung von Arbeitszeiten und ihre Folgewirkungen für die Beschäftigten. Eine Literaturstudie. — Veröffentlichungsreihe der Abteilung Regulierung von Arbeit des Forschungsschwerpunkts Technik-Arbeit-Umwelt des WZB FS II 00-201. Berlin.

Hilti, N. (2007): Nicht daheim und doch zuhause? – Über das Phänomen der Multilokalität. *Schweizerisches Archiv für Volkskunde*, Heft 103, S. 181-199.

Hinz, T.; Gartner, J. (2005): Lohnunterschiede zwischen Frauen und Männern in Branchen, Berufen und Betrieben. — IAB Discussion Paper Nr. 4. Nürnberg.

Hofmeister, H. (2005): Geographic mobility of couples in the United States: Relocation and commuting trends. *Zeitschrift für Familienforschung*, 17 (2), S. 115-128.

Hogarth, T.; Daniel, W. W. (1988): Britains New Industrial Gypsies. Long Distance Weekly Commuters. — PSI Research Report Nr. 688, London.

Holst, E. (2003): Einkommensunterschiede zwischen Frauen und Männern nehmen in höheren Positionen zu. *WSI-Mitteilungen*, Heft 4, S. 243-250.

Holst, E.; Schupp, J. (2008): Situation und Erwartungen auf dem Arbeitsmarkt. In: Statistisches Bundesamt, Gesellschaft Sozialwissenschaftlicher Infrastruktureinrichtungen (GESIS-ZUMA) und Wissenschaftszentrum Berlin für Sozialwissenschaften (WZB) (2008): Datenreport 2008. Bonn, S. 122-128.

Holz-Rau, C.; Scheiner, J. (2005): Siedlungsstrukturen und Verkehr: Was ist Ursache, was ist Wirkung? *RaumPlanung*, Heft 119, S. 67-72.

Hübler, O. (2003): Geschlechtsspezifische Lohnunterschiede. *Mitteilungen aus der Arbeitsmarkt- und Berufsforschung*, 36 (4), S. 539-559.

Hunt, J. (2006): Staunching Emigration From East Germany: Age and the Determinants of Migration. *Journal of European Economic Association*, 4 (5), S. 1014-1037.

Ipsen, D. (1978): Das Konstrukt Zufriedenheit. *Soziale Welt*, 29 (1), S. 44-53.

Jäckel, M.; Rövekamp, C. (2001): Alternierende Telearbeit. Akzeptanz und Perspektiven einer neuen Form der Arbeitsorganisation. Wiesbaden.

Jacobsen, J. P.; Levin, L. M. (1997): Marriage and Migration: Comparing Gains and Losses from Migration for Couples and Singles. *Social Science Quarterly*, 78 (3), S. 688-709.

Jarvis, H. (1999): Identifying the relative mobility prospects of a variety of household employment structures, 1981-1991. *Environment and Planning A*, 31 (6), S. 1031-1046.

Jauhianinen, S. (2005): Regional Concentration of Highly Educated Couples. ERSA conference papers.

Jürges, H. (1998a): Beruflich bedingte Umzüge von Doppelverdienern. *Zeitschrift für Soziologie*, 27 (5), S. 358-377.

Jürges, H. (1998b): Einkommen und berufliche Situation von Doppelverdienern nach Umzügen. *Mitteilungen aus der Arbeits- und Berufsforschung*, 31 (2), S. 234-243.

Jürges, H. (2006): Gender ideology, division of housework, and the geographic mobility of families. *Review of Economics of the Household*, 4 (4), S. 299-323.

Junker, S. (1992): Wochenendpendler aus dem Landkreis Freyung-Grafenau. Theoretische Annäherung und qualitative Einzeluntersuchungen. — Beiträge zur Arbeitsmarkt- und Berufsforschung des IAB Bd. 164. Nürnberg.

Kaltenborn, B.; Knerr, P.; Kurth-Laatsch, S.; Gäbler, J. (2004): Hartz Evaluierung – Ausgangslage. Erster Zwischenbericht im Auftrag des Bundesministeriums für Wirtschaft und Arbeit. Berlin.

Kalter, F. (1994): Pendeln statt Migration? Die Wahl und Stabilität von Wohnort-Arbeitsort-Kombinationen. *Kölner Zeitschrift für Soziologie und Sozialpsychologie*, 46 (3), S. 460-476.

Kalter, F. (1997): Wohnortwechsel in Deutschland. Ein Beitrag zur Migrationstheorie und zur empirischen Anwendung von Rational-Choice-Modellen. Opladen.

Kalter, F. (1998): Partnerschaft und Migration. Zur theoretischen Erklärung eines empirischen Effekts. *Kölner Zeitschrift für Soziologie und Sozialpsychologie*, 50 (2), S. 283-309.

Karlsson, S. G.; Borell, K. (2002): Intimacy and Autonomy, Gender and Ageing: Living Apart Together. *Ageing International*, 27 (4), S. 11-26.

Kaufmann, V. (2002): Re-thinking Mobility: Contemporary sociology. Aldershot.

Kecskes, R. (1994): Abwanderung, Widerspruch, Passivität. Oder: Wer zieht wann um? *Zeitschrift für Soziologie*, 23 (2), S. 129-144.

Keller, B.; Seifert, H. (2005): Atypische Beschäftigungsverhältnisse und Flexicurity. In: Kronauer, M.; Linne, G. (Hrsg.): Flexicurity. Die Suche nach Sicherheit in der Flexibilität. Berlin, S. 127-147.

Kemper, F.-J. (1995): Determinanten der Wohnmobilität in Ost- und Westdeutschland. Ein Vergleich mit Hilfe von Logit-Modellen. In: Gans, P.; Kemper, F.-J. (Hrsg.): Mobilität und Migration in Deutschland. — Erfurter Geographische Studien Bd. 3. Erfurt, S. 41-49.

Kesselring, S. (2003): Eine Frage der Logistik. Karrieren im Spannungsfeld von Mobilität und Flexibilität. In: Hitzler, R.; Pfadenhauer, M. (Hrsg.): Karrierepolitik. Beiträge zur Rekonstruktion erfolgsorientierten Handelns. Opladen, S. 327-342.

Kesselring, S. (2005): New mobilities management. Mobility Pioneers between first and second modernity. *Zeitschrift für Familienforschung*, 17 (2), S. 129-143.

Kesselring, S. (2007): Globaler Verkehr – Flugverkehr. In: Schöller, O.; Canzler, W.; Knie, A. (Hrsg.): Handbuch Verkehrspolitik. Wiesbaden, S. 826-850.

Kirschner, B. F.; Walum, L. R. (1978): Two-Location Families. *Alternative Lifestyle*, 1 (4), S. 513-525.

Kister, K. (2005): Zimmerwispern. Über das Wesen des Umzugs. Eine Selbsterfahrung – nach zehn Umzügen in fünfzehn Jahren. *Süddeutsche Zeitung*, Nr. 53, 5./6. März, Seite III.

Klein, S.; Porst, R. (2000): Mail Surveys. Ein Literaturbericht. — ZUMA-Technischer Bericht 10, Mannheim.

Kloosterman, R. C.; Musterd, S. (2001): The Polycentric Urban Region: Towards a Research Agenda. *Urban Studies*, 38 (4), S. 623-633.

Koch, A. (1997): ADM-Design und Einwohnermelderegister-Stichprobe. Stichprobenverfahren bei mündlichen Bevölkerungsumfragen. In: Gabler, S. (Hrsg.): Stichproben in der Umfragepraxis. Opladen, S. 99-116.

Kofner, S. (1996): Vergleichsmietensystem und Kündigungsrecht: Reform der Regulierungen des Wohnungsmarktes? *Zeitschrift für Wirtschaftspolitik*, 45 (3), S. 397-424.

Koller, C. (2004): Liebe auf Distanz. Fernbeziehungen – und wie man sie meistert. Frankfurt am Main.

Kornemann, R. (1997): Die negativen Einflüsse des Wohnungsbaus auf die räumliche Mobilität. *Der langfristige Kredit*, 48 (10), S. 333-338.

Koslowsky, M.; Kluger, A. N.; Reich, M. (1995): Commuting stress: Causes, effects, and methods of coping. New York.

Kramer, C. (2005): Zeit für Mobilität. Räumliche Disparitäten der individuellen Zeitverwendung für Mobilität in Deutschland. — Erdkundliches Wissen Bd. 138. Stuttgart.

Kreibich, V. (1979): Zum Zwangscharakter räumlicher Mobilität. In: Jüngst, P.; Schulze-Göbel, H.-J.; Wenzel, H.-J. (Hrsg.): Stadt und Gesellschaft. Sozioökonomische Aspekte von Stadtentwicklung. *Urbs et Regio*, Sonderband 13, S. 153-210.

Kreibich, V.; Petri, A. (1982): Locational behaviour of households in a constrained housing market. *Environment and Planning A*, 14 (9), S. 1195-1210.

Kreutzer, F.; Roth, S. (Hrsg.): Transnationale Karrieren. Biografien, Lebensführung und Mobilität. Wiesbaden.

Kromrey, H. (1995): Empirische Sozialforschung. Modelle und Methoden der Datenerhebung und Datenauswertung. 7. revidierte Aufl., Opladen.

Kronauer, M.; Linne, G. (Hrsg.) (2005): Flexicurity. Die Suche nach Sicherheit in der Flexibilität. — Forschung aus der Hans Böckler Stiftung Bd. 65. Düsseldorf.

Kühnel, S. M. (1996): Gruppenvergleiche in linearen und logistischen Regressionsmodellen. *ZA-Information*, Heft 39, S. 130-160.
Küster, C. (1999): Die Zeitverwendung für Mobilität im Alltag. In: Flade, A.; Limbourg, M. (Hrsg.): Frauen und Männer in der mobilen Gesellschaft. Opladen, S. 185-206.
Kuls, W.; Kemper, F.-J. (2000): Bevölkerungsgeographie. Eine Einführung. Stuttgart.
Lanzendorf, M. (2006): „Und morgen muss ich schon wieder los" – Alltag für Hochmobile. In: Leibniz-Institut für Länderkunde (Hrsg.): Nationalatlas Bundesrepublik Deutschland. Band 12: Leben in Deutschland. Heidelberg, Berlin, S. 74-75.
Lassen, C. (2006): Aeromobility and work. *Environment and Planning A*, 38 (2), S. 301-312.
LeClere, F. B.; McLaughlin, D. K. (1997): Family migration and changes in women's earnings: A decomposition analysis. *Population Research and Policy Review*, 16 (4), S. 315-335.
Lenz, K. (2006): Soziologie der Zweierbeziehung. Eine Einführung. 3. überarbeitete Aufl., Wiesbaden.
Levin, I. (2004): Living Apart Together: A New Family Form. *Current Sociology*, 52 (2), S. 223-240.
Lichter, D. T. (1982): The Migration of Dual-Worker Families: Does the Wife's Job Matter? *Social Science Quarterly*, 63 (1), S. 48-57.
Lichter, D. T. (1983): Socioeconomic Returns to Migration Among Married Women. *Social Forces*, 62 (2), S. 487-503.
Löfgren, O. (1995): Leben im Transit? Identitäten und Territorialitäten in historischer Perspektive. *Historische Anthropologie*, 3 (3), S. 349-363.
Lohnert, B. (2002): Multilokale Haushalte und die Implikationen für die Entwicklung der Städte Südafrikas. In: Ottmer, J. (Hrsg.): Migrationsforschung & Interkulturelle Studien. Zehn Jahre IMIS. Osnabrück, S. 203-228.
Lutz, B.; Kreuz, D. (1968): Wochenendpendler. Eine Extremform des Erwerbsverhaltens in wirtschaftlich schwachen Gebieten, dargestellt am Beispiel Ostbayerns. München.
Mai, R. (2004): Abwanderung aus Ostdeutschland. Strukturen und Milieus der Altersselektivität und ihre regionalspezifische Bedeutung. Frankfurt am Main.
Manz, W.; Wittowsky, D. (2007): Fernpendeln – mit welchem Verkehrsmittel? Fallstudie aus der Region Rhein-Main zu Situation und Reagibilität in der Verkehrsmittelnutzung. *Internationales Verkehrswesen*, 59 (9), S. 400-403.
Markham, W. T.; Pleck, J. H. (1986): Sex and the willingness to move for occupational advancement: some national sample results. *Social Science Quarterly*, 27 (1), S. 121-143.
Matznetter, W. (1995): Internationaler Vergleich von Wohneigentumsquoten. In: Bundesministerium für Raumordnung, Bauwesen und Städtebau (Hrsg.): Materialband mit Sondergutachten im Auftrag der Kommission. Bonn.
Meier, L. (2006): Den Ort spüren, Distanz erfahren – Irritationen der alltäglichen Handlungen deutscher Finanzbeschäftigter in London. In: Kreutzer, F.; Roth, S. (Hrsg.): Transnationale Karrieren. Biografien, Lebensführung und Mobilität. Wiesbaden, S. 224-239.

Menard, S. (2002): Applied Logistic Regression Analysis. 2. Aufl. — Sage University Papers Series on Quantitative Applications in the Social Sciences, series no. 07-106. Thousand Oaks, CA: Sage.

Meuser, M. (2004): Wer folgt wem? Geographische Mobilität bei Doppelkarrierepaaren. In: Deutscher Hochschullehrerinnenbund (Hrsg.): Hochschulfrauen als akademische Nomaden? Vom Nutzen und Nachteil der Mobilität. Berlin, S. 70-77.

Mincer, J. (1978): Family Migration decisions. *Journal of Political Economy*, 86 (5), S. 749-773.

Mulder, C. H. (1993): Migration Dynamics. A Life Course Approach. Amsterdam.

Mulder, C. H.; Hooimeijer, P. (1999): Residential Relocations in the Life Course. In: Van Wissen, L. J. G.; Dykstra, P. A. (Hrsg.): Population Issues. An Interdisciplinary Focus. New York u. a., S. 159-186.

Odermatt, A. (1990): Zweitwohnungen in Städten – Eine Untersuchung über die Zweitwohnungsproblematik in den fünf schweizerischen Grossstädten. — Wirtschaftsgeographie und Raumplanung Bd. 7. Zürich.

Osterland, M. (1990): „Normalbiographie" und „Normalarbeitsverhältnis". In: Berger, P. A.; Hradil, S. (Hrsg.): Lebenslagen, Lebensläufe, Lebensstile. *Soziale Welt*, Sonderband 7. Göttingen, S. 351-362.

Ostermann, A. (2002): Dual-Career-Couples unter personalwirtschaftlich-systemtheoretischem Blickwinkel. Frankfurt am Main.

Ott, E.; Gerlicher, T. (1992): Die Pendlergesellschaft. Zur Problematik der fortschreitenden Trennung von Wohn- und Arbeitsort. Köln.

Pelizäus-Hoffmeister, H. (2001): Mobilität: Chance oder Risiko? Soziale Netzwerke unter den Bedingungen räumlicher Mobilität – das Beispiel freie JournalistInnen. — Forschung Soziologie Bd. 149. Opladen.

Peuckert, R. (1989): Die Commuter-Ehe als „alternativer" Lebensstil. Zur Ausbreitung einer neuen Form ehelichen und familialen „Zusammenlebens" in der individualisierten Gesellschaft. *Zeitschrift für Bevölkerungswissenschaft*, 15 (2), S. 175-187.

Pfaffenbach, C. (2002): Die Transformation des Handelns. Erwerbsbiographien in Westpendlergemeinden Südthüringens. — Erdkundliches Wissen Bd. 134. Wiesbaden.

Pischke, J.-S.; Staat, M.; Vögele, S. (1994): Arbeitslosigkeit, Löhne oder Weiterbildung: Warum pendeln Ostdeutsche in den Westen? In: König, H.; Steiner, V. (Hrsg.): Arbeitsdynamik und Unternehmensentwicklung in Ostdeutschland. Baden-Baden, S. 311-343.

Pixley, J. E.; Moen, P. (2003): Prioritizing Careers. In: Moen, P. (Hrsg.): It's about time. Ithaca u. a., S. 183-200.

Porst, R. (1999): Thematik oder Incentives? Zur Erhöhung der Rücklaufquoten bei postalischen Befragungen. *ZUMA-Nachrichten*, 23 (45), S. 72-87.

Porst, R. (2001): Wie man die Rücklaufquote bei postalischen Befragungen erhöht. — ZUMA How-to-Reihe Nr. 9. Mannheim.

Reuband, K.- H. (1999): Postalische Befragungen in den neuen Bundesländern. Durchführungsbedingungen, Ausschöpfungsquoten und soziale Zusammensetzung der Befragten in einer Großstadtstudie. *ZA-Informationen*, Nr. 45, S. 71-99.

Reuschke, D. (2008): Wohnen in Arbeitersiedlungen im Ruhrgebiet im Kontext des wirtschaftlichen und sozialen Wandels. In: Cox, H. L. (Hrsg.): Industrie-Kultur. Standorte in NRW. — Rheinisches Jahrbuch für Volkskunde Bd. 37. Siegburg, S. 99-119.

Richter, N. (2000): Verlagerung von Parlament und Regierung von Bonn nach Berlin. Auswirkungen auf das Wohnen der vom Umzug betroffenen Haushalte. — Arbeitsberichte Geographisches Institut, Humboldt-Universität zu Berlin Bd. 45. Berlin.

Rives, J. M.; West, J. M. (1992): Worker relocation costs: The role of wife's labor market behaviour. *Regional Science Perspectives*, 22 (1), S. 3-12.

Rolshoven, J. (2006): Woanders daheim. Kulturwissenschaftliche Ansätze zur multilokalen Lebensweise in der Spätmoderne. *Zeitschrift für Volkskunde*, 102 (2), S. 179-194.

Rolshoven, J. (2007): Multilokalität als Lebensweise in der Spätmoderne. *Schweizerisches Archiv für Volkskunde*, Heft 103, S. 157-179.

Rosenbaum, W. (2007): Mobilität im Alltag – Alltagsmobilität. In: Schöller, O.; Canzler, W.; Knie, A. (Hrsg.): Handbuch Verkehrspolitik. Wiesbaden, S. 549-572.

Rossi, P. H. (1980): Why Families Move. 2. Aufl., Beverly Hills, London.

Sacher, M. (1998): Berufseinstieg – gestern und heute. Ein Kohortenvergleich. In: Friedrichs, J. (Hrsg.): Die Individualisierungs-These. Opladen, S. 165-180.

Sailer, U. (1999): Wohnungsmärkte in der Transformation: Das Beispiel Ostmitteleuropa. In: Pütz, R. (Hrsg.): Ostmitteleuropa im Umbruch. Wirtschafts- und sozialgeographische Aspekte der Transformation. — Mainzer Kontaktstudium Geographie Bd. 5. Mainz, S. 69-83.

Sailer, U. (2002): Der westdeutsche Wohnungsmarkt: Grundzüge und aktuelle Entwicklungen. In: Odermatt, A.; Van Wezemael, J. E. (Hrsg.): Geographische Wohnungsmarktforschung. — Schriftenreihe Wirtschaftsgeographie und Raumplanung Bd. 32. Zürich, S. 5-38.

Sandell, S. H. (1977): Women and the Economics of Family Migration. *Review of Economics and Statistics*, 59 (4), S. 406-414.

Scheiner, J. (2006): Wohnen und Aktionsraum: Welche Rolle spielen Lebensstil, Lebenslage und Raumstruktur? *Geographische Zeitschrift*, 94 (1), S. 43-62.

Schlemmer, E. (1995): "Living apart together", eine partnerschaftliche Lebensform von Singles? In: Bertram, H. (Hrsg.): Das Individuum und seine Familie. Lebensformen, Familienbeziehungen und Lebensereignisse im Erwachsenenalter. — Serie DJI Familien-Survey Bd. 4. Opladen, S. 363-398.

Schlömer, C.; Bucher, H. (2001): Arbeitslosigkeit und Binnenwanderungen. Auf der Suche nach einem theoriegestützten Zusammenhang. *Informationen zur Raumentwicklung*, Heft 1, S. 33-47.

Schmidt-Kallert, E. (2008): Beyond the Urban Rural Divide – Tracing the Livelihood Strategies of Multi-Locational Households. (Manuskript)

Schmidt-Kallert, E.; Kreibich, V. (2004): Informelle Stadt-Land-Beziehungen. *Zeitschrift für Entwicklung und Zusammenarbeit*, Heft 12, http://www.inwent.org/E+Z/content/archiv-ger/12-2004/schwer_art5.html.

Schmitz-Köster, D. (1990): Liebe auf Distanz. Getrennt zusammenleben. Reinbek.

Schneider, N. F. (1996): Partnerschaften mit getrennten Haushalten in den neuen und alten Bundesländern. In: Bien, W. (Hrsg.): Familie an der Schwelle zum neuen Jahrtausend. Wandel und Entwicklung familialer Lebensformen. Opladen, S. 88-97.
Schneider, N. F.; Limmer, R.; Ruckdeschel, K. (2002): Berufsmobilität und Lebensform. — Schriftenreihe des Bundesministeriums für Familie, Senioren, Frauen und Jugend Bd. 208. Stuttgart.
Schneider, N. F.; Rosenkranz, D.; Limmer R. (1998): Nichtkonventionelle Lebensformen. Entstehung, Entwicklung, Konsequenzen. Opladen.
Schneider, N. F.; Ruckdeschel, K. (2003): Partnerschaften mit zwei Haushalten: Eine moderne Lebensform zwischen Partnerschaftsideal und beruflichen Erfordernissen. In: Bien, W.; Marbach, J. H. (Hrsg.): Partnerschaft und Familiengründung. Ergebnisse der dritten Welle des Familien-Survey. — Deutsches Jugendinstitut Familien-Survey Bd. 11. Opladen, S. 245-258.
Schneider, N.; Spellerberg, A. (1999): Lebensstile, Wohnbedürfnisse und räumliche Mobilität. Opladen.
Schönheit, R. (2005): Einführung der Zweitwohnungssteuer in Erfurt und Aspekte zur Auswirkung. *Statistischer Halbjahresbericht*, Heft 1, S. 3-5.
Schulte, J. (2002): Dual-career couples. Strukturuntersuchung einer Partnerschaftsform im Spiegelbild beruflicher Anforderungen. — Forschung Soziologie Bd. 151. Opladen.
Schulte, J. (2005): Dual Career Couples und ihre Koordinierungsarrangements aus der Sicht der Unternehmen. In: Solga, H.; Wimbauer, C. (Hrsg.): „Wenn zwei das Gleiche tun." – Ideal und Realität sozialer (Un)Gleichheit in Dual Career Couples. Opladen, S. 241-261.
Schulz, M. (2010): Wohnen und Fertilitätsverhalten in der DDR. In: Reuschke, D. (Hrsg.): Wohnen und Gender. Theoretische, politische, soziale und räumliche Aspekte. Wiesbaden, S. 117-128.
Schulze Buschoff, K. (2000): Über den Wandel der Normalität im Erwerbs- und Familienleben. Vom Normalarbeitsverhältnis und der Normalfamilie zur Flexibilisierung und zu neuen Lebensformen? — WZB papers P00-511. Berlin.
Seibert, H. (2007): Frühe Flexibilisierung? Regionale Mobilität nach der Lehrausbildung in Deutschland zwischen 1977 und 2004. — IAB Discussion Paper Nr. 9. Nürnberg.
Seidenspinner, G.; Keddi, B.; Wittmann, S.; Gross, M.; Hildebrandt, K.; Strehmel, P. (1996): Junge Frauen heute – Wie sie leben, was sie anders machen. Ergebnisse einer Längsschnittstudie über familiale und berufliche Lebenszusammenhänge junger Frauen in Ost- und Westdeutschland. Opladen.
Senatsverwaltung für Stadtentwicklung Berlin (2005): Berliner Mietspiegel 2005. Berlin.
Sennett, R. (2000): Der flexible Mensch. 2. Aufl., Berlin.
Sheller, M.; Urry, J. (2006): The new mobilities paradigm. *Environment and Planning A*, 38 (2), S. 207-226.
Shihadeh, E. S. (1991): The Prevalence of Husband-Centered Migration: Employment Consequences for Married Mothers. *Journal of Marriage and the Family*, 53 (2), S. 432-444.
Silberstein, L. R. (1992): Dual-Career marriage: a system in transition. Hillsdale, New Jersey.

Sjaastad, L. A. (1962): The Costs and Returns of Human Migration. *Journal of Political Economy*, 70 (5), S. 80-93.
Smits, J. (1999): Family Migration and the Labour-Force Participation of Married Women in the Netherlands, 1977-1996. *International Journal of Population Geography*, 5 (2), S. 133-150.
Smits, J. (2001): Career Migration, Self-selection and the Earnings of Married Men and Women in the Netherlands, 1981-93. *Urban Studies*, 38 (3), S. 541-562.
Smits, J.; Mulder, C. H.; Hooimeijer, P. (2003): Changing gender roles, shifting power balance and long-distance migration of couples. *Urban Studies*, 40 (3), S. 603-613.
Snaith, J. (1990): Migration and Dual Career Households. In: Johnson, J. H.; Salt, J. (Hrsg.): Labour Migration. The Internal Geographical Mobility of Labour in the Developed World. London, S. 155-171.
Solga, H.; Rusconi, A.; Krüger, H. (2005): Gibt der ältere Partner den Ton an? Die Alterskonstellation in Akademikerpartnerschaften und ihre Bedeutung für Doppelkarrieren. In: Solga, H.; Wimbauer, C. (Hrsg.): "Wenn zwei das Gleiche tun..." – Ideal und Realität sozialer (Un-)Gleichheit in Dual Career Couples. Opladen, S. 27-52.
Solga, H.; Wimbauer, C. (2005): "Wenn zwei das Gleiche tun..." – Ideal und Realität sozialer (Un-)Gleichheit in Dual Career Couples. Eine Einleitung. In: Solga, H.; Wimbauer, C. (Hrsg.): "Wenn zwei das Gleiche tun..." – Ideal und Realität sozialer (Un-) Gleichheit in Dual Career Couples. Opladen, S. 9-25.
Song-Chul, K. (2001): „Weekend Couples" among Korean Professionals: An Ethnography of Living Apart on Weekdays. *Korea Journal*, http://www.ekoreajournal.net/archive.
Sozialreferat der Landeshauptstadt München (2007): Mietspiegel für München 2007. Informationen zur ortsüblichen Vergleichsmiete. München.
Spellerberg, A. (1997): Zufriedenheit in Lebensbereichen. In: Statistisches Bundesamt (Hrsg.): Datenreport 1997. Zahlen und Fakten über die Bundesrepublik Deutschland. Bonn, S. 441-449.
Spitze, G. (1984): The effect of family migration on wives' employment: How long does it last? *Social Science Quarterly*, 65 (1), S. 21-36.
Stadtmüller, S.; Porst, R. (2005): Zum Einsatz von Incentives bei postalischen Befragungen. — ZUMA How-to-Reihe Nr. 14, Mannheim.
Statistisches Bundesamt (2002): Statistisches Jahrbuch 2002. Wiesbaden.
Statistisches Bundesamt (2005a): Leben und Arbeiten in Deutschland. Mikrozensus 2004. Wiesbaden.
Statistisches Bundesamt (Hrsg.) (2005b): Datenreport 2004. — Schriftenreihe Band 450. Bonn.
Statistisches Bundesamt (Hrsg.) (2006): Datenreport 2006. — Schriftenreihe Band 544. Bonn.
Statistisches Bundesamt (2007): Bevölkerung und Erwerbstätigkeit. Haushalte und Familien. Ergebnisse des Mikrozensus 2005 — Fachserie 1, Reihe 3. Wiesbaden.
Statistisches Bundesamt (2008): Statistisches Jahrbuch 2008. Wiesbaden.
Statistisches Bundesamt (2009): Zuhause in Deutschland. Ausstattung und Wohnsituation privater Haushalte Ausgabe 2009. Wiesbaden.

Steinbrink, M. (2009): Leben zwischen Land und Stadt. Migration, Translokalität und Verwundbarkeit in Südafrika. Wiesbaden.
Steinführer, A. (2004): Wohnstandortentscheidungen und städtische Transformation. Vergleichende Fallstudien in Ostdeutschland und Tschechien. — Stadtforschung aktuell Bd. 99. Wiesbaden.
Stölting, V. (2006): Mobile Lebensformen – Motive und Trends. Dortmund. (unveröffentlichtes Manuskript)
Straver, C. J. (1981): Unmarried Couples. Different from Marriage? *Alternative lifestyles*, 4 (1), S. 43-74.
Struck, O. (2006): Flexibilität und Sicherheit. Empirische Befunde, theoretische Konzepte und institutionelle Gestaltung von Beschäftigungsstabilität. — Forschung Gesellschaft. Wiesbaden.
Sturm, G.; Meyer, K. (2008): „Hin und her" oder „hin und weg" – zur Ausdifferenzierung großstädtischer Wohnsuburbanisierung. *Informationen zur Raumentwicklung*, Heft 3/4, S. 229-243.
Sturm, G.; Meyer, K. (2009): Was können Melderegister deutscher Großstädte zur Analyse residenzieller Multilokalität beitragen? *Informationen zur Raumentwicklung*, Heft 1/2, S. 15-29.
Taylor, M. (2006): Tied migration and subsequent employment: Evidence from couples in Britain. ISER Working Paper 2006-05. Colchester: University of Essex.
Terwey, M. (2008): Generelle Hinweise zur Auswertung der ALLBUS-Daten: Stichprobentypen und Gewichtungen. In: Terwey, M.; Bens, A.; Baumann, H.; Baltzer, S. (2008): Datenhandbuch ALLBUS 2006. — ZA-Nr. 4500. Mannheim, Köln. S. 12-18.
Terwey, M.; Bens, A.; Baumann, H.; Baltzer, S. (2008): Datenhandbuch ALLBUS 2006. — ZA-Nr. 4500. Mannheim, Köln.
Timm, U. (2008): Wohnsituation in Deutschland 2006. Ergebnisse der Mikrozensus-Zusatzerhebung. Korrigierte Fassung, April 2008. *Wirtschaft und Statistik*, Heft 2, S. 113-122.
Trost, J. (1995): Ehen und andere dyadischer Beziehungen. In: Nauck, B.; Onnen-Isemann, C. (Hrsg.): Familie im Brennpunkt von Wissenschaft und Forschung. Berlin, S. 343-355.
Trost, J. (1998): LAT relationships now and in the future. In: Koen, M. (Hrsg.): The Family. Contemporary Perspectives and Challenges. Leuven, S. 209-220.
Urban, D.; Mayerl, J. (2006): Regressionsanalyse: Theorie, Technik und Anwendung. 2. überarb. Aufl., Wiesbaden.
Van der Klis, M.; Karsten, L. (2005): Dual Residences and the Meaning of Home. Paper presented at the OTB International Conference 'Doing, thinking, feeling home: the mental geography of residential environments', October 14/15th, Delft.
Van der Klis, M.; Mulder, C. H. (2008): Beyond the trailing spouse: the commuter partnership as an alternative to family migration. *Journal of Housing and the Built Environment*, 23 (1), S. 1-19.
Van Ham; M., Mulder, C. H.; Hooimeijer, P. (2001): Spatial flexibility in job mobility: macrolevel opportunities and microlevel restrictions. *Environment and Planning A*, 33 (5), S.921-940.

Van Ommeren, J. N.; Rietveld, P.; Nijkamp, P. (1998): Spatial Moving Behavior of Two-Earner Households. *Journal of Regional Science*, 38 (1), S. 23-41.
Verwiebe, R.; Müller, M. C. (2006): Gelungene Integration in den Arbeitsmarkt? Die flexiblen Biografien transnational mobiler Europäer zu Beginn des 21. Jahrhunderts. *Berliner Journal*, 16 (1), S. 95-114.
Vielhaber, C. (1987): Sekundäre Aktionsräume von Wochenpendlern. In: Husa, K.; Vielhaber, C.; Wohlschlägl, H. (Hrsg.): Beiträge zur Bevölkerungsforschung. — Abhandlungen zur Geographie und Regionalforschung Bd. 1. Wien, S. 163-188.
Vignal, C. (2006): Devenir ‚célibataire géographique'? Arbitrages conjugaux et familiaux suite à la délocalisation d'une usine. In: Bertaux-Wiame, I.; Tripier, P. (Hrsg.): Les intermittents du foyer. Couples et mobilité professionnelle — Cahiers du Genre 41. Paris, S. 139-157.
Villeneuve-Gokalp, C. (1997): Vivre en couple chacun chez soi. *Population*, 52 (5), S. 1059-1082.
Vonderau, A. (2003): Geographie sozialer Beziehungen. Ortserfahrungen in der mobilen Welt. — Berliner ethnographische Studien Bd.4. Münster.
Wagner, G. (1992): Arbeitslosigkeit, Abwanderung und Pendeln von Arbeitskräften der neuen Bundesländer. *Sozialer Fortschritt*, 41 (4), S. 84-89.
Wagner, G. (1998): Migration before and after Unification: Empirical Evidence and Policy Implications for Germany. In: Wagner, G. (Hrsg.): Policy priorities for the unified Korean economy. Seoul, S. 91-121.
Wagner, M. (1989): Räumliche Mobilität im Lebensverlauf. Eine empirische Untersuchung sozialer Bedingungen der Migration. Stuttgart.
Wagner, M. (1990): Wanderungen im Lebenslauf. In: Mayer, K. U. (Hrsg.): Lebensläufe und sozialer Wandel. *Kölner Zeitschrift für Soziologie und Sozialpsychologie,* Sonderheft 31. Wiesbaden, S. 212-238.
Wagner, M. (1992): Zur Bedeutung räumlicher Mobilität für den Erwerbsverlauf bei Männern und Frauen. In: Akademie für Raumforschung und Landesplanung (ARL) (Hrsg.): Regionale und biographische Mobilität im Lebensverlauf. — Forschungs- und Sitzungsberichte Bd. 189. Hannover, S. 149-167.
Weichhart, P. (1987): Wohnsitzpräferenzen im Raum Salzburg. Subjektive Dimensionen der Wohnqualität und die Topographie der Standortbewertung – Ein mikroanalytischer Beitrag zur Propädeutik der Wanderungstheorie. — Salzburger Geographische Arbeiten Bd. 15. Salzburg.
Weiske, C.; Petzold, K.; Zierold, D. (2009): Multilokale Haushaltstypen. Bericht aus dem DFG-Projekt "Neue multilokale Haushaltstypen" (2006-2008). *Informationen zur Raumentwicklung*, Heft 1/2, S. 67-75.
Wendl, P. (2005): Gelingende Fern-Beziehung: Entfernt zusammen wachsen; Übersicht über Gefühlsentwicklungen, ausführliche Tipps und Regeln, ein Frage-Antwort-Katalog und Selbsthilfe-Fragebögen für die Beziehung auf Distanz. Freiburg im Breisgau.
Werlen, B. (1993): Gibt es eine Geographie ohne Raum? Zum Verhältnis von traditioneller Geographie und zeitgenössischen Gesellschaften. *Erdkunde*, 47 (4), S. 241-255.

Werlen, B. (1997): Wirtschaftsgeographie globalisierter Lebensformen. In: Aufhauser, E., Wohlschlägl, H. (Hrsg.): Akutelle Strömungen der Wirtschaftsgeographie im Rahmen der Humangeographie. — Beiträge zur Bevölkerungs- und Sozialgeographie Bd. 6. Wien, S. 88-98.

Wiedenbeck, M.; Züll, C. (2001): Klassifikation mit Clusteranalyse. Grundlegende Techniken hierarchischer und K-means-Verfahren. — ZUMA How-to-Reihe Nr. 10. Mannheim.

Wimbauer, C. (1999): Organisation, Geschlecht, Karriere. Fallstudien aus einem Forschungsinstitut. — Studien zur Wissenschafts- und Organisationssoziologie Bd. 1. Opladen.

Windzio, M. (2004a): Der Einfluss der Arbeitslosigkeit auf die Mobilität zwischen regionalen Arbeitsmärkten in Westdeutschland. *Kölner Zeitschrift für Soziologie und Sozialpsychologie*, 56 (2), S. 257-278.

Windzio, M. (2004b): Zwischen Nord- und Süddeutschland: Die Überwindung räumlicher Distanzen bei der Arbeitsmarktmobilität. *Zeitschrift für Arbeitsmarktforschung*, 37 (1), S. 29-44.

Winfield, F. E. (1985): Commuter Marriage: Living Together, Apart. New York.

Wirth, H.; Müller, W. (2006): Mikrodaten der amtlichen Statistik – Ihr Potenzial in der empirischen Sozialforschung. In: Diekmann, A. (Hrsg.): Methoden der Sozialforschung. *Kölner Zeitschrift für Soziologie und Sozialpsychologie*, Sonderheft 44/2004. Wiesbaden, S. 93-127.

Wirtschaft und Statistik (1966): Verkehr. Wochenendpendler und benutzte Verkehrsmittel. Ergebnis des Mikrozensus April 1964. Heft 7, S. 435-437.

Wolpert, J. (1965): Behavioral Aspects of the Decision to Migrate. *Papers of the Regional Science Association*, 15 (1), S. 159-169.

Zaiceva, A. (2007): East-West Migration and Gender: Is there a "Double Disadvantage" vis-à-vis Stayers? — IZA Discussion Paper Series Nr. 2810. Bonn.

Zelinsky, W. (1971): The Hypothesis of the Mobility Transition. *Geographical Review*, 61 (2), S. 219-249.

Anhang

Anhang-Tab. 1: Merkmale aller Befragten in der Gesamtstichprobe

	Männer	Frauen	gesamt
Männer-/Frauenanteil	48,9%	51,1%	-
Alter (Jahre), arithm. Mittel / Median	35,6 / 33,0	33,8 / 31,0	34,7 / 32,0
(Standardabweichung)	(8,84)	(7,95)	(8,44)
Familienstand			
verheiratet	34,4%	31,5%	32,9%
geschieden/getrennt lebend	8,6%	10,2%	9,4%
ledig	57,0%	57,6%	57,3%
Haushaltsform			
Lebensgemeinschaft mit Kind	21,7%	18,0%	19,8%
Lebensgemeinschaft ohne Kind	35,6%	37,9%	36,8%
allein erziehend	1,4%	5,7%	3,6%
allein wohnend	40,7%	37,6%	39,1%
ohne feste/n Partner/in	26,8%	25,4%	26,1%
Alter des jüngsten Kindes im Haushalt			
ohne Kind	76,9%	76,3%	76,6%
jüngstes Kind < 6 Jahre	14,1%	15,8%	15,0%
jüngstes Kind >= 6 Jahre	9,0%	7,9%	8,4%
höchster Schulabschluss			
Volksschul-/Hauptschulabschluss	7,8%	4,8%	6,3%
Mittlere Reife	16,1%	17,5%	16,8%
Fachhochschulreife	0,9%	0,5%	0,7%
(fachgebundene) Hochschulreife	74,6%	76,8%	75,7%
höchster Ausbildungsabschluss			
(noch) kein Abschluss	8,5%	6,0%	7,3%
Lehre/gleichwertiger Abschluss	22,2%	25,0%	23,6%
Fachschulabschluss/ Meister/in	8,0%	8,8%	8,4%
Fachhoch-/Hochschulabschluss	61,3%	60,2%	60,8%
Haushaltsnettoeinkommen nach Anzahl Personen im HH[1]			
unter 2000 EUR im Einpersonenhaushalt	67,4%	81,1%	74,2%
4000 EUR und mehr im Zweipersonenhaushalt	25,4%	26,2%	25,8%
> 5000 EUR im Dreipersonenhaushalt und mehr	23,2%	11,8%	17,6%
Erwerbsstatus			
erwerbstätig	79,0%	71,1%	75,1%
arbeitslos/Arbeit suchend	6,7%	5,8%	6,3%
in Ausbildung	12,3%	12,7%	12,5%
Mutterschutz/Elternzeit	0,5%	5,6%	3,1%
Hausfrau/Hausmann	0,1%	3,3%	1,7%

(Anhang-Tab. 1 Fortsetzung)

	Männer	Frauen	gesamt
Erwerbstätige mit befristetem Beschäftigungsverhältnis	17,1%	19,5%	18,3%
Erwerbstätige, die selbständig/freiberuflich tätig sind	10,9%	11,2%	11,0%
Erwerbstätige mit Beamtenstatus	2,5%	12,8%	10,2%
berufliche Stellung von Erwerbstätigen[2]			
gering qualifiziert	10,8%	9,0%	9,9%
qualifiziert	23,5%	44,3%	33,6%
hoch qualifiziert	65,7%	46,7%	56,5%
berufliche Stellung von Akademiker/innen			
gering qualifiziert	1,2%	3,2%	2,2%
qualifiziert	11,2%	29,8%	20,1%
hoch qualifiziert	87,6%	67,0%	77,7%
Wohnlage im Befragungsgebiet			
Innenstadt	36,0%	39,8%	38,0%
zwischen Innenstadt und Stadtrand	41,8%	41,3%	41,5%
am Stadtrand	22,2%	18,9%	20,5%
Wohngebäudetyp im Befragungsgebiet			
Einfamilienhaus/Zweifamilienhaus	7,2%	8,6%	7,9%
Wohngebäude mit bis zu 4 Wohneinheiten	15,2%	15,0%	15,1%
Wohngebäude mit 5 bis 8 Wohneinheiten	33,0%	32,6%	32,8%
Wohngebäude mit mehr als 8 Wohneinheiten	44,6%	43,8%	44,2%
Wohnstatus im Befragungsgebiet			
Miete (Hauptmieter/in)	85,2%	84,4%	84,8%
Wohneigentum	11,5%	11,7%	11,6%
n gesamt	981	1026	2007
n Haushaltsnettoeinkommen in Einpersonenhaushalt (1-P-HH)	380	380	760
n Haushaltsnettoeinkommen in 2-P-HH	347	404	751
n Haushaltsnettoeinkommen in 3-P-HH und mehr	220	211	431
n Erwerbstätige nach Befristung d. Beschäftigungsverhältnisses	764	728	1492
n Erwerbstätige nach Selbständigkeit/Beamtenstatus	764	725	1489
n Erwerbstätige nach beruflicher Stellung	746	700	1446
n berufliche Stellung von Akademiker/innen	507	467	974
n Befragte in Befragungsgebieten mit Angaben zum Wohnen	974	1007	1981

Durch Rundungen oder Weglassen gering besetzter Kategorien werden bei den prozentualen Anteilen in der Summe nicht immer 100 % erreicht.

[1] Die Frage nach dem Haushaltsnettoeinkommen erwies sich mit n = 62 bzw. 3,1 % fehlenden Werten weniger "heikel" als erwartet.
[2] Operationalisierung beruflicher Stellungen siehe Fußnote 50.
Quelle: eigene Auswertung

Anhang-Tab. 2: Gruppenvergleich Fernwandernde (Gruppe 1) und Nahwandernde (Gruppe 0), nur Erwerbstätige

	alle Befragte		Männer		Frauen	
	B	SE(B)	B	SE(B)	B	SE(B)
Modell I						
Alter (Jahre)	-0,024 ***	0,009	-0,034 **	0,014	-0,028 **	0,014
kein/e Partner/in	0,478 **	0,240	0,435	0,412	0,747 **	0,333
Kind im Haushalt (ja)	0,214	0,192	0,244	0,273	0,159	0,293
im Wohneigentum (ja)	-0,736 ***	0,204	-0,816 ***	0,298	-0,677 **	0,302
Stellung im Beruf (Referenzkategorie: hoch qualifiziert)						
gering qualifiziert	-0,390	0,265	-1,009 ***	0,333	0,223	0,477
qualifiziert	-0,926 ***	0,155	-1,114 ***	0,251	-0,805 ***	0,231
Modell II (wie Modell I ohne Stellung im Beruf)						
Fachhoch-/Hochschulabschluss	0,894 ***	0,158	1,114 ***	0,229	0,684 ***	0,221
n	1224		531		522	
Chi Quadrat-Wert (df)	65,382(8)		45,552(7)		29,198(7)	
-2 Log-Likelihood	1173,883		490,828		523,815	

Dargestellt sind logistische Regressionskoeffizienten, Kontrollvariablen: Haushaltsnettoeinkommen, Lebensgemeinschaft (ja/nein), Geschlecht (Gesamtmodell)
Signifikanzniveau: ** = 5 %, *** = 1 %
Quelle: eigene Auswertung

Anhang-Tab. 3: Shuttles mit einer großen selbst gesteuerten Variation der täglichen Arbeitszeit nach signifikanten Merkmalen

	Männer			Frauen		
	B	SE(B)	Exp(B)	B	SE(B)	Exp(B)
Alter (Jahre)	0,084 ***	0,028	1,088	-0,011	0,030	0,989
Paarkonstellation (Ref. kat.: getrennter HH)						
Partner/in, gemeinsamer Haushalt	0,587	0,589	1,798	1,016	0,679	2,762
kein/e Partner/in	1,031	0,730	2,804	1,320 *	0,734	3,744
Kind im Haushalt (ja)	-0,189	0,565	0,827	0,534	0,753	1,706
hoch qualifiziert erwerbstätig (ja)	1,228 **	0,483	3,415	0,019	0,509	1,019
befristeter Arbeitsvertrag (ja)	0,612	0,620	1,845	1,171 *	0,610	3,226
tatsächliche Wochenarbeitszeit >= 45 h	1,445 *	0,764	4,242	-	-	-
n	125			88		
Chi Quadrat-Wert (df)	31,114(7)			7,111(6)		
-2 Log-Likelihood	135,383			114,474		

Dargestellt sind logistische Regressionskoeffizienten.
Signifikanzniveau: * = 10 %, ** = 5 %, *** = 1 %
Quelle: eigene Auswertung

Anhang-Tab. 4: Clusterung der Mittelwerte der Wohnungsbedürfnis-Faktoren für die berufliche Zweitwohnung

	Cluster 1	Cluster 2	Cluster 3
Faktor 1 (Wohnfläche/Wohnungsgrundriss)	-0,0452	-0,6980	1,3256
Faktor 2 (Freizeit-/Nutzungsqualität)	-1,5010	0,4311	0,3963
n	37	83	37

Cluster 1 = Shuttles mit unterdurchschnittlichen Wohnungsansprüchen
Cluster 2 = Shuttles mit hohen Ansprüchen an Freizeit- und Nutzungsqualität
Cluster 3 = Shuttles mit überdurchschnittlichen Wohnungsansprüchen

Quelle: eigene Auswertung

Anhang-Tab. 5: Anteile wichtiger Wohnumfeldmerkmale nach ermittelten Wohntypen für den beruflichen Zweitwohnsitz, in Prozent

	Typ 1 hohe Ansprüche und große Wohnung	Typ 2 geringe Ansprüche u. einfache Wohnung	Typ 3 hohe Ansprüche an Freizeit-/ Nutzungsqualität erfüllt	Typ 4 defizitäre Wohnungsoptimierung	Typ 5 besser ausgestattet als gewünscht
Geschäfte wichtig	100	86	93	96	100
davon: sehr wichtig	63	23	57	42	55
Freizeit/ Kultur wichtig	88	38	71	78	73
davon: sehr wichtig	31	10	18	31	23
Gastronomie wichtig	75	48	74	69	59
davon: sehr wichtig	38	5	16	16	18
grün wichtig	94	52	89	94	82
davon: sehr wichtig	56	24	30	52	46
ruhig wichtig	94	73	93	96	91
davon: sehr wichtig	69	14	39	48	32
gute Nachbarschaft wichtig	69	24	41	64	59
davon: sehr wichtig	31	0	5	8	5
n	17	22	44	51	22

Quelle: eigene Auswertung

Anhang-Tab. 6: Merkmale der Zugezogenen ohne weitere Wohnung nach städtischer Wohnlage in den Metropolen

Referenzkategorie: Innenstadt	Innenstadtrand			Stadtrand		
	B	SE(B)	Exp(B)	B	SE(B)	Exp(B)
Modell I						
Geschlecht (Frauen)	-0,125	0,122	0,883	-0,367 **	0,151	0,693
Alter (Jahre)	0,017 **	0,008	1,017	0,018 **	0,009	1,018
Paarkonstellation						
(Referenzkat.: getrennter Haushalt)						
Partner/in, gemeinsamer Haushalt	0,419 **	0,164	1,520	0,715 ***	0,214	2,045
kein/e Partner/in	0,243	0,177	1,276	0,138	0,241	1,148
Kind im Haushalt (ja)	0,394 **	0,166	1,482	0,688 ***	0,194	1,989
Pro-Kopf-Einkommen (stand.)	-0,008	0,074	0,992	0,163 *	0,092	1,177
Anzahl überregionaler Umzüge	-0,115 *	0,065	0,891	-0,251 ***	0,087	0,778
(in vergangenen 10 J., stand.)						
hoch qualifiziert erwerbstätig (ja)	-0,142	0,148	0,868	-0,613 ***	0,180	0,542
Nahwandernde (ja)	0,360 **	0,166	1,434	0,565 ***	0,191	1,760
Modell II						
in Ausbildung (ja)	-0,574 ***	0,200	0,563	-0,719 ***	0,277	0,487
n	1518					
Chi Quadrat-Wert (df), Modell I	122,093(11)					
-2 Log-Likelihood	2977,042					

Dargestellt sind logistische Regressionskoeffizienten.
Signifikanzniveau: * = 10 %, ** = 5 %, *** = 1 %.
Modell I unter Kontrolle des Erwerbsstatus (erwerbstätig), Modell II ohne Variablen "erwerbstätig" und "hoch qualifiziert erwerbstätig".
Lesebeispiel: Mit zunehmendem Alter (Zeile 2) wohnen Zugezogene häufiger im Innenstadtrand (Spalte 1) und am Stadtrand (Spalte 2) als in der Innenstadt (Referenzkategorie).
Quelle: eigene Auswertung

Anhang-Tab. 7: Faktorladungen für die Bewertung des Shuttelns in verschiedenen Lebensbereichen

	Faktor 1	Faktor 2	Faktor 3
Hobbys	**0,841**	0,064	0,049
soziale Kontakte/Freunde	**0,796**	0,290	-0,063
Alltag/Alltagsgestaltung	**0,730**	0,283	0,132
Familie/Kinder/Familienplanung	0,127	**0,829**	-0,001
Partnerschaft	0,122	**0,785**	0,075
Wohnen/Wohnqualität	0,368	**0,637**	0,071
Gesundheit/Stress	0,447	0,546	0,110
persönliches Einkommen	0,011	0,115	**0,840**
berufliche Entwicklung/Karriere	0,112	-0,116	**0,755**
finanzielle Ausgaben	0,001	0,168	**0,755**
Faktor 1 = Sozialleben			
Faktor 2 = Häuslicher Bereich			
Faktor 3 = Karriere/Geld			

N = 202, dargestellt ist die rotierte Komponentenmatrix (Varimax-Rotation mit Kaiser-Normalisierung), <u>schattiert</u>: höchste Faktorladungen.
Aufgeklärte Varianz: 64 %, Extraktionsmethode: Hauptkomponentenanalyse.
Quelle: eigene Auswertung

Anhang-Tab. 8: Bewertung der multilokalen Haushaltsorganisation im Bereich „Sozialleben" nach Merkmalen von Shuttles

	Männer		Frauen	
	B	SE(B)	B	SE(B)
Paarkonstellation				
(Referenzkat.: Partner/in, getrennte Haushalte)				
Partner/in, gemeinsamer Haushalt	-0,282 **	0,252	0,015	0,304
kein/e Partner/in	0,053	0,304	0,328 ***	0,342
Kind im Haushalt (ja)	0,138	0,215	-0,115	0,402
Dauer der Lebensform (Jahre)	0,216 **	0,027	-	-
Herkunftsort (Referenzkat.: Großstadt)				
Mittelstadt	0,063	0,222	-0,033	0,329
Kleinstadt/Landgemeinde	-0,043	0,209	-0,197 *	0,269
wöchentliches Pendeln (ja)	-0,197 **	0,194	-	-
n	115		77	
R Quadrat korr.	0,14		0,10	

Dargestellt sind standardisierte Beta-Gewichte; Kontrollvariablen: Alter (Jahre), Entfernung der Wohnorte (km), Skala (Items): -2 = sehr negativ, 2 = sehr positiv, Signifikanz: * = 10 %, ** = 5 %, *** = 1 %
Quelle: eigene Auswertung

Anhang-Tab. 9: Bewertung der multilokalen Haushaltsorganisation im Bereich „Karriere/Geld" nach Merkmalen von Shuttles

	Männer		Frauen	
	B	SE(B)	B	SE(B)
Paarkonstellation (Referenzkat.: Partnerin, getrennte Haushalte)				
Partnerin, gemeinsamer Haushalt	-0,105	0,265	-	-
keine Partnerin	-0,132	0,311	-	-
Kind im Haushalt (ja)	0,239 **	0,227	-	-
hohe berufliche Stellung (ja)	0,125	0,206	-	-
befristetes Arbeitsverhältnis (ja)	0,198 **	0,239	-	-
Anzahl überregionaler Umzüge (in vergangenen 10 J.)	-	-	-0,353 ***	0,065
Zuzugsmotiv: Berufseinstieg (ja)	-	-	0,196 *	0,271
n	115		78	
R Quadrat korr.	0,07		0,10	

Dargestellt sind standardisierte Beta-Gewichte, Kontrollvariable: Alter (Jahre).
Skala (Items): -2 = sehr negativ, 2 = sehr positiv,
Signifikanzniveau: * = 10 %, ** = 5 %, *** = 1 %
Quelle: eigene Auswertung

Anhang-Tab. 10: Bewertung der multilokalen Haushaltsorganisation im Bereich „Gesundheit/Stress", nur Frauen

	B	SE(B)	B	SE(B)
Alter (Jahre)	0,273 **	0,013	0,184 *	0,012
Aufgabe d. Zweitwohnung geplant (ja)	-		-0,306 ***	0,207
Kind im Haushalt (ja)	-0,139	0,341	-	-
tatsächliche Wochenarbeitszeit (in h)	-0,243 **	0,007	-	-
befristetes Arbeitsverhältnis (ja)	-0,146	0,247	-	-
Herkunftsort (Referenzkat.: Großstadt)				
Mittelstadt	0,237 **	0,257	-	-
Kleinstadt/Landgemeinde	0,083	0,223	-	-
n	81		80	
R Quadrat korr.	0,20		0,13	

Dargestellt sind standardisierte Beta-Gewichte.
Signifikanzniveau: * = 10 %, ** = 5 %, *** = 1 %
Skala: -2 = sehr negativ, 2 = sehr positiv
Quelle: eigene Auswertung

Anhang-Tab. 11: Determinanten des Negativ-Index nach Geschlecht

	Männer		Frauen	
	B	SE(B)	B	SE(B)
Kind im Haushalt (ja)	-0,223 **	0,594	0,045	0,915
Vollzeit erwerbstätig (ja)	-	-	-0,023	0,795
hohe berufliche Stellung (ja)	-0,058	0,550	-	-
Entfernung der Wohnorte (km)	0,166 *	0,001	0,118	0,001
Dauer der multilok. Lebensform (Jahre)	-0,283 ***	0,075	0,068	0,091
im Wohneigentum (Haupthaushalt)	0,029	0,482	-0,243 **	0,579
wöchentliches Pendeln (ja)	0,169 *	0,541	0,174 *	0,531
Aufgabe der Zweitwohnung geplant (ja)	-	-	0,425 ***	0,561
n	115		77	
R Quadrat korr.	0,13		0,32	

Dargestellt sind standardisierte Beta-Gewichte; Kontrollvariablen: Alter (Jahre), Paarkonstellation (Partner/in gemeinsamer/getrennter Haushalt, kein/e Partner/in).
Signifikanzniveau: * = 10 %, ** = 5 %, *** = 1 %
Quelle: eigene Auswertung

Anhang-Tab. 12: Determinanten des Positiv-Index nach Geschlecht

	Männer		Frauen	
	B	SE(B)	B	SE(B)
Anzahl überregionaler Umzüge (in vergangenen 10 J.)	-0,054	0,140	-0,340 ***	0,159
Dauer der multilok. Lebensform (Jahre)	0,303 ***	0,066	0,194 *	0,083
Entfernung der Wohnorte (km)	-0,081	0,001	-0,212 *	0,001
wöchentliches Pendeln (ja)	-0,226 **	0,464	-0,233 **	0,520
n	110		78	
R Quadrat korr.	0,08		0,12	

Dargestellt sind standardisierte Beta-Gewichte; Kontrollvariablen: Alter (Jahre), Haushaltssituation (Lebensgemeinschaft, Kind), kein/e Partner/in.
Signifikanzniveau: * = 10 %, ** = 5 %, *** = 1 %
Quelle: eigene Auswertung

Anhang

Anhang-Tab. 13: Bewertung der multilokalen Haushaltsorganisation im „Häuslichen Bereich" nach Merkmalen von Shuttles

	Männer		Frauen	
	B	SE(B)	B	SE(B)
Dauer der multilok. Lebensform (Jahre)	0,206 **	0,028	0,060	0,039
Herkunftsort (Referenzkat.: Großstadt)				
Mittelstadt	-	-	0,255 **	0,328
Kleinstadt/Landgemeinde	-	-	0,118	0,265
im Wohneigentum im Haupthaushalt	-	-	0,156	0,251
n	117		77	
R Quadrat korr.	0,04		0,08	

Dargestellt sind standardisierte Beta-Gewichte, Kontrollvariablen: Alter (Jahre), Anzahl Personen im HH. Signifikanz: ** = 5 %, Skala (Items): -2 = sehr negativ, 2 = sehr positiv
Quelle: eigene Auswertung

Anhang-Tab. 14: Vergleich von Befragten in einer Fernbeziehung (Gruppe 1) mit LATs in kleinräumiger Distanzbeziehung (Gruppe 0)

	Männer					Frauen		
	(alle) B	(alle) B	(EP) B	(EP) B	(ET) B	(alle) B	(EP) B	(EP) B
Alter (Jahre)	-0,042	-	-	-0,037	-0,071	-	-0,014	-0,041
Geburtskohorten[1] (Referenzkat.: 1980-76)								
1975 - 1971	-	0,236	-	-	-	-0,649	-	-
1970 - 1966	-	-0,984	-	-	-	-0,698	-	-
1965 - 1961	-	-0,115	-	-	-	-0,733	-	-
1960 - 1956	-	-1,548	-	-	-	-0,043	-	-
Kind im Haushalt (ja)	-	-	-	0,514	0,933	-	-	0,476
geschieden (ja)	-	-	-0,714	-	-	-	-	-
erwerbstätig (ja)	0,965	0,999	-	-	-	0,082	-	-
Fachhoch-/Hochschulabschl.	-	-	-	0,893	-	-	-	0,829
Zuzugsmotiv: Berufseinstieg	-	-	1,087	-	-	-	-	-
Anzahl überreg. Umzüge vergangene 10 J. (stand.)	-	-	0,199	-	-	-	0,339	-
HH-Nettoeinkommen (z)	-	-	-	-	0,688	-	-	-
n	151	151	113	117	113	180	141	140
Chi Quadrat-Wert (df)	7,6(2)	13,2(7)	9,2(3)	7,5(3)	13,3(3)	7,2(7)	5,4(2)	7,2(3)
-2 Log-Likelihood	201,6	196,1	147,5	154,6	143,3	241,2	189,2	185,9

Dargestellt sind logistische Regressionskoeffizienten.
EP = Erwerbspersonen, ET = Erwerbstätige, schattiert: p = 0,05, gestrichelt: p = 0,1
[1] Geburtskohorten 1955-1951/1950-1946 sind nicht signifikant.
Quelle: eigene Auswertung

Anhang-Tab. 15: Mittelwerte der Anzahl überregionaler Umzüge in den vergangenen zehn Jahren nach Wirtschaftsbranchen, alle Erwerbstätige

Branchen	M	SD	n
Rechts- / Steuer- / Unternehmensberatung	2,18	2,05	98
Industrie / verarbeitendes Gewerbe	2,13	1,94	209
Forschung / Entwicklung / Wissenschaft	2,11	1,65	123
Informations- und Kommunikationstechnologien / IT	1,66	1,66	113
Banken- und Versicherungsgewerbe	1,66	1,36	93
Medien / Presse / Fernsehen	1,64	1,45	77
öffentliche Verwaltung	1,63	1,81	126
Erziehung und Unterricht	1,62	1,46	103
Gesundheits- und Sozialwesen	1,58	1,61	163
Werbung / Grafik / Design	1,51	1,38	45
Handel / Gastgewerbe / Dienstleistungen	1,51	1,56	187
Verkehr und Nachrichtenübermittlung	1,30	1,34	30
Handwerk / Baugewerbe	1,30	1,39	67
Sonstige	1,40	1,36	50
gesamt	1,73	1,67	1484

$F(df) = 3,221(13)$, $p < 0,01$, Eta $= 0,17$, Eta Quadrat $= 0,03$

Quelle: eigene Auswertung

Anhang-Tab. 16: Merkmale von Zugezogenen mit einer hohen beruflichen Stellung nach Geschlecht

	Männer					
	B	SE(B)	Exp(B)	B	SE(B)	Exp(B)
Alter (Jahre)	-0,002	0,009	0,998	0,012	0,010	1,012
gemeinsamer Haushalt mit Partnerin	0,177	0,182	1,194	0,259	0,187	1,295
Kind im Haushalt (ja)	0,164	0,197	1,178	0,140	0,200	1,150
Fernbeziehung (ja)	0,739 **	0,335	2,093	0,781 **	0,342	2,184
Anzahl überreg. Umzüge (vergang. 10 J.)	-	-	-	0,314 ***	0,056	1,369
n	760			756		
Chi Quadrat-Wert (df)	6,319(4)			42,394(5)		
-2 Log-Likelihood	-			933,287		

	Frauen					
	B	SE(B)	Exp(B)	B	SE(B)	Exp(B)
Alter (Jahre)	-0,002	0,010	0,998	0,008	0,010	1,008
gemeinsamer Haushalt mit Partner	0,214	0,165	1,238	0,233	0,168	1,262
Kind im Haushalt (ja)	0,071	0,206	1,073	0,192	0,209	1,212
Fernbeziehung (ja)	0,545 **	0,278	1,725	0,424	0,286	1,528
Anzahl überreg. Umzüge (vergang. 10 J.)	-	-	-	0,257 ***	0,050	1,293
n	712			710		
Chi Quadrat-Wert (df)	4,536(4)			33,896(5)		
-2 Log-Likelihood	-			947,390		

Dargestellt sind logistische Regressionskoeffizienten.
Signifikanzniveau: ** = 5 %, *** = 1 %
Quelle: eigene Auswertung

Anhang-Tab. 17: Beendigung einer früheren Fernbeziehungssituation nach Art des Umzugs und Arbeitsort nach Umzug, Anzahl Fälle

	Umzug zum Partner/zur Partnerin		beide sind an ganz anderen Ort umgezogen	
	Männer	Frauen	Männer	Frauen
Arbeitsstelle am neuen Wohnort gefunden	8	27	6	9
innerhalb des Betriebs an den neuen Wohnort versetzt	2	2	2	1
selbständige Tätigkeit aufgenommen / fortgeführt	1	2	-	1
Arbeitsstelle an anderem Ort gefunden und gependelt	-	1	-	1
weiter am vorherigen Wohnort gearbeitet und gependelt	1	1	3	4
Arbeitsstelle in anderem Ort beibehalten und gependelt	-	-	-	2
Arbeitsstelle war bereits am neuen Wohnort	-	-	-	1
noch Arbeit suchend	-	1	-	-
war damals nicht erwerbstätig	6	12	1	1
n gesamt	18	46	12	20

Quelle: eigene Auswertung

Anhang-Tab. 18: Extrahierte Faktoren und Faktorladen für die Bewertung der Fernbeziehung in verschiedenen Lebensbereichen

	Faktor 1	Faktor 2	Faktor 3
Partnerschaft	**0,851**	0,015	0,006
Familie / Kinder / Familienplanung	**0,709**	-0,218	-0,042
Gesundheit / Stress	**0,573**	0,157	0,246
Wohnen / Wohnqualität	**0,557**	0,363	0,257
Alltag / Alltagsgestaltung	0,564	0,112	0,520
persönliches Einkommen	0,068	**0,854**	-0,032
berufliche Entwicklung / Karriere	0,107	**0,717**	0,135
finanzielle Ausgaben	-0,085	**0,644**	0,191
Hobbys	0,003	0,074	**0,835**
soziale Kontakte / Freunde	0,205	0,176	**0,784**

n = 123, erklärte Gesamtvarianz: 59,3 %
Extraktionsmethode: Hauptkomponentenanalyse
Rotationsmethode: Varimax mit Kaiser-Normalisierung
Quelle: eigene Auswertung

Anhang-Tab. 19: Einflussgrößen auf die Bewertung des multilokalen Lebens in einer Fernbeziehung im Bereich „Partnerschaft/ Familie/Wohnen/Gesundheit", nach Geschlecht

	Männer B	Männer SE(B)	Frauen B	Frauen SE(B)
Alter (Jahre)	0,131	0,017	0,388 ***	0,017
Vereinbarung Beruf u. Privatleben schwierig (ja)[1]	-0,467 ***	0,251	0,070	0,218
wöchentliches Pendeln (ja)	0,276 **	0,250	-0,003	0,256
Zusammenziehen m. Partner/in in naher Zukunft (ja)	-0,241 **	0,241	-0,088	0,277
n	56		63	
R Quadrat korr.	0,38		0,13	

Dargestellt sind standardisierte Beta-Gewichte; Kontrollvariablen: Kind im Haushalt, hohe berufliche Stellung, Dauer der Fernbeziehung (Jahre).
Skala (Items): -2 = sehr negativ, 2 = sehr positiv
Signifikanzniveau: ** = 5 %, *** = 1 %
[1] Antwortmöglichkeiten für die Einschätzung, ob die Vereinbarung von Beruf und Privatleben persönlich ein Problem ist: ja, sehr / ja, gelegentlich / nein eher nicht / nein, überhaupt nicht (hier dummy-codiert: ja / nein)
Quelle: eigene Auswertung

Über neue Formen der Sozialbindung

> Theoretische und ethnografische Erkundungen

Ronald Hitzler / Anne Honer / Michaela Pfadenhauer (Hrsg.)
Posttraditionale Gemeinschaften
Theoretische und ethnografische Erkundungen
2009. 358 S. (Erlebniswelten 14) Br. EUR 24,90
ISBN 978-3-531-15731-3

Erhältlich im Buchhandel oder beim Verlag.
Änderungen vorbehalten.
Stand: Juli 2009.

Der Inhalt: Theorien zum Phänomen der posttraditionalen Gemeinschaft – Metaprozesse posttraditionaler Gemeinschaftsbildung – Situative und transsituative Vergemeinschaftung – Posttraditionalisierung von Gemeinschaft – Die Rückkehr der Biologie in der posttraditionalen Gemeinschaft

Posttraditionale Gemeinschaften weisen vielfältige thematische Fokussierungen auf, verfügen jedoch typischerweise nicht über wirksame Sanktionsmöglichkeiten zur Durchsetzung von Wichtigkeiten und Wertigkeiten bei ihren Mitgliedern. Sie können den Einzelnen weder zur Mitgliedschaft, noch im Rahmen seiner Mitgliedschaft verpflichten, sondern ihn in aller Regel lediglich verführen.

Diese „Verführung" geschieht wesentlich durch die Option zur Teilhabe an einer für die Betroffenen attraktiven Form teilzeitlichen sozialen Lebens, zu dem auch als „erlebenswert" angesehene, vororganisierte „Ereignisse" bzw. Events gehören.

www.vs-verlag.de

VS VERLAG FÜR SOZIALWISSENSCHAFTEN

Abraham-Lincoln-Straße 46
65189 Wiesbaden
Tel. 0611.7878 - 722
Fax 0611.7878 - 400

VS Forschung | VS Research
Neu im Programm Soziologie

Brigitte Brandstötter
Wo die Liebe hinfällt
Das neue Rollenbild ungleicher Paare –
Frauen mit jüngerem Partner
2009. 194 S. Br. ca. EUR 29,90
ISBN 978-3-531-16990-3

Phil C. Langer
Beschädigte Identität
Dynamiken des sexuellen Risikoverhaltens schwuler und bisexueller Männer
2009. 279 S. Br. EUR 39,90
ISBN 978-3-531-16981-1

Kai Brauer / Wolfgang Clemens (Hrsg.)
Zu alt?
„Ageism" und Altersdiskriminierung auf Arbeitsmärkten
2010. ca. 252 S. (Alter(n) und Gesellschaft Bd. 20) Br. ca. EUR 49,90
ISBN 978-3-531-17046-6

Ulf Matthiesen / Gerhard Mahnken (Hrsg.)
Das Wissen der Städte
Neue stadtregionale Entwicklungsdynamiken im Kontext von Wissen, Milieus und Governance
2009. 415 S. Br. EUR 39,90
ISBN 978-3-531-15777-1

Reiner Keller
Müll – Die gesellschaftliche Konstruktion des Wertvollen
Die öffentliche Diskussion über Abfall in Deutschland und Frankreich
2. Aufl. 2009. 329 S. (Theorie und Praxis der Diskursforschung) Br. EUR 29,90
ISBN 978-3-531-16622-3

Andreas Peter
Stadtquartiere auf Zeit
Lebensqualität im Alter in schrumpfenden Städten
2010. 260 S. (Quartiersforschung) Br. ca. EUR 34,90
ISBN 978-3-531-16654-4

Bettina Langfeldt
Subjektorientierung in der Arbeits- und Industriesoziologie
Theorien, Methoden und Instrumente zur Erfassung von Arbeit und Subjektivität
2009. 442 S. Br. EUR 39,90
ISBN 978-3-8350-7006-6

Birgit Riegraf / Brigitte Aulenbacher / Edit Kirsch-Auwärter / Ursula Müller (Eds.)
GenderChange in Academia
Re-mapping the Fields of Work, Knowledge, and Politics from a Gender Perspective
2010. approx. 430 pp. Softc. approx. EUR 49,90
ISBN 978-3-531-16832-6

Erhältlich im Buchhandel oder beim Verlag.
Änderungen vorbehalten. Stand: Juli 2009.

www.vs-verlag.de

VS VERLAG FÜR SOZIALWISSENSCHAFTEN

Abraham-Lincoln-Straße 46
65189 Wiesbaden
Tel. 0611.7878-722
Fax 0611.7878-400